中国特色社会主义政治经济学研究

李旭章 主编

人民出版社

# 目  录

第一章  导  论……………………………………………………1

一、理解社会主义，直面资本主义……………………………2

二、社会主义是一个历史飞跃……………………………………5

三、政治经济学：资本主义、社会主义和中国特色社会主义…………10

四、一本"人人能读懂的马克思主义政治经济学"…………………17


第二章  重温马克思：马克思恩格斯经济学思想………………22

一、马克思恩格斯经济学思想的创立…………………………22

二、《资本论》的主要内容……………………………………24


第三章  马克思主义关于市场经济的逻辑……………………35

一、西方主流学者对市场经济逻辑的见解……………………35

二、《资本论》关于市场经济产生和发展的逻辑………………40

三、《资本论》中关于市场经济运行的逻辑……………………46

四、研究《资本论》关于市场经济逻辑的现实意义……………51

**第四章 社会主义改革：从计划经济到市场经济** ...................... 55

一、改革的探索和试验阶段（1978 年 12 月—1992 年 2 月）.............. 55

二、整体推进，重点攻坚，以创立社会主义市场经济体制为核心
的综合改革阶段 (1992 年 2 月—2003 年 10 月) ................... 64

三、以完善市场经济体制为主要内容的经济制度创新阶段
（2003 年 10 月—2012 年 11 月）................................ 69

四、以制度建设为核心的全面深化改革阶段（2012 年 11 月至今）..... 73

五、简要的总结和展望 ............................................ 77

**第五章 中国特色社会主义经济制度** ........................... 80

一、公有制为主体，多种所有制经济共同发展 ..................... 80

二、按劳分配与按生产要素相结合 ............................... 91

三、社会主义市场经济体制 ..................................... 97

**第六章 社会主义政府与市场的关系** ......................... 106

一、正确用好政府与市场这"两只手" ........................... 107

二、社会主义市场经济选择 ..................................... 109

三、从"无锡尚德破产案"看政府与市场的关系 ................... 114

四、全球范围内的政府与市场关系模式借鉴 ..................... 124

五、正确处理政府与市场之间的关系，走出一条有中国特色的
市场化道路 ................................................. 127

**第七章 社会主义产业结构与产业政策** ............... 130

一、产业结构与政策相关理论 ............... 131

二、我国产业结构与产业政策的历史逻辑 ............... 134

三、一个代表性产业政策剖析与评述：产能过剩治理 ............... 144

四、产业结构调整与产业政策为什么行：中国的经验 ............... 149

**第八章 社会主义财政与财税体制改革** ............... 152

一、财政与公共财政 ............... 152

二、市场失灵与公共产品 ............... 155

三、公共选择与人民主权 ............... 160

四、税收和税收制度 ............... 162

五、财政税收体制改革 ............... 164

六、公共服务均等化与转移支付 ............... 170

七、财政政策与宏观调控 ............... 172

**第九章 社会主义金融与金融体制改革** ............... 177

一、金融和金融体制 ............... 178

二、中央银行的三大货币政策工具 ............... 181

三、从存款准备金率调整看我国货币政策 ............... 183

四、稳步推进利率和汇率市场化 ............... 191

五、辩证理解我国外汇储备数量的变化 ............... 197

六、深化金融体制改革，支持社会主义市场经济 ............... 208

## 第十章　社会主义城乡发展一体化理论与实践 ................216

一、我国城乡二元结构凸显 ................216

二、我国城乡协调发展的主要目标是城乡发展一体化 ................219

三、建立新型工农和城乡关系，促进城乡发展一体化 ................223

四、大力推进农业现代化，促进城乡发展一体化 ................228

## 第十一章　中国经济发展进入新常态理论与政策................240

一、发展依然是"硬道理"，是"第一要务"................240

二、新常态是新时期中国经济发展的大逻辑 ................245

三、新常态下中国经济发展要依靠"多元动力"................248

## 第十二章　社会主义创新发展理论与实践................257

一、创新是人类不断认识自然和改造自然的行动 ................257

二、社会主义创新发展理论借鉴人类所有文明 ................258

三、市场竞争演变为创新竞争 ................265

四、自主创新引领发展方向 ................269

五、提高企业创新能力的实践方式 ................271

六、示范创新案例经验 ................276

## 第十三章　社会主义协调发展理论与实践................280

一、协调发展是持续健康发展的内在要求 ................280

二、促进城乡协调发展 ................284

三、促进区域协调发展 ...................................................... 289

四、促进其他方面的协调发展 ............................ 291

# 第十四章 社会主义绿色发展理论与实践 ..................295

一、绿色发展理念提出的时代背景 ........................ 295

二、绿色发展的中国传统思想来源和马克思主义基本观点 ............. 304

三、绿色发展理念的中国创新与探索 .................... 308

四、中国绿色发展的实践问题 ............................ 311

# 第十五章 社会主义开放发展理论与实践 ..................318

一、开放与马克思主义理论一脉相承 .................... 318

二、开放是我国进一步改革发展的必然选择 ..................... 322

三、秉持开放理念，推进"一带一路"战略 .................... 333

# 第十六章 社会主义共享发展理论与实践 ..................342

一、共享发展是中国特色社会主义的本质要求 ..................... 342

二、社会主义共享发展的内涵与要义 .................... 348

三、社会主义共享发展的政策实践 ..................... 353

# 第十七章 供给侧结构性改革与我国当前的经济政策选择 .........366

一、推进供给侧结构性改革是引领经济发展的重大创新 ................. 367

二、我国供给侧结构性改革的主要内容解析 .................... 369

三、为什么现在提出"供给侧结构性改革" ........................ 375

四、理解"供给侧经济学" ........................................ 378

五、"供给侧经济学"政策主张评析 .............................. 381

六、"供给侧经济学"在美国的实践和争议 ...................... 384

七、我国供给侧结构性改革与西方的"供给学派"的区别与联系 ... 392

八、在供给侧结构性改革背景下我国当前的经济政策选择 ............. 396

后　记 ............................................................. 405

# 第一章 导 论

近日重读英文版的《资本论》(Capital)，一直为马克思的远见卓识和人民情怀所感动，同时也感到我们中国共产党"为人民服务""以人为本"，让人民有更多的"获得感"等思想和政策，与马克思主义的"流"与"源"有许多相通之处：我们都知道，马克思是从商品和货币开始他《资本论》写作的；他研究的第一个概念就是商品的使用价值(use value)，并特别强调"只有通过使用和消费，使用价值才变成一个现实"(Use values become a reality only by use or consumption)①。这一思想不正是强调要"消费者说了算""人民说了算"吗？从生产者角度就是要"以人为本"，要让人民有"获得感"，"为消费者服务""为人民服务"。相应这种市场经济既可以为资本主义所用，更可以为社会主义所用。

在短缺经济年代我们都熟悉马克思的"生产决定论"，是生产出来的东西决定了消费；现在我们正在推行的"供给侧结构性改革"，也可以从马克思的生产、分配、交换、消费原理中得到阐释，需要生产出更好的东西带动新的消费。在我国总体越过短缺经济时代，市场供求发生巨大变化的今天，重温马克思当年把研究起点定位在"商品的使用或消费"这一事实，有太多的理论和现实意义。中国特色社会主义政治经济学，就是当代中国的马克思主义政治经济学。

---

① ［德］卡尔·马克思：《资本论》(Capital)，［英］萨穆尔·穆尔、埃德华·爱威林译，世界图书出版公司2013年版，第4页。

# 一、理解社会主义，直面资本主义

我们坚信：社会主义是一个好东西。同时，我们也不要急于得出结论：资本主义一定不是"东西"。实际上，我们的研究结论是：资本主义也是"一个东西"；在资本主义内部也有一些很不错的东西。

我们现在看到的较为成功的资本主义国家，在不同时期都不同程度借鉴过社会主义的思想和做法；马克思对资本主义命运的分析，也一再倒逼资本主义国家的政府对其经济政策做出调整。在很长的时间内我们的社会主义要与资本主义共存，在一定的历史阶段学习借鉴资本主义的一些做法也是极其正常的。伟大导师列宁在 1905 年谈到发展社会主义与利用资本主义的关系时就说过："与其说是苦于资本主义，不如说是苦于资本主义发展得不够。"[①] 但是，后来的苏共领导层没有理解和遵守列宁的这一教诲，放弃了商品和市场经济，最后断送了社会主义事业。我国在取得社会主义革命胜利之后，一度在计划和市场的结合方面取得了很好的成效。但是，后来"文化大革命"发生，一切都脱离了原来的轨道。毛泽东主席曾十分明确地指出，"文化大革命"是一场"发动人民群众割掉官僚资本主义尾巴"的运动[②]。割资本主义尾巴的结果，在取得一定政治成效的特定年代，是把我国社会主义经济建设推向了几乎崩溃的边缘。回过头来看，如果后来我们不改革，一直坚持"割资本主义的尾巴"，几乎可以肯定要激化政治和社会矛盾，最后要步苏联的后尘。

现代意义上的"资本"这个词大约出现于 1630 年。《牛津英语词典》对资本的定义是："用于再生产的财富积累。"[③] "资本主义"这个词比"资本"

---

① 吴敬琏：《中国经济增长模式抉择》，上海远东出版社 2006 年版，第 27 页。

② ［美］华尔特·罗斯托：《概念与交锋：市场观念六十年》，王琛、邝艳湘译，中央编译出版社 2007 年版，第 341 页。

③ ［美］托马斯·K.麦格劳：《现代资本主义：三次工业革命中的成功者》，赵文书、肖锁章译，江苏人民出版社 1999 年版，第 3 页。

一词更新、更难定义，这个词直到 19 世纪中叶才出现，当时是作为"社会主义"的反义词出现的。① "资本主义"一词最早是当时的社会主义者发明的，他们将资本主义看作是那些拥有资本的人指挥那些没有资本的人劳动的体系。相反，支持资本主义的人倾向于把它看作是市场自由，使那些拥有可能受市场欢迎愿景的人得以集中资源，实现他的愿景。不过，几乎每个人都同意，资本主义是一个要求持续、无止境的增长的体系。② 资本主义制度建立在市场基础之上，强调私有制、产业机会、技术革新、契约的神圣不可侵犯、以货币形式支付劳动报酬以及信贷。在资本主义制度下，财产必须是"可以分割的"，即可以自由买卖；商品和服务的价值取决于别人愿意为之付出什么样的价格。

据说在资本主义社会之前，人们普遍持有一种准宗教式的"公平价格"观念，认为一个人要是索取超过"公平价格"的价格就会危及自己的灵魂，贷款购物的行为——哪怕是为了投资——也是有问题的。资本主义依赖支持革新的投资信贷。在这方面，"资本主义"超越了词典上对"资本"的解释，因为"资本"是一个经济学概念，是所有经济形态共有的生产要素；而资本主义不但利用财富积累，还利用尚未成形的经济资源。资本主义利用被称为"思想货币"的信贷。③ "资本家"就是拿未来做赌注的人。资本主义的本质就是一心一意追求未来财富和财产。衡量资本主义的尺度是财富和收入的多少④。1776 年，亚当·斯密发表了《国富论》，向人们展示，物质至上主义和对个人利益的追求可以成为一种新型社会的主要动力；在这种社会里，经济财富的多少并不是固定的，它可以不断增长⑤。"除了马克

---

① ［美］托马斯·K.麦格劳：《现代资本主义：三次工业革命中的成功者》，赵文书、肖锁章译，江苏人民出版社 1999 年版，第 4 页。

② ［美］大卫·格雷伯：《债》，孙碳、董子云译，中信出版社 2012 年版，第 325 页。

③ ［美］大卫·格雷伯：《债》，孙碳、董子云译，中信出版社 2012 年版，第 4 页。

④ ［美］托马斯·K.麦格劳：《现代资本主义：三次工业革命中的成功者》，赵文书、肖锁章译，江苏人民出版社 1999 年版，第 5 页。

⑤ ［美］托马斯·K.麦格劳：《现代资本主义：三次工业革命中的成功者》，赵文书、肖锁章译，江苏人民出版社 1999 年版，第 9 页。

思之外，在 18 世纪和 19 世纪没有谁能完全抓住资本主义的革命性的经济潜力。"①

对资本、资本主义也不是没有争议。根据法国历史学家饱德尔（Fernand Braude）考证，"资本主义"（Capitalism）这一名词是 19 世纪后期的产物，而仅在 20 世纪内广泛使用。马克思虽称"资本家"（capitalists）及"资本家的时代"（capitalist era），但并未引用"资本主义"这一名词。今日我们公认为最先的资本主义思想家，实为亚当·斯密。② "资本主义"形态在欧洲作先锋者，是意大利的自由城市，其中翘楚则为威尼斯。13 世纪之后，其全部国家如一个大都市，也如一个大公司，所有民法即全部为商法，所以也不顾天主教的教义，建设海军，竭力经商，为欧洲最先进的国家。继意大利后而兴起的，则为荷兰。在荷兰之后，商业高度发展的则为英国。18 世纪之前英国为欧洲的大国，有坚强的农业基础。商业组织没有展开之前，常为各先进国家掣肘。如银行业，即为意大利人垄断，以后保险业也为荷兰人操纵。意大利人在伦敦的市街称为"拉巴达街"（Lombard Street），他们也享有领事裁判权。英国输出以羊毛为主，意大利人即先垫款于畜牧的农村，将羊毛预先收买，又掌握其海外市场③。

也有人认为，从某种程度上说资本之起源与其说是一部有关市场的非人格力量逐渐摧毁传统社团的历史，毋宁说是一部有关信用经济是如何转变为利息经济、非人格的国家权力如何侵入并改变道德网络的历史。④ 来看看英格兰银行的成立过程。由 40 位伦敦和爱丁堡商人组成的财团（大多已经是王室的债主）向国王威廉三世提供了一笔 120 万英镑的贷款，作为其对法战争的资金。与此同时，他们说服国王允许他们组建一个公司，拥有银行券发行上的垄断权，以此作为回报。这家公司（英格兰银行）发

---

① ［美］托马斯·K.麦格劳：《现代资本主义：三次工业革命中的成功者》，赵文书、肖锁章译，江苏人民出版社 1999 年版，第 11 页。
② ［美］黄仁宇：《万历十五年》，中华书局 2006 年版，第 228 页。
③ ［美］黄仁宇：《万历十五年》，中华书局 2006 年版，第 229 页。
④ ［美］大卫·格雷伯：《债》，孙碳、董子云译，中信出版社 2012 年版，第 314 页。

行的银行券实际上是国王偿还其所欠债务的承兑票。这是第一家独立的国家中央银行，它成了清算小型银行之间债务的场所；它发行的银行券不久就演变成欧洲第一种国家纸币。[①] 从这个意义上，"政治是一种说服的艺术，是社会生活的一个维度，只要有足够多的人相信，事情就能成真"[②]。

资本本身没有错，可以为不同的社会制度所利用。资本主义也曾经是一种先进的制度，只不过其发展要受到约束，最终走向社会主义。

## 二、社会主义是一个历史飞跃

从词源上说，"社会主义"（socialism）一词，在拉丁文中是"sociare"，意思是结合或共享（to combine or to share）。在罗马时期和之后的中世纪的法律中是"societas"，意思可以是伙伴和会社（companionship and fellowship），或者是法律意义上的自由人之间同意的合约（a consensual contract between freemen）。对"社会主义"现代意义上的定义，在19世纪60年代被确定下来，在一组词汇中突出出来，包括合作社（co-operative）、互助主义（mutualist）、联合主义（associationist），而之前它们都是同义词。

作为一种制度，社会主义是一个社会和经济制度的总称，一般特征包括社会所有制和对生产工具的大众民主控制。社会所有制（social ownership）可以指公共的、合作的或集体的所有制，或者是国民所有权制（citizen ownership of equity），或者是这些形式的结合。

由于社会主义理论和实践还在探索中，对"社会主义"还有许多误解。有人认为社会主义政治"既是集权的，又是分权的；既是国际的，又是国内的；既通过政党组织，又反对政党政治；既有时与工会重合，又有时独立于工会，有时又批评工会；既出现在发达国家，又发生在发展中国家"。但是，社会主义思想却有相当的稳定性。"社会主义"这一词汇的发明者圣西门讲，

---

① ［美］大卫·格雷伯：《债》，孙碳、董子云译，中信出版社2012年版，第320页。
② ［美］大卫·格雷伯：《债》，孙碳、董子云译，中信出版社2012年版，第322页。

社会主义就是针对工业革命带来的诸如贫困、社会压迫、社会不平等而提出的；提出了建立在对资源所有权的共享基础上的社会主义作为替代方案。圣西门被科技的巨大潜力所鼓舞，认为社会主义社会将消除掉资本主义的无序状态，人民才会有同样公平的机会；社会主义社会应该是各尽所能、按劳分配；关键是管理效率和工业化，"科技是进步的关键"。这些思想现在看来依然有着很强的生命力。

但是，如何实现社会主义的美好理想？一代代社会主义者进行了不懈的努力和探索。约翰·罗默在其著作《社会主义的未来》中说：公有制是否如社会主义运动中一直认为的那样，是一种政治—经济制度中实现社会主义者需要的东西所必不可少的，"我的答案是否定的"。尤其是，他认为由国家直接控制企业对社会主义目标来说是不必要的，在垄断的情况下，这样肯定是有害的。他认为，在对待财产关系的态度上，社会主义者应该是折中主义者：可能有许多所有制形式比传统的生产资料国家所有制形式更服务于社会主义的目标①。尽管苏联的布尔什维克革命似乎已经失败，但它以一种千千万万人能够理解的方式，在政论中提出了这样一种观点：按平等的原则组织社会是可能的。一种对中央计划经济为什么失败的解释是，它们未能解决委托—代理问题。政府干预投资过程可以导致社会方面的优越成果；但是，同中央计划和行政分配相比，运用市场手段执行计划可能更有效。因此，苏联型指令体制的失败不是对计划本身的指控。

奥斯卡·兰格的《社会主义经济理论》最初发表于1936年。兰格等人认识到，要找到社会主义的均衡，实际的市场确确实实是需要的。简单地说，兰格的建议如下：消费品的价格应该由市场决定，工资由市场决定并由已有的工资交涉机构安排，投资率或积累率由中央计划机关确定。工业品的价格由一种"试错法"（tatonnement）程序决定，或由中央计划机关的"摸索"

---

① ［美］约翰·罗默：《社会主义的未来》，余文烈等译，重庆出版社2010年版，第6页。

估计决定。① 苏联型经济的失败归因于三个特征的结合：（1）大部分产品由行政机关配置，在这种情况下生产者没有互相竞争的压力；（2）政治部门直接控制企业；（3）无竞争、非民主的政治。②

应该承认，西方社会主义研究者也对社会主义如何利用市场做出了贡献。皮尔森在《新市场社会主义——对社会主义命运和前途的探索》中，这样概括市场社会主义的核心原则："市场社会主义是把经济的社会所有制原则与继续通过市场机制配置商品（包括劳动）的做法结合起来的一种经济和社会制度"。市场社会主义的基本结构包括社会所有制、企业家问题、企业结构与管理、收入分配，以及国家的作用等方面。③"中国的政治和经济模式——特别是市场与国家相结合的模式——将必然具有非常重要的意义"④。

对我国选择社会主义以及资本主义的弊端，即使在西方也是有许多学者给予符合实际的评价的。两千年来，中国几乎每年都有一些省份遭遇饥荒。而且，大多数古老的文明都与中国一样，面临同样的窘境：他们很难填饱自己的肚子。全盛时期很少会持续很长时间，丰年之后总有灾年。无论如何，农民总是在饥饿的边缘苦苦挣扎⑤。

而美国这个所谓的"先进资本主义国家"，在许多人看来"几乎没有历史"。随着岁月变迁，白人的美国历史以两条主线分别发展前行，最终在1861 年至 1865 年的美国内战时，两种模式发生了激烈的碰撞和抵触。实施奴隶制的美国南部地区传承了弗吉尼亚种植园的运行模式；而在普利茅斯和

---

① ［美］约翰·罗默：《社会主义的未来》，余文烈等译，重庆出版社 2010 年版，第 29 页。

② ［美］约翰·罗默：《社会主义的未来》，余文烈等译，重庆出版社 2010 年版，第 37 页。

③ ［英］克里斯托弗·皮尔森：《新市场社会主义——对社会主义命运和前途的探索》，姜辉译，东方出版社 1999 年版，第 7 页。

④ ［英］克里斯托弗·皮尔森：《新市场社会主义——对社会主义命运和前途的探索》，姜辉译，东方出版社 1999 年版，中文版序。

⑤ ［美］罗纳德·赖特：《其实你不懂美国》，高岳、潘洋译，中信出版社 2011 年版，第 46 页。

北部新英格兰地区稍后兴起的其他殖民地中，由清教徒和投机者建立起了资本主义的运行模式。清教徒和投机者相结合"宗教与利润合二为一"①。

1893年，芝加哥举办了当年的世界博览会——同时为了纪念哥伦布发现新大陆400周年（实际上晚了1年）。这是美国刚刚登上国际舞台的一次自我展示，也是对1851年世界博览会的回应。在那次展会上，大英帝国在伦敦的水晶宫内向600万参观者炫耀了其国家的实力和辉煌的成果。到19世纪90年代时，美国已经在人口上超过了英国，并在工业产量和技术进步上迅速赶超了原来的世界工厂。虽然美国只有1/10的产品销往海外，但是数字足以使美国荣膺世界贸易的亚军，仅次于英国。②

1901年，麦金莱总统被暗杀，暗杀者是一个美国出生的无政府主义者，他声言总统是工人们的敌人。而当托克维尔在70年前游历美国时（当时美国还是一个发展中国家），他着迷于自己所看到的机会平等的社会图景：几乎每个人都是中产阶级，法律鼓励私有财产权，竞争也如亚当·斯密所描述的那样良性进行。托马斯·杰弗逊在1801年的就职演说中提到，美国"已经拥有了给后世几千代子孙的足够空间"。③ 资本主义让美国脱颖而出。

但是，后来资本主义遇到了巨大挑战。苏联的工业生产在20世纪30年代增长了3倍，并且是在全民就业的情况下。苏联占世界总产量的份额从5%增加到18%。很多人得出了显而易见的结论：资本主义失败了，共产主义胜利了。1932年，罗斯福赢得了总统选举，上百万的美国人支持了强硬左翼。如果资本主义不进行自身改革，它就面临被推翻的危险。在第一次世界大战中政府对信贷的控制行得通。金钱可以用来制造战争，为什

---

① ［美］罗纳德·赖特：《其实你不懂美国》，高岳、潘洋译，中信出版社2011年版，第110页。

② ［美］罗纳德·赖特：《其实你不懂美国》，高岳、潘洋译，中信出版社2011年版，第247页。

③ ［美］罗纳德·赖特：《其实你不懂美国》，高岳、潘洋译，中信出版社2011年版，第254页。

么不可以用它来维护和平呢？[①] 这时不管资本主义还是社会主义都大量利用"计划"。

关于民主与资本主义和社会主义的关系，也没有必然联系。正如托克维尔预见的，民主制度最大的危险是选民可能会选择专政。"有时人民的敌人就是人民。"托克维尔的另一个观点也不乏洞见："没有什么比巨大的帝国更让富足自由的人们反感了。"罗马只维持了部分和短暂的民主制度，西班牙从来就没有民主。唯一以民主制度统治世界帝国的先例就是大不列颠——英国选择了民主，放弃了帝国。[②] 20世纪30年代，我们大家熟悉的"少帅"张学良曾"考察"西方多国。他在晚年回忆起这段经历时曾说：我们"不能学英国的民主来救国，因为他们是资本主义国家"，"中国的政治要安定，非采用开明的集权不可；国家建设要迎头赶上，亦只有此路。摆在我们面前的有两条路线：一为法西斯路线，一为共产主义路线"。[③] 法西斯路线已被历史唾弃，张学良后来也认为法西斯路线有问题。中国共产党使中国的面貌焕然一新，经过多年的探索，我们找到了中国特色社会主义道路。

中国和越南的社会主义计划经济转变为市场经济政策后，实现了持续的经济高速增长。其中也有在社会主义政权下完成的革命和建设成果，如土地改革能促进农业生产力的提高、农民收入的增加和国内市场的扩大，以及农业劳动力向第二、第三产业的转移。中国在1952年前完成的土地改革起到了资产阶级革命中重要一环的作用[④]。日本的大宅壮一在1960年发表的《共产主义的劝学》中，得出了"共产主义对落后国家的发展是最为切实有效的

---

① ［美］罗纳德·赖特：《其实你不懂美国》，高岳、潘洋译，中信出版社2011年版，第262页。

② ［美］罗纳德·赖特：《其实你不懂美国》，高岳、潘洋译，中信出版社2011年版，第309页。

③ ［美］唐德刚、王书君：《张学良世纪传奇》（上卷），山东友谊出版社2002年版，第515页。

④ ［日］石原享一：《世界往何处去？》，梁憬君译，世界知识出版社2013年版，第141页。

一个过程"的结论。发展中国家为了进行制度改革和完善产业基础，必须靠政府主导，集中资金和各类人才来进行。在这点上，计划经济体制下政府具有巨大作用的社会主义是行之有效的①。

## 三、政治经济学：资本主义、社会主义和中国特色社会主义

政治经济学（Political economy）一般是研究生产和贸易，以及它们与法律、习惯和政府的关系，研究国民收入和财富的分配。政治经济学起源于道德哲学。这一学科在 18 世纪发展起来，是研究国家的经济的，或者说是研究"政治"（polities）的经济，所以叫"政治经济学"。在 19 世纪晚期，经济学一词开始代替政治经济学，这与马歇尔（Alfred Marshall）颇有影响的教科书《经济学原理》出版的时间一致。马歇尔说："政治经济学或经济学，是研究人类普通经济生活的；它考察个人和社会的这一部分，这与人类福祉的实现，以及所必需的物质财富的获取和使用密切相关"，"所以，一方面研究财富，另一方面，也是更重要的方面，是研究人"②。之前，主张把数学方法应用到经济分析的杰文斯（William Stanley Jevons），倡导用"经济学"作为"政治经济学"的简称，并希望其成为一种科学的公认名称。

最早，政治经济学研究在一定条件下国家层面的生产和消费是如何组织的。从这个意义上，政治经济学研究拓展了经济学（economics）的重点；经济学来自希腊文 oikos（意思是"家庭"，home）和 nomos（意思是"法律"或"秩序"，law or order）。这样，政治经济学研究国家层面财富的生产规律，正如经济学分析家庭财富的生产规律。"政治经济学"（économie politique）一词于1615年最早出现于法国；孟克列钦（Antoine de Montchrétien）发表《献给国王和王后的政治经济学》（Traité de l' economie politique），首次使用"政

---

① ［日］石原享一:《世界往何处去?》，梁憬君译，世界知识出版社 2013 年版，第142 页。

② ［英］马歇尔:《经济学原理》，刘生龙译，中国社会科学出版社 2007 年版，第 2 页。

治经济学"一词。法国重农学派,与亚当·斯密(Adam Smith)、密尔(John Stuart Mill)、李嘉图(David Ricardo)、亨利·乔治(Henry George)和卡尔·马克思都是政治经济学的倡导者。

塞缪尔·鲍尔斯(Samuel Bowles)、理查德·爱德华兹(Richard Edwards)、弗兰克·罗斯福(Frank Roosevelt)在其《理解资本主义:竞争统制与变革》(2005)中谈道:与城市化、技术变革、人口增长、大规模移民、物质生活的日益富足以及现时代的其他革命性变革一样,经济学是随着资本主义而出现的。[①] 但是,在资本主义内部对资本主义发展阶段、发展模式也是有很多不同解释的。英国的阿纳托莱·卡列茨基在《资本主义4.0:一种新经济的诞生》中就把资本主义分为几个阶段。传统的自由资本主义由19世纪初到20世纪30年代,一直处于统治地位,这一时期的政治和经济是泾渭分明的。政府与市场之间的合作仅限于征税和消除贸易壁垒。前一种合作主要是为战争筹款,后一种合作大多数时候是为了保护政治利益。从1932年开始,罗斯福"新政"和社会民主的欧洲福利国家出现。为了应付俄国革命和经济大萧条,第二代资本主义应运而生,其特点:人们对仁爱而又全能的政府抱有无限信任,而对市场却存有本能的不信任感,特别是金融市场。第三代资本主义由1979—1980年的"撒切尔——里根"政治革命开创而来,其观点与第二代资本主义截然相反,这一次的特点是神化市场,而对政府的态度却是不信任。资本主义的最后一种变体——3.3的由金融主导的市场原教旨主义——极端不信任政府,而且妖魔化政府,嘲弄规章制度,甚至公然藐视公共管理。反映在经济领域,引发了2007—2009年的金融危机。从20世纪80年代到2007年金融危机近30年的时间里,人们一直认为市场总是正确的,而政府几乎总是错的。此前的20世纪30—70年代,则认为政府总是对的,市场却几乎总是错的。下个阶段的特点可能是:政府和市场都有可

---

① 塞缪尔·鲍尔斯(Samuel Bowles)、理查德·爱德华兹(Richard Edwards)、弗兰克·罗斯福(Frank Roosevelt):《理解资本主义:竞争统制与变革》(2005),孟捷、赵准、徐华译,中国人民大学出版社2013年版,第80页。

能是错的，而且有时候它们的错误可能是致命的。①

西方政治经济学研究者一般把亚当·斯密（1723—1790 年）称作"资本主义的预言者"。斯密发明了"看不见的手"这个术语，用来指这样一种趋势，即市场引导着经济，以实现人力资源和自然资源的最佳利用②。"如果任何一个社会里的绝大部分成员贫穷而悲惨，这个社会肯定不会是繁荣或幸福的"。"任何地方只要有大量的财富，就会有巨大的不公。对应于一个很富的人，肯定至少有 500 个穷人，而少数人的富裕是以许多人的贫穷为先决条件的"。"国民政府，只要它是为了保护财产的安全而建立的，就实际上是为富人抵御穷人的目的而建立的。"③

如果说斯密是资本主义的预言者，那么马克思则是其批判者。卡尔·马克思认为，有三个因素需要在古典经济学家的模型中加以强调，或者是添加到这些模型之中。首先，人们的经济利益是既有和谐也有冲突的④。其次，马克思指出个人和集团可能会联合起来，保护和促进他们的利益，由此他扩充了亚当·斯密所提出的自利的观点。资本主义本身是社会的生产潜力得以充分发展的障碍。更为一般的是，资本主义社会中对私人经济利益的追逐，消耗了原本可以用来满足人类需要的人类智力和精力⑤。最后，马克思强调了经济体系是会随着时间而演化的，特别地，这种演化常常是应对它们自身

---

① ［英］阿纳托莱·卡列茨基：《资本主义 4.0：一种新经济的诞生》，胡晓姚等译，中信出版社 2011 年版。

② 塞缪尔·鲍尔斯（Samuel Bowles）、理查德·爱德华兹 (Richard Edwards)、弗兰克·罗斯福（Frank Roosevelt)：《理解资本主义：竞争统制与变革》（2005），孟捷、赵准、徐华译，中国人民大学出版社 2013 年版，第 83 页。

③ 塞缪尔·鲍尔斯（Samuel Bowles）、理查德·爱德华兹 (Richard Edwards)、弗兰克·罗斯福（Frank Roosevelt)：《理解资本主义：竞争统制与变革》（2005），孟捷、赵准、徐华译，中国人民大学出版社 2013 年版，第 84 页。

④ 塞缪尔·鲍尔斯（Samuel Bowles）、理查德·爱德华兹 (Richard Edwards)、弗兰克·罗斯福（Frank Roosevelt )：《理解资本主义：竞争统制与变革》（2005），孟捷、赵准、徐华译，中国人民大学出版社 2013 年版，第 85 页。

⑤ 塞缪尔·鲍尔斯（Samuel Bowles）、理查德·爱德华兹 (Richard Edwards)、弗兰克·罗斯福（Frank Roosevelt )：《理解资本主义：竞争统制与变革》（2005），孟捷、赵准、徐华译，中国人民大学出版社 2013 年版，第 86 页。

的运作的结果。马克思明确指出，资本主义推动了经济变革，导致了城市的增长，促进了物质富裕的提高，引发了全球移民，孕育了家庭生活的变化，而最终将会带来它自己的灭亡①。纵观政治经济学研究的历史，很少有某一位学者像卡尔·马克思那样如此受人敬重或遭人仇视。即使他母亲，有一次是这样对他说的："卡尔，我希望你不要仅仅写关于资本的书，而是（也）赚一点资本。"按照马克思的观点，资本主义是这样一种经济制度，它不断扩大社会在利用科学和人类劳动上的潜力来满足人们的需要。但他相信，替代资本主义的制度，他称之为共产主义制度，能够继续甚至加快经济的生产潜力的增长，并更好地运用这一潜力。他的主要兴趣是理解资本主义是如何运作的，而不是设计一个替代它的制度。所以，我们研究社会主义政治经济学，不脱离马克思主义原理，但最好不要非回到《资本论》中去找具体的答案不可。

马克思所宣扬的民主改革在当时被认为是激进的，其中包括通过全面公投来直接选举政治领导人；他称美国内战和奴隶制的结束为"当代历史上的一个伟大的事件"。但随着马克思主义在马克思去世后成为共产主义的官方"教条"，这些民主思想被弃于一旁。苏联等国家领导人所建立的独裁体制，要远比马克思作为一名年轻的记者所批判的那些独裁体制更具压迫性②。

约瑟夫·熊彼特（1883—1950 年）则被称作"创造性毁灭"的倡导者。他在三个方面扩大了我们对资本主义的理解。首先，他深化了马克思关于资本主义促进了变革的论点。"资本主义在本质上只不过是经济变革的一种形式或手段，它不仅从来不是而且也从来不可能是固定不变的"。在他的许多新颖的观点之中，最有影响力的一方面是他的创新理论，另一方面是他的颠

---

① 塞缪尔·鲍尔斯（Samuel Bowles）、理查德·爱德华兹 (Richard Edwards)、弗兰克·罗斯福（Frank Roosevelt）:《理解资本主义：竞争统制与变革》（2005），孟捷、赵准、徐华译，中国人民大学出版社 2013 年版，第 87 页。

② 塞缪尔·鲍尔斯（Samuel Bowles）、理查德·爱德华兹 (Richard Edwards)、弗兰克·罗斯福（Frank Roosevelt）:《理解资本主义：竞争统制与变革》（2005），孟捷、赵准、徐华译，中国人民大学出版社 2013 年版，第 87 页。

覆性变革的理论。他将这两者的联系称作"创造性毁灭"。资本主义不断地给经济制度带来革命，并创造出新的经济制度。在熊彼特看来，竞争的重要之处不是正统的经济学教科书中所表述的：在不变的条件下小企业之间的价格竞争。竞争的意义在于，它形成了一种激励机制，使企业在持续地追求利润和创新的基础上实现垄断和技术上的突破①。其次，熊彼特认为，创新和规模化大生产相结合所带来的竞争优势，导致资本主义经济中出现了大公司支配小公司的趋势。大公司形成大规模创新所需的资源集中成为可能。熊彼特看出了经济权力集中所内嵌的动态潜能。最后，熊彼特全面地、历史地考察了资本主义，并对后来所称的经济活动的"长波"或"长周期"进行了阐述②。但是，熊彼特在资本主义还是社会主义方面又是矛盾的。这位伟大的经济学家——他曾经担任第一次世界大战后奥地利政府的财政部部长——身上的矛盾性可以由这样一件事情体现出来：在他第一次担任教职期间，为了让学生们可以更自由地借阅图书，他曾向大学里的图书管理员下过决斗的战书。尽管熊彼特认同贵族阶层并重视其文化，但他能看到资本主义是一个有着巨大功能的系统，不断改变着社会并颠覆着业已建立的（而且为熊彼特所珍视的）制度。他相信资本主义会解决社会的生产问题，但他也认为其成功会种下它自身灭亡的种子③。

约翰·梅纳德·凯恩斯（1883—1946）则被称作是"资本主义的拯救者"。凯恩斯对政治经济学的主要贡献，是提供了一个作为整体运作的资本主义经济的模型。他得出结论：需要政府干预以克服周期性失业。他认为，失业不

---

① 塞缪尔·鲍尔斯（Samuel Bowles）、理查德·爱德华兹（Richard Edwards）、弗兰克·罗斯福（Frank Roosevelt）：《理解资本主义：竞争统制与变革》（2005），孟捷、赵准、徐华译，中国人民大学出版社2013年版，第88页。

② 塞缪尔·鲍尔斯（Samuel Bowles）、理查德·爱德华兹（Richard Edwards）、弗兰克·罗斯福（Frank Roosevelt）：《理解资本主义：竞争统制与变革》（2005），孟捷、赵准、徐华译，中国人民大学出版社2013年版，第89页。

③ 塞缪尔·鲍尔斯（Samuel Bowles）、理查德·爱德华兹（Richard Edwards）、弗兰克·罗斯福（Frank Roosevelt）：《理解资本主义：竞争统制与变革》（2005），孟捷、赵准、徐华译，中国人民大学出版社2013年版，第90页。

是缘于过高的工资，而是由于对劳动所生产的产品存在着过低的需求。凯恩斯说，如果问题是对产品的需求不足，那么应该是增加而不是减少工资。凯恩斯既担任过英格兰银行的董事，也曾经是剑桥大学国王学院的财务顾问。鉴于他对英国政府提供的重要服务，英国国王任命他为议会上议院的成员。有些人认为，凯恩斯主义政策避免了第二次大萧条的出现，所以人们常常认为他拯救了资本主义。但是，这并非出于他对资本主义的热爱。在1933年他曾经写道："我们发现自己在第一次世界大战后身处其中的腐朽的、国际化的、但个人主义的资本主义是不成功的。它不聪慧、不美丽、不公正、不道德——它没有带来好的东西。简而言之，我们不喜欢它而且开始厌恶它。但当我们考虑用什么来代替它时，我们则感到极度的困惑。"[1] 正如他一边追逐财富一边痛斥对金钱的热爱一样，凯恩斯一边鼓噪"社会正义"，一边支持公然的特权。他建议对富人征收重税、遗产税，将自己描述成一个"熨平器"(leveller)："我希望建立一个铲除现存的绝大部分不公平以及不公平的根源的社会。"但是，当谈起苏联的共产主义，他又说："我怎么可能信奉这样一种学说呢，他青睐烂泥巴而不是鱼，它把乡巴佬似的无产阶级置于资产阶级和知识分子之上，后者尽管有这样那样的缺陷，但也具有起码生活的品位，也确实承载着人类一切进步的种子。"另外，当他解释为什么不能加入以实现社会公平为己任的工党时，他说，他之所以不可能加入英国工党是因为，"它是一个阶级政党，而这个阶级并不是我所属的阶级……在阶级战争中人们将会发现我站在有教养的中产阶级一方"。[2]

公共选择学派大师丹尼斯·C.缪勒（Dennis C. Mueller，2003）指出：亚里士多德在观察公元前4世纪的希腊时认为，人的本质倾向是演讲和进行政治活动；亚当·斯密则在观察公元18世纪的苏格兰时认为，人的本质倾

---

① 塞缪尔·鲍尔斯（Samuel Bowles）、理查德·爱德华兹 (Richard Edwards)、弗兰克·罗斯福（Frank Roosevelt）:《理解资本主义：竞争统制与变革》( 2005 )，孟捷、赵准、徐华译，中国人民大学出版社2013年版，第92页。

② ［美］亨特·刘易斯:《经济学的真相：凯恩斯错在哪里》，曹占涛译，东方出版社2010年版，第27页。

向是从事经济交换。从上述两位智者的观察中我们可以看到在社会科学中发展起来的两个分离的领域：政治学和经济学。政治学假设政治人追求公共利益，经济学则假定所有的人都追求各自的私利。在公共选择理论中，政治人和经济人被假定为统一的：人是自我的、理性的、效用最大化的。公共选择理论可以被界定为是对非市场决策的经济学研究，或者可以把它简单地定义为应用经济学去研究政治学。① 公共选择理论在后来也成为政治经济学的一个分支。

现在，政治经济学一般是指利用经济学、社会学和政治学所进行的跨学科研究（interdisciplinary studies），以解释政治机构、政治环境和经济制度——资本主义、社会主义，或这两者的混合是如何互相影响的。

许多学者"尝试将政治学和经济学融为一个动态的过程。将两者联系起来的最重要的因素就是政府的政策"。② 我们在与中央党校研究室主任林振义谈政治经济学这一话题时，他说了一个观点：任何重大的经济问题都与政治相联系；从这个意义上，经济学就是政治经济学。林主任长期在中央政策研究室工作，更多的是以自身的观察谈政治经济学；在中央党校，他还一直兼任常务副校长何毅亭的秘书，而何校长几乎参加了十八大以来所有的政治局集体学习，是我们中国共产党内的理论大家。所以，从这个意义上理解我们要谈的政治经济学也许更符合中国实际。历史应该也证实了这一点。在国外谈到国际金融危机的影响时是这样论述"经济萧条可能带来的影响"的：20世纪30年代在全球范围内发生的事件还让人们记忆犹新，那就是建设性参与的政策也可能被颠覆。例如，假设世界经济再一次陷入不可逆转的衰退，中国也会求助于国内来解决它的经济问题；并且这种经济形势的逆转可能会伴随着比现在更具攻击性和排外性的政策。20世纪20年代，当实际上是由伦敦、巴黎和华盛顿的民主政府主导的世界经济面临崩溃时，比较民主

---

① ［英］丹尼斯·C.缪勒：《公共选择理论》，韩旭、杨春学等译，中国社会科学出版社2010年版，第1页。

② ［美］理查德·富兰克林·本塞尔：《美国工业化的政治经济学：1877—1900年》，吴亮等译，序言，长春出版社2008年版。

的东京政权就曾被军国主义的政体所取代。希特勒也是西方世界"大萧条"及其衰落孕育出来的人物①。我们认为一些人对中国的攻击是毫无根据的，但他们从一个反面论证了"政治经济学"，经济与政治分不开。我们中国共产党人正在实践我们自己的政治经济学——中国特色社会主义政治经济学。

马克思主义政治经济学研究生产力和生产关系、经济基础和上层建筑；中国特色社会主义政治经济学，在坚持马克思主义基本原理的前提下，更多的是坚持问题导向，研究我国现实中遇到的重大理论和现实问题，研究社会主义市场经济。我们要坚持马克思主义，但坚持马克思主义并不是要否定现代所谓"西方"经济学。其实，马克思也是地地道道的西方人；我们现在许多思想都是从马克思那里得来的，比如供给侧经济学，甚至"科斯最为重要的观点之一是对卡尔·马克思的某些思想的发展"；而"作为一个民主主义者，马克思一定会厌恶苏联式的共产主义"②。在苏联解体多年后，俄罗斯总统普京 2016 年 1 月 25 日说："我过去和现在一直都赞赏社会主义和共产主义理想"，"这是一些美好的理想：平等、博爱、幸福。但是，这些宏伟的理想在我们的国家付诸实践的过程远远不是社会主义者过去梦想的那样"③。中国共产党人必须走自己的路，研究中国特色社会主义政治经济学任重而道远。

## 四、一本"人人能读懂的马克思主义政治经济学"

在 2016 年 1 月 18 日，在中央党校学习五中全会省部级主要领导干部研讨班上，习近平总书记再次重申"社会主义的本质是共同富裕"。他介绍了

---

① ［美］华尔特·罗斯托：《概念与交锋：市场观念六十年》，王琛、邝艳湘译，中央编译出版社 2007 年版，第 350 页。

② 塞缪尔·鲍尔斯（Samuel Bowles）、理查德·爱德华兹（Richard Edwards）、弗兰克·罗斯福（Frank Roosevelt）著：《理解资本主义：竞争统制与变革》（2005），孟捷、赵准、徐华译，中国人民大学出版社 2013 年版，第 577 页。

③ 《普京坚称仍赞赏共产主义理想》，《参考消息》2016 年 1 月 27 日。

新常态，分析了创新、协调、绿色、开放、共享"五大发展理念"，论证了"供给侧结构性改革"，把马克思主义政治经济学的学习又推进了一大步。

之前，2015年11月23日下午，中共中央政治局就马克思主义政治经济学基本原理和方法论进行第二十八次集体学习。习近平在主持学习时强调，要立足我国国情和我国发展实践，揭示新特点新规律，提炼和总结我国经济发展实践的规律性成果，把实践经验上升为系统化的经济学说，不断开拓当代中国马克思主义政治经济学新境界。马克思主义政治经济学是马克思主义的重要组成部分，也是我们坚持和发展马克思主义的必修课。我们党历来重视对马克思主义政治经济学的学习、研究、运用，在新民主主义时期创造性地提出了新民主主义经济纲领，在探索社会主义建设道路过程中对发展我国经济提出了独创性的观点，如提出社会主义社会的基本矛盾理论，提出统筹兼顾、注意综合平衡，以农业为基础、工业为主导、农轻重协调发展等重要观点。这些都是我们党对马克思主义政治经济学的创造性发展。

党的十一届三中全会以来，我们党把马克思主义政治经济学基本原理同改革开放新的实践结合起来，不断丰富和发展马克思主义政治经济学，形成了当代中国马克思主义政治经济学的许多重要理论成果，比如，关于社会主义本质的理论，关于社会主义初级阶段基本经济制度的理论，关于树立和落实创新、协调、绿色、开放、共享的发展理念的理论，关于发展社会主义市场经济、使市场在资源配置中起决定性作用和更好发挥政府作用的理论，关于我国经济发展进入新常态的理论，关于推动新型工业化、信息化、城镇化、农业现代化相互协调的理论，关于用好国际国内两个市场、两种资源的理论，关于促进社会公平正义、逐步实现全体人民共同富裕的理论，等等。这些理论成果，是适应当代中国国情和时代特点的政治经济学，不仅有力指导了我国经济发展实践，而且开拓了马克思主义政治经济学新境界。

为贯彻习总书记的指示精神，中央党校常务副校长何毅亭研究员要求中央党校"要发声"，"经济学部要发声"。在人民出版社的支持下，我们很快组成了一支精兵强将的写作队伍，开始了研究和写作。指导思想是把中央党校的"中央"和人民出版社的"人民"相结合，"为人民服务"，写一本既有权威性又有可读性，"人人能读懂的马克思主义政治经济学"。让广大干部、群众、学生真正热爱政治经济学，觉得政治经济学既"管用"又"可爱"，能说明和解释自己身边的事，能开阔视野，能解决问题。

本书的写作分工如下：

第一章是导论，介绍了有关资本主义和社会主义的一些争论、思想和见解，结合中国实际，引出了中国特色社会主义政治经济学。这一章由李旭章教授编写。

第二、三、四、五章为"基本理论和基本制度"单元。

第二章是重温马克思：马克思恩格斯经济学思想，用很短的篇幅概括了马克思恩格斯的经济学主要思想，希望能引起大家读原著的热情。这一章由赵锦辉副教授编写。

第三章是马克思主义关于市场经济的逻辑，从更宽广的范围分析了马克思主义与市场经济的关系，并得出结论：我国进行社会主义市场经济改革是符合马克思主义市场经济逻辑的，强调"市场经济本身不是一种社会制度"，可以为资本主义所用，也可以为社会主义所用。这一章由中国《资本论》研究会副会长王天义教授编写。

第四章是社会主义改革：从计划经济到市场经济，介绍了我国从计划经济到市场经济的发展历程、重大事件、重要思想。这一章由中央党校原副教育长、科学社会主义教研部主任王怀超教授编写。

第五章是中国特色社会主义经济制度，介绍了我国社会主义基本经济制度、社会化主义分配制度和社会主义市场经济体制。这一章由孟鑫教授编写。

第六、七、八、九、十章组成"我国社会主义经济运行"单元。

第六章为社会主义政府与市场的关系，不仅从理论上介绍了政府与市场的关系，而且以"无锡尚德破产案"引出中央党校学员的讨论（角色扮演），相信读者会有意想不到的收获。这一章由李旭章教授编写。

第七章为社会主义产业结构与产业政策，分析了产业结构和政策的相关理论，尤其分析了我国面对的产能过剩问题及解决办法。这一章由杨振博士编写。

第八章为社会主义财政与财税体制改革，从国家治理现代化的角度介绍和分析了备受各方关注的财政和我国财税体制改革。这一章由李旭章教授编写。

第九章为社会主义金融与金融体制改革，分析了我国当前金融及金融体制改革的现状、走向，分析了货币政策、外汇储备、人民币汇率等重大问题。这一章由李旭章教授编写。

第十章为社会主义城乡发展一体化理论与实践，介绍和分析了最能体现中国特色社会主义特征的城乡发展一体化发展历程和前景。这一章由施红教授编写。

第十一、十二、十三、十四、十五、十六、十七章为"新政治经济学"单元，包括新常态、五大发展理念和供给侧结构性改革。

第十一章为中国经济发展进入新常态理论与政策，全面系统梳理了习近平总书记的新常态理论和思想。这一章由中央党校经济学部主任韩宝江教授编写。

第十二章为社会主义创新发展理论与实践，阐释了创新发展理念及相应的理论和实践。这一章由张玉杰教授编写。

第十三章为社会主义协调发展理论与实践，阐释了协调发展理念及相应的理论和实践。这一章由李继文教授编写。

第十四章为社会主义绿色发展理论与实践，阐释了绿色发展理念及相应的理论和实践。这一章由叶青和贾华强教授编写。

第十五章为社会主义开放发展理论与实践，阐释了开放发展理念及相应的理论和实践。这一章由刘东副教授编写。

第十六章为社会主义共享发展理论与实践，阐释了共享发展理念及相应的理论和实践。这一章由刘磊博士编写。

第十七章为供给侧结构性改革与我国当前的经济政策选择，介绍和分析了我国供给侧结构性改革的背景，我国供给侧结构性改革与西方"供给学派"的区别与联系，我国当前的经济政策选择。这一章由李旭章教授编写。

　　全书既有分工又有合作。从提纲拟定和讨论，到编写指导思想、写作规范，一直是在中央党校副秘书长、原研究室主任冯秋婷教授，中央党校研究室林振义主任的指导下进行的；中央党校经济学部主任韩宝江教授大力支持，集体讨论，分头编写，主编与各位专家密切协调、沟通；最后由李旭章教授统稿、主编、把握、定稿。

# 第二章　重温马克思：马克思恩格斯经济学思想

马克思恩格斯的经济学思想，通常称为政治经济学，是马克思主义学说的主要内容。马恩深入研究了以资本主义社会为代表的人类社会经济运动规律，揭示了资本主义生产的基本矛盾和社会主义取代资本主义的历史趋势，为我们认识当代资本主义和社会主义提供了基本立场、观点和方法，为发展和完善社会主义市场经济提供了科学理论指导。因此，必须要学好用好马克思主义政治经济学。

## 一、马克思恩格斯经济学思想的创立

### （一）马恩经济学思想的产生背景

马克思恩格斯（之后一般用马恩）经济学思想是时代的产物。马恩是从19世纪40年代开始研究政治经济学的。当时，英、法、德等资本主义国家先后进行了工业革命，社会生产力在短时间内取得巨大飞跃，与之相伴随的是周期性的经济危机、贫富差距的两极分化和劳资关系的严重对立。社会的急剧变化，迫切要求人们回答这些变化背后的基本力量、资本主义向何处去等深层次问题。马恩以当时最发达的资本主义国家英国为例证，揭示了资本主义社会经济运动规律，回答了那个时代提出的问题。

马恩经济学思想是马恩批判继承前人研究成果的产物。马克思23岁就获得博士学位，他一生不仅深入研究哲学、经济学、法学、历史等社会科学，也对数学等自然科学领域进行了深入研究。其中，英法古典政治经济学为马恩经济学思想的创立提供了理论来源。英法古典政治经济学是资产阶级经济学理论体系，它产生于 17 世纪中叶，到 19 世纪初期结束。它在英国从威廉·配第开始，到李嘉图结束；在法国从布阿吉尔贝尔开始，到西斯蒙第结束。该学派的主要代表作包括亚当·斯密的《国民财富的性质和原因的研究》、李嘉图的《政治经济学及赋税原理》和魁奈的《经济表》。该学派的主要理论贡献是奠定了劳动价值论的基础，在地租、利润、利息等具体形式上研究了剩余价值，并对社会资本再生产和流通作了初步分析和探讨。马克思正是在批判继承前人研究成果基础上，形成了科学的劳动价值论和剩余价值理论，创立了马克思主义政治经济学。

马恩经济学思想是马恩共同参加无产阶级革命实践的产物。马恩投入大量精力创建无产阶级政党、组织革命活动，同工人运动中的各种非共产主义思潮进行坚决斗争。如果没有站在人民大众立场上不懈奋斗的精神，他们就不可能创立代表无产阶级和广大人民群众利益的经济学理论。

### （二）《资本论》写作简介

《资本论》是马克思毕生研究的成果和最主要的著作，所以，下面以《资本论》为代表介绍马恩经济学思想。当然，马恩经济学思想是远不只《资本论》所揭示的内容的。

马克思写这部著作花费了 40 年的时间，从 19 世纪 40 年代初直到他逝世。马克思大学里学的是法律和哲学，大学毕业后，马克思到《莱茵报》做编辑，第一次遇到要对所谓物质利益发表意见的难事，这是促使马克思进行政治经济学研究的最初动因。他在这方面的最初研究成果反映在《1844 年经济学哲学手稿》《德意志意识形态》《哲学的贫困》《雇佣劳动与资本》《共产党宣言》等著作中。在经过艰苦的准备工作后，马克思写出了《1857—1858 年经济学手稿》，这实际上是《资本论》第一稿。随后，马克思写出了《1861—1863 年经济学手稿》《1863—1865 年经济学手稿》，这实际上是《资本论》第二稿、第三稿。1867 年，《资本论》第一卷由马克思校订出版。第一卷出版后,马克思继续从事其他各卷的写作,但由于革命实践活动以及健康状况不好,他没有完成其他各卷的修订出版工作。《资本论》的后两卷是在马克思逝世后,由恩格斯编辑、付印和出版的。第二卷于1885年出版,第三卷于1894年出版。"整理这两卷《资本论》,是一件很费力的工作。奥地利社会民主党人阿德勒说得很对:恩格斯出版《资本论》第1卷和第3卷,就是替他的天才朋友建立了一座庄严宏伟的纪念碑,无意中也把自己的名字不可磨灭地铭刻在上面了。的确,这两卷《资本论》是马克思和恩格斯两人的著作"①

## 二、《资本论》的主要内容

马克思指出:"我要在本书研究的,是资本主义生产方式以及和它相适应的生产关系和交换关系。"②《资本论》的研究目的是要揭示现代社会的经济运动规律,也就是要揭示资本主义社会产生、发展和灭亡的规律。在方法上,马克思以唯物辩证法为指导,采用从具体到抽象的研究方法和从抽象到具体的叙述方法。

### (一)《资本论》第一卷的主要内容

第一卷研究资本的生产过程,共七篇,可以分为三个部分:第一部分即第一篇,阐述商品货币理论;第二部分从第二篇到第六篇,阐述剩余价值生产理论,第三部分即第七篇,阐述资本积累理论。

#### 1. 商品和货币理论

商品和货币理论揭示了商品交换的基本原理。其理论要点是:

(1)商品交换的前提条件:商品是用来交换的劳动产品。商品的本质特征是交换。商品交换要满足两个前提条件:社会分工和私有制。由于存在社

---

① 《列宁全集》第2卷,人民出版社1984年版,第10页。
② 《马克思恩格斯全集》第44卷,人民出版社2001年版,第8页。

会分工，商品所有者生产的商品必须与其他商品所有者进行交换；由于存在私有制，商品生产者可以自由处置自己所生产的商品，从而导致商品能够进行交换。马克思指出："为了使这些物作为商品彼此发生关系，商品监护人必须作为有自己的意志体现在这些物中的人彼此发生关系，因此，一方只有符合另一方的意志，就是说每一方只有通过双方共同一致的意志行为，才能让渡自己的商品，占有别人的商品。可见，他们必须彼此承认对方是私有者。"①

（2）商品的二因素：商品二因素揭示了商品能够进行交换的基本原理。商品具有使用价值和价值两个因素。物的有用性使物具有使用价值，它是商品的自然属性。在任何社会形态中，使用价值都是构成财富的物质内容。使用价值是交换价值的物质承担者。交换价值是一种商品同另一种商品相交换的量的关系或比例，它是价值的表现形式。抽象劳动的凝结形成价值。商品的价值量由社会必要劳动时间决定。商品价值体现了人与人之间的社会关系。两种商品能够交换，根源就在于它们都蕴含着等量价值。

（3）体现在商品中的劳动二重性。劳动二重性是"理解政治经济学的枢纽"。② 它是指生产商品的劳动具有二重属性：一方面是具体劳动，另一方面是抽象劳动。具体劳动是由自己产品的使用价值或自己产品是使用价值来表示自己的有用性的劳动，它创造商品的使用价值。抽象劳动是抽掉具体形式的无差别的一般人类劳动，它创造商品的价值。

（4）货币的产生、本质和职能。价值形式是不断发展的。最开始是简单价值形式，表现为直接的物物交换；后来，随着商品生产的发展，商品交换的范围和种类进一步扩大，简单价值形式转变为扩大的价值形式。扩大的价值形式要求交换在同一时间、同一地点进行，随着交换的品种越来越多、频率越来越高，直接的物物交换越来越不适应交换发展的需要。于是，出现一般等价物，扩大的价值形式转化为一般等价形式。当一般等价物固定由金银

---

① 《马克思恩格斯全集》第 44 卷，人民出版社 2001 年版，第 103 页。
② 《马克思恩格斯全集》第 44 卷，人民出版社 2001 年版，第 55 页。

充当时，货币就产生了。货币是交换过程的产物，是固定充当一般等价物的特殊商品。货币有价值尺度、流通手段、贮藏手段、支付手段和世界货币五大职能。在金银充当流通手段的条件下，一定时期内执行流通手段的货币量等于待出售商品价格总额除以同一单位货币的流通次数。纸币的发行量，只能代表流通中必要的金属货币量。如果前者超过后者，就会发生纸币贬值和通货膨胀。

（5）价值规律。价值规律是商品经济的基本规律。它是指商品以价值为基础进行等价交换的规律。价值规律的作用机制是市场机制。市场机制是通过供求、竞争、价格、价值四个要素共同发挥作用的。价值规律对于调节资源配置、促进技术进步和提高劳动生产率、调节收入分配具有重要作用。

（6）商品拜物教。由于商品能否顺利出售关系到商品生产者的命运，于是人被物统治，这就产生了商品拜物教。商品拜物教的消亡是个长期的历史过程。

**2. 剩余价值生产理论**

剩余价值生产理论揭示了剩余价值的来源和剥削的实质。其理论要点是：

（1）剩余价值生产的前提条件。马克思是从资本总公式出发分析剩余价值生产的。资本直接在流通领域中表现出来的总公式是 G—W—G'，其中 G'＝ G + $\triangle$G。$\triangle$G 就是预付货币 G 的价值增殖额，即剩余价值。该公式表明，资本通过流通获得剩余价值，这与流通不创造价值增殖是矛盾的。要解决这个矛盾，就要求劳动力成为商品，通过使用劳动力商品从而创造出比自身价值更大的价值，实现价值增殖。因此，劳动力成为商品是货币转化为资本、从而进行剩余价值生产的前提条件。劳动力成为商品需要具备两个条件：劳动者具有人身自由，可以出卖自己的劳动力；劳动者一无所有，不得不出卖自己的劳动力。劳动力商品价值包含三个部分：劳动者本人所需要的生活资料价值；劳动者子女所需要的生活资料价值；一定的教育和培训费用。劳动力价值决定包含着一个历史和道德的要素。

（2）剩余价值的生产过程。剩余价值生产过程是劳动过程和价值增殖过程的统一。劳动过程是劳动者通过有目的的活动，运用劳动资料对劳动对象进行加工，创造出某种使用价值的过程。资本主义社会中，工人在资本家的监督下劳动，劳动产品归资本家所有。资本主义生产的目的是追求价值增殖。以棉纱生产为例，资本家让工人生产棉纱，消耗20斤棉花，价值60元，消耗纱锭等其他生产资料，价值20元。工人用10小时劳动纺出20斤棉纱。通过工人的具体劳动，耗费的生产资料价值80元转移到棉纱中去。工人在进行纺纱时，其抽象劳动形成新价值40元。假设资本家购买的劳动力价值是20元。工人劳动新创造的价值大于劳动力价值，资本家获得20元剩余价值。这就是价值增殖过程。在该过程中，工人的劳动时间分为两个部分：一部分是必要劳动时间，用来补偿劳动力价值；另一部分是剩余劳动时间，用来生产剩余价值。剩余价值是由雇佣工人剩余劳动创造的，被资本家无偿占有，超过劳动力价值的价值。

（3）资本的本质和构成。资本的本质是能够带来剩余价值的价值，它体现了资本家对雇佣工人的剥削关系。根据资本的不同组成部分在价值增殖过程中所起的不同作用，资本由两部分构成：一部分是不变资本（c），另一部分是可变资本（v）。不变资本是转变为生产资料即原料、辅助材料、劳动资料的那部分资本，它在生产过程中不改变自己的价值量。可变资本是转变为劳动力的那部分资本，它在生产过程中改变自己的价值。剩余价值是由可变资本创造的，用 m 表示。商品价值 w ＝ c+v+m。剩余价值率 m' ＝ m／v。

（4）剩余价值的生产方法。剩余价值生产包括绝对剩余价值生产和相对剩余价值生产这两种基本方法。把工作日延长，使之超出工人只生产自己劳动力价值的等价物的那个点，并由资本占有这部分剩余劳动，这就是绝对剩余价值生产。绝对剩余价值生产是资本主义体系的一般基础。相对剩余价值生产是在工作日既定的情况下，通过缩短必要劳动时间，从而相应延长剩余劳动时间而生产的剩余价值。相对剩余价值是在各个资本家追逐超额剩余价值的竞争中形成的。相对剩余价值生产经历了简单协作、工场手工业和机器大工业三个阶段。随着资本主义生产方式的变革，劳动从形式上隶属于资本发展为实际上隶属于资本。

（5）剩余价值规律。即资本家依靠榨取工人的剩余劳动而使资本不断增殖的规律。剩余价值规律表明资本主义生产的目的是资本家无偿占有工人劳动创造的剩余价值。在资本主义生产中，只有生产剩余价值的劳动，才被认为是生产劳动。劳动者只是生产剩余价值的工具。他们的个人消费，在资本家看来，只是要解决劳动者的生产和再生产，从而为创造剩余价值服务。追求剩余价值作为资本主义生产的根本动力，支配着资本主义生产、流通、分配、消费的各个环节，决定着资本主义生产方式产生、发展和灭亡的全部过程，所以，剩余价值规律是资本主义的基本经济规律。

（6）资本主义工资。工资本质上是劳动力价值或价格的转化形式。工资表现为劳动的价值或价格的转化形式，这掩盖了资本主义剥削。

### 3. 资本积累理论

资本积累理论揭示了资本积累的实质及其发展趋势。其理论要点是：

（1）剩余价值转化为资本。剩余价值生产理论揭示了剩余价值的来源。要反复不断地生产剩余价值，就要进行再生产。资本主义再生产主要有两种类型：一种是资本主义简单再生产。它是指工人创造的剩余价值全部用于资本家的个人消费，生产只是在原有的规模上重复进行。通过资本主义简单再生产，不仅再生产出机器设备等物质资料，而且再生产出劳资关系。资本主义再生产是物质资料再生产和生产关系再生产的统一。另一种类型是资本主义扩大再生产。如果资本家不把全部剩余价值用于个人消费而是把其中的一部分合并到原有的资本中去，用来购买生产资料和劳动力，使生产在扩大的规模上进行，这就是资本主义扩大再生产。剩余价值转化为资本或剩余价值的资本化，就是资本积累。资本积累是资本主义扩大再生产的主要源泉。

（2）资本积累的实质及其必然性。资本积累的实质是资本家不断利用无偿占有工人创造的剩余价值来继续无偿占有更多的剩余价值，以增加资本，扩大生产规模。资本积累具有必然性。竞争的外在压力和资本家追求剩余价值的内在动力促使资本家不断进行资本积累。

（3）资本积累的一般规律。马克思从资本有机构成这个概念出发分析资本积累的一般规律。资本有机构成是指由资本技术构成决定并且反映技术构成变化的资本价值构成，用 c：v 表示。随着技术的发展和进步，资本有机构成有不断提高的趋势。资本有机构成的提高，一般是以个别资本的增大为前提。个别资本的增大有两种途径：资本积聚和资本集中。资本积聚是单个资本依靠剩余价值的资本化来增大资本的总额，它是资本积累的直接结果。资本集中，是指若干较小的资本合并成较大的资本。随着资本积累的进行，资本有机构成提高，这会导致可变资本在总资本中所占比例相对甚至绝对减少，这会减少对劳动力的需求，同时，随着资本积累的进行，妇女和儿童被迫出卖劳动力，破产的农民、手工业者、小资产者也加入劳动力市场，从而出现相对过剩人口。相对过剩人口是资本主义生产方式存在和发展的条件。随着资本积累的进行，"社会的财富即执行职能的资本越大，它的增长的规模和能力越大，从而无产阶级的绝对数量和他们的劳动生产力越大，产业后备军也就越大。可供支配的劳动力同资本的膨胀力一样，是由同一些原因发展起来的。因此，产业后备军的相对量和财富的力量一同增长。但是同现役劳动军相比，这种后备军越大，常备的过剩人口也就越多，他们的贫困同他们所受的劳动折磨成反比。最后，工人阶级中贫苦阶层和产业后备军越大，官方认为需要救济的贫民也就越多。这就是资本主义积累的绝对的、一般的规律。"[1]

（4）资本积累的历史趋势。资本主义社会的起点是资本的原始积累。资本的原始积累就是劳动者和生产资料相分离的过程。一方面，资本家用暴力剥夺小生产者，使他们丧失生产资料，变成一无所有的自由工人。另一方面，依靠建立殖民地制度、关税制度、国债制度等途径榨取、掠夺大量财富，孕育资产阶级。因此，马克思指出，"资本来到世间，从头到脚，每个毛孔都滴着血和肮脏的东西"。[2] 随着资本积累的进行，一方面，资本主义生产规模不断扩大，资本主义生产社会化、国际化程度不断提高；另一方面，少数大资本家对于多数中小资本家进行剥夺，资本家对工人阶级剥削程

---

[1] 《马克思恩格斯全集》第 44 卷，人民出版社 2001 年版，第 742 页。
[2] 《马克思恩格斯全集》第 44 卷，人民出版社 2001 年版，第 871 页。

度也不断加深，工人阶级的反抗也日益增长。因此，资本积累使资本主义的基本矛盾即生产社会化和生产资料的私人占有之间的矛盾日益加剧，资本主义私有制的灭亡成为历史的必然。

### （二）《资本论》第二卷的主要内容

第二卷研究资本的流通过程，共三篇，可以分为两个部分：第一部分是第一篇和第二篇，研究资本循环和周转理论；第二部分是第三篇，研究社会资本再生产理论。

**1. 资本循环和周转理论**

资本循环和周转理论研究单个资本的流通。其理论要点是：

（1）资本循环的定义：资本要完成一次完整的循环，通常要经过三个阶段：第一阶段是购买阶段，资本家用货币去购买生产资料和劳动力两种商品。资本执行的是货币资本的职能，即为生产剩余价值做准备。第二阶段是生产阶段，工人利用生产资料进行生产，从而生产出包含有剩余价值的新商品。资本执行的是生产资本职能，即生产剩余价值。第三阶段是销售阶段，就是要把含有剩余价值的商品销售出去，实现剩余价值。资本执行的是商品资本的职能，即实现剩余价值。因此，典型的资本循环是指产业资本经过购买、生产、销售三个阶段，采取货币资本、生产资本、商品资本三个形态，使其价值得到增殖、最后又回到原来出发点的运动。

（2）资本循环的条件。资本循环是一个连续不断的过程。这种连续性是由资本主义生产的技术基础决定的。要保证这种连续性，必须满足产业资本的三种职能形态在空间上并存、时间上继起这两个条件。这两个条件保证了资本的正常运动。所以，马克思指出，资本"只能理解为运动，而不能理解为静止物"。①

（3）资本周转及其影响因素。资本周转是周而复始、不断反复的资本循环。有两个因素影响资本周转速度：一是固定资本和流动资本的比例。固定

---

① 《马克思恩格斯全集》第45卷，人民出版社2001年版，第121—122页。

资本是指投在厂房、机器设备等劳动资料上的资本。它们的使用价值可以在较长时间内发挥作用，供许多次生产过程使用。它们的价值是按照它们在每次生产过程中的磨损程度，逐渐地转移到新产品中去，并随着产品的出售逐步周转回来，直到使用价值报废，才完成一次周转。流动资本，是指投在原料、辅助材料和劳动力上的资本。它的特点是一次投入生产过程，一次全部消耗。因此，它的价值是一次全部转移或者加入到产品中去。在其他条件不变的情况下，固定资本所占比重大，资本周转速度就慢；流动资本所占比重大，资本周转速度就快。二是周转时间。资本周转时间等于生产时间和流通时间之和。资本周转时间越短，周转速度越快。加快资本周转，可以节约预付资本量，提高年剩余价值量和年剩余价值率。

**2. 社会资本再生产理论**

社会资本再生产理论阐述社会资本流通的基本原理。其理论要点是：

（1）社会资本再生产的核心问题。社会资本是互相联系的个别资本的总和。社会资本再生产研究的核心问题是社会总产品的实现问题。社会总产品是社会在一定时期内（通常是一年）所生产的全部物质资料的总和。要实现社会总产品，就要求社会总产品的各个组成部分实现价值补偿和实物补偿。所谓价值补偿，是指社会总产品的各部分价值，从商品形式转化为货币形式，也就是社会总产品价值的各个组成部分通过市场交换得以实现。所谓实物补偿，是指社会总产品价值的各个组成部分实现为货币形式后，转化为所需要的商品，也就是资本家所需要的生产资料、工人和资本家所需要的消费资料通过市场交换获得。

（2）社会资本再生产的实现条件。社会资本再生产理论分析有两个基本原理：一是社会总产品按产品的最终用途分为生产资料部类和生活资料部类这两大部类。二是社会总产品按价值构成分为不变资本、可变资本和剩余价值三个部分。从两个基本原理出发，要实现社会总产品，就要求两大部类内部和相互之间保持一定的比例关系。因此，社会总产品按比例进行生产和交换是实现社会总产品的关键条件。习近平总书记在 2016 年 1 月 18 日中央党校省部级主要领导干部研讨班上，讲到五大发展理念的协调发展时，举到了马克思两个部类的原理。

### （三）《资本论》第三卷的主要内容

《资本论》第三卷研究资本主义生产总过程，共七篇，可以分为五个部分：第一部分从第一篇到第三篇，研究平均利润和生产价格理论；第二部分是第四篇，研究商业资本和商业利润理论；第三部分是第五篇，研究借贷资本和信用理论；第四部分是第六篇，研究地租理论；第五部分是第七篇，考察各种收入及其源泉。

**1. 平均利润和生产价格理论**

该理论揭示了剩余价值在产业资本家之间的分配。其理论要点是：

（1）剩余价值转化为利润。商品价值中的 c+v 部分，只是补偿商品使资本家自身耗费的东西，对资本家而言，所费资本就转化为成本价格，剩余价值就不仅仅被看作可变资本的产物，而是成为全部预付资本的产物，因此，剩余价值就转化为利润。利润是整个资本主义经济活动的出发点和轴心。利润率是剩余价值率的转化形式。

（2）利润转化为平均利润。不同产业部门利润率的差别和等量资本获得等量利润之间的矛盾，决定了利润要转化为平均利润。这种转化是通过资本和劳动力在不同部门之间的自由转移形成的。平均利润率 = 社会剩余价值总量 ÷ 社会预付资本总量。平均利润是各部门资本家按照平均利润率获得的利润。利润率平均化，进一步掩盖了资本主义剥削关系，加深了无产阶级和资产阶级的对立。

（3）价值转化为生产价格。生产价格是价值的转化形式，它在数量上等于成本价格加平均利润。价值转化为生产价格后，价值规律的作用形式发生变化，市场价格不是围绕价值，而是围绕生产价格上下波动。

**2. 商业资本和商业利润理论**

该理论揭示了商业资本家参与剩余价值的分配过程。其理论要点是：

商业资本是流通资本的独立化形式，是专门在流通领域内执行职能的资本。商业资本家从事商业经营，要获得商业利润。商业利润是商业资本家经营商品买卖所获得的利润。商业利润是平均利润，是产业资本家将一部分利润通过商品的购销差价让渡给商业资本家形成的。加快商业资本周转，有利于商业资本家获得更多利润。

### 3. 借贷资本和利息理论

该理论揭示了借贷资本家参与剩余价值的分配过程。其理论要点是：

（1）借贷资本的形成和本质。借贷资本是为获取利息而贷给职能资本家使用的货币资本。职能资本家由产业资本家和商业资本家构成。借贷资本来源于职能资本家在其资本周转过程中由于各种原因出现的暂时闲置的货币资本。它在本质上是资本商品，其流通体现了资本所有权和使用权分离。

（2）利息和利息率。由于资本所有权和使用权分离，平均利润分为两部分：一部分是职能资本家获得的企业主收入，另一部分是利息。利息是职能资本家因取得贷款而付给借贷资本家的一部分平均利润。利息率 = 利息 / 贷出资本额。借贷资本的供求状况决定市场利息率。

除此之外，马克思还分析了信用、虚拟资本、汇率等问题。信用是借贷资本的运动形式，可以分为商业信用和银行信用。商业信用是职能资本家之间采用延期付款方式赊购商品形成的借贷关系。银行信用是银行向职能资本家提供贷款时发生的借贷关系。虚拟资本是指本身没有价值，但以有价证券形式存在能为其所有者定期带来收入的资本，其典型形式是股票和债券。汇率是一个国家货币单位与另一个国家货币单位之间的兑换比率。汇率的变化与利率、国际收支差额、货币发行量等多种因素有关。信用制度的发展有助于节省各种流通费用、推动资本集中、促进资本再分配和利润率平均化，同时，信用制度也促进了资本主义基本矛盾的发展，使经济危机日益频繁发生。

### 4. 土地所有权与地租理论

该理论揭示了土地所有者参与剩余价值的分配过程。其理论要点是：

资本主义地租是资本主义土地所有权在经济上借以实现的形式。在资本主义社会，土地所有者把土地租给农业资本家，由农业资本家雇佣农业工人进行生产，这样，农业资本家既要把剩余价值的一部分作为地租交给土地所有者，又要获得平均利润。所以，资本主义地租是由超额利润转化来的。

地租有级差地租、绝对地租、建筑地租、矿山地租等形式。级差地租是经营较优土地所获得的、由土地所有者占有的超额利润的转化形式；它有级差地租Ⅰ和级差地租Ⅱ两种形式；它体现了虚假的社会价值。绝对地租是由土地所有权本身产生、租用任何土地都必须支付的地租。土地价格等于地租与利率之比。

### 5. 各种收入及其源泉

该理论是第三卷的总结，也是全书的总结。其理论要点是：

（1）对三位一体公式的分析。资产阶级庸俗经济学家提出"资本创造利润，土地创造地租，劳动创造工资"的三位一体公式。实际上，利润、地租和工资等各种收入不是来自不同的源泉，它们都来源于雇佣工人劳动创造的新价值。

（2）分配关系与生产关系。资本主义生产关系和分配关系在本质上是同一的。生产关系决定分配关系，分配关系只是生产关系的一种表现。必须区分价值创造与价值分配。劳动是创造价值的唯一源泉，但价值分配的根据在于生产要素所有权。

（3）阶级。雇佣工人、资本家和土地所有者构成资本主义社会的三大阶级。阶级的存在仅仅同生产发展的一定历史阶段相联系，阶级斗争必然导致无产阶级专政和社会主义制度的建立，并最终消灭阶级自身。

# 第三章　马克思主义关于市场经济的逻辑

自市场经济产生以来，人们就开始研究作为市场经济客观发展规律的逻辑到底是什么，可以说是仁者见仁，智者见智。不同的理论观点必然会得出发展市场经济的不同政策主张。本章简要地评析了西方主流学者对市场经济逻辑的基本观点，评析了我国学者对《资本论》中关于商品生产存在原因的传统观点，较为详细地研究了《资本论》关于市场经济产生和发展的逻辑，《资本论》关于市场经济运行机制的思想；在此基础上，探讨了《资本论》关于市场经济逻辑和市场机制对我国经济改革，对我国社会主义市场经济建立和发展的现实意义。

## 一、西方主流学者对市场经济逻辑的见解

中国的改革开放过程就是中国特色社会主义的创立和发展过程，从经济上来看就是社会主义市场经济的建立和发展过程。市场经济在西方国家已经发展了几百年，比起资本主义以前的自然经济来，它促进了社会生产力的快速发展。马克思和恩格斯在《共产党宣言》中曾指出："资产阶级在它的不到一百年的阶级统治中所创造的生产力，比过去一切世代创造的全部生产力还要多，还要大。自然力的征服，机器的采用，化学在工业和农业中的应用，轮船的行驶，铁路的通行，电报的使用，整个整个大陆的开垦，河川的通航，仿佛用法术从地下呼唤出来的大量人口——过去哪一个世纪料想到在社会劳动里蕴藏有这样的生产力呢？"[1]

---

① 《马克思恩格斯文集》第 2 卷，人民出版社 2009 年版，第 36 页。

通过改革开放走向市场经济的中国，在短短的 30 多年时间内创造了举世瞩目的成就：经济以年均近 10% 的速度增长，数以亿计的人口摆脱了贫困，并于 2010 年跨入上中等收入国家行列，经济总量仅次于美国成为世界第二大经济体，经济科技实力有了明显的增强，人民生活水平迈上了一个新的台阶。那么，市场经济到底有什么神奇的地方，能跨越时空跨越社会制度，让社会生产力实现如此之快的发展呢？这就是市场经济的逻辑的力量。

市场经济本身不是一种社会制度，但它又不能脱离一定的社会制度而存在和发展。市场经济的逻辑到底是什么？西方世界一般都推崇古典经济学大师亚当·斯密的解释。亚当·斯密在他的名著《国民财富的性质和原因的研究》中这样讲道："他如果能够刺激他们的利己心，使有利于他，并告诉他们，给他做事，是对他们自己有利的，他要达到目的就容易得多了。不论是谁，如果他要与旁人做买卖，他首先就要这样提议。请给我以我所要的东西吧，同时，你也可以获得你所要的东西：这句话是交易的通义。我们所需要的相互帮忙，大部分是依照这个方法取得的。我们每天所需的食物和饮料，不是出自屠户、酿酒家或烙面师的恩惠，而是出于他们自利的打算。我们不说唤起他们利他心的话，而说唤起他们利己心的话。我们不说自己有需要，而说对他们有利。"[1] 这段话的意思是说，市场经济中的每一个人都是自私的，要让人们做事就要说做这件事是对他们有利的，通过唤起他们的自私心才能把事情做好。当然，亚当·斯密还有另一个人的假设，即人都是利他的。在他的《道德情操论》中，他讲道，在人的天性中总是有一些根深蒂固的东西。无论一个人在我们眼中是如何自私，他总是会对别人的命运感兴趣，会去关心别人的幸福。而一个"完美无瑕的人性，就是关心他人胜过关心自己，就是公正无私和慈善博爱的情怀。唯有如此，人与人之间才能达到感情上的沟通与和谐，才能产生得体适度的行为"。[2] 在亚当·斯密那里，人既是利己的又是利他的，那么，利己和利他又是如何实现的呢？货币学派

---

① 亚当·斯密：《国民财富的性质和原因的研究》（上卷），郭大力、王亚南译，商务印书馆 1979 年版，第 13—14 页。

② 亚当·斯密：《道德情操论》，韩巍译，西苑出版社 2005 年版，第 18 页。

大师密尔顿·弗里德曼说道："不读《国富论》不知道应该怎样叫'利己'，读了《道德情操论》才知道'利他'才是问心无愧的'利己'"①。弗里德曼的真实意思是，只有利他才能实现利己，即利他说到底是为了利己。

那么，利己人之间的利益关系由谁来调节呢？亚当·斯密在《道德情操论》中第一次谈到自私人之间的关系由一只看不见的手调节时说：富有地主"虽说他们都是些只顾自己、自私自利的家伙，雇佣千百人为自己劳作的动机无非是满足自己那点无厌而又无聊的私欲，但他们还是跟穷汉一起分享了他们的改良成果：一只看不见的手引导人们对生活用品进行了分配，而且几乎与所有居民平均占有土地的情况一样。这样，就无形地推进了社会的总体利益，给越来越多的人提供了生活保障"。②此后，在他的《国富论》中又进一步发挥，他说：每个个人"通常既不打算促进公共的利益，也不知道他自己是在什么程度上促进那种利益。由于宁愿投资支持国内产业而不支持国外产业，他只是盘算他自己的安全；由于他管理产业的方式目的在于使其生产物的价值能达到最大程度，他所盘算的也只是他自己的利益。在这场合，像其他许多场合一样，他受着一只看不见的手的指导，去尽力达到一个并非他本意想要达到的目的。他追求自己的利益，往往使他能比在真正出于本意的情况下更有效地促进社会的利益"。③

亚当·斯密看不见的手的作用的发挥是建立在每个人的利己动机之上的。他认为，每个人都是利己的，利己之心是人的本性，人们从事一切生产经营活动的目的都是为了实现个人的利益，也正是由于每个人对自己利益的追求才带来了更大的社会利益的实现。利他是为了利己，但利他却成了利己的产物，追求个人利益是动机，但在追求个人利益的同时却实现了更大的社会利益。利己的动机通过看不见的手的调节，使得个人利益与社会利益实现了完善的统一。所以，亚当·斯密极力主张经济自由放任，反对国家干预经

---

① 亚当·斯密：《道德情操论》，韩巍译，西苑出版社2005年版，见封底。

② 亚当·斯密：《道德情操论》，韩巍译，西苑出版社2005年版，第174页。

③ 亚当·斯密：《国民财富的性质和原因的研究》（下卷），郭大力、王亚南译，商务印书馆1979年版，第27页。

济生活。在市场经济中，生产者依据利润最大化原则做生产决策，消费者依据效用最大化原则做购买选择。市场在供给和需求之间，根据由供求决定的价格自然变动，引导市场主体将各种资源朝着效率最高的方向配置。

利己人和看不见的手反映了自发的市场经济的运行机理，是资本主义早期阶段自由竞争特点的反映。然而20世纪20年代末的世界经济大危机打破了亚当·斯密所规定的市场经济发展的自然秩序，并引出了西方经济学界关于市场经济与社会主义的大讨论。但无论如何讨论，都没有跳出奥地利经济学家米塞斯的"要么是社会主义，要么是市场经济"的著名结论。米塞斯于1920年发表了《社会主义制度下的经济计算》一文，他认为，价格是资本主义私有制为基础的自由竞争市场形成的，而社会主义在公有制的基础上不可能建立自由竞争的市场，也就不可能有真正合理的价格体系，没有竞争性的要素市场价格就不可能实现生产要素的优化配置。因此，他认为，社会主义不可能实现资源的优化配置，一切政府对市场经济的干预都是有害的。他主张，要实现资源的优化配置，就必须实行私有制基础上的完全自由竞争。米塞斯当时针对一些人提出的社会主义可以通过建立生产资料的人为市场来解决经济计算问题时指出，这些人没有看到把市场和它的价格形成的功能同以生产资料私有制为基础的社会分离开来是不可能的。他认为，市场是资本主义制度的本质，在社会主义条件下，它是不可能人为仿制。经济计算的实质不在于应该生产什么和生产多少，而是如何最有效地利用现有生产资料来生产这些产品和资源的合理配置问题。而这些，唯有在生产资料私有制社会的生产资料市场上形成的价格体系才能计算。在这篇文章的最后，他指出，问题仍然是二者必居其一，要么是社会主义，要么是市场经济[①]。

从斯密到米塞斯，从萨伊到弗里德曼，从华盛顿共识到当前新自由主义者的政策主张，无不认为私有制和自由竞争才是推动经济发展的根本动力，这就是他们所说的市场经济发展的根本要求，或者说就是市场经济的

---

① 米塞斯:《社会主义制度下的经济计算》，见商务印书馆1979年版的《现代外国经济学论文选》第九集。参见西南财经大学出版社1992年出版《凯恩斯以后的百名重要经济学家》，经济科学出版社1996年出版《新帕尔格雷夫经济学大辞典》第3卷。

逻辑。

西方自由学派关于市场经济逻辑的观点是非常明确的。我们国家有些学者也认为，市场经济的逻辑就是亚当·斯密提出的逻辑。该学者指出"市场的基本逻辑是：如果一个人想得到幸福，他（或她）必须首先使别人幸福。更通俗地讲，利己先利人"。这几句话的含义与上文所讲到的弗里德曼对亚当·斯密利己利他的评价如出一辙。他还说："市场的这一逻辑把个人对财富和幸福的追求转化为创造社会财富和推动社会进步的动力。由此，才有了西方世界过去 200 多年的崛起，也才有中国过去 30 年的经济奇迹！"他更直白地说："私有产权，自由价格，企业，企业家，利润，这些是市场这只看不见的手和隐形的眼睛得以运行的基本制度安排。正是这些制度安排保证了在市场经济中，每个人都必须对自己的行为负责，满足别人的利益成为追求自己幸福的前提，不能干损人利己的事情。"[1] 据此，该学者还大声疾呼："回到经济学的基本原理，回到亚当·斯密的市场理论，放弃凯恩斯主义的短期政策。中国经济不能再任由凯恩斯主义忽悠了。"[2]

我们国家专门研究马克思主义政治经济学的一些人也认为，即使依据马克思的观点，也会得出发展市场经济就必须发展私有制和提倡自由竞争的结论。因为他们认为，《资本论》中讲商品生产存在原因的时候，也是把私有制作为其两大原因之一，也是把自由竞争作为价值规律发挥作用的基本条件的[3]。然而，这里的问题恰恰是：马克思在《资本论》中是怎样论述市场经济与私有制的逻辑关系的？能不能依据《资本论》中的基本思想，在不搞私有化的前提下发展出中国特色的社会主义市场经济来？

---

①　张维迎：《市场的逻辑》，上海人民出版社 2010 年版，第 1—2 页。

②　张维迎：《通往市场之路》，浙江大学出版社 2012 年版，第 100 页。

③　"社会分工的存在，以及产品是私人劳动的产品，这是形成商品生产的两个基本条件。"见《〈资本论〉导读编写组》编：《〈资本论〉导读》，人民出版社 2012 年版，第 42 页。"竞争是指各种市场主体为了实现自身利益目标而发生的相互排斥甚至相互冲突的利益关系，是市场经济的内在动力。"见《马克思主义政治经济学概论》，人民出版社 2011 年版，第 39 页。

## 二、《资本论》关于市场经济产生和发展的逻辑

《资本论》以资本主义市场经济运动规律为研究对象，人们不可能从《资本论》中找到解答中国特色社会主义市场经济中具体问题的现成答案。但是，《资本论》中所揭示的许多经济规律，如果去掉其资本主义的特殊规定，实际上包含着市场经济的逻辑，这些对于研究我国社会主义市场经济又具有重要的指导价值。

列宁曾说，"虽说马克思没有遗留下'逻辑'（大写字母的），但他遗留下《资本论》的逻辑，应当充分地利用这种逻辑来解决这一问题"①。虽然列宁的原意讲的是作为《资本论》方法论的逻辑，但引申出来，也可以用来指导研究《资本论》关于市场经济的逻辑。那么，《资本论》中关于市场经济的逻辑是什么呢？

需要说明的是，《资本论》中没有商品经济概念，但有商品生产、商品交换和货币流通的概念；《资本论》中没有市场经济的概念，但有交换经济、货币经济和信用经济的概念。学术界对商品经济和市场经济有不同的理解。我们认为，以货币为纽带连接的商品生产和商品交换的总称可以叫商品经济，商品经济的发达形式或商品生产的普遍化形式可以叫市场经济。不论是商品经济还是市场经济，其细胞和元素都是商品。因此，马克思在《资本论》中关于商品生产和商品交换产生，以及商品货币关系消亡的逻辑就可以看作是《资本论》关于市场经济的逻辑。从这种意义上说，我认为，马克思分析市场经济逻辑的要点如下：

第一，在《资本论》中，马克思分析商品生产产生的条件有二：一是社会分工，二是不同的利益主体。商品经济是在社会分工条件下协调人们经济利益关系的唯一形式。人类社会最初是在与极端低下的生产力相适应的自然经济中缓慢发展的。后来，由于社会生产力发展造成了社会分工，出现了人

---

① 《列宁全集》第55卷，人民出版社1990年版，第290页。

们劳动的专业化与需要的多样化之间的矛盾，形成了生产者之间既相互依赖又相互分离的不同利益，他们的这种利益只有通过商品交换的形式才能实现。随着分工引起的生产条件和利益的扩大化，引起的社会需求的迅速增长和多样化，都要求交换的范围的不断扩大和程度的不断加深，从而推动商品经济不断地发展。因此，只要社会分工以及由此引起的生产者之间利益差别普遍存在，不论一个国家的社会经济制度如何，在生产方式上都必然是商品经济，这是不以人们意志为转移的自然历史过程。

但是，对《资本论》中商品生产产生原因的传统理解则是社会分工和私有制的存在。我们认为，这并不完全符合马克思在《资本论》中的分析。在《资本论》第一卷第二章，马克思专门研究了商品生产产生的历史过程。马克思指出："商品交换是在共同体的尽头，在它们与别的共同体或其成员接触的地方开始的。但是物一旦对外成为商品，由于反作用，它们在共同体内部生活中也成为商品。"① 在这里，马克思讲的直接是商品交换的产生。他还说："直接的产品交换形式是 X 量使用物品 A ＝ Y 量使用物品 B。在这里，A 物和 B 物在交换之前不是商品，它们通过交换才成为商品。"② 这时候，商品交换的量的比例完全是偶然的。但是，由于社会分工的存在，对别人的使用物品的需要渐渐固定下来。交换的不断重复使交换成为有规则的社会过程。因此，随着时间的推移，至少有一部分劳动产品必定是有意了为了交换而生产的。从那时起，一方面，物满足直接需要的效用和物用于交换的效用的分离固定下来了。它们的使用价值同它们的交换价值分离开来。另一方面，它们互相交换的量的比例是由它们的生产本身决定的。习惯把它们作为价值固定下来。作为真正意义上的商品生产也就必然出现了。

实际上，马克思指出，为使让渡成为相互的让渡，"人们只须默默地彼此当做那些可以让渡的物的私有者，从而彼此当做独立的人相对立就行了"。③ 因此，商品生产实际上是在社会分工条件下，不同利益主体之间劳

① 《列宁全集》第 55 卷，人民出版社 1990 年版，第 107 页。
② 《列宁全集》第 55 卷，人民出版社 1990 年版，第 106 页。
③ 《列宁全集》第 55 卷，人民出版社 1990 年版，第 107 页。

动交换必然采取的经济活动方式。商品生产产生的两个条件是社会分工和不同利益主体的存在，即除了社会分工这个一般的条件外，决定性的条件是不同利益主体而并非是私有制。

那么，如何来看待马克思在这里所讲的"私有者"呢？从上下文可以看出，马克思在这里是讲在原始公社之间，不同的公社之间让渡各自的物品，相互之间是存在着利益上的区分的，作为不同的利益主体为了各自的利益进行的这种交换，就可以看成类似于"私有者"之间的交换。很显然，这里所说的"私有者"实际上讲的就是不同的利益主体。不然的话，原始公社之间的交换怎么会是私有者之间的交换呢？

商品社会是人的关系通过物的关系来反映的特殊社会形态。马克思指出："在商品生产者的社会里，一般的社会生产关系是这样的：生产者把他们的产品当作商品，从而当作价值来对待，而且通过这种物的形式，把他们的私人劳动当作等同的人类劳动来互相发生关系。"① 在商品社会里，每个人的劳动直接是个人劳动，但个人劳动的产品要能够被社会承认，就必须证明所花费在该产品上的个人劳动是社会需要的劳动，即社会劳动。商品生产者的个人劳动具有的社会性质不能在生产过程中直接表现出来，而只能通过他们各自的产品的交换即物与物的交换间接地表现出来。这样商品生产者之间相互为对方的劳动关系便表现为不同商品之间的交换关系，人与人之间的生产关系便表现为物与物的关系。商品形式在人们面前把人们的劳动的社会性质反映成了劳动产品的物的性质，反映成这些物本身就具有的天然的社会性质，从而把商品生产者的个人劳动与社会总劳动的关系反映成存在于商品生产者之外的物和物的关系。如果人们在商品社会看不到人和人之间的劳动交换关系，而只在社会表现上看到物和物的交换关系，就会产生对商品的拜物教观念。马克思指出，产品所采取的商品形式，劳动所表现的价值形式，劳动量所表现的价值量的形式等，"这种种形式恰好形成资产阶级经济学的各种范畴。对于这个历史上一定的社会生产方式即商品生产的生产关系来说，

---

① 《马克思恩格斯文集》第5卷，人民出版社2009年版，第97页。

这些范畴是有社会效力的，因而是客观的思维形式"。①

第二，商品生产存在于不同的社会形态中，但只有商品生产发展成为社会生产的普遍形式，一切生产要素都成为商品并通过市场交换才能进入生产过程，市场经济才出现。即一切经济资源都由市场配置的经济就是市场经济。马克思认为，商品经济"是历史上完全不同的社会经济形态所共有的"②，其中奴隶制和封建制社会是不发达的商品生产。当时占主体地位的是自然经济，商品生产只是在自然经济的夹缝中存在和发展着。只是到了资本主义，商品生产才普遍化。"资本主义时代的特点是，对工人本身来说，劳动力是归他所有的一种商品的形式，因而他的劳动具有雇佣劳动的形式。另一方面，正是从这时起，劳动产品的商品形式才普遍化。"③ 从这时起，商品生产进入它的发达阶段。所以，"发达的商品生产本身就是资本主义的商品生产"④。所以，人们经常把资本主义经济看作是市场经济。马克思认为，资本主义通过市场经济的形式实现了社会生产力的快速发展。"只有资本主义的商品生产，才成为一个划时代的剥削方式，这种剥削方式在它的历史发展中，由于劳动过程的组织和技术的巨大成就，使社会的整个经济结构发生变革，并且不可比拟地超越了以前的一切时期。"⑤

第三，在《资本论》中分析的是资本主义市场经济⑥，对未来的消灭了私有制的社会是否存在商品生产和商品交换，是持否定态度的。马克思认为，随着资本主义私有制的灭亡，随着社会对生产资料的统一占有，商品货币关系将随之消灭。马克思在《资本论》及其《手稿》中谈到未来社会的

---

① 《马克思恩格斯文集》第5卷，人民出版社2009年版，第93页。
② 《马克思恩格斯全集》第23卷，人民出版社1972年版，第193页。
③ 《马克思恩格斯文集》第5卷，人民出版社2009年版，第198页。
④ 《马克思恩格斯文集》第6卷，人民出版社2009年版，第127页。
⑤ 《马克思恩格斯文集》第6卷，人民出版社2009年版，第44页。
⑥  虽然在马克思著作中没有用市场经济一词，但是，马克思明确指出："资本主义生产方式占统治地位的社会的财富，表现为'庞大的商品堆积'，单个的商品表现为这种财富的元素形式。因此，我们的研究就从分析商品开始"（《马克思恩格斯文集》第5卷，人民出版社2009年版，第47页）。可见，马克思《资本论》实际分析的是市场经济的资本主义形式。

"自由人联合体"时，设计了一个非商品货币化的经济形态："设想有一个自由人联合体，他们用公共的生产资料进行劳动，并且自觉地把他们许多个人劳动力当作一个社会劳动力来使用。[……] 这个联合体的总产品是一个社会产品。这个产品的一部分重新用作生产资料。这一部分依旧是社会的。而另一部分则作为生活资料由联合体成员消费。因此，这一部分要在他们之间进行分配……仅仅为了同商品生产进行对比，我们假定，每个生产者在生产资料中得到的份额是由他的劳动时间决定的。这样，劳动时间会起双重作用。劳动时间的社会的有计划的分配，调节着各种劳动职能同各种需要的适当的比例。另一方面，劳动时间又是计量生产者个人在共同劳动中所占份额的尺度，因而也是计量生产者在共同产品的个人消费部分中所占份额的尺度。在那里，人们同他们的劳动和劳动产品的社会关系，无论在生产上还是在分配上，都是简单明了的"[①]。在未来社会中，"单个人的劳动一开始就成为社会劳动。因此，不管他所创造的或协助创造的产品的特殊物质形式如何，他用自己的劳动所购买的不是一定的特殊产品，而是共同生产中的一定份额"[②]。

可见，商品经济消亡的条件就在于人们劳动的直接社会性。关于这一点，马克思在《哥达纲领批判》中说得很明白。他说，"在一个集体的、以共同占有生产资料为基础的社会里，生产者并不交换自己的产品；耗费在产品生产上的劳动，在这里也不表现为这些产品的价值，不表现为它们所具有的某种物的属性，因为这时和资本主义社会相反，个人的劳动不再经过迂回曲折的道路，而是直接地作为总劳动的构成部分存在着"[③]。恩格斯在《反杜林论》中进一步指出，"社会一旦占有生产资料并且以直接社会化的形式把它们应用于生产，每一个人的劳动，无论其特殊的有用性质是如何的不同，从一开始就直接成为社会劳动。那时，一个产品中所包含的社会劳动量，可以不必首先采用迂回的途径加以确定；日常的经验就直接显示出这件产品平均需要多少数量的社会劳动。……人们可以非常简单地处理这一切，而不需

---

① 《马克思恩格斯选集》第 2 卷，人民出版社 1995 年版，第 141—142 页。
② 《马克思恩格斯全集》第 46 卷（上册），人民出版社 1979 年版，第 119 页。
③ 《马克思恩格斯选集》第 3 卷，人民出版社 1972 年版，第 10 页。

要著名的'价值'插手其间。一旦社会占有了生产资料，商品生产就将被消除，而产品对生产者的统治也将随之消除。社会生产内部的无政府状态将为有计划的自觉的组织所代替"①。

第四，商品经济消亡之后，社会总劳动的比例分配可以得到社会自觉的安排和调节。马克思指出，"人人都同样知道，要想得到和各种不同的需要量相适应的产品量，就要付出各种不同的和一定量的社会总劳动量。这种按一定比例分配社会劳动的必要性，决不可能被社会生产的一定形式所取消，而可能改变的只是它的表现方式，这是不言而喻的。自然规律是根本不能取消的。在不同的历史条件下能够发生变化的，只是这些规律借以实现的形式。而在社会劳动的联系体现为个人劳动产品的私人交换的社会制度下，这种按比例分配劳动所借以实现的形式，正是这些产品的交换价值"②。在马克思所设想的未来社会里，按一定比例对社会劳动进行的分配，不再采取市场交换的方式，而是由社会自觉的有意识的调节所取代。

由此可见，马克思在《资本论》中关于商品经济存在和消亡的论断，在逻辑上是成立的。根据马克思的分析，商品经济产生、发展和消亡，是一个自然历史过程，它是社会生产力发展到一定阶段的产物，它的存在和发展又推动着社会生产力的不断提高，"只有当社会生活过程即物质生产过程的形态，作为自由联合的人的产物，处于人的有意识有计划的控制之下的时候，它才会把自己的神秘的纱幕揭掉。但是，这需要有一定的社会物质基础或一系列物质生存条件，而这些条件本身又是长期的、痛苦的发展史的自然产物"③。也就是说，商品经济不是被消灭的，更不是人为就可以消灭的，而是在一个较长的历史过程中自然消亡的。只要还存在着个人劳动和社会劳动的差别，每个人的劳动还不表现为直接的社会劳动，商品经济就必然存在，建立在商品经济基础上的市场经济也就必然存在。

---

① 《马克思恩格斯选集》第 3 卷，人民出版社 2012 年版，第 696—697、671 页。
② 《马克思恩格斯选集》第 4 卷，人民出版社 1995 年版，第 580 页。
③ 《马克思恩格斯文集》第 5 卷，人民出版社 2009 年版，第 97 页。

## 三、《资本论》中关于市场经济运行的逻辑

《资本论》关于市场经济运行的逻辑实际上是价值规律作用过程中的市场价值与供求、竞争和价格之间的内在联动机制。在《资本论》第一卷，马克思提出了价值规律的最一般的规定，即商品价值是凝结在商品中的一般人类劳动，商品的价值量由生产商品的社会必要劳动时间决定。至于商品中的一般人类劳动怎样衡量社会必要劳动时间怎样形成等问题，在那里没有给予回答。要回答这些问题，必须首先说明供求机制、竞争机制和价格机制。但是，为了在纯粹的状态下研究价值决定，就必须将这些因素暂时撇开。马克思指出：在考察个别商品价值的决定和实现时，"我们曾假定，商品是按照它们的价值出售的，因为，既然问题只在于商品在它转化为货币，再由货币转化为商品时所经历的形式变化，那就没有任何理由去考察那种同价值相偏离的价格。只要商品已经售出，并且用所得的货币又购买了新的商品，全部形态变化就摆在我们面前了，而商品价格究竟是低于还是高于它的价值，对这种形态变化本身来说是没有关系的"①。但这只是理论上的抽象，在实际生活中，在市场上，事实上同时存在着众多的商品的买者和卖者，在买者和卖者之间存在着错综复杂的竞争，在供求关系和竞争的交互作用中，价格经常处于变化之中。现在要考察现实的市场经济运动，就必须加以说明。而马克思正是在《资本论》第三卷尤其是其中的第十章，较为详尽地在供求关系、竞争和价格变动中说明了市场经济的运行规律。这一分析对于认识市场对资源配置的决定性作用具有直接的指导价值。

关于市场价值的决定。商品的价值不是由个别劳动时间决定，而是由社会必要劳动时间决定。"社会必要劳动时间是在现有的社会正常的生产条件下，在社会平均的劳动熟练程度和劳动强度下制造某种使用价值所需要

---

① 《马克思恩格斯文集》第 7 卷，人民出版社 2009 年版，第 214—215 页。

的劳动时间。"① 这是抽象地分析价值的一般规定。但在现实的市场经济中，任何一种商品的生产都是由生产条件各不相同的生产者组成的，这些生产条件大体上可以分为三类：优等的生产条件、中等的生产条件和劣等的生产条件。因此，商品的市场价值的决定就分别会由优等的生产条件下所花费的劳动时间决定、中等的生产条件下所花费的劳动时间决定和劣等的生产条件下所花费的劳动时间决定。到底由哪一种生产条件下的劳动时间决定呢？马克思分别考察了这三种情况后指出，商品的市场价值是由这三种生产条件下生产商品的加权平均花费的劳动时间决定的。如果该种商品的很大量是由中等条件的生产者生产的，优等和劣等生产条件下的生产者只生产了很小一部分，而且这两端能够互相拉平，那么，市场价值就会由中等条件下生产的商品的价值来决定。由中等价值调节的商品总量的市场价值，等于全部这三种条件下生产的个别价值的总和，对两端生产的商品来说，表现为一种强加于它们的平均价值。这样，在最坏的一端生产的人，必然低于个别价值出售他们的商品；在最好的一端生产的人，必然高于个别价值出售他们的商品。②

关于供给和需求。市场价值是通过市场上的供给和需求双方之间的竞争形成的。在市场上，"互相对立的只是两个范畴：买者和卖者，需求和供给"③。供给是能够提供给市场的商品和劳务，既有总量关系，也有结构关系。需求是对市场上的商品和劳务有支付能力的需要，既有总量关系，也有结构关系。供给和需求的关系实际上是生产某种商品和劳务的社会劳动和社会对这种商品和劳务的需求之间的关系。马克思从总量的角度对供给和需求做了规定："说到供给和需求，那么供给等于某种商品的卖者或生产者的总和，需求等于这同一种商品的买者或消费者（包括个人消费和生产消费）的总和。而且这两个总和是作为两个统一体，两个集合力量来互相发生作用的。"④

---

① 《马克思恩格斯文集》第 5 卷，人民出版社 2009 年版，第 52 页。
② 参见《马克思恩格斯文集》第 7 卷，人民出版社 2009 年版，第 203—205 页。
③ 《马克思恩格斯全集》第 26 卷（第 3 册），人民出版社 1975 年版，第 514 页。
④ 《马克思恩格斯文集》第 7 卷，人民出版社 2009 年版，第 215 页。

供给和需求的互动关系反映的是市场供求与竞争和价格之间的内在联系。马克思在《资本论》第三卷第十章中曾列举了三种情况来具体说明供求关系是怎样通过市场价格影响市场价值的。这三种情况分别是：供求一致，商品按与市场价值相一致的市场价格出卖；供过于求，市场价格就会低于市场价值出卖；供不应求，市场价格就会高于市场价值出卖。市场价格变动也会影响供求关系变动。马克思分别列举了这两种情况。一是需求按照和市场价格相反的方向变动。如果市场价格下降，需求就会增加，如果市场价格上升，需求就会减少；二是供给按照和市场价格相同的方向变动。如果市场价格下降，供给就会减少，如果市场价格上升，供给就会增加。这种供求与价格的互动关系形成供求机制。①

关于市场竞争。供求关系实际上也是市场上的竞争关系。竞争是市场供求双方以及各自内部为了实现自身利益而发生的相互关系。竞争可以发生在同一种商品的买者之间，也可以发生在同一种商品的卖者之间，还可以发生在同一种商品的买者和卖者之间。同一种商品买者之间的竞争主要发生在商品的供应数量有限的情况下，每个买者都力争使自己的需要得到满足，而总有一部分需求得不到满足，这意味着将其他买者从市场交易中排斥出去；同一种商品卖者之间的竞争主要发生在商品的需求数量有限的情况下，每个卖者都力争把自己的商品卖出去，而总有一部分商品卖不出去，竞争结果就意味着将其他卖者从市场交易中排斥出去。买者和卖者之间竞争就形成对同一种商品的讨价还价行为，前者总想买得便宜一些，后者总想卖得贵一些。

竞争机制是市场经济的基本规律得以贯彻和实现的形式。在市场经济中，"独立的商品生产者互相对立，他们不承认任何别的权威，只承认竞争的权威，只承认他们互相利益的压力加在他们身上的强制"②。商品价值是由生产商品的社会必要劳动时间决定的，每个商品生产者生产某种商品所花费的个别劳动时间与社会必要劳动时间不可能完全一致，这种商品的个别价值

---

① 参见《马克思恩格斯文集》第 7 卷，人民出版社 2009 年版，第 212 页。
② 《马克思恩格斯文集》第 5 卷，人民出版社 2009 年版，第 412 页。

与市场价值的差别必然会引起商品生产者之间的竞争。只有在竞争中，不同的个别价值才能化为相同的市场价值，价值规律才能得以贯彻。商品的个别价值低于市场价值的生产者，按照市场价值出售商品（即便将商品价格压低到市场价值以下，只要高于个别价值），就能够得到超额利润。而个别价值高于市场价值的生产者，按照市场价值出售商品，就会面临破产倒闭的危险。所以，商品生产者为了追求自身的利益，为了使自己在竞争中处于有利地位，都会不断提高劳动生产率，不断改进和创新技术，不断改善和加强组织管理。在激烈的竞争中，落后的商品生产者被淘汰，他们所拥有的经济资源会转移到生产效率高的生产者手中，实现资源的优化配置。

竞争机制也是资本主义基本规律得以贯彻和实现的形式。竞争是"使资本主义生产方式的内在规律作为外在的强制规律支配着每一个资本家"[①]。相对剩余价值的生产是在众多资本家追求超额剩余价值的激烈竞争中形成的。马克思指出，"商品的价值与劳动生产力成反比。劳动力的价值也是这样，因为它是由商品价值决定的。相反，相对剩余价值与劳动生产力成正比。它随着生产力的提高而提高，随着生产力的降低而降低"[②]。采用改良的生产方式的资本家，比同行业的其余资本家能得到更多的剩余价值，他个别地所做的，就是资本家全体在生产相对剩余价值的场合所做的。但是另一方面，当新的生产方式被普遍采用，因而比较便宜地生产出来的商品的个别价值和它的市场价值之间的差额消失的时候，这个超额剩余价值也会消失。价值由劳动时间决定这同一规律，既会使采用新技术的资本家感觉到，他必须低于商品的市场价值来出售自己的商品，又会作为竞争的强制规律，迫使他的竞争者也采用新技术。正如马克思所指出的："提高劳动生产力来使商品便宜，并通过商品便宜来使工人本身便宜，是资本的内在的冲动和经常的趋势。"[③]

竞争机制还是资本主义剩余价值分配规律得以贯彻和实现的形式。在资本主义社会，剩余价值是按照平均利润率来分配的，而平均利润率正是通过

---

[①]《马克思恩格斯文集》第 5 卷，人民出版社 2009 年版，第 683 页。
[②]《马克思恩格斯文集》第 5 卷，人民出版社 2009 年版，第 371 页。
[③]《马克思恩格斯文集》第 5 卷，人民出版社 2009 年版，第 371 页。

不同部门资本家的竞争形成的。不同的生产部门，由于资本有机构成不同和资本周转快慢不同，必然有着极不相同的利润率。而资本家的本性就在于追求利润。利润率低的部门的资本家必然要与利润率高的部门的资本家展开争夺利润的激烈竞争，在这种竞争中，资本会从利润率低的部门向利润率高的部门流动，通过资本之间的竞争和资本的流动，最终形成不同生产部门的同量资本都能得到大致相同的平均利润。马克思指出，"竞争，是指这样的一种运动，通过这种运动，投在各特殊生产部门的资本，力图按照各自相对量的比例，从这个剩余价值中取得相等的一份"①。此时，"资本就意识到自己是一种社会权力，每个资本家都按照他在社会总资本中占有的份额分享这种权力"②。

竞争机制还是按比例分配社会劳动时间规律的贯彻和实现形式。任何社会都存在按比例分配社会劳动的规律。在市场经济社会，按比例分配社会总劳动规律是通过不同商品生产者的竞争所引起的资源流动而自发实现的。

关于市场价格。商品的价格是价值的货币表现，它由价值决定。但是，价格是在市场上形成的，市场上供求关系的变动和竞争必然引起商品价格的波动，商品价格的波动反过来又会引起供求关系发生新的变动，商品价格受供求关系和竞争的影响围绕价值波动，是价值规律发生作用的形式。

商品价格是价值的货币表现，因此，商品的价值变动和货币的价值变动是商品价格变动的内在因素。三者变动关系，马克思在《资本论》第一卷解释为："商品价格只有在货币价值不变、商品价值提高时，或在商品价值不变、货币价值降低时，才会普遍提高。反之，商品价格只有在货币价值不变，商品价值降低时，或在商品价值不变，货币价值提高时，才会普遍降低。"③市场供求的变动是商品价格变动的外在因素。商品供不应求，其价格就会上涨到价值以上；商品供过于求，其价格就会下降到价值以下；只有在供求平衡时，价格和价值才会趋于一致。但是，马克思认为，市场供求关系

---

① 《马克思恩格斯文集》第 7 卷，人民出版社 2009 年版，第 412 页。
② 《马克思恩格斯文集》第 7 卷，人民出版社 2009 年版，第 217 页。
③ 《马克思恩格斯文集》第 5 卷，人民出版社 2009 年版，第 119 页。

"可以说明为什么一种商品的市场价格会涨到它的价值以上或降到它的价值以下，但决不能说明这个价值本身"①。价格是商品供求关系变动的指示器，同时又是商品生产者竞争的主要手段，所以，价格是市场上各种因素交织作用的综合反映，通过价格变动信号，市场主体可以自觉地调整自己的经营决策，调节资源配置方向，促进社会生产力的不断提高和社会总供给与社会总需求的大体均衡。

## 四、研究《资本论》关于市场经济逻辑的现实意义

社会主义市场经济是中国共产党人对马克思主义的一大理论贡献，也是中国特色社会主义的重要内容。社会主义和市场经济能不能结合的问题曾经长期困扰着国内外一代一代的经济学家。从奥地利经济学家米塞斯在 1920 年提出"两个要么"以来，社会主义和市场经济之间一直存在着一条认识上的鸿沟，即社会主义的基础是公有制，市场经济的基础是私有制，公有制与私有制水火不相容，社会主义和市场经济由于存在基础上的根本对立，所以从根本上就无法结合。这一观点虽然被邓小平同志于 1992 年初的南方谈话彻底否定，但是，由于二者结合的基础问题和结合的基点没有得到破解，在理论上总表现得不那么彻底，在改革的政策上也时常出现左右摇摆，甚至出现像有些学者所做出的解释：要坚持改革的市场化取向，就必须按照市场经济的逻辑，实行制度上的国有企业私有化和运行上的政府放弃宏观调控的完全自由竞争。这实际上又回到了新自由主义的理论观点和政策主张上来了。

我们认为，马克思没有回答中国社会主义是否可以实行市场经济，也没有把自己的理论当作包医百病的灵丹妙药而强加给后人。他在《资本论》中设想的"自由人联合体"以及后来所要建立的"个人所有制"等，都是在资本主义高度发展的基础上建立的新社会；而我们国家的社会主义制度是在特定的国内外环境下，在落后的生产力的基础上做出的必然选择。在这样的基

---

① 《马克思恩格斯全集》第 21 卷，人民出版社 2003 年版，第 175 页。

础上，我们既没有条件也没有理由消灭市场经济。改革开放前我们人为地消灭商品货币关系，是违背客观规律的，经济上遭受了严重的挫折。中国市场化改革方向完全是正确的。但是，中国实行市场经济是否就必须走西方国家的全盘私有化的道路？在邓小平科学判断的基础上，我们能不能再进一步进行深入的理论探讨，在马克思主义的理论框架内寻找出路，将社会主义与市场经济有机结合起来，从而发展马克思主义，实现马克思主义的中国化和现代化呢？本章的第二部分，探讨《资本论》关于市场经济产生和发展的逻辑，我们已经找到了这个结合点，这就是市场经济存在的根本原因就在于个别劳动与社会劳动的矛盾；或者说，只要存在着个别劳动和社会劳动的矛盾，不同利益主体就必然存在，在不同利益主体之间的劳动交换就必然采取商品交换的形式。

进一步讲，不同利益主体既可以是不同的私有者，也可以是不同的所有者，包括公有和私有之间的交换，也包括国有和集体所有之间的交换；还可以是同一所有制内部的利益差别，比如国有企业之间，由于它们都是内部存在着利益差别（特别是在国有股份企业中）的不同利益主体，因而，它们之间的交换也必然是商品交换。

按照这一要求，首先，我们的市场化改革的方向决不动摇，市场化改革一定要形成经济的多元化，但并不要求实行全盘私有化；国有企业必须深化改革，必须建立适应市场经济要求的内部治理机制，不适宜国有企业存在的领域，国有企业一定要退出，对现有的应该存在国有企业的领域，要实行分类改革，变国有资产管理为国有资本管理，在动态中实现国有资本的保值增值。这样，一方面，把我们国民经济的控制权掌握在自己的手里，同时又能充分调动各方面的积极性，把整个国民经济激活，实现整体国民经济的提质增效升级；其次，在此基础上，我们就可以进一步放手让非公有制经济不断发展壮大，放开产业进入门槛，凡是没有明文禁止非公经济进入的领域，包括基础设施建设和公共性领域，都要开放。让一切劳动、知识、技术、管理、资本的活力竞相迸发，让一切创造社会财富的源泉充分涌流，让发展成果更多更公平惠及全体人民。

　　第二，对待现代市场经济一定要有科学的认识。商品社会的本质是人们之间的劳动交换关系，通过物与物的关系来反映。在社会表面上看到的不是人与人的关系，而是物与物的关系，人的关系被物的关系所掩盖。如果看不到商品社会的本质，只看到物的关系而没有看到在物的关系背后的人的关系，就会产生商品拜物教。所以，商品拜物教是人们对商品社会表层关系的认识。在商品拜物教观念驱使下形成的对金钱的崇拜，进而产生的扭曲心理甚至腐败现象，不是市场经济的必然产物，不是我国市场化改革的必然产物，而是对商品社会认识不到位的不良反映。所以，我们在发展社会主义市场经济过程中，有必要对人们进行市场经济知识的教育，有必要通过法制对一些不良现象进行治理。同时，也需要对市场本身失灵的领域进行功能上的弥补，这就需要正确处理政府和市场的关系，市场和社会的关系。

　　第三，按照我们以上所分析的市场经济产生的根本原因，我们就有理由认为，市场经济将存在于整个社会主义社会，而不仅仅是社会主义的初级阶段。既然市场经济在我国会长期存在，因此，今后就没有必要去讨论市场经济为什么要存在，为什么要发展的问题。要理直气壮、一心一意进行经济建设，凡是有利于市场经济发展的，不论是哪个国家哪个学派的理论，我们都要学习。只有把我们自己的事情做好了，基础打牢了，发展上去了，其他问题是容易解决的。我们要不断地解放思想，一切从中国的实际出发，虚心学习国内外一切优秀成果，充分吸收国内外一切成功的经验，丰富和发展我们中国特色的社会主义理论。

　　第四，中央提出市场在资源配置中起决定性作用和更好发挥政府作用，是对马克思主义政治经济学的一大创新成果，不是照搬西方经济学的既有观点。马克思在《资本论》第三卷第十章对市场运行机制的分析是全面的和深入的，比现代西方经济学分析的时间更早，也更为深入。比如马克思是在价值向市场价值转化过程中讲供求、竞争和价格的，是在生产过程和流通过程的统一中讲市场机制的，是在为进一步解释平均利润和生产价格的形成过程中讲竞争机制的。而西方经济学则更多的是从市场现象上进行分析的。马克思的分析既有市场运行层面，又有制度和利益关系的层面，既讲资源配置的效率，也讲资源配置背后的人们的利益关系，这就将市场经济运行中的经济制度层面和资源配置层面有机地结合起来了，而不是单单地讲资源配置。根据这一特点，我们的改革既要发挥市场在资源配置中的决定性作用，又必须为这一作用的发挥创造制度基础，发展混合所有制经济，实行资本管理，进行产权制度改革。

需要指出的是，即使是在资本主义自由竞争时期，马克思也没有忽视市场经济发展中政府的作用。比如，关于工厂法的论述，关于社会总资本再生产中比例关系和货币作用的分析，等等。这些都为我们进一步分析市场经济中的政府作用提供了线索。

当然，《资本论》关于市场经济逻辑的分析内容是丰富的，我们这里只是提出了问题，以后还有很多的研究工作要做。比如，关于市场经济运行中的生产、分配、交换和消费的关系，关于现代市场经济中虚拟经济和实体经济如何协调发展等问题，都还需要进行深入的研究。

习近平总书记 2012 年 6 月 19 日考察中国人民大学《资本论》教学和研究中心时指出，马克思主义中国化形成了毛泽东思想和中国特色社会主义理论体系两大理论成果，追本溯源，这两大理论成果都是在马克思主义经典理论指导之下取得的。《资本论》作为最重要的马克思主义经典著作之一，经受了时间和实践的检验，始终闪耀着真理的光芒……要学以致用，切实发挥理论的现实指导作用，进一步深化、丰富和发展中国特色社会主义理论体系。2013 年 10 月 7 日，习总书记在亚太经合组织工商领导人峰会上指出："中国是一个大国，决不能在根本性问题上出现颠覆性错误，一旦出现就无法挽回、无法弥补。我们的立场是胆子要大、步子要稳，既要大胆探索、勇于开拓，也要稳妥审慎、三思而后行。"

# 第四章　社会主义改革：从计划经济到市场经济

1978 年以来，在中华大地上发生了一场深刻的社会变革，这场变革的最重要成果，就是在改革开放的实践中走出了一条具有中国特色的社会主义现代化建设之路。社会主义在改革开放中重新焕发出蓬勃生机的客观事实，中华民族再度崛起的巨大成就，无可辩驳地证实了这场社会变革的必要性和正确性。波澜壮阔的改革开放实践，经历了艰辛探索和曲折发展，取得了举世瞩目的辉煌成就，创造了极为丰富的改革经验。认真回顾改革开放的历史进程，系统总结改革开放的历史经验，继续义无反顾地推进这场变革，无论对于中国的现代化建设事业，还是对于世界社会主义的命运和前途，都有着极为重要的意义。犹豫、倒退是没有出路的。

在社会主义改革的浪潮中，中国是最早提出经济管理体制改革的国家之一。早在 20 世纪 50 年代中期，党和国家领导层就在实践中初步意识到了传统体制的弊端，萌发了要变革传统体制的念头，并且在第一个五年计划末期和 60 年代初期，进行过经济管理体制改革的探索和尝试。这些探索和尝试，为后来的探索提供了重要的思想源泉和历史经验。但真正意义上的社会主义改革，还是从 1978 年中共十一届三中全会开始的。中国 30 多年的改革开放，从总体上看，大致可以划分为四个时期。

## 一、改革的探索和试验阶段（1978 年 12 月—1992 年 2 月）

这一时期的突出特点是："摸着石头过河。"先易后难，试点先行，以点带面，边实践，边探索，边前行，用邓小平的话说就是，对的坚持，不足的加点劲，错的赶快改，在摸索中前行。

这一时期，还可以区分为三个小的发展阶段。

### 第一个阶段：改革的初步探索和局部试验阶段（1978 年 12 月—1984 年 10 月）

这一阶段，从 1978 年 12 月中共十一届三中全会到 1984 年 10 月中共十二届三中全会，大致有六年的时间。这一时期的基本特点是：以实践是检验真理唯一标准的大讨论为契机，在中国大地上开展了一场声势浩大的思想解放运动。这场大讨论，冲破了教条主义的藩篱，极大地解放了人们的思想，为中国社会主义改革的兴起作了思想准备。改革首先在农村开始实施并取得了显著成效。城市从扩大企业自主权入手，进行了综合和专项改革试点，取得了初步成效，积累了有益经验。对外开放也开始起步。

**四个重大事件**

回过头来看这六年，具有战略意义的大事主要有四件：

第一件是关于实践是检验真理唯一标准的大讨论，这是改革开放之初的一次思想解放运动，是一次大规模的思想启蒙，这场大讨论，冲破了束缚人们多年的教条主义的藩篱，空前地解放了人们的思想，为改革开放的兴起，做了思想理论准备。

第二件是农村改革，备受瞩目，成效显著。当代中国的改革是从农村开始起步的。农村改革，从 1978 年到 1984 年，六年时间解决了一个长期没能解决的大问题，即八亿农民的吃饭问题。这是中国改革的一条重要经验，即先农村后城市，先经济后政治，先易后难。农村改革应该说是相当成功的，农村改革的初战告捷，既鼓舞了人们的斗志，坚定了改革的信心，也为此后的城市改革奠定了基础，提供了经验。

第三件是扩大企业自主权。企业改革的步子一开始不敢迈得太大，先搞扩大企业自主权的改革试点，实际上是将农村改革的成功经验——承包制移植到城市，承包制是当时中国最流行的做法。承包制在企业的推行，搞活了当时的国有企业和集体企业。

第四件是创立经济特区，就是深圳、珠海、厦门、汕头等经济特区的创办。这是对外开放，邓小平说，开放也是改革。实际上就是拿出几块地方，不受传统体制束缚，按国际惯例搞，按市场经济的规则搞，取得经验后再向全国推广，这叫改革开放的"倒灌效应"。实际上这几个特区，既是开放的前沿，也是改革的试验田、排头兵，30多年来一直起着这个作用。

### 三大战略转变

现在看来，这第一阶段的四件大事对此后的改革开放有着长期持续的影响。这一时期我们党和国家的领导层在指导思想上发生了三个战略性转变。

第一个转变：是从以阶级斗争为纲、突出政治转移到以经济建设为中心。我们把视线拉长一点，从新中国成立60多年的历史发展来看这个战略转变，就看得更清楚了。1978年以前，即改革开放前是毛泽东时代，其突出特点，是以政治为核心，以政治为本，毛泽东有句名言：政治是统帅，是灵魂，是一切经济工作的生命线。社会生活高度政治化，一切事情都上升到政治高度看，而当时对政治的解读就是阶级与阶级之间的斗争。从1978年到1992年，实际是邓小平主政的时期，这一时期的突出特点是以经济建设为中心，以经济为本，即把发展经济、发展生产力当作根本任务。邓小平也有一句名言：经济建设是最大的政治。江泽民坚持并继续推进以经济为本这一战略任务。从2003年到2012年，是以胡锦涛为总书记的时期，这一时期的突出特点是，提出了以人为本的核心理念：把人作为一切工作的出发点和立足点；把提高人的生活质量，改变人的生存环境，促进人的发展，作为改革和发展的目标。其标志是"科学发展观"的提出和阐发。新中国成立60多年，我们党在根本任务、中心工作和基本路线上，经历了两次战略转变，即从政治为本转向以经济为本，又从以经济为本转变为以人为本。横跨了60多年，这是我们党在指导思想和执政理念上进行的理论创新。

第二个转变：是从对外封闭转变为对外开放。邓小平指出："总结历史经验，中国长期处于停滞和落后状态的一个重要原因是闭关自守。经验证明，关起门来搞建设是不能成功的，中国的发展离不开世界。"① 对外封闭时期，我们经常夜郎自大，沾沾自喜，国家和人民普遍贫穷，还常常陶醉于"既无内债又无外债"，这是典型的封闭心态。创办经济特区，就是对外开放的一个战略举措，开放沿海 14 个城市，使开放的范围和步伐进一步扩大。现在我国的对外开放已发展为：全方位、宽领域、多层次，形成了全面开放的格局。

第三个转变：是从固守陈规转变到大胆改革。你们看就这么短短的 60 多年，我们党和国家的指导思想、中心任务就发生了这么大的三个战略转变，不简单啊！这可是 180 度的大转变啊！今天看起来也许感觉不出什么了，但是在当时的历史条件下，那可是一次了不起的思想解放、政治解放。这种获得解放的快感和心境只有经历了这场转变的人们才能体会得到。从以政治为本转向以经济为本，从对外封闭转向对外开放，从固守陈规转向大胆改革，这三大战略转变的基本完成，标志着中国进入了一个新的历史时期，一个新的发展阶段，即以思想解放、改革开放、创新、发展为鲜明特点的新的历史时期，由此开创了一个新的时代——改革开放时代。这一阶段很值得大家注意。特别值得历史学家大书一笔。

**三篇历史性文献**

这一阶段文献很多，给大家推荐三篇历史性文献，如果把这三篇历史性文献认真读一读，就大体上把握了当时中央决策层思想理论上达到的水平。什么叫历史性文献呢？所谓历史性文献，就是这个文献对当时我国面临的主要问题做出了比较准确的判断，这是第一；第二，这个文献所做出的判断经得起历史检验，实践证明是正确的，并且对后人还有启发。下面，我就把这三篇文献给大家简要介绍一下，大家可能觉得耳熟，有些人读过，有些人可能没读过，或者读过的同志又记不清楚了。

第一篇是《解放思想，实事求是，团结一致向前看》，这是邓小平三落三起、重返政治舞台的一个政治宣言，也是揭开中国改革开放序幕的一个开

---

① 《邓小平文选》第 3 卷，人民出版社 1993 年版，第 78 页。

篇之作，还是划分中国现代史、中共党史的一个标志。这篇文献本来是小平同志在 1978 年 11 月中央工作会议闭幕时的讲话。1978 年 11 月，中央召开工作会议，是华国锋同志主持的，主要议题是经济问题，结果后来开着开着，大家觉得仅议经济问题不够，不解决政治问题，经济问题也没法搞。而要解决政治问题，就必须开中央全会，因此临时决定召开十一届三中全会。因是临时决定开，没有时间准备文件，就把邓小平同志在中央工作会议闭幕时的讲话，作为十一届三中全会的主题报告。十一届三中全会的公报基本上是以邓小平的这个讲话为基础提炼出来的。这篇文献，你如果不看作者，无论如何也想不到是一位七十多岁高龄的老人讲出来的，作者有一股劲，一股气，一种气势，一种气概。看得出来是压抑多年，厚积薄发，不吐不快。比如，给大家引用一段，你们听听。他说："一个党，一个国家，一个民族，如果一切从本本出发，思想僵化……就要亡党亡国……再不实行改革，我们的现代化事业和社会主义事业就会被葬送。"① 这是一篇有关中国改革发展的纲领性文件，是中国改革开放的奠基之作，具有划时代的意义，值得认真阅读。

第二篇是《党和国家领导制度的改革》，这是邓小平 1980 年 8 月 18 日在中共中央政治局扩大会议上的讲话。这篇文献的历史地位可以作这样的概括：这是邓小平政治体制改革思想的集大成之作，是我国政治体制改革的一个纲领性文件。在一定程度上，从 1980 年至今，我们党有关政治体制改革的文件发了不少，但就政治体制改革思想的整体而言，还没有超出这篇文献。以至于我们今天思考政治体制改革还要重读这篇文献。30 多年前讲出的思想，至今仍未有人超出，今天仍有指导作用。因此，郑重地将这篇文献推荐给大家，读后肯定受益。

第三篇，是 1981 年 6 月中共十一届六中全会作出的《关于建国以来党的若干历史问题的决议》（以下简称《决议》）。这个《决议》的作出，意味着我们党在指导思想上拨乱反正的完成，意味着实事求是思想路线的确立，

---

① 《邓小平文选》第 2 卷，人民出版社 1994 年版，第 143、150 页。

也意味着邓小平领导核心地位的最终确立。尽管1978年之后，邓小平既没担任党的主席，也没担任党的总书记，但全世界都知道邓小平在中国的地位，是中共第二代领导集体的核心。这个《决议》做了两件事：一是全面客观地评价毛泽东。30多年过去了，现在看来，我们国家经历了这么多风风雨雨，还没有哪个政治组织或个人向我们党郑重提出重评毛泽东，这就说明当年我们对毛泽东的评价是经得起历史检验的。二是初步总结了建国以来32年的经验教训，提出了十条有关社会主义建设的指导方针，有的方针，今天仍有指导意义。比如，对我国现阶段社会主要矛盾的认识，《决议》中说，在社会主义改造基本完成之后，我国所要解决的主要矛盾，即人民日益增长的物质文化需要同落后的社会生产之间的矛盾。这个判断是1981年做出的，30多年过去了，在中共十八大报告中，关于当前我国社会主要矛盾的提法，一个字都没有改，十八大修改后的党章的总纲部分也照搬了这个论断，一个字都没有改动，这就叫历史性文献。30多年前作出的判断，30多年后照搬不动，这才称得上历史性文献或叫经典文献，经典著作。读书就是要读经典，查资料就要查阅历史性文献。如果大家把以上三篇历史性文献认真读一下，大体上就把握了这一时期我们党和国家决策层总体上达到的思想理论水平。

**三大理论成果**

概括说来，这一时期我们党在理论上取得的重大成果，主要有三项：一是形成了以现代化建设即经济建设为中心的政治路线；二是提出了我国现阶段的主要矛盾，即人民日益增长的物质文化需要同落后的社会生产之间的矛盾；三是提出社会主义生产关系的发展没有一套固定模式，我们的任务是要根据生产力的发展要求，在每一个阶段上创造出与之相适应和便于继续前进的生产关系的具体形式。这个论断实际上为我们探索中国特色社会主义道路奠定了思想理论基础。社会主义生产关系，即社会主义经济制度没有固定模式，就是要从本国国情出发，找出适合本国国情的发展道路、发展模式。这就是这一时期的概况：四个重大事件，三大战略转变，三篇历史性文献，三大理论成果。

## 第二个阶段：全面改革的探索阶段 (1984 年 10 月—1988 年 9 月)

从 1984 年 10 月中共十二届三中全会作出在城市进行经济体制改革的决定，到 1988 年 9 月十三届三中全会作出治理经济环境、整顿经济秩序的决定，有 4 年时间。这一时期，改革的重点从农村转移到城市，从经济领域扩展到政治、科技、教育、文化等领域，改革的深度和广度都较上一时期有显著进展，故称之为全面改革的探索阶段。我们简要回顾一下这个时期有关改革的几件大事：

——1984 年 12 月，中共十二届三中全会作出了《中共中央关于经济体制改革的决定》，这是一个有关中国经济改革的纲领性文件，这是中国共产党第一次专门就改革作出决定。这个决定的公布和实施，表明中国共产党对改革的认识达到了一个新的水平，其最重要的理论成果，就是创造性地提出了社会主义经济是有计划的商品经济这一新论断，为推进经济体制改革提供了理论依据。

——1985 年 3 月和 5 月，中共中央先后作出了关于进行科学技术体制改革和教育体制改革的决定。这是为了适应经济体制改革快速发展的需要而作出的决定。

——1986 年 9 月，中共中央作出了关于社会主义精神文明建设指导方针的决定，这实际上是在进行文化体制改革的部署，只是当时还没有使用文化体制改革这个提法。

——1987 年 10 月，中共十三大系统阐述了社会主义初级阶段的理论和党在社会主义初级阶段的基本路线，做出了进行政治体制改革的决定。中国改革从农村转向城市，从经济领域扩展到政治、文化、教育、科技等领域，开始了改革的全面探索。

这一时期最重要的文献主要有两个：一是 1984 年《中共中央关于经济体制改革的决定》，这个决定最突出的贡献就是作出了社会主义经济是有计划的商品经济这一新论断。这是我们党第一次用中央文件的形式肯定商品经济。这个报告作出后邓小平很高兴，他说这个报告写得好，好就好在说了老祖宗没有说过的新话。他还说:"我的印象是写出了一个政治经济学的初稿,是马克思主义基本原理和中国社会主义实践相结合的政治经济学。"[①]1984年之前,在我国,商品经济即市场经济与计划经济是对立的,公有制、计划经济和按劳分配是社会主义的基本特征。资本主义与社会主义是根本对立的。你这样,我那样;你市场经济,我计划经济;你私有制,我公有制;你按生产要素分配,我按劳分配;你快我慢;你富我穷;"宁要社会主义的草,不要资本主义的苗";宁要穷社会主义,不要富资本主义。当时的情况就是如此,看似荒谬,可我们就是这样过来的。当年就这样一个思想水平。所以,1984年我们正面肯定市场经济,很不简单!当时争论很激烈。其争论的激烈程度,在我党的历史上是少见的。

二是1987年秋的中共十三大报告。这个报告在理论上的贡献主要有四点:

第一,第一次全面论述了社会主义初级阶段理论,为中国特色社会主义理论奠定了国情根基。第二,第一次全面准确地提出了党在社会主义初级阶段的基本路线。30多年过去了,中共十八大对党的基本路线一个字都没有改,只是加了两个字:和谐。这说明,当年的概括是正确的,是经得起历史检验的。第三,第一次提出了"建设有中国特色的社会主义"这一概念,这是在党的文件里,第一次完整、明确地使用这一概念。[②]第四,第一次把政治体制改革提到议事日程,第一次对政治体制改革进行全面部署。这么多第一次,充分表明这是一份珍贵的历史性文献。这是全党智慧的结晶,这是集体的智慧!

**第三个阶段:总结经验,整顿调整阶段(1988年9月—1992年2月)**

中国改革的曲线是马鞍型的。改革从1978年起步,到1984年达到高峰,从1985年开始下滑,1988年到1991年跌至谷底。直接原因是日益严

---

① 《邓小平文选》第3卷,人民出版社1993年版,第83页。

② 参见中共中央党校教务部编:《十一届三中全会以来党和国家重要文献选编》,中共中央党校出版社2008年版,第224页。

重的通货膨胀，给国家和人民带来了困难。1988 年的两次抢购风，迫使我们的改革停下脚步，进行治理经济环境和整顿经济秩序。接着是 1989 年的政治风波，再就是 20 世纪 80 年代末 90 年代初的苏联东欧剧变。苏联、东欧九个社会主义国家，放弃社会主义，搞资本主义，基本上效法美国模式。当时国内正值政治风波，国际共产主义运动处于低潮，中国的改革也进入低潮，转入调整期。当时邓小平讲了一句意味深长的话：中国改革已经进行了十年，是总结经验的时候了。当时中国的改革开放还能不能坚持下去，都有疑问了。国际上有疑问，国内也有疑问；党外党内都有疑问。邓小平思考的结果是，十一届三中全会以来的路线、方针、政策没有错，改革开放没有错，"三步走"的发展战略没有错。邓小平鲜明地指出："改革开放政策不变，几十年不变，一直要讲到底。国际国内都很关心这个问题。要继续贯彻执行十一届三中全会以来的路线、方针、政策，连语言都不变。十三大政治报告是经过党的代表大会通过的，一个字都不能动。""我们要开放，不能收，要比过去更开放。……总之，改革开放要更大胆一些。"[①] 要树立起改革开放的形象，要 "组成具有改革开放形象的中央领导班子，使人民放心，这是取信于民的第一条。……要继续深化改革、扩大开放。"[②] 中央领导机构"眼界要非常宽阔，胸襟要非常宽阔，这是对我们第三代领导人最根本的要求。……进入新的政治局、书记处特别是常委会的人，要从改革开放这个角度来选。新的领导机构要坚持做几件改革开放的事情，证明你们起码是坚持改革开放，是真正执行十一届三中全会以来的改革开放政策的。这样人民就可以放心了。现在我们起用人，要抛弃一切成见，寻找人民相信是坚持改革路线的人。要抛弃个人恩怨来选择人，反对过自己的人也要用。……要注意社会公论，不能感情用事。要用政治家的风度来处理这个问题。我们现在就是要选人民公认是坚持改革开放路线并有政绩的人，大胆地将他们放进新的领导机构里，要使人民感到我们真心诚意要搞改革开放"[③]。邓小平强调要认真总结

---

① 《邓小平文选》第 3 卷，人民出版社 1993 年版，第 296、297 页。

② 《邓小平文选》第 3 卷，人民出版社 1993 年版，第 298 页。

③ 《邓小平文选》第 3 卷，人民出版社 1993 年版，第 299—300 页。

经验："要总结现在，看到未来。"① 对的要继续坚持，不足的要加把劲，错的赶快改。正是对改革开放这样坚定的一种信念，促使邓小平发表了著名的南方谈话，启动了新一轮的改革开放潮。

## 二、整体推进，重点攻坚，以创立社会主义市场经济体制为核心的综合改革阶段 (1992 年 2 月—2003 年 10 月）

1992 年之前的改革，用邓小平的话说，是"摸着石头过河"，即边探索，边前进，边走边看，小步慢走，基本上是在传统体制的外围小打小闹，零敲碎打，走走停停，放不开手脚，迈不开步子。1989 年国内的那场政治风波，加上苏东剧变，对我们是一个很大的冲击。如果我们对十多年改革经验的总结，得出的是另外一个结论，那就是另外一回事了。当时真的很危险，有不少人，得出的是另外两个结论：一个结论就是"反和平演变"，他们认为，1989 年的那场政治风波，是国际资产阶级与党内资产阶级分子合谋挑起的，目的是要把中国演变成资本主义国家。因此，他们提出：要把"反和平演变"当作中心任务。要把"反和平演变"放到更加突出的位置。他们总结经验，反思那场政治风波，结论是改革开放错了，以经济建设为中心的基本路线错了，要重新搞阶级斗争，把"反和平演变"和阶级斗争作为主要任务，说来说去，还是"文革"那一套。

另一个结论，说中共十三大报告有些提法不准确。主要是指十三大报告关于计划和市场的论述。众所周知，中国经济改革的核心问题就是，社会主义能不能搞市场经济？如果否定了市场经济，也就否定了经济改革。对此，邓小平断然制止。回答很明确："十三大政治报告是经过党的代表大会通过的，一个字都不能动。"② 党的基本路线一百年不动摇。改革开放不仅不能停步，而且还要加快！邓小平鲜明地指出："如果在这个时候开展一个什么理

---

① 《邓小平文选》第 3 卷，人民出版社 1993 年版，第 308 页。
② 《邓小平文选》第 3 卷，人民出版社 1993 年版，第 296 页。

论问题的讨论，比如对市场、计划等问题的讨论，提出这类问题，不但不利于稳定，还会误事。""不搞争论，是我的一个发明。不争论，是为了争取时间干。争论就复杂了，把时间都争掉了，什么也干不成。不争论，大胆地试，大胆地闯。"①

1989 年的那场政治风波之后，准确地说是从 1988 年下半年到 1991 年这三年多，改革开放步子慢了。政治经济形势十分严峻，国民经济也停滞不前。邓小平对这种状况非常担心，他特别担心中国贻误发展的时机，于是在 1992 年初发表了著名的南方谈话，吹起了一股"东南风"。东南风是改革开放的风啊！西方人称之为"邓旋风"。在邓小平南方谈话的推动下，在中华大地上掀起了第二轮改革的热潮。邓小平南方谈话现在已经成为历史了，但这篇历史文献的历史地位很重要，它是中国改革开放的一个纲领性文件，是启动第二轮改革开放的又一个宣言书，是邓小平思想的集大成者，也是邓小平理论形成的标志，是邓小平自己对自己思想的一个总结，在中国社会主义改革史上具有划阶段的意义。

南方讲话是邓小平思想的集中表述，是邓小平对中国改革开放的集中思考，是他对自己思考的结果加以概括，加以提炼，留给后人的宝贵精神财富和政治智慧。用他自己的话说，是"政治交代"，即政治遗嘱。这篇文章的发表，表明邓小平理论已经形成并得到系统阐发。这篇讲话的突出贡献，就是解决了困扰我们多年的计划与市场的关系问题，把人们的思想从计划经济的束缚中解放出来，启动了新一轮的改革开放浪潮。联系今天的现实，回顾当年的历史，值得庆幸的是：多亏有一个邓小平！如果没有邓小平，这么大一场改革很可能要逆转。中国的改革开放很有可能夭折。一个领袖人物，一个单位的一把手，其水平高低，平时看不清楚，只有在关键时刻，在重大历史事件面前，在重大历史转折关头的抉择才能看出水平，看出气魄！邓小平又一次在历史转折关头表现出了他的远见卓识，展现出了他的伟人风范。

---

① 《邓小平文选》第 3 卷，人民出版社 1993 年版，第 312、374 页。

　　中国经济体制改革的核心问题是中国能不能搞市场经济。为此争论了14年，直到邓小平发表南方谈话才把计划和市场的争论画了一个句号。他说："计划多一点还是市场多一点，不是社会主义与资本主义的本质区别。计划经济不等于社会主义，资本主义也有计划；市场经济不等于资本主义，社会主义也有市场。计划和市场都是经济手段。"① 市场经济不姓"社"也不姓"资"，没姓，就是个手段。这就扫清了经济体制改革的这个巨大思想障碍，既然计划与市场"没姓"，都是经济手段，那就谁都能用，社会主义可以用，而且可以大胆地用。邓小平南方谈话是继实践标准讨论，冲破教条主义束缚后的第二次思想解放，它使人们冲破了计划经济的束缚，为放手、放胆、放心发展市场经济开启了理论闸门，解除了政治枷锁。所以第二个时期很明确，是要进行以创立社会主义市场经济体制为核心的综合改革；前一个时期是探索，是"摸着石头过河"。所谓摸着石头过河，就是边走边看，对的坚持，不足的加把劲，错的赶快改。

　　1978年我们党做出改革开放这个抉择，是历史灾难逼出来的，是饥饿逼出来的。我们是被饥饿逼上改革之路的。"文革"这场灾难导致国民经济几近崩溃，全体国民普遍贫困。政治体制极度扭曲，社会秩序一片混乱。所以，必须走出灾难的深渊。但是，往哪儿去？不知道。这就好比走路走到死胡同了，没有路了，没有路就得靠自己踏出一条路来，另辟蹊径，边走边看，边摸索，边前进，即摸着石头过河。现在回过头来看，邓小平当年讲"摸着石头过河"，就经济体制改革而言，这个"石头"，就是市场经济。摸了14年，小平同志带领我们摸到了，就是搞社会主义市场经济。非常了不起！所以思想解放很不容易，说起来容易，做起来难。其实，有许多事情就是这样，说起来容易，做起来难，"知易行难"。例如，"实事求是"是中共中央党校的校训，也是我们党的思想路线，但要真正做到实事求是并非易事！

　　邓小平南方谈话是新一轮改革浪潮的理论准备和思想动员，也是十四大

---

① 《邓小平文选》第3卷，人民出版社1993年版，第373页。

报告的理论基础和灵魂。十四大报告的理论依据，就是邓小平南方谈话。或者说，邓小平南方谈话是十四大报告的灵魂，政治灵魂、理论灵魂。其实，十四大报告就是邓小平南方谈话思想的展开。十四大报告最重要的贡献是：明确了中国经济体制改革的目标是建立社会主义市场经济体制。十四大在政治上的意义是：通过十四大，把邓小平南方谈话精神变成了全党的行动纲领，这就是十四大的政治意义。十四大不仅明确肯定了市场经济，而且把建立社会主义市场经济体制确立为经济体制改革的目标。事实是，市场经济在实践中的快速发展就是在 1992 年邓小平南方谈话之后。股票市场、劳动力市场、资本市场、技术市场、人才市场等都是 1992 年之后迅速兴起的。

1993 年中共中央召开十四届三中全会，做出了《中共中央关于建立社会主义市场经济体制的决定》。邓小平南方谈话是个政治理论纲领，从政治上和理论上解决了计划和市场的关系问题，为放手发展市场经济提供了政治上的保证。十四大把南方谈话的思想变成了全党必须遵循的政治纲领和行动纲领，十四届三中全会则将其转化为可操作的具体的改革开放政策。

1997 年秋召开的中共十五大开得很好，党的十五大报告是一个很好的报告，好就好在有理论创新。这个理论创新主要表现在两个方面：

一是在社会主义经济理论方面的创新。邓小平南方谈话和十四大报告解决了计划和市场的关系问题，解决了建立什么样的经济体制以及经济运行机制问题，但市场经济是交换经济，需要有能够在市场上自主进行商品生产和商品交换的独立的财产所有者。市场经济的基础是财产权的独立，财产权的法律用语就是所有权，你不能搞一个没有商品所有者的商品经济，没有商品主体的商品经济，没有市场主体的市场经济。苏联就搞过"休克疗法"，结果，经济秩序一片混乱，最后变成寡头经济。中共十五大在经济改革理论方面，主要是解决了所有制问题，在这方面有三个新论断：第一个论断是，要建立以公有制为主体多种所有制经济共同发展的基本经济制度，原来是个经济政策，现在上升为社会主义初级阶段的基本经济制度；第二个论断是，公有制的实现形式可以而且应当多样化。我们已有的国家所有制、集体所有制是公有制，而改革开放中出现的股份制、股份合作制、合作制等，都是公有制的实现形式，这实际上是把公有制的内涵和外延都拓宽了。更重要的是第三个论断，提出非公有制经济是社会主义市场经济的重要组成部分。这个论断一出，私营企业主高兴，这个论断第二年还写入了宪法。从经济体制到所有制基本上讲清楚了。还有分配制度，十五大开了一个头，提出把按劳分配与按生产要素分配结合起来。大家知道，生产关系或者说经济关系主要包括三个方面：一是经济制度；二是财产制度，即所有制；三是分配制度。在这三个方面都有创新。这实际上又是一次思想解放，即第三次思想解放，是对传统所有制理论的一个突破，为深化经济体制改革，探索公有制多种实现形式开辟了道路，指明了方向，解除了束缚，对我国未来的改革开放产生了深远的影响。

二是在社会主义政治制度方面的创新。中共十五大第一次把"依法治国，建设社会主义法治国家"作为党领导人民治理国家的基本方略郑重提出，这在政治体制改革总体思路上是一个突破性进展，对于中国政治体制改革和政治发展意义重大而深远。

2001年7月，江泽民在庆祝中国共产党成立80周年大会上发表重要讲话，系统总结了中国共产党80年奋斗的历史经验，顺应时代发展的进步潮流，在事关党和国家发展的一系列重大问题上进行了理论创新。这些理论创新主要表现在四个方面：一是阐述了"三个代表"重要思想的基本内涵和精神实质，体现了党的指导思想的与时俱进；二是提出了不断增强党的阶级基础和扩大党的群众基础的执政党建设新思路，体现在对党的性质的认识上有突破；三是做出了我国改革开放以来出现的新社会阶层是中国特色社会主义建设者的新论断，反映出对改革开放以来社会阶层结构变化有了新的认识；四是提出促进人的全面发展，是建设社会主义新社会的本质要求，反映了我们党对社会主义本质的认识在深化。这些新思想和新观点的提出，表明我们党直面社会经济、社会政治、社会结构、社会文化发生的新变化，更深刻地认识到执政党的历史使命和社会责任，尝试确立新的政治—经济关系、政治—文化关系、政治—社会关系以及执政党的新理念。这就为深化改革开放提供了新的思想理论基础。被外媒视为中国共产党面向新世纪的"政治宣言"。

2002 年秋召开的中共十六大，也是一次很有意义的会议，十六大报告也有理论创新。其主要创新表现在两个方面：一是提出全面建设小康社会；二是提出建设社会主义政治文明。对于改革开放而言，全面小康的意义可能不如政治文明大，政治文明的提出实际上为政治体制改革提出了一个新的思路。政治文明的核心是制度文明，要建设政治文明就必须进行政治体制改革，创新政治体制。江泽民在提出建设社会主义政治文明的同时，还提出了一个很好的思路，就是要借鉴人类政治文明的有益成果。这个思路很好，能为我们的政治体制改革找到一个很好的切入点和参照系。

## 三、以完善市场经济体制为主要内容的经济制度创新阶段（2003 年 10 月—2012 年 11 月）

市场经济体制初步确立之后，就要去完善它。2003 年 10 月，中共中央召开十六届三中全会，会议审议通过了《中共中央关于完善社会主义市场经济体制若干问题的决定》。这个决定对我国经济体制改革的进程作了一个基本估计，即经过二十多年改革开放的实践，社会主义市场经济体制已经初步确立，要坚持市场经济的改革方向，进一步完善社会主义市场经济体制，使其最终确立起来。这个决定的做出，对于推动我国改革开放和现代化建设事业，具有特殊的意义。这种特殊意义，集中到一点，就是标志着中国改革进入了一个新的发展阶段，这个阶段的突出特点可以用六个字来概括：经济制度创新，即以完善社会主义市场经济体制为核心内容的制度创新。这次会议的另一个突出贡献（从全局看是更重要的贡献），是提出了科学发展观，强调以人为本，全面、协调、可持续发展。这是中国共产党在发展理念、发展思路、发展战略和发展方式上的重大转变，是关于中国社会发展理论的创新，是对邓小平发展观的丰富和发展，其意义重大而深远。以科学发展观和完善市场经济体制这两个思路的提出为标志，我国的改革开放进入了一个新的发展阶段，即经济制度创新阶段。当然，在经济制度创新过程中也会涉及政治制度、文化制度以及社会管理制度的创新。

2004年3月召开的十届人大二次会议，通过了《宪法》修正案，值得关注的是：一是把保护私有财产写入宪法；二是把保障人权写入宪法。

2004年9月，中共十六届四中全会根据我国改革和发展进入关键时期的客观要求，第一次鲜明地提出了要促进社会公平和正义，协调社会利益关系，推进社会管理体制创新，把和谐社会建设摆在重要位置，并把和谐社会建设作为加强党的执政能力建设的重要任务之一提到全党面前。2006年10月，中共十六届六中全会，根据我国社会生活发生的深刻变化和中国特色社会主义事业的总体布局，提出构建社会主义和谐社会是建设中国特色社会主义的重大战略任务，并专门做出了《关于构建社会主义和谐社会若干重大问题的决定》。在我国改革发展的关键时期，提出构建和谐社会这一战略任务，具有重大的现实意义和深远的历史意义。古往今来，无论是中国还是西方，人们一直在追求社会的平等、安全与和谐。其实，一部人类社会的发展史，就是人们不断追求美好社会的历史。实现社会和谐，建设美好社会，始终是人类孜孜以求的一个社会理想，也是包括中国共产党在内的马克思主义政党不懈追求的一个社会理想。根据科学社会主义的基本原则，着眼于我国社会主义现代化建设的实践，我们所要建设的社会主义和谐社会，应该是民主法治、公平正义、诚信友爱、充满活力、安定有序、人与自然和谐相处的社会。构建社会主义和谐社会，既是一种治国的理想，又是一种治国的方略，同时也是一种治国的结果。这既有利于锻炼和提高党的执政能力，又能从多方面提高党和政府治国理政的水平，更重要的是，有利于国家的长治久安。

2007年10月召开的中共十七大认真回顾了我国改革开放的伟大历史进程，系统论述了我国改革开放的目的以及所取得的历史性成就，概述了改革开放的历史经验。鲜明地指出，改革开放是决定当代中国命运的关键抉择，是发展中国特色社会主义，实现中华民族伟大复兴的必由之路。"改革开放符合党心民心、顺应时代潮流，方向和道路是完全正确的，成效和功绩不容否定，停顿和倒退没有出路。"①中共中央号召全党进一步解放思想、开拓进取，继续推进改革开放。党的十七大报告讲这样尖锐鲜明的几句话，是有所指的，是针对一股否定改革开放的"左"倾思潮。

2008年2月，中共十七届二中全会提出了《关于深化行政管理体制改革的意见》和《国务院机构改革方案》，明确了深化行政管理体制改革的指导思想、基本原则和总体目标。当年3月召开的十一届人大一次会议批准了《国务院机构改革方案》，这标志着新一轮行政管理体制改革开始启动。这既是发展市场经济和建设民主政治的客观要求，也是政治体制改革的重要内容。随后，行政管理体制改革开始在地方试点并逐步向前推进。

2009年9月，中共十七届四中全会做出了《关于加强和改进新形势下党的建设若干重大问题的决定》，这个决定根据新的实际进一步研究和部署了以改革创新的精神推进党的建设问题，对于推进社会主义民主政治建设和加快政治体制改革有重要意义。这个决定有四个亮点：第一个亮点是，突出强调思想理论建设是党的根本建设，把建立学习型政党、学习型党组织作为一项战略任务提了出来。第二个亮点是，把党内民主提高到一个历史新高度，鲜明地指出，党内民主是党的生命。要以加强党内基层民主建设为基础，切实推进党内民主，广泛凝聚全党意愿和主张，充分发挥各级党组织和广大党员的积极性、主动性和创造性。强调要以党内民主带动人民民主，以党的坚强团结保证全国各族人民的大团结。这个思路值得注意。我们发展经济的方略是让一部分地区、一部分人通过辛勤劳动、合法经营先富起来，从而形成示范效应，带动大部分人走向富裕。要发展民主政治，推进政治体制改革，应该让八千多万党员先民主起来，影响和带动人民民主，推动社会民主。第三个亮点是，深化干部体制改革。坚持民主、公开、竞争、择优，提高选人用人的公信度，形成充满活力的选人用人机制，促进优秀人才脱颖而出。第四个亮点是提出了要建立权力相互制衡的体制机制。这里有一个论断

---

① 胡锦涛：《高举中国特色社会主义伟大旗帜　为夺取全面建设小康社会新胜利而奋斗——在中国共产党第十七次全国代表大会上的报告》，人民出版社2007年版，第10页。

值得重视，该决定中说，"要建立健全决策权、执行权、监督权既相互制约又相互协调的权力结构和运行机制"。尽管反复地措辞，还是第一次明确提出了决策权、执行权和监督权三权分设的思想。这是一个不小的进步。我们不搞西方的三权分立、多党竞争、轮流执政那一套，但我们可以尝试搞共产党一党领导下的三权分设。真是千呼万唤始出来！终于在这个决定中明确地讲出来了。其实，权力分解，机构分设，权力制衡，这是政治学的基本原则，也是社会治理的一个惯例，本身并没有什么阶级性，更不为哪个国家制度所专有。这是人类政治文明的优秀成果，是全人类共同的政治财富。有什么理由那么惧怕呢？又有什么可怕的呢？其实，关于决策权、执行权、监督权的分立分设，深圳、顺德等地一直在试验，成都和重庆也正在搞城乡统筹的综合改革试点，珠海正在进行社会管理体制改革的综合试点。广东省正向全省推广深圳、顺德的行政管理体制改革经验。

2010年2月3日至7日，中共中央在中央党校举办省部级主要领导干部"深入贯彻落实科学发展观加快经济发展方式转变"专题研讨班，胡锦涛发表了重要讲话。强调要紧紧抓住历史机遇承担起历史使命，毫不动摇地加快经济发展方式转变。胡锦涛指出，国际金融危机使我国转变经济发展方式问题更加突显出来，国际金融危机对我国经济的冲击表面上看是对经济增长速度的冲击，实质上是对经济发展方式的冲击。综合判断国际国内经济形势，转变经济发展方式已刻不容缓。加快经济发展方式转变，是我国经济领域的一场深刻变革，关系到改革开放和社会主义现代化建设全局。既是一场攻坚战，也是一场持久战，必须通过坚定不移深化改革来推动。要坚持社会主义市场经济的改革方向，提高改革决策的科学性，增强改革措施的协调性，深化经济体制、政治体制、文化体制、社会体制以及其他多方面体制改革，努力在重要领域和关键环节实现改革的新突破，着力构建充满活力、富有效率、更加开放、有利于科学发展的体制机制，形成有利于加快经济发展方式转变的制度安排，推动全国上下齐心协力加快经济发展方式转变，努力促进经济社会又好又快发展。这里值得特别注意的是，党中央把转变经济发展方式作为关系改革开放和社会主义现代化建设全局的战略任务突出地提到全党和全国人民面前。另一个值得注意的是，胡锦涛首次明确指出要深化社会体制改革，把社会体制改革从政治体制改革中分离出来，并列为四大改革之一。然而，在当时，社会体制改革究竟包含哪些内容？社会改革的方向、重点和原则是什么？还有待于探讨。

2010年10月，中共十七届五中全会通过了《中共中央关于制定国民经济和社会发展第十二个五年规划的建议》。这个建议强调，改革是加快转变经济发展方式的强大动力，必须以更大决心和勇气全面推进各领域改革。大力推进经济体制改革，积极稳妥地推进政治体制改革，加快推进文化体制和社会体制改革，使上层建筑更加适应经济基础发展的变化，为科学发展提供有力保障。

2011年7月1日，胡锦涛在庆祝中国共产党成立90周年大会上的讲话中，鲜明地指出："全党同志必须牢记，我国过去30多年的快速发展靠的是改革开放，我国未来发展也必须坚定不移依靠改革开放。新时期最鲜明的特点是改革开放。改革开放是党在新的历史条件下领导人民进行的新的伟大革命，是决定当代中国命运的关键抉择，是坚持和发展中国特色社会主义、实现中华民族伟大复兴的必由之路。"

## 四、以制度建设为核心的全面深化改革阶段（2012年11月至今）

2012年11月，党的十八大顺利召开，平稳实现了新中国成立以来最大范围的一次新老交替，形成了以习近平为总书记的新一届中央领导集体，标志着中国进入了一个新的发展时期，也使中国改革进入了一个新的发展阶段。这一阶段有关改革的重要文献主要有两个：

一是党的十八大报告。2012年11月，党的十八大召开，胡锦涛在十八大报告中强调指出，必须以更大的政治勇气和智慧，不失时机深化重要领域改革，坚决破除一切妨碍科学发展的思想观念和体制机制弊端，构建系统完备、科学规范、运行有效的制度体系，使各方面制度更加成熟更加定型。并对深化经济体制改革、政治体制改革和社会体制改革做出了新的部署。

二是 2013 年 11 月，中共中央召开十八届三中全会，会议主要是研究全面深化改革问题。全会通过了《中共中央关于全面深化改革若干重大问题的决定》，这个决定的发表，表明中国改革进入了一个新的发展阶段：即以制度建设为核心的全面深化改革阶段。这个阶段的突出特点有三个：一是突出制度建设，强化制度创新；二是对改革性质、地位及意义的认识更加深入；三是提出了一系列新思路新观念新举措。这些新观念和新举措几乎涉及社会生活的所有领域。尤其是提出把完善中国特色社会主义制度与实现国家治理体系和治理能力现代化作为改革的目标，表明中国改革进入了一个新的发展阶段。

2013 年 12 月，中共中央政治局会议决定，成立中央全面深化改革领导小组，由习近平任组长，李克强、刘云山、张高丽任副组长。中央全面深化改革领导小组负责改革的总体设计、统筹协调、整体推进、督促落实，主要职责是研究确定经济体制、政治体制、文化体制、社会体制、生态文明体制和党的建设制度等方面改革的重大原则、方针政策、总体方案；统一部署全国性重大改革；统筹协调处理全局性、长远性、跨地区跨部门的重大改革问题；指导、推动、督促中央有关重大改革政策措施的组织落实。中央全面深化改革领导小组的成立，标志着新一轮改革全面启动。

2014 年 1 月，中央全面深化改革领导小组召开第一次会议。习近平主持并发表重要讲话。他指出，全面深化改革，我们具备有利条件，具备实践基础，具备理论准备，也具备良好氛围，要把握大局，审时度势，统筹兼顾，科学实施，充分调动各方面的积极性，坚定不移朝着全面深化改革目标前进。会议审议通过了《中央全面深化改革领导小组工作规则》《中央全面深化改革领导小组专项小组工作规则》《中央全面深化改革领导小组办公室工作细则》。会议决定，中央全面深化改革领导小组下设经济体制和生态文明体制改革、民主法制领域改革、文化体制改革、社会体制改革、党的建设制度改革、纪律检查体制改革六个专项小组。习近平强调，中央全面深化改革领导小组的责任，就是要把党的十八届三中全会提出的各项改革举措落实到位。要深入学习领会三中全会精神，党的十八大和十八届三中全会做出的各项部署是我们议事决策的总依据。要善于观大势、谋大事，站在国内国际两个大局、党和国家工作大局、全面深化改革全局来思考和研究问题。要严格按规则和程序办事，坚持集思广益，民主集中，凡是议定的事要分头落实，不折不扣抓出成效。要强化改革责任担当，看准的事情，就要拿出政治勇气来，坚定不移干。十八届三中全会各项具体改革举措，要有时间表，一项一项抓落实。

2014 年 3 月，国务院总理李克强在十二届全国人大二次会议上作《政府工作报告》，将行政体制改革作为全年政府工作的头等大事，将在上一年取消和下放行政审批权 416 项的基础上，再取消和下放 200 项，并建立权力清单制度。清单之外的，一律不得实施审批。还提出要以壮士断腕的气魄全力推进改革。

2014 年 6 月，中共中央政治局和中央全面深化改革领导小组分别召开会议，会议审议通过了《深化财税体制改革总体方案》《关于进一步推进户籍制度改革的意见》和《党的纪律检查体制改革实施方案》，审议通过了《关于司法体制改革试点若干问题的框架意见》。并决定司法体制改革在上海先行试点。习近平指出，目标是否坚定，落实能否到位，决定改革的成败。各地区各部门要敢于担当，积极有为推进改革攻坚。要突出具有结构支撑作用的重大改革，把握好重大改革的次序，优先推进基础性改革。

2014 年 7 月，上海市召开全市司法改革先行试点部署大会。作为首批试点地区的上海，司法体制改革试点工作正式启动。上海的试点工作包含五项内容：一是完善司法人员分类管理制度；二是健全法官、检察官及司法辅助人员职业保障制度；三是完善司法责任制；四是探索建设省以下法院、检察院的法官、检察官省级统一管理的体制；五是探索省以下法院、检察院经费省级统一管理的机制。

上海准备用 3—5 年的过渡期，逐步推行严格的司法人员分类管理制度。

2014 年 8 月，《中央管理企业主要负责人薪酬制度改革方案》出台。

2014 年 9 月，国务院发布《关于深化考试招生制度改革的实施意见》。

2014 年 10 月，中共中央召开十八届四中全会，全会做出了《中共中央关于全面推进依法治国若干重大问题的决定》，这是中国共产党执政以来做出的第一个有关法治建设的决定。这个决定把全面推进依法治国，建设中国特色社会主义法治体系，建设社会主义法治国家上升到国家战略的高度，明确了依法治国的重大任务。这就是：完善以宪法为核心的中国特色社会主义法律体系，加强宪法实施；深入推进依法行政，加快建设法治政府；保证公正司法，提高司法公信力；增强全民法治观念，推进法治社会建设；加强法治工作队伍建设；加强和改进党对全面依法治国的领导。这个决定是适应我国改革、发展、稳定的需要做出的，是全面建成小康社会和全面深化改革的重要保障。

2015 年 3 月，"两会"召开。李克强总理在《政府工作报告》中鲜明地指出，改革开放是推进发展的制胜法宝。必须以经济体制改革为重点，全面深化改革，统筹兼顾，真抓实干，在牵动全局的改革上取得新突破，增强发展新动能。李克强对 2015 年的改革开放做出了如下部署：

1. 加大简政放权、放管结合改革力度。

2. 多管齐下改革投融资体制。

3. 不失时机加快价格改革。

4. 推动财税体制改革取得新进展。

5. 围绕服务实体经济推进金融改革。

6. 深化国企国资改革。

7. 推动外贸转型升级。

8. 积极有效利用外资。

9. 加快实施走出去战略。

10. 构建全方位对外开放新格局。

11. 统筹多双边和区域开发合作。

党的十八大上提出全面建成小康社会的奋斗目标，十八届三中全会做出了全面深化改革的战略部署，十八届四中全会做出了全面推进依法治国的顶层设计，加上以全力反腐为标志的全面从严治党，以习近平为总书记的党中央形成了"四个全面"的战略部署。治国理政的思路逐步清晰。下面的工作主要是万众一心，狠抓落实。

综上所述，中国改革经过三十多年的奋力推进，无论在理论上还是在实践上，都取得了突破性进展。应该说，改革的理论准备越来越充分，改革思路和目标越来越明确，改革的顶层设计已经日渐清晰，改革经验也越来越丰富，改革的措施越来越切合实际。当代中国改革正在向更广的领域和更深的层次推进。改革正在进入深水区，正在涉险滩，正在啃硬骨头。

## 五、简要的总结和展望

结论一：以上我们系统回顾了中国改革开放 37 年走过的艰辛曲折而又成效显著的发展历程，概括起来，是一句话：37 年四个阶段。从改革的探索和试验阶段；到整体推进，重点攻坚，以创立社会主义市场经济体制为核心的综合改革阶段；再到以完善社会主义市场经济体制为重点的经济制度创新阶段；直到以制度建设为核心的全面深化改革阶段。这三十多年可谓风雨兼程，跌宕起伏，走了一个"N"字形。四个阶段的划分也很有意思，很好记，三个三中全会，一个邓小平南方谈话，一个"十八大"。在对中国社会主义改革史的研究中，我们发现中共中央三中全会很重要，五次三中全会都成为改革阶段划分的标志。这是一个很有意思的现象，值得思考。

结论二：中国改革看起来非常热闹，涉及的领域非常广泛，但归结起来无非就是 10 个方面，或者说是围绕着 10 个基本问题展开的。第一至第三个问题是经济问题：第一个是计划经济与市场经济的关系问题；第二个是所有制问题，即公有制和非公有制经济的关系问题；第三个是分配问题，即按劳分配和按生产要素分配的关系问题。计划经济和市场经济关系问题争论了14 年，直到邓小平南方谈话，这场争论才画了一个句号；所有制问题用了19 年时间，在党的十五大上基本解决了；分配问题在十六大上也基本解决了。第四至第七个问题是综合性的问题：四是中央与地方的关系问题；五是政府与市场的关系问题；六是城市与农村的关系问题；七是经济发展与社会发展的关系问题。这些问题才刚刚开始着手解决，最终解决需要通过整体性的综合配套改革才能做到。第八至第十个问题实际上是政治问题：八是党与政府的关系问题；九是政府与公民和社会组织的关系问题；十是人治与法治的关系问题。这后三个问题，有的一直在探索，有的还没有破题，总的看，改革的进展不如前七个问题大。政治体制改革与经济体制改革的进程不相适应。这个不适应，恰好是下一步改革的重点和难点。

结论三：中国改革走到今天，已经发展到以制度创新为核心内容的全面改革阶段。这个制度创新，既包括经济制度，也包括政治制度、文化制度和社会管理制度，尤其是政治制度和社会治理制度创新。其实，国家治理现代化是制度创新的另一种说法。国家治理体系就是国家管理制度。治理体系现代化，也就是管理体制的现代化。从传统管理体制到现代治理体系，就是管理体制的改革与创新。其实，经济体制改革说到底是经济体制的创新，政治体制改革说到底是政治体制的创新，经济改革说到底是利益的再调整，政治改革说到底是权力的再配置。中国改革走到今天，经济领域的改革已经走得很远了。新的经济制度、财产制度、分配制度、交换制度已经基本确立，社会阶层结构已经发生了重大变革，人们的思想观念、行为方式以及价值观全都发生了深刻的变化。如果没有政治体制改革的配合，进一步改革很难继续深入。下一步改革的重点应该是政治体制改革和社会治理体制改革。就是说经济领域存在的问题，必须通过政治体制改革和社会治理体制改革才能解决。否则，深化改革就是空谈。例如，要解决分配不公、贫富差距、城乡差距、腐败，甚至医改、房改、税改、教改，离开了政治体制改革，都是空谈。现在，中央把转变生产方式和调整经济结构作为一项关系全局的紧迫战略任务郑重提出。能否完成这一转变，关键也在于深化改革，尤其是政治体制改革。关于政治体制改革的地位，邓小平讲过两句很有分量的话，第一句话是：中国改革最终能否取得成功，取决于政治改革；第二句话是：中国改革的深度和广度标志是政治改革。在当今中国，没有纯经济问题。政治体制改革不跟进，仅有经济体制变革，想退回去并不难，但改革仍有半途而废的可能。

政治改革说起来很复杂，其实也没有人们想象的那么复杂，更没有什么可怕的。无非是要解决三个问题：一是扩大政治参与，就是人们常说的发展民主问题。在社会领域，是扩大公民的政治参与；在党内，是扩大党员的政治参与；在党委会内部，是扩大委员的政治参与，就是尽可能让更多的人参与到决策中去，以保证决策的正确性。尽可能减少决策失误。像我们这样的发展中大国，最大的失误是决策失误。一旦决策失误，后果是全局性的灾难。这个教训太深刻了。因为我们这个体制缺少一个纠错机制、非到不能收拾再收拾，代价太大了。而历史给予我们纠错的机会并不多，机会、资本都十分有限。二是公共权力的监管问题，主要是监督和管理公共权力，就是要把公权力管住，把权力放在制度的笼子里。就是权力的监管和制衡问题，仅仅制约不行，要制衡。制约者要有权，而且和被制约者的权力要一样大，才能真正起到制衡作用。三是法治问题，要真正做到依法治国，即依据法律治理国家。要在全社会确立起法律至上的观念，尊法，学法，守法，用法，真正实现在法律面前人人平等，把依法治国落到实处。因此，从根本上说，还是一个政治制度建设问题，政治体制改革说到底是政治制度的创新问题。

结论四：当代中国三十多年波澜壮阔的社会主义改革，在实践上的最突出贡献，就是历尽艰辛终于找到了一条在经济文化落后的中国如何建设社会主义现代化的正确道路——中国特色社会主义道路，简称"中国道路"。中国改革在理论上的最突出贡献，就是形成了中国特色社会主义理论。该理论就是在改革开放的实践中逐步形成和发展起来的，随着改革开放的深化，这个理论还将不断得到丰富和发展。改革开放的丰富实践是中国特色社会主义理论的现实根据和思想源泉。

# 第五章　中国特色社会主义经济制度

社会主义基本经济制度、社会化主义分配制度和社会主义市场经济体制共同构成了中国特色社会主义经济制度。基本经济制度是中国特色社会主义制度体系的重要组成部分，是构建这一制度体系的重要基石。基本经济制度决定了一个国家的社会性质，是我国必须长期坚持的经济制度，是中国特色社会主义取得成功的制度保证。坚持和完善按劳分配为主体、多种分配方式并存的分配制度，既体现了马克思主义的分配理念也体现了社会主义初级阶段的国情和特点。社会主义市场经济体制是中国特色社会主义经济制度的重要内容。建立社会主义市场经济体制，就是要使市场在资源配置中起决定性作用和更好发挥政府作用。

## 一、公有制为主体，多种所有制经济共同发展

公有制为主体、多种所有制经济共同发展的基本经济制度，是中国特色社会主义制度的重要支柱，也是社会主义市场经济体制的根基。公有制经济和非公有制经济都是社会主义市场经济的重要组成部分，都是我国经济社会发展的重要基础，它集中体现了社会主义的生产关系的实质，也是社会主义的生产关系的实现形式。

### （一）社会主义的生产关系及其实现形式

公有制为主体，多种所有制经济共同发展，是中国社会主义初级阶段的一项基本经济制度，也是适合中国国情、适应生产力发展水平的社会主义生

80

产关系的实现形式。这一基本经济制度的确立，反映了社会主义生产关系的基本要求，是社会主义生产资料公有制的重要实现形式。

**1. 社会主义生产关系的基础**

生产资料的公有制是社会主义生产关系的基础。在《共产党宣言》中，马克思恩格斯把共产党人的理论概括为一句话，即消灭私有制。他们强调，共产主义的特征不是要废除一般的所有制，而是要废除资产阶级所有制。因此，在他们看来，社会主义与资本主义的根本区别，就在于社会主义在生产资料公有制基础上组织社会生产。所以，在马克思主义的理论体系中，生产资料的公有制是社会主义经济制度的基础。

生产资料公有制是历史发展和社会进步的趋势，是社会化大生产的客观要求，是实现社会主义价值目标的制度保证。在人类社会的历史长河中，私有制并非从来就有，它是和阶级的存在以及一定的生产力发展水平相适应的，因此历史上的私有制也在推动生产力发展上起到了积极作用。但是，为推动历史的发展和社会的进步，有史以来，人类社会就一直为最终消灭私有制而进行不懈的探索和斗争。由于客观历史条件的限制，私有制并没有得到根除，而是不断地以一种新的形式代替旧的形式。资本主义条件下的两极分化以及由此产生的阶级对立、社会冲突以及人的异化等现象，其根源就在于生产资料的私有制。因此，人类社会不会永远允许由少数人占有生产资料和劳动成果，并以此来奴役多数人。消灭私有制，意味着生产资料归全社会共同占有，剥夺某一特殊社会阶级或集团由于对生产资料的垄断而产生的对国家政权和社会生产的垄断。只有随着生产力的巨大增长，才会为私有制本身的消灭创造充分和必要的前提。只有消灭私有制，才能实现工人阶级和全人类的解放。资本主义之所以必然被社会主义所取代，就是因为它的所有制形式与它所创造的社会化大生产不相容。生产资料的社会使用要求由社会而不是由私人占有生产资料；生产过程的社会化要求整个社会生产必须按照社会成员的需要加以组织和调节，而不能仅仅为了满足资本家阶级的个人私利；劳动产品的社会化要求根据社会成员的需要或他们的劳动量实行分配。因此，只有在废除生产资料的资本主义私有制、建立社会主义公有制的前提下，才能实现生产的社会化与占有形式的有机统一。也只有在做到这一点后，资本主义生产方式的固有矛盾才能得到根本解决，生产的无政府状态才能最终得以消除，生产力才能得到解放和发展。社会主义的目标就是实现人们有计划地、有效地利用资源，组织社会生产，把生产力发展到能满足所有人需要的规模，从而结束个人利益与社会利益的对立，结束通过牺牲多数人的利益实现少数人利益的现象，最终消除旧有的分工，消灭阶级、阶级差别和社会差别。

### 2. 生产资料公有制的实现形式

生产资料公有制的实现形式包括两方面的内容：一是生产资料公有制的形成过程，二是生产资料公有制的载体。

关于生产资料公有制的形成过程，马克思恩格斯的基本思路是，生产资料将经过国家所有制过渡到社会所有制。无产阶级夺取政权后首先利用国家政权的力量剥夺资产阶级的生产资料，以社会的名义占有生产资料，形成国家所有制。这样一来，也就消灭了社会划分为剥削阶级和被剥削阶级的经济前提；阶级的消灭又使作为阶级统治工具的国家失去了存在的条件，成了多余的事情，因此，"国家政权对社会关系的干预在各个领域中将先后成为多余的事情而自行停止下来"①。随着国家的自行消亡，生产资料的公有制也就从国家所有转变成社会所有，与自由人联合体的社会形态相适应。因此，国家所有制是生产资料从私人占有到社会占有的一个中间环节或过渡形态。从马克思所划分的社会主义发展阶段来看，它仅存在于从资本主义向共产主义的革命转变时期，也就是"过渡时期"之中。社会主义条件下生产资料公有制是社会占有。

关于生产资料公有制的载体，由于马克思恩格斯没有亲身经历社会主义建设的实践，因此也就不能对国家所有或社会占有的具体形式做出详细的描述。事实上，他们也不愿意这样去做。他们认为，科学社会主义原理的实际运用，革命措施的选择，随时随地都要以当时的历史条件为转移。这就给共

---

① 《马克思恩格斯选集》第 3 卷，人民出版社 1995 年版，第 755 页。

产党人领导社会主义革命和建设提供了广阔的思想空间和实践余地。

20世纪产生的社会主义国家，在生产关系方面都是以生产资料公有制的两种形式为基础的。和马克思恩格斯的设想不同，20世纪的社会主义革命大都发生在经济文化相对落后的农业国度。因此，社会主义革命的任务就不仅要改造资本主义的私有制，而且要改造个体农民的小私有制，引导农民走上社会主义的发展道路。就前者而言，取得政权的共产党人，或者用暴力剥夺（苏联），或者用和平赎买（中国）方式完成了生产资料所有制的社会主义改造，在此基础上形成了国有经济，从而奠定了社会主义制度和无产阶级专政国家政权的经济基础。就后者而言，共产党人最初的出发点也是要实现农业领域生产资料的国家所有。但是苏联的"战时共产主义政策"和中国的"人民公社化运动"在实践中都没有奏效，因此不得不退而求其次，最终使农村的所有制形式落脚在"集体所有制"上。苏联集体所有制的载体是集体农庄，它是计划经济体制下由国家严密监视和控制的生产单位。中国的人民公社则长期实行"三级所有、队为基础""政社合一"的体制。其他社会主义国家虽各具特点，但大同小异。这就是现实社会主义"两种公有制"的来历。

"两种公有制"的确立是社会主义制度建立的标志也是社会主义发展的起点。但由于忽视了国情，教条式地对待马克思主义，许多社会主义国家都把单一的"生产资料的全民所有制"作为社会主义的现实目标和发展导向，因此，造成生产资料所有制和生产力发展水平的不协调。为了摆脱这一问题，中国在社会主义改革实践的不断探索中，逐步形成了独具特色的社会主义基本经济制度。

### 3. 社会主义初级阶段的生产力和生产关系

生产力是一定社会的人们控制和征服自然、生产和创造财富的一种能力。把生产力作为历史唯物主义的出发点，来说明生产力发展水平与人类社会历史发展的关系，是马克思主义研究人类历史发展的关键，所以，生产力概念是贯穿马克思主义理论大厦的最重要范畴。而生产关系则是马克思主义的一个独具特色的范畴，它是马克思从研究物质利益关系开始，在批判黑格尔和费尔巴哈的关于人的本质学说的过程中形成的。马克思指出,人的本质"是一切社会关系的总和"①在此基础上,马克思又从一切社会关系中分离出生产关系,认为它是决定其他关系的基本的原始的关系。生产关系是生产过程中结成的人与人之间的关系。马克思在《〈政治经济学批判〉导言》中,分析了人们在物质资料生产过程中结成的生产、分配、交换和消费的关系,并指出"它们构成一个总体的各个环节,一个统一体内部的差别"②。生产力和生产关系范畴贯穿了马克思主义理论体系,二者从不同方面,即人和自然、人和社会两个角度说明了人类社会生产活动的本质。是人类社会物质生产活动不可分割的两个方面,是一对构成人类社会的基本矛盾。它们的辩证关系和矛盾运动,是人类社会前行和发展的最原始、最基本的动力。

在生产力和生产关系的矛盾运动中,生产力决定生产关系,生产力的发展水平决定生产关系的性质;生产关系只有在适应生产力发展水平的情况下,才能促进生产力的发展,所以生产力是社会前行的决定力量,是"全部历史的基础"。人们在发展生产力的同时也在发展一定的社会关系和生产关系。在人类历史进程中,私有制的出现,阶级的产生,剥削与压迫现象的存在及变化,国家和暴力机器的形成和消亡,都是和生产力的发展紧密联系在一起的。这些产物和现象,既是生产力发展的成果,也将随着生产力的高度发展而逐渐失去存在条件。马克思恩格斯正是从生产力和生产关系的基本矛盾出发,论证并指出了资本主义的阶段性和社会主义的必然性。

社会主义从理论走向现实的路径并没有完全按照马克思恩格斯设想,在生产力较为发达的西欧资本主义国家实现,而是在经济文化比较落后的东方国家首先成为现实。其中中国是在半殖民地半封建基础上走上社会主义道路的,在较为低下的生产力基础上却建立了较为高级的生产关系,如何认识和把握二者的关系一直是对执政者的艰巨考验。

实践证明,生产力的发展是一个自然历史过程,迄今为止,人类大致经

---

① 《马克思恩格斯选集》第 1 卷,人民出版社 1995 年版,第 56 页。
② 《马克思恩格斯选集》第 2 卷,人民出版社 1995 年版,第 17 页。

历了三代生产力。第一代是以手工工具为标志的古代生产力；第二代是以普通机器为标志的近代生产力；第三代是以智能机器为标志的现代生产力。由于存在生产力发展水平的不平衡性，在一个社会里往往会出现不同代的生产力和不同层次的生产关系并存的情况，形成一个复杂的生产力系统。如果用三代生产力标准衡量中国，我们可以清晰地看到，在新中国成立时，社会主要生产力仍然处于古代生产力水平，1956 年社会主义改造完成后，近代生产力也没有成为我国生产力的主体，其中部分较为先进的生产力地区发展也极为不平衡，主要集中在东部沿海。经过多年的建设，社会生产力有了很大的发展，但是，由于人口基数大，地域辽阔，发展不平衡，三代生产力并存的状况并没有得到彻底改善。这也是我国实行公有制为主体，多种所有制经济共同发展的基本经济制度的核心原因。

在改革开放前，虽然我国的生产力状况较为复杂，但是生产关系却较为简单，只有既全民所有制和集体所有制两个类型。改革开放后，我国对不适应生产力发展的生产关系进行了改革和调整。首先，对应农村普遍存在的手工劳动生产力，普遍采用了家庭联产承包责任制这种较为低级的生产关系。农村联产承包责任制的实行，极大地调动了农民的生产积极性，促进了农业生产的发展，农民收入提高，生活得到了明显改善。这种生产关系调整，适合我国农村生产力发展水平，极大地推动了生产力的发展。其次，在国有经济实行全民所有制的基础上采取所有权和经营权相分离的各种形式。国有经济是我国社会主义经济的支柱，是社会生产力和技术进步的主导力量。在服从国家宏观管理的前提下，国有企业有权在国家允许的范围内进行改革，实现所有权与经营权相分离，使企业成为真正的经济实体，使其适应市场经济的要求，这种改革并没有改变其国家所有的属性。最后，将非公有制生产关系作为社会主义生产关系的必要补充。在坚持公有制经济主体地位的前提下，允许非公有制生产关系的存在和发展，这是社会主义初级阶段生产关系的一个重要特征。非公有制生产关系主要有个体经济、私营经济和外商投资经济等。

## （二）中国特色社会主义基本经济制度的内涵

在公有制为主体、多种所有制经济共同发展的基本经济制度框架中，公有制为主体是社会主义的制度特征，多种所有制形式的共同发展体现现阶段的中国特色。

### 1.中国特色社会主义经济以公有制为基础

我国是社会主义国家，必须把公有制作为社会主义经济制度的基础，我国宪法第六条规定："中华人民共和国的社会主义经济制度的基础是生产资料的社会主义公有制，即全民所有制和劳动群众集体所有制。"[①] 宪法第六条第二款又说明了我国社会主义初级阶段的基本经济制度的内容：国家在社会主义初级阶段坚持公有制为主体、多种所有制共同发展的基本经济制度，坚持按劳分配为主体、多种分配方式并存的分配制度。这表明，社会主义初级阶段的基本经济制度反映初级阶段的特点，除包括作为主体的公有制外，还包括私营、个体经济等非公有制经济。而且初级阶段经济制度的内容不仅包括所有制的内容还应该把分配制度也包括在内。从这些表述中我们可以看出，无论是"社会主义经济制度"，还是"社会主义初级阶段的基本经济制度"，其核心都是公有制，只是在不同时期，公有制的占比和发挥的作用有所区别。十八届三中全会报告指出必须毫不动摇巩固和发展公有制经济，坚持公有制主体地位，发挥国有经济主导作用，不断增强国有经济活力、控制力、影响力。"坚持公有制的主体地位，是社会主义的一项根本原则，也是我国社会主义市场经济的基本标志。"[②] 公有制为主体是基本经济制度的重要内容。其内涵包括：第一，公有制经济不等于传统的单一公有制，公有制经济不仅包括国有经济和集体经济，还包括混合所有制经济中的国有成分和集体成分。第二，要用质和量辩证统一的视角分析和衡量公有制的主体地位。第三，当前公有制的主体地位主要体现在，"公有资产在社会总资产中占优

---

[①] 《中华人民共和国法律（2013年版）》，人民出版社2013年版，第19页。
[②] 《江泽民文选》第1卷，人民出版社2006年版，第468页。

势，国有经济控制国民经济命脉，对经济发展起主导作用"①。从全国范围来看，由于各地复杂的发展状况，公有制主导作用的体现在不同行业、不同地区可以有所差别。公有制经济的主体地位，主要体现在控制力和影响力上。在战略上主导国民经济健康有序发展，在关系国民经济命脉的重要行业和关键领域，国有经济必须占支配地位，在其他领域，可以通过资产重组和结构优化，以加强重点，提高国有资产的整体质量。第四，公有制的实现形式可以多样化。公有制不等于公有制的实现形式，公有制的内涵是确定的，而其实现形式可以是多样的。公有制可以采取独资企业、股份制、合作制等多种实现形式。一切反映社会化生产规律的经营方式和组织形式都可以利用。要积极探索和创新公有制的有效实现形式，大胆利用一切反映社会化生产规律的经营方式和组织形式，才能够真正解放和发展公有制经济的生产力，提高公有制经济的活力和效率。

### 2.充分发挥非公有制经济的有益补充作用

十八届三中全会报告指出，必须毫不动摇鼓励、支持、引导非公有制经济发展，激发非公有制经济活力和创造力。非公有制经济是我国社会主义市场经济的重要组成部分。在我国，非公有制经济主要有个体经济、私营经济和外资经济等。非公有制经济的发展对于充分调动社会各方面的积极性，加快生产力的发展具有重要作用。

个体经济是一种古老的经济形式，是一种前资本主义经济。它的特点是生产资料和劳动产品归个人或家庭所有，依靠自己或家庭的劳动力从事生产或经营。它具有分散性、灵活性、多样性和传统性的特点，在增加社会财富、活跃市场、安排就业、传承和发展民间手工艺、满足社会个性需求等方面有不可替代的作用，可以弥补由于公有制大生产办不到、办不好而产生的一些生产和需求漏洞。这种古老的经营形式在人类社会生产发展史上只是短暂地占据过主导地位，进入阶级社会后，它一直是各种占统治

---

① 靳辉明主编:《中国特色社会主义理论体系研究》，海南出版社 1998 年版，第210 页。

地位的生产形式的补充。在社会主义社会，它的这种依附性质依然没有变。因此，个体劳动生存方式的存在，与社会制度并没有必然的联系。在社会主义阶段，它与社会主义公有制和社会化大生产相联系，成为公有制经济的必要的辅助形式和补充。从人类生产形式的复杂性看，只要存在依靠手工工具从事生产活动的情况，个体所有制经济的存在就有其客观的必然性。如果不从这个角度看待个体经济的存在，仅仅按照社会发展阶段的主导生产形式的发展阶段看问题，机械地或过早地取消个体所有制这种经济形式，会产生许多问题。因此，在社会主义初级阶段，在坚持公有制的主体地位，在巩固和发展社会主义公有制的同时，不应排斥和限制个体经济的发展，而应该鼓励它们在国家允许的范围内发展。

私营经济是以私人占有生产资料和雇佣劳动为基础的经济形式。它与个体经济相比既有相似之处，也有不同之处。二者都是非公有制经济，都是生产资料私有制的表现形式，但个体经济不剥削他人，而私营经济雇佣工人，存在对他人的传统意义上的所谓剥削。在社会主义阶段，私营经济仍然具有剥削性质，但是它与社会主义公有制相联系，在无产阶级国家政权的领导下，实际上是依附于或附属于社会主义公有制的一种生产形式。个体经济的发展必然会形成资金积累，发展到一定程度，为了获得更多收益，必然会利用生产资料市场和劳动力，形成雇佣劳动，进而发展为私营经济。所以，在社会主义初级阶段，私营经济与个体经济具有的相似作用，使其成为社会主义公有制的有益补充，在鼓励一部分人先富起来的过程中，发挥着一定的作用，但是，对其消极作用也要有深刻认识。国家要通过经济的、法律的和行政的手段对其加以引导和管理，使其得到更好的发展并为社会主义和谐社会建设服务。

外资企业在改革开放中，发挥了引进国外资金，弥补国内建设资金不足，引进先进技术和管理方式，提高我国企业技术装备和管理水平的作用。

混合所有制经济，是由不同所有制经济按照一定的原则实行联合生产或经营的所有制形式，在我国具有广泛而深厚的社会经济基础和广阔的发展空间。大力发展混合所有制经济，有利于多种所有制经济在市场经济竞争中发挥各自优势，相互促进，共同发展。

我国是社会主义国家而且仍处于并将长期处于社会主义初级阶段的基本国情，生产力发展水平的多层次性，人们日益增长的物质文化需要同落后的社会生产之间的矛盾，决定了我国必须长期坚持和完善基本经济制度，关键是要把握好公有制为主体与多种所有制经济共同发展的关系。目前，我国以公有制为主体，多种经济成分共同发展的所有制结构已经基本形成，并将在社会主义初级阶段得到不断发展。在这种所有制形式中，其结构体系的具体表现目前仍处于实践完善过程中，一些具体问题仍处于探索中，如公有制的主体地位在实际中如何得以体现和保证？类似的问题仍需理论上不断研究和探讨，实践上不断探索和完善。

### （三）中国特色社会主义基本经济制度的创新和完善

中国特色社会主义经济制度是中国生产力发展的必然产物。从社会性质看，中国是社会主义国家，走社会主义发展道路是历史的选择和人民的选择。中国又是一个人口多、底子薄、人均资源少、现代化起步晚的农业大国，生产力发展很不平衡，因此，必须通过不断解放和发展生产力逐步实现人民的共同富裕，保持社会的稳定。在这样的条件下，如果以私有制为基础，走资本主义道路，可能会使某些局部地区、某些人更快地富裕起来，形成一个新的资产阶级，但是大多数人不可能摆脱贫困，社会不可能稳定。因此，从绝大多数人的根本利益出发，将主要资源集中在国家和集体的手中是必要的，也是必需的。只有通过这种途径才能调动广大人民的积极性，推动生产力的发展。因此，生产资料公有制就成了中国社会主义经济制度的基础。但是，坚持生产资料公有制不等于在现阶段要消灭一切非公有制经济。生产力发展水平不平衡的现实，使多种经济成分并存和非公有制经济的长期发展在中国不可避免。

多种经济成分并存和非公有制经济的发展，有利于促进生产，活跃市场，扩大就业以及更好地满足人民群众多方面的需求。这不仅不会影响公有制经济的主体地位，而且有利于发展社会主义国家的生产力，增强国家的综合国力和提高人民群众的生活水平。所以，党的十六大报告指出，必须毫不动摇地巩固和发展包括集体经济在内的公有制经济，它的发展壮大对发挥社会主义制度的优越性，增强我国的经济实力、国防实力和民族凝聚力，具有关键作用；必须毫不动摇地鼓励、支持和引导非公有制经济发展，个体、私营等各种形式的非公有制经济是社会主义市场经济的重要组成部分，对充分调动社会各方面的积极性、加快生产力发展具有重要作用；坚持公有制为主体，促进非公有制发展，统一于社会主义现代化建设的进程中，不能把二者对立起来，要使它们在市场竞争中发挥各自优势，相互促进，共同发展。

坚持公有制为主体、多种所有制经济共同发展的基本经济制度，关键要正确认识公有制经济的内涵。公有制经济不仅包括国有经济和集体经济，还包括混合所有制中的国有成分和集体成分。公有制的主体地位主要表现在，公有资产在社会总资产中占优势，国有经济控制国民经济命脉，对经济发展起主导作用。公有制占主体地位是就全国而言，在有的地方、有的产业由于情况不同可以有所差别。国有经济的主导作用主要体现在控制力上。只要坚持公有制为主体，国家控制国民经济命脉，国有经济的控制力和竞争力得到加强，在这个前提下，国有经济减少一些，不会影响社会主义的性质。公有制的实现形式可以而且应该多样化。一切反映社会化生产的经营方式和组织形式都可以大胆利用。社会主义改革的一个重要目的，就是努力寻找能够极大促进生产力发展的公有制实现形式。《中共中央关于完善社会主义市场经济体制若干问题的决定》进一步指出，要适应经济市场化不断发展的趋势，进一步增强公有制经济的活力，大力发展国有资本、集体资本和非公有资本等参股的混合所有制，实现投资主体多元化，使股份制成为公有制的主要实现形式。

改革开放以来，在社会主义基本经济制度的创新和完善方面，中国共产党解放思想、实事求是，与时俱进，不断进行艰辛探索、发展创新。党的十一届三中全会提出，要依据我国社会主义建设的具体实际，改革同生产力发展不相适应的生产关系和上层建筑，并指出非公有制经济是社会主义经济的必要补充。党的十二大指出"鼓励劳动者个体经济在国家规定的范围内和工商行政管理下适当发展，作为公有制经济的必要的、有益的补充"。党的十三大提出"在公有制为主体的前提下继续发展多种所有制经济"。1992 年邓小平南方谈话指出："一切符合'三个有利于'的所有制形式都可以而且应该用来为社会主义服务。"党的十四大确立了社会主义市场经济体制的目标，党的十四届三中全会进一步提出，必须坚持以公有制为主体、多种经济成分共同发展的方针。党的十五大将"公有制为主体，多种所有制经济共同发展"作为社会主义基本经济制度肯定下来。党的十六大强调两个"毫不动摇"和"一个统一"。党的十七大进一步提出"坚持平等保护物权，形成各种所有制经济平等竞争、相互促进新格局"。党的十八大明确提出："要加快完善社会主义市场经济体制，完善公有制为主体、多种所有制经济共同发展的基本经济制度。毫不动摇鼓励、支持、引导非公有制经济发展，保证各种所有制经济依法平等使用生产要素、公平参与市场竞争、同等受到法律保护。"非公有制经济的权益进一步得到保障，地位进一步明确。这样，我们党对社会主义初级阶段基本经济制度的探索，经历了由"必要补充"到"基本方针"，由"基本方针"明确为"基本经济制度"，进而强调要"两个毫不动摇"和"两个平等"的发展历程。确立公有制为主体、多种所有制经济共同发展的基本经济制度，是社会主义初级阶段必须长期坚持的经济制度。

公有制与市场经济相结合曾经被认为是难以破解的世界性难题，公有制经济与非公有制经济，曾经被认为是水火难容的矛盾，存在着无法逾越的鸿沟。正是中国共产党长期不懈地坚持探索和创新，确立了公有制为主体、多种所有制经济共同发展的基本经济制度，不仅破解了难题、化解了矛盾、跨越了鸿沟，不断丰富和发展了马克思主义所有制理论，而且极大地解放和发展了生产力，实现了社会主义基本经济制度的创新和完善。

## 二、按劳分配与按生产要素相结合

改革开放以来，我国的收入分配制度改革也经历了一个探索的过程，但是，收入分配制度始终同基本经济制度紧密地结合在一起。由于多种所有制经济的存在，在公有制经济中我们除了继续实行按劳分配以外，也承认多种生产要素参与分配的合理性，确立按生产要素贡献参与分配的原则。"必须坚持和完善社会主义公有制为主体、多种所有制经济共同发展的基本经济制度，这就要求坚持和完善按劳分配为主体、多种分配方式并存的分配制度。"① 这既体现了马克思主义的分配理念，也体现了社会主义初级阶段的国情和特点。

### (一) 马克思主义的分配学说

马克思认为："分配关系的历史性质就是生产关系的历史性质，分配关系不过表示生产关系的一个方面。"② "消费资料的任何一种分配，都不过是生产条件本身分配的结果；而生产条件的分配，则表现为生产方式本身的性质。"③ 马克思主义的分配学说和生产资料所有制理论以及社会主义发展阶段理论是一个有机的整体。在马克思主义看来，消费资料的分配取决于生产条件本身的分配，即生产资料所有制的性质。马克思关于未来社会的分配理论就是建立在这个思想基础上的。按劳分配原则是社会主义实行生产资料公有制的必然结果。在马克思主义理论的形成过程中，空想社会主义的按需分配思想产生过深刻的影响。但是，在生产力水平极其低下的条件下，空想社会主义的按需分配只能表现为平均主义或禁欲主义。因此，马克思关于分配问题的理论高于空想社会主义之处，就是他把物质生活资料分配原则建立在生产力的发展和社会主义发展的不同阶段基础上。

资本主义条件下的分配是按"资"分配，因此，剥削、两极分化、不平等等社会现象产生于生产资料的资本主义私人占有，产生于资本家凭借雇佣劳动制度对工人阶级创造的剩余价值的无偿占有。所以，为了从根本上改善工人阶级的生活状况，马克思毕生致力于消灭资本主义的私有制。在代替现存资本主义社会的未来社会中，劳动者不能获得"不折不扣的劳动所得"，

---

① 《江泽民文选》第 2 卷，人民出版社 2006 年版，第 561 页。
② 《马克思恩格斯全集》第 25 卷，人民出版社 1974 年版，第 998—999 页。
③ 《马克思恩格斯选集》第 3 卷，人民出版社 1995 年版，第 306 页。

要从中做必要的扣除，但生产资料的全社会共同占有已使这些"扣除"失去了"剩余价值"的属性。这些"扣除"已不再归资本家，而是归属于全体社会成员。社会用这些扣除支付一般管理费用、满足共同需要的费用以及社会保障费用。在共产主义的第一阶段，由于在经济、道德和精神方面还带有旧社会的痕迹，"每一个生产者，在作了各项扣除以后，从社会领回的，正好是他给予社会的。他给予社会的，就是他个人的劳动量"①。这就是"等量劳动领取等量报酬"，这个原则被后人概括为"各尽所能，按劳分配"。虽然按劳分配仍然会导致事实上的不平等，"但是这些弊病，在经过长久阵痛刚刚从资本主义社会产生出来的共产主义社会第一阶段，是不可避免的。权力决不能超出社会经济结构以及由经济结构制约的社会的文化发展"②。

"在共产主义社会高级阶段，在迫使个人奴隶般地服从分工的情形已经消失，从而脑力劳动和体力劳动的对立也随之消失之后；劳动已经不仅仅是谋生的手段，而且本身成了生活的第一需要之后；在随着个人的全面发展，他们的生产力也增长起来，而集体财富的一切源泉都充分涌流之后，——只有在那个时候，才能完全超出资产阶级权利的狭隘眼界，社会才能在自己的旗帜上写上：各尽所能，按需分配！"③

### （二）我国分配制度的基本原则

分配方式是由生产方式决定的，有什么样的生产方式，就有什么样的分配方式。同样，分配方式的合理化将会促进生产方式的完善。我国以公有制为主体、多种所有制共同发展的基本经济制度决定了我国在收入分配领域实行以按劳分配为主、多种分配方式并存的收入分配制度。按劳分配是社会主义公有制在分配方面的体现，只有坚持按劳分配的主体地位，才能体现公有制的主体地位和基本经济制度的社会主义性质。按劳分配以外的多种分配方式，实际上就是按生产要素的贡献参与分配，这是由社会主义初级阶段的多

---

① 《马克思恩格斯选集》第3卷，人民出版社1995年版，第304页。
② 《马克思恩格斯选集》第3卷，人民出版社1995年版，第305页。
③ 《马克思恩格斯选集》第3卷，人民出版社1995年版，第305—306页。

种所有制结构决定的，符合我国现阶段生产力发展要求。

20世纪的社会主义国家，无论在理论还是在实践上，都把"各尽所能、按劳分配"作为社会主义的分配原则。但在对"劳"判断和实现按劳分配的实现途径上出现了一些问题。这其中最关键的问题是按劳分配如何实现，怎样去衡量"劳"。在我国实行计划经济的条件下，由国家或政府负责制定分配政策和标准，确定了八级工资制、记工分等主要分配形式，这种主观性极强的分配模式在实践中逐渐演变成了按等级分配的平均主义"大锅饭"，逐渐背离了按劳分配的本意。另外，由于人们用理想主义的眼光看待社会主义，因此在实践中又进一步把"按劳分配"带来的事实上的不平等作为"资产阶级法权"加以限制。这就更助长了平均主义的泛滥。其结果不是广大劳动者积极性和主动性的提高和生产力的发展，而是懒汉习气的滋长蔓延和劳动生产率的下降。因此，我国农村自发兴起的改革实践一开始就是在"分配"问题上做文章，用农民的话说，就是"交足国家的，留足集体的，剩下全是自己的"。对"自己的"这部分剩余产品，农民当然愿意在市场上获得较高回报。因此，经济体制改革便有了市场导向。随着经济体制改革的深化，人们又进一步认识到，平均主义的"大锅饭"的分配机制是单一公有制结构的必然产物。因此，要解放和发展生产力，就必须逐步消除由于所有制结构不合理对生产力发展造成的羁绊，确立生产资料公有制为主体、多种经济成分共同发展的社会主义初级阶段的基本经济制度。所有制结构和经济体制的变化，必然导致分配方式的变革，使供求关系、价值规律和生产要素在分配过程中发挥应有的作用。所以，按劳分配和按要素分配相结合的分配制度就成了我国分配制度的基本原则。

## （三）中国特色的社会主义分配制度

中国特色社会主义的分配制度是以按劳分配为主体，多种分配方式并存。在这种分配制度下，劳动、资本、技术和管理等生产要素按贡献参与分配。其目标是调整和规范国家、企业和个人的分配关系。

历史经验表明，平均主义不利于解放和发展生产力，但"两极分化"也一样会挫伤劳动者的积极性，甚至会引发社会冲突，不管这种"分化"的原因如何。因此，在社会主义社会，一个理想的分配制度是，既要适当拉开距离，承认按劳分配导致的事实上的不平等，又不能使收入差距过大，危及社会稳定。这就需要找到一个合适的"度"。改革的目的实际上就是要在分配问题上寻找这样的"度"。但是确立这个"度"的基础性工程，不应该是政府的指令，而应该是市场调节和竞争，国家和政府在其中发挥宏观方向性作用。因此，这个"度"的形成，对"劳"的判断，说到底，要靠供求双方的利益磨合，这有赖于市场机制的发育、成熟和完善。所以，党的十六大指出，初次分配注重效率，发挥市场的作用，鼓励一部分人通过诚实劳动、合法经营先富起来；但是，市场经济的发展势必会引起社会成员之间和地区之间收入差距的拉大，尤其在市场经济体制确立之初，这个问题会显得非常突出。另外，我国现阶段出现的"分化"问题还不完全是市场作用的结果。许多市场机制以外的因素恰恰妨碍了市场机制作用的正常发挥，成为分配不公、社会收入差距拉大和形形色色消极腐败现象的重要原因。市场机制本身对此无能为力，即使可以发挥调节作用也需要相当长的过程。这些问题不加以解决，也会引发社会冲突和动荡，这就为执政党的政治领导、党员先锋模范作用的发挥、政府的行政管理和宏观调控提供了宽广的活动舞台。所以，党的十六大指出，再次分配注重公平，加强政府对收入分配的调节职能，调节差距过大的收入。规范分配秩序，合理调节少数垄断性行业的过高收入，取缔非法收入。党和政府的作用就是要依法治国，维护广大人民群众的根本利益。这也是社会主义优越性的集中体现。就解决收入差距问题而言，首要的任务是规范市场经济秩序和人们的致富行为。同时要通过税收政策等经济杠杆调节收入差距，避免社会矛盾的激化和冲突的发生。按照邓小平的想法，要允许一部分地区、一部分企业、一部分工人和农民，由于辛勤努力成绩大而收入先高一些，生活先富起来。市场经济完善了，法制健全了，国家政权才能真正"保卫"按劳分配的实施。在这个前提下，社会上的"分化"现象，就只能说是"按劳分配和按要素分配"相结合的分配制度所产生的结果了，而且"要素"也成了"劳"的凝结。这是在社会主义初级阶段不可避免产生的现象。因为只有这样才能调动起广大劳动者的积极性，其结果不会是"两极分化"，而是随生产力的发展逐步达到共同富裕。

共同富裕是社会主义的本质要求和中国共产党始终不渝的奋斗目标。党的十八大强调，共同富裕是中国特色社会主义的根本原则，必须坚持走共同富裕道路，使发展成果更多惠及全体人民，朝着共同富裕的方向前进。随着改革开放和社会主义市场经济的深入发展，在人们生活水平普遍提高的同时，分配中的一些新问题也逐步显现：城乡之间、地区之间、行业之间收入差距较大，发展很不平衡；居民收入差距扩大趋势尚未得到根本扭转；社会保障体系还不健全，部分群众生活比较困难；收入分配格局不尽合理，居民收入在国民总收入中的比重、劳动报酬在初次分配中的比重呈下降趋势；收入分配秩序不规范，人民群众对灰色收入、隐性收入的不满也在增加。这些问题的出现与我国正处于社会主义初级阶段，国家发展的全面性协调性普惠性不够有关，也与收入分配制度不完善、相关领域的改革还不到位有关。应当看到，这些问题不仅严重影响了共同富裕的实现，而且制约着政治、经济和社会发展，也容易引发社会矛盾，影响社会和谐稳定。所有这些，都阻碍着社会主义优越性的发挥，影响着人们对中国特色社会主义的认同。

中国共产党带领人民走社会主义道路，就是要逐步实现共同富裕。如果在收入分配中出现两极分化的局面，就会与共同富裕的目标渐行渐远，也就背离了党的宗旨和社会主义的本质要求，违背了全体人民的共同意愿，社会主义现代化建设就会难以为继。缩小收入分配差距、逐步实现共同富裕，已经成为事关现代化建设全局和中国特色社会主义长远发展的重大现实课题。共同富裕只有在生产力高度发达的基础上才能充分实现。只有紧紧抓住经济建设这个中心不动摇，不断解放和发展生产力，才能满足人们日益增长的物质文化需要，逐步实现共同富裕。走共同富裕道路就要坚持和完善公有制为主体，多种所有制经济共同发展的基本经济制度，坚持和完善按劳分配为主体、多种分配方式并存的分配制度，正确处理好效率与公平的关系。十八大提出，"初次分配和再次分配都要兼顾效率和公平，再次分配更加注重公平"的基本原则，为我们正确处理两者关系提供了遵循。2013 年 2 月，《关于深化收入分配制度改革的若干意见》颁布，该意见要求，继续完善劳动、资本、技术、管理等要素按贡献参与分配的初次分配机制，推动各种所有制经济依法平等使用生产要素，公平参与市场竞争、同等受到法律保护，合理调整国民收入分配格局；更好地发挥政府对收入分配的调控作用，加快健全以税收、社会保障、转移支付为主要手段的再分配调节机制，促进收入分配公平；大力整顿和规范收入分配秩序，保护合法收入，增加低收入者收入，调节过高收入，规范隐形收入，取缔非法收入，努力形成公开透明、公正合理的收入分配秩序。

实现共同富裕是一个长期的历史过程，我国正处于并将长期处于社会主义初级阶段，必须立足现实、着眼长远，多措并举、综合施策，着力解决收入分配中的突出问题，朝着共同富裕方向迈进，才能真正体现中国特色社会主义的根本原则。

## 三、社会主义市场经济体制

社会主义市场经济体制是中国特色社会主义经济制度的重要内容。建立社会主义市场经济体制，就是要使市场在资源配置中起决定性作用和更好发挥政府作用。

### （一）计划经济的发展历程与基本特征

计划经济是社会主义国家选择的一种经济体制。经济体制是一个国家的经济结构和组织经济管理活动的方式方法、组织形式、组织机构的总称。社会主义国家长期实行高度集中的计划经济体制，有它的理论根源和现实必然。

从理论上看，计划经济体制是马克思根据资本主义社会的基本矛盾及其发展趋势而做出的一种科学预测。人类走出资本主义时代后，将进入一个自由人联合体时期。联合体内的社会生产将是自由人的联合劳动，整个社会将有计划地组织生产，以代替社会生产的无政府状态，按劳分配将代替按资分配。在这个联合体内，随着阶级和阶级差别的消失，国家对社会生活各个领域的干预逐渐停止，并将最终走向消亡。这一生产模式与马克思所设想的共产主义高级阶段实行的各尽所能、按需分配的分配制度高度契合。可以说，马克思设想的未来社会的经济体制是一个商品已经消失的产品经济模式，而商品经济也被马克思看作是资本主义社会的本质属性之一，计划经济则长期被看作是社会主义的本质属性和基本特征。而且，马克思设想的这种计划经济体制是在生产力已经获得高度发展的资本主义社会爆发社会主义革命后，所建立的社会主义国家的经济体制，是对一个成熟的社会主义社会经济体制的理论抽象。由于社会主义革命实践的发展不同于马克思的设想，并不是在生产力高度发达的主要资本主义国家爆发革命，而是在经济文化不发达的国家首先建立了社会主义国家。这些国家的社会主义建设更需要社会主义理论的指导，所以马克思关于未来社会经济体制的思想在这些国家的社会主义建设中就更为不可或缺。

从现实上看，世界上第一个社会主义国家苏联实行计划经济体制即是受马克思主义学说指导的结果，也是特定历史条件下的必然选择。首先，列宁认同马克思恩格斯关于计划经济是社会主义基本特征的思想，在他关于社会主义国家的设想中，社会主义实行生产资料公有制，国家将有计划地组织和管理生产。其次，十月革命胜利后，在国外武装干涉和国内战争时期，实行了战时共产主义政策，内外压力减缓后，又实行了新经济政策。在这期间，虽然列宁对商品生产和计划经济的认识也有较大变化，但是，在整个社会生产的组织和管理上，他仍然认为必须实行计划经济。尤其是面临着巩固新生政权的艰巨任务，为了加强国防，优先发展重工业，在实行第一个和第二个五年计划期间，苏联形成了以高度集中为特征的计划经济体制，这种体制在苏联工业化初期和国家建设中发挥了重要作用。此阶段正处于 20 世纪二三十年代，也是资本主义世界爆发全面的、严重的经济危机时期。鲜明的对比使得计划经济的优越性更加突出，由此，计划经济体制就作为社会主义的经济特征和基本原则被肯定下来，并在二战后为新建的各个社会主义国家所采用。

计划经济是对生产、资源分配以及产品消费事先进行计划的经济体制。其目标是有规划、有计划地发展经济，尽量避免市场经济的盲目性、不确定性给社会经济发展造成的危害。其基本特征是生产组织和资源产品分配的高度集中和指令性计划。这主要体现在：第一，社会资源配置行政化。社会资源主要按照行政指令、指标的分解、调拨由政府来分配，企业按照政府的指令性计划进行生产。第二，政企不分。生产计划的制定、物资的供应和产品的分配几乎由各级政府承包下来，政府直接管理企业，企业缺乏自主权，成为政府的附属物。第三，市场作用弱化。产品之间的交换不是通过市场，而是通过政府"调拨"实现的。计划经济在社会主义初创时期曾经发挥过积极作用。它有效地调动和使用了有限的人力、物力和财力，使得共产党能够领导人民群众在物质条件十分艰苦的情况下开展大规模的社会主义建设，由此奠定了社会主义制度和共产党执政的必要的物质基础，造就了一代新型的产业工人和具有现代科学文化素质的知识分子，给后人留下了一个初具规模的国民经济体系。但是，计划经济毕竟是特殊历史条件下的产物，它适应的是"战争与革命"的时代主题，以及资本主义与社会主义尖锐对立、国际形势比较紧张的历史环境。因此，它的积极作用发挥的时空也就非常有限。从20世纪50年代到80年代，时代主题逐步发生了变化，和平与发展成了世界两大主题。尤其是新科技革命的兴起，综合国力竞争日趋激烈，对各国的现实经济体制提出了新的挑战和要求。在新的时代和新的环境下，计划经济的弊端逐步暴露出来，由于改革不彻底，终于演变成了社会主义发展道路上的旧体制障碍。通过改革，找到一个适应时代主题和国情、能够继续解放和发展生产力的社会主义新经济体制的任务，就摆在了领导社会主义建设的共产党人面前。正是在这样的历史背景下，中国通过经济体制改革，选择了市场经济的发展目标。

## （二）社会主义市场经济的持续探索和基本特性

市场经济作为一种经济运行机制，它与计划经济相对应。它是商品经济的产物，因为商品经济首先是在私有制社会产生和发展起来的，尤其是在资本主义制度下，市场经济得到了长足的发展。因此，传统观点都把市场经济看成是私有制的产物，是资本主义制度特有的范畴。

列宁首先将市场引入了社会主义建设的实践。十月革命胜利后，列宁在推行"战时共产主义政策"遭遇挫折的情况下，实行了"新经济政策"。在计划经济条件下，承认商品货币关系，引入市场调节机制，利用市场机制发展社会主义经济。由于在市场问题上斯大林的认识与列宁的认识存在偏差，斯大林未能坚持和发展列宁把计划与市场相结合的思想，在1928年改变了新经济政策，转向排斥商品生产和贸易自由的传统计划经济。即使如此，在其著名的《苏联社会主义经济问题》一书中，他仍然肯定价值规律在计划经济框架内、在社会主义经济中发挥的必然作用，认为社会主义社会在一定范围内还存在商品生产和流通。布哈林也提出了"通过市场关系走向社会主义"的思想。他在1929年4月的俄共（布）中央全会上，阐述了社会主义制度下市场关系的意义："市场联系的形式，在我们这里还要继续很多年，我甚至要说，市场联系形式将长期地是经济联系的决定形式。"[①] 这是对列宁新经济政策的深层阐发，但是由于种种原因，他的思想并不被那个时代所接受。作为新中国的缔造者和社会主义建设的探索者，毛泽东明确提出了"社会主义商品经济"[②] 的概念，并在体制上进行了几次调整和改革。但是由于毛泽东的探索总体上没有脱离计划经济的框架，这些可贵的思想并未得到真正落实和深化。邓小平在党的十一届三中全会后，恢复了实事求是的马克思主义思想路线，提出了经济体制改革的设想。

在苏联和中国等社会主义国家努力探讨社会主义制度与市场经济体制融合可能性的同时，西方一些左翼学者和东欧一些经济学家也在进行不懈求索，其结果就是"市场社会主义"理论的兴起。美国经济学家格雷戈里和斯图尔特认为："市场社会主义是以生产资料公有制为特征的经济体制，决策采取分权制，用市场机制加以调节。兼用物质鼓励和精神鼓励来推动参与者

---

① 转引自聂运麟：《通过市场关系走向社会主义》，华中师范大学出版社1998年版，第106页。

② 陈湘舸：《毛泽东哲学与经济学思想》，华中理工大学出版社1993年版，第142页。

实现这一体制的目标。"① 市场社会主义理论的代表观点主要有米勒的"合作制的市场社会主义"理论、罗默的"证券的市场社会主义"理论、斯韦卡特的"经济民主的市场社会主义"理论等。波兰的经济学家奥斯卡·兰格提出了"兰格模式"。

在 20 世纪 50—80 年代,南斯拉夫、匈牙利等国家先后突破苏联计划经济的社会主义模式,开始进行以市场为取向的经济体制改革,被看作是市场社会主义理论的东欧实验。总的看来,这场东欧国家的市场社会主义实验取得了一些成就,积累了一些经验,但是也积聚了不少矛盾和问题,潜伏着危机和不安定因素。苏东剧变后,社会主义一度陷入"危机"。能否构建一种新的经济制度,使其能够在效率、公平和民主等方面都比现代资本主义体现出比较优势,又能避免苏联模式的弊端。这使得社会主义与市场经济的结合再次成为理论探讨和实践突破的焦点。突破的核心问题集中在如何认识市场经济的社会制度属性方面,中国共产党人勇敢地承担起了这一历史使命。

市场经济是人类社会经济发展的必经阶段,市场经济本身没有制度属性。但是,市场经济毕竟要建立在特定的社会制度基础上,要和一定的生产关系结合在一起,因而也就有了"资本主义条件下的市场经济"和"社会主义条件下的市场经济"之分,也就有了市场经济的普遍性和特殊性的体现。

所谓市场经济的普遍性是指市场经济的共性。根据当今世界各国建立和发展市场经济体制的经验来看,其共性主要有以下几个方面:第一,市场主体的独立性和平等性。市场的生产经营单位必须是独立和平等的主体。作为市场参与主体的个人和企业具有独立性和平等的关系,其经济决策以及决策的经济风险由市场主体独立自主地做出并独立承担。第二,资源配置的市场原则。社会中各种要素的流动、社会资源的优化配置,包括商品及劳务的价格的形成,商品及生产要素的流动,均由市场机制起决定作用,市场对资源配置起基础性作用。第三,有效的宏观经济调控机制。政府不得直接干预企业生产经营等微观经济活动,但是政府必须对社会经济发展实行宏观的、间

---

① 余文烈:《当代国外社会主义流派》,安徽人民出版社 2000 年版,第 28 页。

接的调控，以弥补市场经济本身的弱点和缺陷。第四，健全的市场法规体系。市场中的经营活动，是由相应的市场法规来规范的，市场经济本质上是一种法制经济。它要求建立和完善经济法规，使经济运行法制化，市场经济越发达，要求市场法规越健全。第五，国际交往的规则性。市场经济主体在国际经济交往中应遵守国际通行的规则和惯例。社会主义市场经济首先是市场经济，它与其他制度下的市场经济在运行机制、运作方式上存在共同之处，也应具有这些市场经济的共性和普遍性。党的十四大报告指出："我们要建立的社会主义市场经济体制，就是要使市场在社会主义国家宏观调控下对资源配置起基础性作用，使经济活动遵循价值规律的要求，适应供求关系的变化；通过价格杠杆和竞争机制的功能，把资源配置到效益较好的环节中去，并给企业以压力和动力，实现优胜劣汰；运用市场对各种经济信号反应比较灵敏的优点，促进生产和需求的及时协调。"[①] 这个论述实际上也指出了市场经济解放和发展生产力的内在必然联系。

所谓市场经济的特殊性，是指市场经济在社会主义条件下所具有的特性。社会主义市场经济是市场经济同社会主义制度相结合的一种新型的现代市场经济。这种结合，必然会产生不同于其他社会形态下的市场经济的特征，必然会使这种市场经济出现资本主义条件下所不具备的特点。这主要表现在：从所有制结构上看，社会主义市场经济是建立在生产资料公有制为主体、多种经济成分共同发展这个基本经济制度基础之上的。在中国，多种经济长期共同发展，不同经济成分实行多种形式的联合经营，国有企业、集体企业成为市场经济的组成部分，并通过竞争发挥主导作用，成为社会主义市场经济突出特点。从分配制度上看，社会主义市场经济的发展和共同富裕的价值追求是一致的。市场经济体制在资本主义发展初期导致严重的两极分化，引起了激烈的社会冲突和阶级斗争。但是，即便如此，随着市场经济体制的完善、生产力的发展，阶级矛盾也已大为缓解，工人阶级和劳动人民的生活水平也都有了显著的提高。在社会主义条件下，市场经济的发展必然会

---

① 《十四大以来重要文献选编》（上），人民出版社 1996 年版，第 19 页。

极大地解放和发展生产力，提高劳动生产率，从而为共同富裕目标的实现创造前提。因此，恰恰在解放和发展生产力这个问题上，市场经济和社会主义找到了结合点。从国家与生产的关系看，社会主义国家能够把人民的当前利益与长远利益、局部利益与整体利益结合起来，更好地发挥计划和市场两种手段的长处。国家计划是宏观调控的手段之一。但是，在市场经济条件下，国家计划的重点是确定国民经济和社会发展的战略目标，搞好经济发展预测、总量控制、重大结构与生产力布局规划，集中必要的财力物力进行重点建设，综合运用经济杠杆，促进经济更好更快地发展。这说明，在社会主义条件下，市场经济虽然对资源配置和市场组织起基础性的作用，但并不是说国家可以对市场采取放任的态度，而是要通过经济杠杆、法律法规甚至必要的行政手段，对市场加以调节和引导，最大限度地克服市场经济自身的盲目性和缺陷。

市场经济体制普遍性和特殊性的客观存在，决定了中国的经济体制改革要坚持和发扬自己的优势，重视自己创造的经验，积极吸收发达国家在这方面的积极成果，使社会主义制度的优越性和市场经济在资源配置中的长处都得到发挥。在社会主义条件下搞市场经济，市场经济与社会主义的有机结合，对中国共产党人来说是一个全新的课题。在改革实践中，中国共产党对"社会主义市场经济"的本质和特征的认识在不断深化，理论成果不断涌现，实践中也取得了令人瞩目的成就。

### （三）中国特色社会主义市场经济体制的确立和完善

"社会主义市场经济体制是同社会主义基本制度结合在一起的。"[1] 在新的历史条件下，中国选择什么样的经济体制，直接关系到社会主义现代化的全局和未来。从计划经济向市场经济的转变，中国也经历了一个探索的过程。这既是理论创新和实践探索的过程，也是思想解放和观念更新的过程。关于社会主义的传统观念认为，市场经济是资本主义的本质体现，计划经济

---

① 《江泽民文选》第1卷，人民出版社2006年版，第355页。

是社会主义的基本特征，建立新的经济体制就必须破除这一传统观念。党的十一届三中全会后，随着改革的深入，人们逐渐摆脱了那些传统观念，形成了新的认识。党的十二大提出了计划经济为主，市场调节为辅；十二届三中全会指出，商品经济是社会主义发展不可逾越的阶段，我国社会主义经济是公有制基础上有计划的商品经济；十三大提出社会主义有计划的商品经济应该是计划与市场的内在统一的体制；十三届四中全会后，提出建立适应有计划的商品经济发展的计划经济与市场调节相结合的经济体制和运行机制。尤其是邓小平 1992 年的南方谈话，在已有的理论成果的基础上，进一步实现了思想的飞跃和理论的创新。他指出，计划多一点还是市场多一点，不是社会主义与资本主义的本质区别，计划经济不等于社会主义，资本主义也有计划；市场经济不等于资本主义，社会主义也有市场，计划和市场都是经济手段。这个论述的重大意义在于，它成功地将社会制度与经济体制区分和剥离开来，将资本主义的制度和人类社会的文明成果区分和剥离开来，从而为确立市场经济体制的改革目标打下了坚实的理论基础。1992 年 10 月召开的党的十四大在这个问题上达成了共识，明确提出，我国经济体制改革的目标是建立社会主义市场经济体制，以利于进一步解放和发展生产力。十四届三中全会进一步明确了社会主义市场经济的若干问题，十五大确立了社会主义基本经济制度，十六大宣告，我国社会主义市场经济体制初步建立。十六届三中全会通过了《中共中央关于完善社会主义市场经济体制若干问题的决定》，标志着中国经济体改革进入完善社会主义市场经济体制的新时期。党的十七大报告提出，要在加快转变经济发展方式、完善社会主义市场经济体制方面取得重大进展。党的十八大以来，经济体制改革的思路更加明确和清晰，在全面建成小康社会、全面深化改革、全面依法治国、全面从严治党的战略布局和治国方略中，全面深化改革是实现全面建成小康社会目标的一个根本动力，而全面深化改革的重点又是经济体制改革，经济体制改革的核心问题确定为处理好政府和市场关系，十八届三中全会指出"使市场在资源配置中起决定性作用和更好发挥政府作用"。这层层递进的逻辑关系，非常清晰地阐明了在新的历史起点上完善我国社会主义市场经济体制的总体思路。

　　经济制度在中国特色社会主义制度体系中居于重要的位置，它的发展必然对中国特色社会主义制度体系的成熟和完善起着重要的作用。只有不断完善经济制度，才会进一步推动中国特色社会主义制度体系的建设和发展，最终形成适合我国社会主义初级阶段特点的、成熟完备的中国特色社会主义制度体系。

# 第六章　社会主义政府与市场的关系

2013 年 11 月中国共产党第十八届中央委员会第三次全体会议通过《中共中央关于全面深化改革若干重大问题的决定》指出："改革开放最主要的成果是开创和发展了中国特色社会主义，为社会主义现代化建设提供了强大动力和有力保障"；"全面深化改革的总目标是完善和发展中国特色社会主义制度，推进国家治理体系和治理能力现代化"，"让一切劳动、知识、技术、管理、资本的活力竞相迸发，让一切创造社会财富的源泉充分涌流，让发展成果更多更公平惠及全体人民"。

全面深化改革，必须立足于我国长期处于社会主义初级阶段这个最大实际，坚持发展仍是解决我国所有问题的关键这个重大战略判断，以经济建设为中心，发挥经济体制改革牵引作用，推动生产关系同生产力、上层建筑同经济基础相适应，推动经济社会持续健康发展。

经济体制改革是全面深化改革的重点，核心问题是处理好政府和市场的关系，使市场在资源配置中起决定性作用和更好发挥政府作用。市场决定资源配置是市场经济的一般规律，健全社会主义市场经济体制必须遵循这条规律，着力解决市场体系不完善、政府干预过多和监管不到位问题。

必须积极稳妥从广度和深度上推进市场化改革，大幅度减少政府对资源的直接配置，推动资源配置依据市场规则、市场价格、市场竞争实现效益最大化和效率最优化。政府的职责和作用主要是保持宏观经济稳定，加强和优化公共服务，保障公平竞争，加强市场监管，维护市场秩序，推动可持续发展，促进共同富裕，弥补市场失灵。

中国特色社会主义政治经济学，在很大程度上就是在现阶段如何处理好政府与市场的关系，更好地解放和发展社会主义生产力，使社会主义建设成果更多、更好、更公平地惠及广大人民群众，彰显中国特色社会主义制度的优越性。

## 一、正确用好政府与市场这"两只手"

2014 年 5 月 26 日，中央政治局就使市场在资源配置中起决定性作用和更好发挥政府作用进行第十五次集体学习。中共中央总书记习近平在主持学习时强调，使市场在资源配置中起决定性作用、更好发挥政府作用，这既是一个重大理论命题，又是一个重大实践命题。科学认识这一命题，准确把握其内涵，对全面深化改革、推动社会主义市场经济健康有序发展具有重大意义。处理好两者的关系，要讲辩证法、两点论，"看不见的手"和"看得见的手"都要用好，努力形成市场作用和政府作用有机统一、相互补充、相互协调、相互促进的格局，推动经济社会持续健康发展。

我们党提出使市场在资源配置中起决定性作用，是对中国特色社会主义建设规律认识的一个新突破，标志着社会主义市场经济发展进入了一个新阶段。十八届三中全会将市场在资源配置中起基础性作用修改为起决定性作用，对市场作用是一个全新的定位，"决定性作用"和"基础性作用"是前后衔接、继承发展的。市场决定、政府有为，二者有机统一，不能相互否定，更不能把二者割裂和对立起来。

提出使市场在资源配置中起决定性作用，其实是贯彻了问题导向，是针对当前经济阶段的主要矛盾提出的。在处理政府与市场的关系上，即使一般成熟市场经济国家也只是表述为"市场通常是组织经济活动的一种好办法"、"政府有时可以改善市场结果"。比较一下我们"市场在资源配置中起决定性作用和更好发挥政府作用"，好像是我们要建立一个比一般市场经济更市场化的市场经济。其实这种理解是不全面、不正确的。十八届三中全会这一新的表述是针对我国市场经济发展过程中的突出问题提出的。正确的理解是两句话一起说，根据不同的情况，有所侧重，具体问题具体分析。经过二十多年实践，我国社会主义市场经济体制不断发展，但仍然存在不少问题，存在不少束缚市场主体活力、阻碍市场和价值规律充分发挥作用的弊端。这些问题不解决好，市场经济体制进一步改革就难以推进，转变发展方式、调整经济结构的历史任务就难以实现。正是针对这一政府干预，尤其是对微观经济干预过多的实际，我们才强调市场在资源配置中起决定性作用。要减少政府对资源的直接配置，减少政府对微观经济活动的直接干预，加快建设统一开放、竞争有序的市场体系，建立公平开放透明的市场规则，把市场机制能有效调节的经济活动交给市场，把政府不该管的事交给市场，让市场在所有能够发挥作用的领域都充分发挥作用。让企业和个人有更多活力和更大空间去发展经济、创造财富。

在各地的企业发展中，我们不得不承认政府发挥了太多的作用。以过去几年闹得沸沸扬扬的光伏产业为例，本来是一个极其具有战略前途的行业，一个企业成功了，全国各地一哄而上，一下子搞出 300 个光伏产业园。欧美"双反"一来，外需急剧缩减，我国的市场需求又没有及时跟上，结果是大面积亏损，有的一个企业就使国有银行几十亿贷款打了"水漂"。在市场体系本身不健全的背景下，我们不能过多指责地方政府，地方竞争模式对我国经济进步也曾发挥过重要作用。但是，政府不能代替企业，也托不起整个市场，市场终究要起决定作用。

新中国成立后我们先是仿照苏联采用了依靠要素投入，首先是资本要素（投资）驱动经济的粗放增长模式，改革开放后又模仿日本等国的出口导向型模式，用出口需求弥补由要素驱动造成的消费不足和内需不足。这些年来许多重大项目的投资依然是按政府的意图、用国家银行的贷款进行。在投资效率低而失败率高的情况下，坏账风险在景气周期的上升阶段隐蔽地累积起来，而在景气周期的下降阶段，或者在受到某种外部冲击时就会引发金融体系的系统风险。这种中央政府号召、地方政府主导、银行积极支持、企业大干快上的模式已经走到了尽头。该还给市场的一定要无条件地还给市场，真正使市场在资源配置中起决定性作用。

同时，科学的宏观调控，有效的政府治理，理应是中国发展模式的内在要求。更好发挥政府作用，就要切实转变政府职能，深化行政体制改革，创新行政管理方式。2014 年 5 月 30 日，国务院常务会议确定进一步减少和规范涉企收费、减轻企业负担，"看住向企业乱伸的手"，对已出台的政策措施落实情况展开全面督查。各级政府一定要严格依法行政，切实履行职责，该管的事一定要管好、管到位，该放的权一定要放足、放到位，坚决克服政府职能错位、越位、缺位现象。

我们是一个大国，不能指望有任何一个现成的模式可供我们完全照搬，政府与市场的关系在不同国家、不同时期更是不同的。必须在社会主义市场经济实践中不断探索政府与市场的关系，走出一条适合我国国情的道路，保持经济持续健康发展。

## 二、社会主义市场经济选择

尽管"社会主义市场经济体制"是党的十四大和十四届三中全会正式提出的，但是，十一届三中全会实际上已经开启了社会主义市场经济的探索。几十年来的改革历程就是政府与市场关系的探索过程。

1978 年 12 月，十一届三中全会决定，"全党工作的着重点应该从一九七九年转移到社会主义现代化建设上来"，"应该坚决实行按经济规律办事，重视价值规律的作用"；全会建议，"粮食统购价格从一九七九年夏粮上市的时候起提高百分之二十，超购部分在这个基础上再加价百分之五十……农业机械、化肥、农药、农用塑料等农用工业品的出厂价格和销售价格，在降低成本的基础上，在一九七九年和一九八〇年降低百分之十到百分之十五，把降低成本的好处基本给农民"，"粮食销价一律不动"。这抓住了当时人民最关心的"吃饭问题"，以提高粮价显示经济规律的作用；同时，在处理城乡关系时，政府依然起着很大的作用。这是很好的改革政府与市场关系的例证。

1981 年党的十一届六中全会《关于建国以来党的若干历史问题的决议》中，提出了"计划经济为主、市场调节为辅"的方针；这个提法得到了党的十二大的肯定。

1982年9月，党的十二大提出到20世纪末，力争使全国工农业年总产值翻两番，人民物质文化生活达到小康水平的奋斗目标。

1984年10月，党的十二届三中全会通过《中共中央关于经济体制改革的决定》首次提出"在公有制基础上的有计划的商品经济"的概念，"我国实行的是计划经济，即有计划的商品经济，而不是那种完全由市场调节的市场经济"，"完全由市场调节的生产和交换，主要是部分农副产品、日用小商品和服务修理业行业的劳务活动"；增强企业活力是经济体制改革的中心环节；建立合理的价格体系，充分重视经济杠杆作用；实行政企职责分开，正确发挥政府机构管理经济的职能；建立多种形式的经济责任制，认真贯彻按劳分配原则；积极发展多种经济形式，进一步扩大对外的和国内的经济技术交流。

1987年10月，党的十三大提出，"社会主义有计划商品经济的体制，应该是计划与市场内在统一的体制"，"国家调节市场，市场引导企业"，"国家运用经济手段、法律手段和必要的行政手段，调节市场供求关系"。

20世纪80年代后期，经济活动中市场调节的比重已经超过了计划调节。1992年邓小平南方谈话中明确提出："计划多一点还是市场多一点，不是社会主义与资本主义的本质区别。计划经济不等于社会主义，资本主义也有计划；市场经济不等于资本主义，社会主义也有市场。计划和市场都是经济手段。"[1] 1992年6月，江泽民在中央党校省部级干部进修班上的讲话中第一次提出了使用"社会主义市场经济体制"作为建立新经济体制的建议，得到了邓小平的赞同。当时他讲到这里时，全场响起雷鸣般的掌声。中央党校校史馆的录像记录下了这一历史时刻。

1992年10月，党的十四大明确提出，"我国经济体制改革的目标是建立社会主义市场经济体制，以利于进一步解放和发展生产力"，"就是要使市场在社会主义国家宏观调控下对资源配置起基础性作用，使经济活动遵循

---

① 《邓小平文选》第3卷，人民出版社1993年版，第373页。

价值规律的要求，适应供求关系的变化；通过价格杠杆和竞争机制的功能，把资源配置到效益较好的环节中去，并给企业以压力和动力，实现优胜劣汰；运用市场对各种经济信号反应比较灵敏的优点，促进生产和需求的及时协调"。

1993 年 11 月，十四届三中全会通过的《中共中央关于建立社会主义市场经济体制若干问题的决定》指出："社会主义市场经济体制是同社会主义基本制度结合在一起的。建立社会主义市场经济体制，就是要使市场在国家宏观调控下对资源配置起基础性作用。""必须坚持以公有制为主体、多种经济成分共同发展的方针"，"建立全国统一开放的市场体系，实现城乡市场紧密结合，国内市场与国际市场相互衔接，促进资源的优化配置"，"建立以间接手段为主的完善的宏观调控体系"，"建立以按劳分配为主体，效率优先、兼顾公平的收入分配制度"，"建立多层次的社会保障制度"。转换国有企业经营机制，建立现代企业制度；培育和发展市场体系，建立主要由市场形成价格的机制，进一步发展商品市场，发展金融市场、劳动力市场、房地产市场、技术市场和信息市场等；转变政府职能，建立健全宏观经济调控体系，保持经济总量的基本平衡，促进经济结构的优化，引导国民经济持续、快速、健康发展，推动社会全面进步；建立合理的个人收入分配和社会保障制度；深化农村经济体制改革；深化对外经济体制改革，进一步扩大对外开放；进一步改革科技体制和教育体制；加强法律制度建设。

1997 年 9 月，党的十五大提出，"我们要积极推进经济体制和经济增长方式的根本转变"，到 2010 年，"建立比较完善的社会主义市场经济体制"；"要全面认识公有制经济的含义……国有经济比重减少一些，不会影响我国的社会主义性质"；股份制资本主义可以用，社会主义也可以用；"非公有制经济是我国社会主义市场经济的重要组成部分"；"要着眼于搞好整个国有经济，抓好大的，放活小的"；"把按劳分配和按生产要素分配结合起来"；"集中财力，振兴国家财政"，"逐步提高财政收入占国民生产总值的比重和中央财政收入占全国财政收入的比重"，"建立稳固、平衡的国家财政"；"宏观调控主要运用经济手段和法律手段"。

2002 年 11 月，党的十六大提出全面建设小康社会的目标，"国内生产总值到二〇二〇年力争比二〇〇〇年翻两番，综合国力和国际竞争力明显增强。基本实现工业化，建成完善的社会主义市场经济体制和更具活力、更加开放的经济体系。""必须毫不动摇地巩固和发展公有制经济"，"必须毫不动摇地鼓励、支持和引导非公有制经济发展"，"放宽国内民间资本的市场准入领域，在投融资、税收、土地使用和对外贸易等方面采取措施，实现公平竞争"；在更大程度上发挥市场在资源配置中的基础性作用；要把促进经济增长，增加就业，稳定物价，保持国际收支平衡作为宏观调控的主要目标，扩大内需是我国经济发展长期的、基本的立足点；效率优先，兼顾公平，初次分配注重效率，再分配注重公平。

2003 年 10 月，十六届三中全会通过《中共中央关于完善社会主义市场经济体制若干问题的决定》，提出："完善社会主义市场经济体制的目标和任务。按照统筹城乡发展、统筹区域发展、统筹经济社会发展、统筹人与自然和谐发展、统筹国内发展和对外开放的要求，更大程度地发挥市场在资源配置中的基础性作用，增强企业活力和竞争力，健全国家宏观调控，完善政府社会管理和公共服务职能，为全面建设小康社会提供强有力的体制保障。主要任务是：完善公有制为主体、多种所有制经济共同发展的基本经济制度；建立有利于逐步改变城乡二元经济结构的体制；形成促进区域经济协调发展的机制；建设统一开放竞争有序的现代市场体系；完善宏观调控体系、行政管理体制和经济法律制度；健全就业、收入分配和社会保障制度；建立促进经济社会可持续发展的机制。"进一步巩固和发展公有制经济，鼓励、支持和引导非公有制经济发展；完善国有资产管理体制，深化国有企业改革；深化农村改革，完善农村经济体制；完善市场体系，规范市场秩序；继续改善宏观调控，加快转变政府职能，进一步健全国家计划和财政政策、货币政策等相互配合的宏观调控体系；完善财税体制，深化金融改革，按照简税制、宽税基、低税率、严征管的原则，稳步推进税收改革；深化涉外经济体制改革，全面提高对外开放水平；推进就业和分配体制改革，完善社会保障体系；深化科技教育文化卫生体制改革，提高国家创新能力和国民整体素质；

深化行政管理体制改革，完善经济法律制度。

2007 年 10 月，党的十七大把小康社会的目标重新确定为，"实现人均国内生产总值到二〇二〇年比二〇〇〇年翻两番。社会主义市场经济体制更加完善"；"各种所有制经济平等竞争、相互促进"，"以现代产权制度为基础，发展混合所有制经济"；"发挥国家发展规划、计划、产业政策在宏观调控中的导向作用，综合运用财政、货币政策，提高宏观调控水平"；"努力使全体人民学有所教、劳有所得、病有所医、老有所养、住有所居"，"健全劳动、资本、技术、管理等生产要素按贡献参与分配的制度，初次分配和再分配都要处理好效率和公平的关系，再分配更加注重公平。逐步提高居民收入在国民收入分配中的比重，提高劳动报酬在初次分配中的比重"。

2012 年 11 月，党的十八大提出"加快完善社会主义市场经济体制和加快转变经济发展方式"，"在发展平衡性、协调性、可持续性明显增强的基础上，实现国内生产总值和城乡居民人均收入比二〇一〇年翻一番"，"全面深化经济体制改革"，"更加尊重市场规律，更好发挥政府作用"，"实施创新驱动发展战略"，"推进经济结构战略性调整"，"推动城乡发展一体化"，"全面提高开放型经济水平"，"大力推进生态文明建设"。

到党的十八大前，社会主义市场经济改革发展的过程大致可以分为四个阶段：1984 年前是第一阶段，引入市场机制，比较重要的标志是家庭联产承包责任制、对国有企业的放权让利、部分生产资料和生活资料价格放开等。1984—1992 年是第二个阶段，继续沿着这几个方向发展，在对外开放方面进一步发展，兴办特区和设立 14 个沿海开放城市，外贸发展，外资利用，包括市场体系的建设，分配方面打破了按劳分配的原则，提出了按劳分配为主与按生产要素分配相结合。1992 年确立了社会主义市场经济体制改革的目标后，改革开放进入了新阶段。比较重要的标志是积极要求加入世贸组织，国有企业引入现代企业制度，生产资料价格商品价格并轨，分配方面肯定了资本和生产要素参与分配的合法性，开始建立新型的社会保障制度等。以 2001 年加入世贸组织为标志，改革开放取得明显成效。2003 年，中共十六届三中全会决定提出完善社会主义市场经济体制各个方面的要求，改革发展进入第四阶段。2003 年以后，因为市场经济体制已经基本建立，中国经济快速增长，从中央到地方全部精力都专注于增长，同时更加注重社会建设。2008 年国际金融危机是对我国社会主义市场经济的重要考验，应该说我们交出了一张漂亮的答卷。2010 年欧洲主权债务危机在理论和实践方面都对我国社会主义市场经济提出新的挑战。

## 三、从"无锡尚德破产案"看政府与市场的关系

2014 年 3 月 25 日到 6 月 11 日，"经济建设与经济体制改革研究专题"厅局级班、省部班，及中青二班推出了案例课《从无锡尚德破产案看政府与市场的关系》，反响强烈。

**案例介绍：**

这是一个成功的故事，它用 10 年的时间创造了一个奇迹；

这不是一个成功的故事，作为一家公司它存活的时间有点短，终究没能办成"百年老店"；

这是一个有争议的故事：有人说，它是一个在一种畸形的政府与市场关系下产生的"畸形儿"，覆灭的命运在所难免；也有人说，它过去曾创造了一个奇迹，如果我们现在能帮助它渡过难关，谁能说它不能在将来创造更大的奇迹呢？

这是一个没有争议的故事："无锡尚德破产重整"是中国 2013 年最大、最著名的破产案！

理解这个案例的 5 个关键词是：创立、上市、辉煌、困境、重整。

一是"创立"。2001 年，无锡尚德成立。无锡市政府"出钱、出人、出力、出地"。可以说，没有无锡市政府的支持，就没有无锡尚德。市委、市政府指示无锡国联信托投资公司、江苏小天鹅集团等国企出资 600 万美元，占 75% 的股份；海归科学家施正荣技术入股 160 万美元，现金和带回的设备作价 40 万美元，共 200 万美元，占 25% 的股份。尽管认购了，但由于看不

到前途，有的企业想反悔，资金迟迟不到位。管人才的市委副书记说："施博士是一个人才，你们谁把他给放走了，我就找谁算账！"

2002 年，无锡尚德第一条 10MW 太阳能电池生产线正式投产，产能相当于此前 4 年全国太阳电池产量的总和，一举将我国与国际光伏产业的差距缩短了 15 年。

2003 年，15MW 太阳能电池生产线投入生产，是中国第一条单晶硅太阳能电池生产线。

2004 年，25 MW 电池线投入生产，至此尚德产能达到 50MW，成为世界上最大晶体硅太阳能电池制造商之一。

2005 年 9 月，无锡尚德电力产能达到 120MW，成为中国首家百兆瓦级光伏制造企业；12 月第一座 30MW 太阳能电池基地于中国洛阳正式投产，生产能力达到 150 MW，排名世界第八，成为全球四大太阳能电池生产基地之一。

二是上市。无锡尚德成立之时，世界经济正处于景气周期上升期，欧洲推行清洁能源政策，对光伏产品实行补贴。2002 年、2003 年、2004 年、2005 年每年都有新的生产线建成投产，产能年年翻番。

2005 年，无锡尚德已经具有国际声誉，甚至美国纽约证券交易所的老板都主动找上门来。但是，按照美方的相关规定，国有股需要先退出才能顺利完成上市。面对巨大的升值诱惑，参股国有企业当然不愿意退出。时任市委书记杨卫泽提出：要满足尚德电力上市的要求，"无锡要大发展，就要有大环境。招商引资、引智不能只是停留在公文上的一纸空话！谁要是把施博士放走了，市委、市政府将追究其责任！"

在市委书记的强力干预下，所有国有企业的股份全数退出。

2005 年 12 月，无锡尚德母公司尚德电力在美国纽约证券交易所上市，融资 4 亿美元，成为第一个在纽交所成功上市的中国民营企业；施正荣遂成为当年中国首富。

三是辉煌。无锡尚德的造富效应开始发酵，一批中国光伏企业纷纷在纽交所上市，形成了震惊中外的"中国军团"。无锡尚德和中国光伏企业产能继续扩张，无锡尚德和施正荣本人尽情收获着金钱和荣誉。

2006年，产能扩张到300MW，成为全球第三大太阳能生产商；中国成为世界第三大光伏电池生产国。

2007年，实现销售收入、市值两个"百亿"（100亿销售收入、100亿美元市值）。

2008年，产能达到1GW（1000MW），一跃成为世界最大的晶硅组件制造商。

2009年至2011年，无锡尚德先后投资多晶硅、薄膜电池、扩能等项目，总投入超过10亿元。

2010年，无锡尚德光伏组件出货量达到1500MW，产能突破1800MW，以出货量计算，已超过美国第一太阳能公司（First Solar），成为真正的"世界第一"。

无锡尚德成功了，无锡市成功了，江苏省成功了，中国成功了："世界光伏在中国，中国光伏在江苏，江苏光伏在无锡"。无锡市政府提出"五年内再造一个尚德"，拨出数百亩土地。江苏和各地提出大力发展光伏产业，一下子出现300多个光伏产业园。

四是困境。2008年国际金融危机来临，欧洲各国纷纷下调对光伏产品的补贴，市场出现巨大波动。由于中国的加入，作为光伏产品最重要原材料的多晶硅价格更是大幅下跌，从最高的每公斤500美元下跌到20美元以下。在多晶硅看上去会一直涨上去的2006年，施正荣与供货商签订了固定价格10年的供货合同（令人吃惊的是，没有任何金融对冲工具防范可能的风险）。2011年底不得不终止合同，赔付2.12亿美元。

2011年美国三家太阳能公司破产，均指责中国；同年10月，德国第二大太阳能厂商在美分公司联合6家企业提出"双反"申诉。欧美双反，使无锡尚德内外交困，出现超过10亿元的亏损。

2012年中国光伏产能已经达到40GW，相当于全球需求两倍，产能严重过剩。这一年尚德电力市值蒸发了60%，陷入困境。

五是重整。无锡尚德破产重整的导火索是，有5.41亿美元可转债2013

年 3 月 15 日到期。本来施正荣手中还有一个所谓的"杀手锏"：他曾投资 GSF（环球太阳能基金），支持太阳能应用。这一投资在其主营业务不景气的几年中带来了亮丽的回报。为清还债务，现在决定将其所持有的 GSF 基金 80％股权套现。但是，在进行撤资交易审查时，发现 GSF 合作方的母公司向尚德电力提供的 5.6 亿欧元的等值德国政府债券担保系伪造。市场哗然，引起在美投资者的愤怒。这导致尚德电力要在资本市场融资几无可能。

2012 年 8 月 15 日，施正荣辞任尚德 CEO 职务。

2012 年 9 月 27 日，无锡市长朱克江前往尚德电力，现场指挥，讨论救助。可以选择的方式，一是政府协调银行贷款支持，但要求施正荣以全部个人资产做无限责任担保；二是尚德电力退市，实施国有化。但是，这两条均被施正荣拒绝。

2012 年 10 月 10 日，美国"双反"终裁，无锡尚德税率最高，为 35.79％。

2013 年 3 月 4 日，施正荣"辞去"尚德董事长。

2013 年 3 月 18 日，宣布 5.41 亿美元债务违约；同日，无锡尚德的债权银行，联合向无锡市中级人民法院递交无锡尚德破产重整申请。

2013 年 3 月 20 日，无锡市中级人民法院裁定对无锡尚德实施破产重整。

江苏省委、省政府，无锡市委、市政府提出"加快清产核资、保障生产经营、酝酿重整方案"，主导破产重整。无锡新区管委会组成的破产管理人进驻无锡尚德。10 月 7 日，确定江苏顺风光电和无锡国联集团为战略投资者参与评标。江苏顺风光电以出价 30 亿元现金、偿债率 31.55％、后续投入不低于 30 亿元长远发展资金，获得战略投资人资格。职工债权进行 100％清偿；普通债权人 10 万元以内的 100％清偿；10 万元以上的 31.55％予以清偿。

**学员讨论：**

一种观点认为，政府，尤其是无锡市政府，做的基本是合理的。省部班地方政府组代表、甘肃省副省长李荣灿，地厅班学员、辽宁省政府副秘书长葛海鹰，中青二班三支部书记、中国航天科技集团公司一院副院长郝照平，三支部学员、广东省江门市委常委吴晓谋，和其他一些来自地方的学员持这一观点。李荣灿说："无锡市政府定位是准确的，整个过程做了政府该做的事。在我们甘肃，即使更差一些的项目，我们也欢迎，甚至会给予更大的优惠。有的省为了吸引三星，优惠达 1000 多亿元。富士康的郭台铭，各地都在争，任何地方政府都支持。无锡国有企业投资，扮演了风险投资和天使基金的角色，最后也没吃亏。这是一个非常成功的典范。国有资产实现了保值增值，是参与战略产业成功的典范。不求所有，但求所在。在无锡尚德破产时的决策也是正确的。重整，无懈可击，体现了高超的驾驭市场的能力。经过重整，实现了在江苏的另一个企业继续生产，结果也不错。'几乎是完美的'，体现了市委的远大战略眼光，很快成为'老大'。重组时，政府的主导作用化解了危机。政府的职能是到位的，不越位，不缺位。如果说缺点，那是没及时争取中央政府的支持。中央政府一直到 2013 年 7 月才出台政策，之前没有一个明确态度。在甘肃，有国家定的新能源基地，千万千瓦级风能、光能，但出现了弃光、弃电现象。上网问题没解决好"。"战略性新兴产业有风险，政府要及时介入。这是弥补市场失灵的表现。与政府有关的基金要介入"；"信息服务的对象主要是中小企业，那些巨无霸型企业，了解市场是企业的必修课"；"在新兴产业方面，政府可以发挥作用，这一点不能忽略"。葛海鹰说："无锡市政府做得非常好，没有问题。"郝照平说："从企业本身看是一出悲喜剧；从市场经济看，则算比较完美的处置。"吴晓谋说："无锡尚德案是地方政府深度介入经济发展的一个典型案例，既有成功的辉煌，也有沉重的代价。从总体看，无锡市政府主动引导新兴产业发展并取得一定成效值得肯定，但其中诸多非市场化的手段最终引发严重问题。""尚德是一个成功的企业，地方得到了就业和税收。成功有偶然性，失败也有偶然性。"

另一种观点，应该代表更多的学员，认为无锡市政府对企业的支持超出了适当范围，反映出当前我国深层次矛盾。省部班学员、上海市政协副主席王志雄，地厅班学员、江西省政府副秘书长晏驹腾，中青二班学员、北京市保监局副局长冷煜等人持这一观点。王志雄说："无锡市政府在尚德发展中做得太具体，搞拉郎配。我不同意荣灿副省长的'完美'说法，我看是'完美得过分'，应该完美但不要过分。""当然，这件事问题主要不在政府"，"'双反'加起来是36%，加上经济下滑，谁也受不了。在光伏发展好的时期，企业跟风、银行跟风。我们上海超日太阳能的老板就因为欠银行两个亿还不上，一度想自杀。给我打电话说这事。我说，银行就是锦上添花，再就是釜底抽薪。""政府老是讲'要发展'，没有第二句话'注意什么'。等说第二句话时，已经晚了，过剩了。""中国的企业要提高管理能力，现在平均生存期只有3年多，长期投资不行。""中国风险投资机制不完善，金融的能力一定要跟上去。政府可以更好发挥作用。处于探索的东西（产品），政府大量应用。政府要注意宏观预测指导，也要注意发挥社会组织，比如行会的作用。"晏驹腾说："市场与政府，要市场决定投资，不能政府决定投资。"冷煜说："无锡尚德走的是一条政府'催肥'的不归路。我们长期'跟跑''平跑'，一有'领跑'的机会，最容易头脑发热。尤其是面对新兴产业，政府更是刻意扶持甚至'越俎代庖'。当前，政府特别是地方政府必须转变观念，克服增长冲动，让产业和企业真正回归市场。政府主导型经济再也不能延续下去了，不能没有制度边界。"

对无锡市政府最有意见的当属银行。省部班银行组代表、中国银行监事长李军说："无锡市政府太精明：保住了自己，留住了企业，亏了银行，没有'担当'。可是，你这么干，以后谁还听你的？""江西赛维，与尚德同样的问题，采取的就是另一种方式。尽管财力有限，比不上江苏，比不上无锡，却给予企业筹资、注资，解决了20多亿元的周转资金。发挥了定海神针的作用。这才是敢于担当。""说到这个案例，企业的生生死死很正常，是一个悲壮大剧的轮廓。开始时，光伏是一个大家认知不多的行业。私企不进，国企也不进。无锡市挖掘了一个可以进的人，随之迎来了一个经济腾飞的年代。从上市起，国有股退出，施正荣没了约束，心态也起了变化，自信到自以为是。他是一个专业人才，不是一个管理人才。头脑发热，丧失了对市场的敬畏之心。2008年有300多家光伏企业倒闭。2009年他还70多亿扩张。2011

年的亏损，也值得怀疑。2013年3月20日破产，从'大红大紫'到巨星陨落'。他把当老大作为目标，树敌过多；'双反'将其置于死地，'从宠儿变弃儿'。自身修炼不够。""说到我们银行，总的是自觉自愿去贷款的。那时去慢了，人家还认为你有问题。最多时17家银行贷款给尚德，9家剩下来了。中行最早支持尚德，后来也没跟风，稳定在过去水平。当然，也没有适时退出来，主要是对与欧盟谈判有期待。中行也不愿在当地急于收贷款，我们认了！"

几个班的中央政府组代表，都觉得不好说话，对自己所代表的角色也不甚满意，主要是觉得中央"没表态"。省部班中央政府组代表、工业和信息化部党组成员朱宏任说："后进国家在赶超时要积极管规划、政策、标准，管发展战略。但要中央告诉企业10年后会怎么样，不现实。"中青二班3支部中央政府组代表、国家税务总局大企业税收管理司副司长刘磊说："中央政府失职了。一方面要看到太阳能光伏发电属于清洁能源，应大力发展；另一方面也要看到多晶硅的生产有高耗能、高污染的问题。国家规划不够，中央政府应加强整体规划和宏观调控，保证合理的发展规模和速度。应通过立法鼓励发展太阳能发电，保证电网接受光伏发电上网。可对上网光伏电给予适当的补贴。我们是卖给外国，留下污染。要改变太阳能电池主要依赖出口的现状，让生产企业的产品主要用于国内太阳能发电，而不是都低价卖给外国，把污染留给了中国。"

课堂上的媒体组代表，总起来比实际的媒体报道客气和理性多了。省部班媒体组代表、团中央书记处常务书记贺军科说："中央，不知道中央怎么想的；在产业政策方面，中央应有安排；中央要完善要素市场；对我国在先导型、有竞争力的行业，要有研判，防封杀。""地方，似乎有怨气，可以理解，不算完美。追求的目标是什么？政绩冲动。应该营造公平的市场环境。有的企业家成为座上宾，对其他的人就不公平。就这个案例来讲，政府主导重组，无法判断做多少合适。""企业，认识清晰，准确地抓住了政府的弱点。从自身利益出发，快速扩张；但缺乏内部科学管理机制。施正荣实际是一个'穿着洋装的中国老百姓'。""政府与市场的关系，既有绝对性，也有相对性。

尚德在美上市，日常谁来监管？谁能监管？！有政府失灵，遇到'老大'，市场也失灵。这里就需要道德和规则的作用"。"看来，混合所有制也不是万能的。企业的生存和发展，起决定作用的还是企业内部结构。自己发昏，谁也救不了他！"中青二班3支部媒体组代表、吉林省长白山保护开发区管委会副主任蔡宏伟说："中央政府缺位，交的是悲剧性学费"，"政府与市场的关系是因时而变的"，"政府的手伸出来，不能乱摸，两只手要握在一起"。

### 启示和建议：

无锡尚德破产重整案错综复杂。无锡市政府通过引进战略投资者，使得广大债权人得以较为公平地接受补偿。在继续保留"无锡尚德"品牌的条件下，通过恢复经营与盈利能力，尽量满足职工等各方关联主体的利益，维护了社会基本稳定。

2014年6月19日，中青二班支部"双向交流"时，学员们一再追问一个问题："在无锡尚德这一案例中，无锡市政府究竟做错了什么？"稍微宽泛一点回答，在各地的企业发展中，我们不得不承认政府发挥了太多的作用；一轮又一轮的产能过剩，甚至一些新兴产业伴随着产生就出现过剩，与地方政府的过度热情不无关系。光伏产业本来是一个极其具有战略前途的行业，一个企业成功了，地方政府不断加码；一家在美国上市，多家跟着"淘金"；全国各地一哄而上，一下子搞出300多个光伏产业园。欧美"双反"一来，外需急剧缩减，我国的市场需求又没有及时跟上，结果是大面积亏损。无锡尚德不仅使大量投资者受损，还使国有商业银行几十亿贷款打了"水漂"，更多的企业在挣扎中期待更多的政策支持。

在讨论中，有学员分析：如果假定政府和企业家都是善的，政企这种关系还没什么；但如果一方是恶的，或双方都是"恶"的，那问题就大了。无锡市政府与无锡尚德，杨卫泽与施正荣，剪不断、理还乱。施正荣只听命于地方最高首脑，政府部门无法对无锡尚德进行任何有意义的监管。在市场体系本身不健全的背景下，我们不能泛泛指责地方政府；地方竞争模式对我国经济进步也曾发挥过重要作用。但是，政府不能代替企业，也托不起整个市场，市场终究要起决定作用。

亚当·斯密发明了"看不见的手"这个术语，指市场引导着经济，以实现人力资源和自然资源的最佳利用。150 年后，凯恩斯提供了一个作为整体运作的市场经济模型，需要政府干预以克服周期性失业。诺贝尔经济学奖获得者罗纳德·科斯，将企业的权力结构称为"看得见的手"，与斯密的"看不见的手"结合在一起起作用；同时强调，人们并不必然需要市场这只"看不见的手"来让完全分散化的、自由放任的经济运转起来——私人间讨价还价可以胜任这一点。这样就形成了"政府—市场—企业—社会"的分析架构。

（一）政府应从经营型，转向服务型政府；执政党从学习型政党，转向服务型政党；以服务型政党带动服务型政府。我们建设法治型和服务型政府，不可以否认政府具有一定的经营性。从《万历十五年》中可以看出，当时的地方政府基本是低水平的"法治型和服务型"，只统计多少盗匪，人民生活是否安定，不考核经济指标；该书作者就认为官府不管经济发展，是中国经济长期停滞的主要原因。但是，政府应明确与市场的边界，在微观经济领域，应由市场起决定性作用，政府以营造环境、做好服务为主。

我们党在革命年代是"革命党"，共 29 年；新中国成立后是"建设党"，1978 年后逐渐成为成熟的建设党，60 多年；学习型政党基本是与成熟的建设党相辅相成，在建设中学习，在学习中建设。现在人民群众对政府公共服务，对执政党驾驭全局能力和服务社会能力的要求空前提高。我们要从学习建设，转变为学习调控和服务，沿着"革命党—建设党—服务党"轨迹，适时由学习型政党转变为服务型政党，以服务型政党建设推动服务型政府建设。

（二）市场在资源配置中起决定性作用，需要政府综合配套改革，协调央地关系，改变考核机制。在政府与市场的关系中，我们的主要问题是政府，尤其是地方政府太强势。简政放权没有错，规定一定的数量目标很好，但还处在"做样子"的阶段。要改变政绩导向和考核机制，制定有约束力的权力清单。这需要中央下决心，"中央下得了手，地方下不了手"。改革要以能够充分发挥市场决定作用为目标取向；处理好中央与地方政府的关系，地方政府更多地对当地百姓负责。

地方政府可以引导新兴产业发展，但必须尊重科学规律，运用市场化的手段；在任命国企管理人才时，必须考虑其经营管理能力，不能以科学家代替企业家；要建立大企业退出机制，提早防范经营风险造成冲击和被动。中央政府在产业发展过程中要做好产业规划和引导，及时发现行业过热，及早调控，对新兴产业国际竞争应予关注和指导。中央、地方要有分工、有合作，并以健康的财政体制支撑。

要加快完善金融风险投资机制，"金融的能力一定要跟上去"。无锡尚德实际上是一场微型金融危机。如果看一看希腊危机中的"剪羊毛"，减半偿还，再看看无锡尚德30％多一点的赔偿率，这一点就十分明白。在无锡尚德走出去的过程中，金融风险投资机制和意识的缺失是明显的（比如10年长单）。我们还会有大批企业走出去，强大的资本应在市场基础上用来为我们的企业保驾护航。

（三）企业由企业家管理，根据市场价格决定企业与市场的边界，接受市场考验，优胜劣汰。企业内部事务，企业家根据市场信号处置。政府不要插手企业的具体事务，党政领导与企业家"相敬如宾"。我们从新中国成立后到改革开放前，对企业主是一味"矮化"，是"糖衣炮弹""危险分子"。现在正走向另一个极端：无锡市甚至一度挂出施正荣的大幅画像，对企业家"乱拔高"。施正荣标榜：企业的宗旨是为了帮助政府，为了解决人类终极问题。整个一个政府、市场、企业的大错位。

（四）社会有"一块儿"要留给社会自组织，使政府、市场、企业、社会协调运转，完善国家治理体系。以光伏行业的产能过剩来说，如果有一个健全的行业协会，信息共享而又有一定的自律，攀比、跟进可能会理智一些。党和政府要提高公信力，不能依靠垄断；社会自组织，社会需要，可以成为社会治理体系的合作和参与者；党和政府可以在适度竞争的环境下，提高社会治理能力，实现治理体系和治理能力现代化。

# 四、全球范围内的政府与市场关系模式借鉴

从计划经济到市场经济，政府对市场主体的管理在减少；但绝不是说，在市场经济条件下，政府管理要退出。在任何一种市场经济模式下，政府都不同程度地发挥着作用，只不过发挥作用的大小、方式有所区别。从这个意义上说，那种截然把"西方"与"东方"对立起来的看法是不对的；东西方互相借鉴，甚至西方在 20 世纪对付大萧条时就借鉴了马克思主义的思想，一些学者也认为 2008 年后的国际金融危机期间他们西方国家在"学习中国"。不能只讲"对立"，更要讲"统一"，人类文明互相借鉴才是和平共处的长久之道。

## （一）以美国、英国为代表的自由竞争市场经济模式

美国是一个十分崇尚自由的国家，大体上从 18 世纪末到 19 世纪中后期，随着工业化和由农业国向工业国的转变，确立了自由竞争的市场经济体制。19 世纪末 20 世纪初，美国市场经济又经历了自由竞争到垄断的转变。20 世纪 30 年代以来，特别是第二次世界大战以后，美国的混合经济体制得以确立，并经历了不断调整和变化。尽管我们很难说美国目前的市场经济体制还是自由市场经济体制，但还是不难看出以自由竞争为主基调的特色。

英国是第一个自由市场经济体制国家，早在 18 世纪中叶已经形成了市场经济体制。19 世纪 70 年代以前，英国在世界工业、贸易、海运、金融等方面都居于垄断地位，号称"世界工厂"和"日不落帝国"。英国工业产值在 19 世纪 80 年代被美国超过，1900—1910 年又被德国超过，退居世界第三位，之后不断被新兴大国超过。由于地域上处于美国与欧洲大陆之间，目前的英国市场经济体制更像是一种介于美国的自由市场体制与欧洲的福利市场体制之间的体制。20 世纪 70 年代末和 80 年代初期，英国的撒切尔夫人上台和里根入主白宫，共同演绎了一段新自由主义意识形态下的"新盎格鲁—撒克逊"模式奇迹。他们大刀阔斧地在所有制领域实行私有化、在金融

市场上去除管制、在国际贸易上主张自由化，分别带领英美两国走出或缓解了当时的经济困境。

自由竞争的市场模式有利于投资、高效和生产力与经济的发展，它起源于英国，在美国达到顶峰。自由竞争市场的主要优点是，弹性很强的劳动力和产品市场，低税，激烈的竞争和股东资本主义——股东对管理者施加压力，要求他们实现利润最大化。它能充分发挥市场竞争的优势，在科技创新和必要的政府干预基础上，解决资源配置的动力问题。企业在技术创新、管理创新、产品创新、生产方式创新等方面，都处于发达国家的最高水平。然而，这一模式的缺点同优点一样突出。美国医疗卫生体制集中反映了这一点：尽管美国是最发达的西方国家，但其医疗卫生体制和绩效却备受怀疑和责难，奥巴马医改步履维艰，反映了美国人根深蒂固的自由市场观念；许多美国人欣赏欧洲的福利制度，尤其喜爱英国的"公费医疗"，觉得比美国的制度更人性。但总体来讲，美国人相信市场，对政府发挥更大作用持强烈怀疑态度。

## （二）以德国、瑞典为代表的社会合作市场经济模式

德国是一个高税收高福利的国家，社会贫富差距相对较小。第二次世界大战后，联邦德国第一任经济部部长、后又曾担任联邦总理的路德维希·艾哈德在德国推行社会市场经济模式，对战后经济复苏发挥了巨大作用。这种经济模式的运行机制是通过提高消费者机会、刺激技术进步和创新、按劳分配收入来使市场中的各种力量自由发挥作用。它限制市场力量的过分积累，在主张市场有序竞争的同时，强调社会责任，主张高税收高福利。

德国公开宣称实行"社会市场经济"模式，银行和公司间关系密切，银行以股东和放款人的双重身份对公司实行监督。德国模式追求创造高利润、利益分配平衡和较高的收入水平。德国是西方建立社会福利保障制度最早的国家。按照救济法，所有无力自助并无法从其他方面获助者都有资格领取社会救济金来维持生活。失业者还可得到相当于工资三分之二的失业救济。德国模式的优点包括，出色的教育和培训，慷慨的福利、平等及社会和谐；公

司和银行的密切关系及高投资。但是，劳务市场和产品市场的限制较多，过大的工会势力、高税率、慷慨的失业救济和对劳动力市场及产品市场的广泛限制等导致了失业率一度居高不下。进入新世纪德国对影响其效率的经济体制进行了大刀阔斧的改革。

与德国相比，瑞典等北欧国家更突出社会福利，是福利社会的代表，利用有管制的"劳动力市场"和完善的福利制度分担市场风险。德国、瑞典，或更广泛的欧洲模式，强调"社会"，寻求"第三条道路"，政府与市场是限制与合作，支持与利用，在相互磨合中寻求平衡。

### （三）以日本、韩国为代表的政府主导市场经济模式

日本模式是 20 世纪 60—70 年代形成的，当时取得了震撼欧美的"世界奇迹"。日本模式核心是追赶欧美，成为重工业化的先进工业国；关键是后发优势；加强政府干预；引进技术；出口主导、"贸易立国"；统制金融。创新与竞争意识、合作与团队精神、个人主义与集体主义的相互结合，以及政府对市场的有力干预，也是该模式的重要内容。日本模式在积累决策方面依靠私人公司，但决策最终采用与否，还必须要同公共机构进行紧密磋商之后才能决定下来，并且政府部门和银行在决策过程中起着间接的影响作用；倾向于削弱劳工的政治和社会权利，但对劳资关系的形式留有余地，主张通过公司的福利措施将劳工和私人公司的关系融洽起来；主流文化在内容上是保守主义与国家主义；政府相对具有"远见"的指导，日本企业与政府密切合作；银行与公司交叉持股，股民力量相对较弱。日本工会组织化程度在战后初期曾一度高达 50%，但到 1983 年降到 30%，到 2003 年不足 20%。日本模式曾经是"追赶型现代化"取得成功的经济模式，主要优点是，终身雇佣制促进了忠诚和高熟练度，公共服务（尤其是教育）质量高，银行与其他工商业企业关系密切，公司交叉持股保护管理者并使之对投资采取长期观点。这种模式的缺点是，受到保护、没有完全暴露在市场力量之下的公司创新动力较小。

韩国尽管与日本在操作上有所不同，在政府主导方面却是一致的。

　　1997 年亚洲金融危机过后，日韩由于市场运作不规范备受谴责。2007年美国次贷危机引发了全球金融危机，引起了社会各界的深刻反思，其中最为普遍的声音就是认为这次金融危机标志着"盎格鲁—撒克逊模式"（即英国、美国模式）的终结。美国、欧洲等国政府面对危机积极出手干预，有人认为这是因为几十年来中国的成功使他们也在借鉴中国模式，但更多的人怀疑政府是否应该太多肯定中国的做法，当然也反映了西方对政府干预的固有怀疑。

## 五、正确处理政府与市场之间的关系，走出一条有中国特色的市场化道路

　　经过长期的探索我们党提出了，使市场在资源配置中起决定性作用和更好发挥政府作用的判断。这是现在和未来很长一段时期我们应该要认真研究和坚持的。

　　无锡尚德的兴衰实际上就是我国探索政府与市场关系的一个缩影。无锡尚德的诞生正值我国地方竞争白热化之时，各地都在招商引资，无锡以其得天独厚的条件引进了施正荣。2000 年 8 月 8 日，施正荣应邀到无锡作学术报告。报告结束后，无锡新区的一位领导当即表示："我们就是要吸引像施博士这样的科学家到无锡做老板"。2001 年 1 月 22 日，无锡尚德（全称：无锡尚德太阳能电力有限公司）成立。为公司成立，无锡市政府委派当时即将退休的经委主任李延人出面协调资金，促成无锡小天鹅集团、无锡山禾制药集团、无锡高新技术风险投资股份有限公司、无锡国联信托投资公司、无锡水星集团、无锡市创业投资公司六家企业共同出资 600 万美元，施正荣以 40 万美元现金和价值 160 万美元的技术参股。无锡新区政府帮助企业解决公司组建方案、工商注册、税务登记、银行开户、信息发布、人员招聘等相关工作；为企业提供厂房用地，并减免房租，减轻企业运营成本。公司正式投产前，国企小天鹅公司副总裁徐源和负责销售的马衡铨被派到无锡尚德协助建立销售渠道。

2005 年 12 月 14 日，尚德电力在纽交所成功上市。没有政府的帮助这也是不可能的。如果国有股不能全部退出，无锡尚德就无法在短期内到纽交所上市。无锡市政府主要领导明确表示，要支持无锡尚德在海外上市，要满足尚德上市的要求，国有股应该退出。通过与各国有股东一对一的谈判，国有股东全部退出。支持企业走出去，尤其是支持民营企业走出去几乎是一个时期的国策，无锡只是一个典型，并且做成了。

金融危机来临，企业陷入困境，当地政府也是想方设法帮助企业渡过难关。看到再也不可能继续运营之时，又是政府主导对公司进行重整。2013年 3 月 20 日，无锡市中级人民法院依据《破产法》相关规定，正式裁定对无锡尚德实施破产重整。这一次政府选择了让无锡尚德破产重整，而不是继续救这个立下汗马功劳的企业，着实让国内外吃了一惊。几乎在每一次企业遇到困难的时候，都可以看到政府的身影，甚至这个身影远远盖住了企业自身。但是，当市场不再投票时，"基础性""决定性"作用就体现出来了，政府只好帮助尚德选择退出。

在各地的企业发展中，我们不得不承认政府发挥了太多的作用。在市场本身不健全的背景下，我们不能过多指责地方政府；但是，政府不能代替企业，也托不起整个市场，市场终究要起决定作用。

新中国成立后我国先是仿照苏联采用了依靠要素投入，首先是资本要素（投资）驱动经济的粗放增长模式，改革开放后是模仿日本的出口导向型模式，采取"出口导向"的国家对外经济政策，用出口需求弥补由要素驱动造成的消费不足和内需不足。我国在发展方式上，还存在着诸多问题。第一，把数量扩张作为主要目标的旧思想和老做法没有彻底改变。第二，各级政府继续保持过多的资源配置权力和对企业微观经济决策的干预能力。第三，财政体制的缺陷使各级政府官员有动力和能力进行过度投资营建"形象工程"和"政绩工程"。第四，要素价格的严重扭曲鼓励高资源投入、低经济效率项目的扩张。要素价格定得过低；为了支持出口导向的政策，本币的汇率由进口替代时的本币高估转为低估。国际能源机构的研究表明，由于能源价值不能反映其真实成本和稀缺程度，我国的能源消耗至少增加了 9％。许多重大项目的投资是按领导机关的意图、用国家银行的贷款进行的，固定资产投资的增长曲线和银行贷款的增长曲线高度拟合。由于靠银行贷款支持的增长是一种"借来的增长"，在投资效率低而失败率高的情况下，坏账风险在景气周期的上升阶段隐蔽地累积起来，而在景气周期的下降阶段，或者在受到某种外部冲击时引发金融体系的系统风险。

我们是一个大国，不能指望有任何一个现成的模式可供我们完全照搬，必须在社会主义市场经济实践中不断探索政府与市场的关系，走出一条适合我国国情的道路。我国社会主义市场经济模式注意从自由市场竞争模式中吸取竞争和法治的内核，从社会市场模式中吸取公民权利和社会保障的内容，从政府主导型模式中借鉴产业政策和主动调控。同时，我国社会主义市场经济模式又有其他任何模式不能容纳的内容，坚持社会主义道路、坚持共产党的领导，同时吸收包括资本主义在内的一切社会的文明成果。

市场决定资源配置是市场经济的一般规律，健全社会主义市场经济体制必须遵循这条规律。近一个时期，主要是着力解决市场体系不完善、政府干预过多和监管不到位问题。必须积极稳妥从广度和深度上推进市场化改革，大幅度减少政府对资源的直接配置，推动资源配置依据市场规则、市场价格、市场竞争实现效益最大化和效率最优化。政府的职责和作用主要是保持宏观经济稳定，加强和优化公共服务，保障公平竞争，加强市场监管，维护市场秩序，推动可持续发展，促进共同富裕，弥补市场失灵。"新常态"，新希望，政府与市场的互动还在探索中。

# 第七章　社会主义产业结构与产业政策

经济学中的产业分析介于微观与宏观之间，属中观范畴。同注重企业个体行为分析的微观经济学相比，产业经济学更强调企业间的竞争与合作关系；而同关乎总量平衡关系、国民收入及其分配的宏观经济学相比，产业经济学则更关注产业间或产业内的结构协调关系。西方产业经济学研究范围狭窄，聚焦于产业组织，绝大多数西方产业经济学教材直接以产业组织（Industrial Organization）为名，对不同市场结构下微观企业行为的研究可谓淋漓尽致。社会主义导向、中国发展语境下的产业经济学与西方产业经济学存在较大差异，这种差异既植根于历史国情，也植根于传统文化。西方舶来的产业组织理论发源并服务于成熟市场机制，而新中国成立后我国亟须建立一套服务于重化工业的正常运转的经济体系；改革开放后我国又侧重建立社会主义市场经济制度，产业组织得到官方高层关注不过才是最近的事情[①]。我国的产业经济学受日本影响较大[②]，自 1985 年杨治教授的《产业经济学导论》[③] 出版算起，这一学科体系引入中国不过 30 年光景。但是，产业结构调整思想和产业政策实践，新中国成立之初就已有之。不同于西方，我国的产业经济学在研究内容上除了产业组织领域之外，产业结构也是密不可分的重

---

[①]　在 2014 年 12 月 9 日至 11 日举行的中央经济工作会议上，习近平发表的重要讲话中首次提到产业组织："生产小型化、智能化、专业化将成为产业组织新特征。"

[②]　产业结构政策与产业组织政策在日本的经济政策体系中居于主导地位，对促进日本经济的高速发展，实现国民经济的现代化起到了重要作用。

[③]　杨治:《产业经济学导论》，中国人民大学出版社 1985 年版。本书在国内的影响很大，是国内第一次以"产业经济学"为名的著作，被国内许多学者引用参考。

要部分。从"一穷二白"到世界工厂，产业政策功不可没；从结构失衡到产能过剩，产业政策也难辞其咎。要系统考察产业结构与产业政策，发展中的中国是个绝佳的样本。本章聚焦我国产业结构调整与产业政策理论与实践，对我国产业政策的历史背景、遇到的主要困难与问题、产业政策的未来调整方向进行梳理和判断。

# 一、产业结构与政策相关理论

## （一）产业结构理论的基本共识

产业，一般是指生产同类物品或提供同类服务的企业集合，有产业的分类，才有产业结构的概念。在产业分类中，流传最广、应用最多的，要数新西兰经济学家费歇尔于1935年在其著述《安全与进步的冲突》中提到的三次产业分类方法。该方法之所以盛传不衰，秘诀在于费歇尔对产业的分类比较符合人类发展历史，尤其是财富创造源泉的变迁：人类经济活动第一阶段的财富主要取于自然，第二阶段的财富主要取于机器，第三阶段的财富则主要取于人。由此，产业可分三个层次：第一产业包括种植业、林业、畜牧业和渔业在内的农业，第二产业主要是工业和建筑业，第三产业则以流通部门和服务部门为主。

产业结构理论是说，不同产业的比例会随着经济发展出现系统性变化，国民收入和劳动力在各产业间分布结构也会出现调整，这些变化呈现出一种规律性。

配第—克拉克定理。早在17世纪，西方经济学家威廉·配第就已经发现，随着经济的不断发展，产业中心将逐渐由有形财物的生产转向无形的服务性生产。他根据当时英国的实际情况明确指出：工业往往比农业、商业往往比工业的利润多得多。因此劳动力必然由农转工，而后再由工转商。英国经济学家、统计学家克拉克在配第研究的基础上，采用三次产业分类法对三次产业结构的变化与经济发展的关系进行了大量的实证分析，总结出三次产业结构的变化规律及其对经济发展的作用。发现随着时间的推移和社会在经济上变得更为先进，从事农业的人数相对于从事制造业的人数趋于下降，进而从事制造业的人数相对于服务业的人数趋于下降。克拉克的研究如此成功，也使得三次产业分类方法得到了普及，以至于学界误认为三次产业分类是克拉克的杰作，称其为克拉克产业分类法。配第与克拉克的研究异曲同工，被学界称为"配第—克拉克定理"。

库兹涅茨法则。在继承配第和克拉克等人研究成果的基础上，库兹涅茨仔细地挖掘了各国的历史资料。他利用现代经济统计体系，对产业结构变动与经济发展的关系进行了较彻底的考察。其主张的基本内容主要有：第一，随着时间的推移，农业部门的国民收入在整个国民收入中的比重和农业劳动力在全部劳动力中的比重不断下降；第二，工业部门国民收入在整个国民收入中的比重大体上是上升的，但是，工业部门劳动力在全部劳动力中的比重则大体不变或略有上升；第三，服务部门的劳动力在全部劳动力中的比重和服务部门的国民收入在整个国民收入中的比重基本上都是上升的。

基于其他产业分类方法，还有类似的产业结构理论，有名的当属"霍夫曼经验定理"。1931 年，德国经济学家霍夫曼根据工业化早期和中期资本品生产增长快于消费品生产增长的经验事实，预言到了工业化后期，资本品工业将成为经济的主要部门。该理论阐述了工业化进程中工业结构演变的规律，被称为"霍夫曼经验定理"。

## （二）产业政策争论与中国实践

一般认为，产业政策是为规范产业运行、协调产业发展、提高产业竞争力等而针对特定或某一类产业提供的政策管制。这个定义是说产业政策可能存在上述几种有利功效。但是，难道没有产业政策，产业运行就没有秩序、产业结构就不协调、竞争力提升就困难吗？学界关于产业政策的作用确实存在较大争议。支持者认为产业政策能够弥补市场失灵、政府能够利用产业结构演进规律、政策有助于培育主导产业、能发挥规模经济效应，因而产业政策能够促进经济健康发展。持不同意见的学者认为，产业政策是政府对市场正常运行规律的干预，既不公平也缺乏效率，甚至有人认为迄今为止产业政策鲜有成功范例。两类观点持续交战，没有一方败下阵来，每种观点都有鲜活的例证。支持者将二战后日本成功经济崛起归功于产业政策、将新中国经济奇迹归功于产业政策，反对者则以西方成熟市场经济国家从来没有产业政策为由，力主自由市场高效率体系（其实西方也有产业政策）。

产业政策大致有两类，一类是产业结构政策，另一类是产业组织政策。产业结构政策意在优化不合理的产业间比例，产业组织政策旨在构建有利于竞争的市场环境。政府推动的产业政策若要成功，几个条件必须满足：第一，政府要站得高：必须知道什么样的产业结构是好结构、什么样的市场结构有利于竞争。有关产业结构演变的市场统计一定要算得上真规律，才能按照规律设计政策。西方工业革命之后的产业结构演进统计到底适不适合国情，政府是否就应该按照西方国家的发展规律谋划和调整我们自己的产业结构，是值得考量的。第二，政府要看得远：必须具有前瞻性，知道哪些产业能够成为主导产业、新兴产业或战略性产业。事实证明，在经济发展初期，政府对哪些产业能够带动经济发展的认知程度比较可靠；但随着市场成熟、技术成熟，政府对前瞻趋势的把握可能会剑走偏锋。第三，政府还要走得稳：必须能够自我纠偏。由政府来实施产业政策，要求政府对产业发展规律的把握比市场更精准，把握不准规律也要有责任主体承担损失。对损失没有切肤之痛，对产业政策是否合理就不会太在意。政府能够做到上述三点，非常不易。

中国的产业政策实践立足国情，走了一条政府与市场相结合的道路。一方面，尊重但没有完全按照西方产业结构演进规律进行结构调整。比如，霍夫曼经验定理告诉我们：工业化后期资本品工业将成为经济的主要部门，但我国在新中国成立之初就选择了重化工业这一资本品生产为主的工业化道路，显然脱离了西方定理的"紧箍咒"（是不是也付出了比较多的代价呢？）。而近期中国经济则正在谋求转型，第三产业超越第二产业，为产业结构演进规律又增添了新证据（这一次是符合规律的）。另一方面，在市场体系没有建立之前，政府依靠计划手段推行的产业政策有效帮助中国产业实现从无到有、从小到大发展。社会主体市场经济体系建立之后，针对特定产业实施的产业政策，借市场之力培育出了一些具有竞争力的本土企业。从这个意义上说，中国正在进行一场"超规律"的大试验。

## 二、我国产业结构与产业政策的历史逻辑

回顾新中国成立后我国经济发展中的产业结构调整历程，产业政策千变万化，但万变不离其宗，大致经历了三个阶段。产业政策 1.0 时代，通过差别化发展政策确立了新中国基础工业体系；产业政策 2.0 时代，以加工贸易为突破口融入世界分工体系，在产业价值链中低端"觅食"；当前的产业政策正处于 3.0 时代，朝着提升产业国际竞争力方向迈进，政策内容体系正在悄然转型。

### （一）产业政策 1.0 版：确立基础工业架构（1949—1978 年）

#### 1. 重化工业优先发展战略的形成

中国经济增长奇迹植根于改革开放带来的红利，已是不争的事实。既然改革开放能够带来制度红利、诱发经济增长奇迹，那么为什么我国改革开放发生在 20 世纪 70 年代末而不是更早，比如新中国成立后就开始？这是经济史学者应该关注的重要问题。古语有"欲速则不达"，说的是性急求快反而不能达到目的。改革开放亦如此，急不得、快不得。改革开放并不是无条件的，必然存在某些限制条件使得我国无法在新中国成立初期就推行改革开放系列政策。到底是哪些条件限制呢？如果不是最重要的，相对完善的工业体系也是决定改革开放的关键前置条件。没有完善独立的工业体系，我国改革开放后如何快速融入全球分工体系，恐怕是个巨大难题；没有完善独立的工业体系，大面积市场开放还可能导致跨国企业垄断势力延伸到中国市场，熄灭促进经济独立自主发展的中国本土企业这一"星星之火"。进一步思考，中国相对完善的工业体系又是如何建成的？以行政分配资源为手段的中国特色早期产业结构与产业政策实践，必是重要成因。

　　新中国成立后至改革开放前，我国的产业结构调整与产业政策围绕重化工业优先发展设立。无论按照斯密的绝对优势理论还是李嘉图的比较优势理论，新中国成立初期中国都应当生产劳动密集型的产品，为什么中国选择了重化工业优先发展？这个决策明显与西方产业结构演进规律相悖。主要直接原因有两个：一是近代中国沦为半殖民地半封建国家，落后就要挨打的观念深入人心，朝鲜战争爆发以及由此带来的严峻国际环境，使得国家主权安全成为第一考虑因素；二是苏联短期内快速工业化的实践以及苏联对中国的援助，提升了我国的要素禀赋水平，坚定了中国走重化工业优先发展道路的决心。

　　这套完整的产业结构调整和产业政策体系，包含产业政策导向、目标、途径、载体、制度等多方面内容：第一，产业政策的导向，实施非平衡战略，重化工业优先发展；第二，产业政策的目标，快速建立完善的、独立自主的工业基础和国防体系；第三，产业政策的途径，牺牲农业，支持工业完成"第一桶金"积累；第四，产业政策的载体，通过多个五年计划的制定与实施。如我国大规模工业化起步重要标志就是第一个五年计划规定的以"156项"① 建设为中心的经济建设；第五，产业政策需要的制度体系，快速发展工业，需要牺牲农业实现工业的内部积累，而这种牺牲必须由计划体系的协助才能完成。通过实行中央集权控制的计划经济体制，抑制消费，并以农补工、以轻补重。按照这个逻辑，不是计划经济这个"顶层设计"导致了中国走重化工业优先发展道路，而是中国基于国情自力更生选择重化工业优先发展道路产生的对计划经济的制度需求。计划性质的产业结构调整政策，需要用历史的眼光加以评判。道路虽然曲折，但却使中国迅速建立起基础工业体系，为改革开放后迅速融入世界分工体系奠定了良好的基础。

**2. 重化工业优先发展导向的产业结构调整与政策效果**

　　首先，从经济发展结果上来看，政策效果十分显著。这一阶段的产业发展与结构调整战略，使我国重工业得以高速发展，在较短的时间内，改变了

---

　　① 指的是苏联援建我国的 156 个工业项目。

旧中国手工工业占主导地位的落后面貌。新中国成立初期轻、重工业比重为2.79∶1，1958年重工业就迅速超过轻工业，1960年重工业产值比轻工业高出2倍。1953—1977年轻工业发展速度年均9.2%，而重工业年均13.6%，重工业产值增长了23.9倍。1952—1978年，我国的国民生产总值增长了4.3倍，工业总产值增长了13.6倍。

其次，这一政策也有明显的副作用：严重牺牲了农业、农村和农民的利益。改革开放前的30年内，我国重点在城市发展工业，试图通过城市工业化带动农业和轻工业的发展。而发展重工业需要大量投资，所以对农业和轻工业的投资一直受到挤压。特别是牺牲农业和农民利益，保证工业和作为其载体的城市发展。按照产业结构由低到高演化的一般规律，经济发展的重点应该是有序地从农业到轻工业再到重工业，然而我们"抄近路"跨越了有序发展路径，从农业为主直接跃居到重化工业为主。这样带来的后果是重工业发展所需要的资金主要来自农业的积累，极大地限制了农业扩大再生产，致使农业经济长期建立在落后的生产方式和生产技术的基础上，并长期发展停滞。人民群众生活水平的提高缓慢，1952—1978年，居民消费水平仅增长了68.5%，平均年增长仅2.1%，低工资、低物价、低消费帮助实现了高积累。

最后，政府以行政手段决定资源配置，主导投资，也留下后患。经济发展由国家直接领导，从产业规划的制定到实施，政府在其中都起了决定性作用。这一时期，以政府投资为工业发展的主要资金来源，形成了占总量70%以上的工业资本。但工业生产增长效益很低，经济活动存在着巨大浪费和资源配置的严重失调。主要表现在城乡二元经济鸿沟加大。为加速积累而确定的工农业产品剪刀差制度安排，以及农业政策的不稳与波动常常侵害农民利益，客观上形成了工业剥削农业、城市剥削乡村的现实，从而影响和挫伤农民从事农业劳动的积极性。新中国成立之初城乡均"一穷二白"，30年的经济建设则形成了明显的城乡二元结构。

这一战略的思想遗产及其负面效应也不容忽视。计划经济思想影响深远，整个经济发展几乎全靠计划，没有自由的价格体系，不仅资源利用缺乏效率，最重要的是这种思想在一定程度上阻碍了后期市场化体系的建设。在社会主义市场体系建立过程中，计划经济思想成为市场化改革路上的绊脚石。

### 3. 产业政策 1.0 历史作用简评

早期工业化道路的选择与当时国情是相适应的，不能因为其局限性而忽略了历史背景，也不能因其当时的合理掩盖出现的诸多问题。正如习近平总书记所说，"不能用改革开放后的历史时期否定改革开放前的历史时期，也不能用改革开放前的历史时期否定改革开放后的历史时期。"[①] 同样，不能以当前产业政策带来的诸多问题就否定计划性质产业政策的历史功绩。政府导向的产业政策是我国社会主义经济建设的重要根基；没有计划性质的重化工业优先发展政策，就没有改革开放初期相对完善的工业体系，更难以在改革开放后融入世界分工体系，或许也就没有世界工厂和经济奇迹的出现。

## （二）产业政策 2.0 版：融入世界分工体系（1979—2001 年）

### 1. 产业发展环境发生变化

1978 年党的十一届三中全会改革开放政策的确立，使我国产业结构调整与产业政策思路开始了历史性的转换。重化工业优先发展的产业政策，是新中国在封闭条件下的无奈选择。改革开放后至加入世贸组织前，我们面临的一系列国际和国内约束发生了变化，促使中国产业进行结构调整和政策优化。

从国际环境来看：第一，中国面临的国际环境已经比较轻松，内忧外患压力减弱，具备融入世界分工体系的基础，可以充分利用比较优势。东南沿海省份嗅到改革开放春风，"三来一补"贸易得到快速发展。第二，外资逐步进入中国，资本约束在一定程度上得到缓解。1980 年我国实际利用外商

---

① 《习近平谈治国理政》，外文出版社 2014 年版，第 23 页。2013 年 1 月 5 日，习近平同志在新进中央委员会的委员、候补委员学习贯彻党的十八大精神研讨班上发表的重要讲话。

直接投资额为 5700 万美元,2001 年则上升至为 468.8 亿美元[①]。从这两个转变来看，这一时期，产业政策应主要创造一个能够发挥我国比较优势的经济环境，并利用国外资本注入，顺势融入世界分工体系。从国内环境来看，第一，改革开放后的经济制度更多倾向于财富生产而不是财富分配，市场配置资源呈现雏形，靠政府计划和扶持发展产业的思路亟待转变；第二，改革开放前的 30 年工业化建设，导致了非常不合理的产业结构，已经成为制约产业进一步发展的重要因素，需要进行调整。

### 2. 产业政策的主要措施及成就

产业政策 2.0 时代，政策导向为融入世界分工体系，努力实现价值链攀升。政策的目标是利用完善的工业基础，吸引外资、优化布局，以市场换技术，促进中国产业高端化发展。政策的途径是强化市场准入、大规模利用外资并合理引导外资企业布局。而产业政策需要的制度体系，则是参与分工所依赖的市场经济体系。主要政策措施如下：

一是行业准入政策。针对主要的工业行业，设定了效率标准、环境标准、技术标准、安全标准等一系列体系，提升产业发展质量。从准入的级别来看，主要设立了鼓励、允许、限制和禁止四类。二是对外资利用进行投资方向指导。为了指导外商投资方向，使外商投资方向与我国国民经济和社会发展规划相适应，早在 1987 年，国务院办公厅就转发了国家计委关于《〈指导吸收外商投资方向暂行规定〉的通知》，后形成的《指导外商投资方向规定》又根据经济发展的现实情况作了调整；为优化外商投资的结构，我国于 1995 年首次颁布《外商投资产业指导目录》，并先后六次进行修订[②]；而 2000 年颁布的《中西部地区外商投资优势产业目录》也进行了三次修订，均逐步放

---

① 数据来源于联合国贸易和发展会议 (UNCTAD)。

② 国家发展改革委于 2014 年 11 月 4 日起就《外商投资产业指导目录》修订稿公开征求意见，开始了第六次修订，也是取消限制项目最多的一次。国家发改委、商务部于 2015 年 3 月 13 日对外发布了《外商投资产业指导目录（2015 年修订）》，并于 4 月 10 日起施行。

宽了外资方向性准入等方面的限制①。三是产业布局政策。随着我国对外开放和经济体制改革的不断深化，以及国家经济发展战略的重新制定和调整，我国地区产业布局也发生了新的重大变化，政府通过历次"五年计划"，对我国沿海和内陆或东、中、西三大地带产业发展的方向及重点做出明确的规定，力求实现科学合理的地区产业结构与分工体系。为引导外资流向中西部地区，2000年又颁布了《中西部地区外商投资优势产业目录》，列出了中西部地区20个省、自治区、直辖市的优势产业，以农牧业产品深加工、发展旅游、植树造林、开发矿产资源、交通基础设施建设和新型电子元器件开发制造等领域为重点，鼓励外商进行投资。

改革开放以来至加入世贸组织前的这段时间，中国的产业体系进一步完善，这一时期也是中国经济和中国工业高速崛起的年代。这段时期的产业结构调整与产业政策，鼓励大量引进外资和技术，掀起了以制造业为中心的工业化高潮。20世纪80年代消费品工业大发展，80年代末90年代初，重点发展基础工业和基础设施，90年代中后期，高新技术企业逐步兴起。同时大量出口劳动密集型产品，如纺织品和玩具等，"中国制造"举世闻名。在取得巨大成就的同时，我们也发现，政府主导的产业政策也存在一些弊端：首先是产业政策容易导致"一哄而上"，增长方式依然粗放。大量的产能在这一阶段形成，而粗放型的增长方式没有根本性的转变，经济结构有待优化，物质资源消耗过多，污染严重。其次是产业链的低端锁定。在产业链中，附加值更多体现在两端，设计和销售，处于中间环节的制造附加值最低。这一时期，中国产业的快速发展得益于低成本劳动力，劳动密集型产品制造，尤其是加工贸易占据了中国产业尤其是工业生产的大部分。但向产业链的两端延伸又非常困难，在劳动力充足的情况下，产业链容易被锁定在低端低附加值环节。

---

① 除外资准入限制外，还有许多方面的限制被放松，包括投资范围、外资审查、资本构成、出资比例、投资期限、征税及税收优惠、经营管理与劳动雇用、国有化与征用、关于解决投资争议的原则和程序等方面面。

### 3. 产业政策 2.0 时代的主要特征

第一，市场与政府共同决定资源配置。这一阶段完成了由计划经济向社会主义市场经济体系的转变，20 世纪 90 年代实施了国有企业改革，构造了市场交易的基本竞争主体。这个过程是一个渐进式的改革，首先完成由计划指令到价格双轨制转变，保证工业发展的连续性。其次，逐步在各领域取消价格双轨制，市场决定价格的商品种类越来越多。但要素市场发育仍然迟缓，部分生产要素依然由政府定价或设定指导价。

第二，由非平衡发展向平衡发展转变。一是注重区域平衡发展。由于各区域资源禀赋、工业发展基础差异等原因，这一时期产业发展深度形成了东部、中部和西部逐步降低的梯度差距。在一个截面时间上，中国会有分别处于工业化初期、工业化中期、工业化后期和后工业化阶段的不同省级区域共同存在。区域性的调整与平衡发展成为这一时期产业政策的一个重要任务。二是注重产业结构平衡发展。由重工业优先发展转向农、轻工、重工业协调发展。

第三，由发展速度向经济效益的转变。这一时期与改革开放前相比，非常重要的一点是形成了市场利润的概念。改革开放前，我国的产业化进程过于追求速度而没有经济效益的理念，从而无法利用价格体系来激励微观主体的行为。粗放生产模式主导同时生产效率低下。随着社会主义市场经济体系的建立和完善，经济效益成为市场竞争的杀手锏，这一时期也顺势成长出一批中国企业家。

## （三）产业政策 3.0 版：提升国际竞争能力（2002 年至今）

### 1. 产业发展面临的困境与挑战

一方面，产业发展面临的国际和国内环境发生巨大变化。国际环境发生重大改变：第一，市场更加开放。2001 年底中国加入 WTO，越来越多的跨国公司在中国开展业务，商品市场和资本市场已经逐步放宽进入门槛；第二，中国连续多年成为吸引外资的第二大经济体，要素禀赋结构发生了重大改变，技术稀缺代替资本稀缺成为首要需求，技术模仿已经难以支撑企业进行国际化竞争，对自主创新的需求增大；第三，中国制造带来的贸易摩擦已经非常严重，非市场经济地位带来的不良影响亟待调整。国内环境也倒逼中国改变产业发展政策，尤其是针对特定类型企业的不公平产业政策：第一，要素和投资驱动经济发展的时代已经过去。低成本劳动力已经无法大量供给，土地开发过度导致低价土地不能支撑低利润行业发展；第二，外资企业在中国经济中已经占据了相当大的比重，甚至引发了关于中国产业安全的讨论。但如今内外资企业市场主体地位已经一样了，国内企业不能继续在庇护下实现成长，如何同强大的外资跨国企业在本土甚至国际市场进行竞争，是壮大中国工业需要迫切解决的问题。

　　另一方面，产业政策的主战场——中国工业发展敲响了警钟。第一，全局性工业产能过剩问题亟待扭转。传统行业的过剩产能反弹问题更加突出，表现为产能过剩反复出现在某些特定行业。尝到了产业政策的甜头，也吃到了产业政策的苦头。传统及部分新兴产业领域产能过剩，已成为制约我国当前和未来经济发展的顽疾。我们发现，产业政策密集的产业，通常也是产能过剩高发的领域。原本处于产业初创和发展期的一些新兴、高端产业也出现产能过剩问题。第二，工业发展与环境污染问题不容忽视。我国的产业发展模式尚未发生根本性的改变，通过增加资源投入而不是通过提高资源使用效率来提高总收益，在资源使用上，高耗能、高耗电、高污染等问题依然困扰着中国工业发展。如果不尽快转变经济发展模式，调整产业结构，改变落后的生产和生活方式，要想减少雾霾、改善空气质量将非常困难。重化工业的快速发展成为当前环境污染问题的主要源头，对原本就十分脆弱的生态环境造成了巨大压力，调整产业结构和产业发展模式已成当务之急。第三，产业结构调整问题十分迫切，低科技含量、低附加值产业占比过高。在重大技术和重大领域，我国虽取得了举世瞩目的成就。但从工业结构整体来看，科技含量并不高，科技创新的体系并没有完善起来。工业领域科技含量低带来的负面影响是巨大的，科技含量低导致利润水平低。从国际分工体系来看，我国以劳动密集型产业或劳动密集型环节嵌入分工体系，产业链的技术密集型环节多被外资垄断，由此导致我国工业竞争力不强，利润水平非常低；科技含量低也导致竞争无序。在外部国际市场，国际贸易中以价格作为竞争的砝码，价格战又引发反倾销调查，中国已经连续多年成为遭遇反倾销调查最多的国家。内部竞争也呈现无序状态，同质化的产能导致严重的产能过剩，而高端的工业材料又面临较大的供给缺口。

**2. 产业政策 3.0 时代的政策转型**

产业政策 3.0 时代，政策导向为提高产业的国际竞争力，培育世界级企业和世界级品牌。政策的目标是完善产业体系，优化产业供给结构。政策的途径是加强优质供给、减少无效供给、扩大有效供给。而产业政策需要的制度体系，则是有利于创新的竞争政策体系。因此，产业政策 3.0 时代，竞争力提升是产业政策根本所在，竞争政策将成为产业政策的核心。

竞争政策的核心在于理顺市场与政府的关系。理顺市场与政府的关系是产业结构调整与产业政策的基础。2014 年的中央经济工作会提出，"大力调整产业结构，把使市场在资源配置中起决定性作用和更好发挥政府作用有机结合起来，坚持通过市场竞争实现优胜劣汰"。在产业结构调整过程中，市场与政府配置资源效率不同，市场要通过引导企业的微观决策行为，来顺应产业结构演进的一般规律。产业结构调整，无论产业内还是产业间的调整，归根到底是在调整市场经济微观决策主体的行为。产业内结构调整涉及企业在某一产业中的进入、退出和竞合行为，产业升级则涉及企业的自主研发、分工切入、价值链定位等微观行为，产业间结构调整（产业转型）又涉及企业投资、转产等系列微观决策问题。因此，产业结构调整目标的实现，最终还是要落脚到调整企业行为上。产业结构调整，虽然是一个宏观政策的概念，但最终还是需要通过微观政策来完成。政府则要破除妨碍市场运行的一些制度性障碍，降低市场运行的交易成本。如强化环保、安全等标准的硬约束，加大执法力度，对破坏生态环境的要严惩重罚。

推进要素市场化改革是竞争政策的重要基础。合理的价格体系是产业结构调整的"指南针"，也是公平竞争的基础。当前存在的产业结构问题，许多都是要素价格扭曲导致的，尤其是由能源和资源价格扭曲所造成的。扭曲的价格必然会形成扭曲的产业结构，在市场机制下最重要的信号就是价格信号。资源必须在价格信号下优化配置，才能达到帕累托最优状态。推进要素市场化改革，在自然资源价格市场化方面，要加快自然资源及其产品价格改革，让要素价格全面反映市场供求、资源稀缺程度、生态环境损害成本和修复效益。

以创新推动产业升级需要竞争政策支撑。创新能够避免低水平的同质产品产能过剩，也有助于推动产业升级。中央经济会议指出在产业结构调整过程中，要着力抓好化解产能过剩和实施创新驱动发展。创新包括许多内容，技术创新、产品创新、组织创新、商业模式创新、市场创新等，创新离不开竞争政策的支撑。同时要创造环境，使企业真正成为创新主体。政府则要做好加强知识产权保护、完善促进企业创新的税收政策等工作。强化激励，用好人才，使发明者、创新者能够合理分享创新收益，打破阻碍技术成果转化的瓶颈。

### 3. 产业政策 3.0 时代的政策要点

从产业政策 3.0 的未来发展趋势来看，竞争政策的着力方向将主要表现在四个方面：

第一，统一市场规则、实现公平竞争。改变企业竞争行为的规则是最优政策选择，之前具有导向性的产业政策实际上鼓励潜在企业进入市场，而补贴性的产业政策诱导企业的真实入市。从现实观察来看，产业发展政策密集的行业也通常是产能过剩相对严重的行业。由此，产业政策 3.0 时代，意味着产业政策将逐步让位于竞争政策、专项性补贴让位于普惠性补贴，让公平竞争的市场机制来筛选优胜者，避免特定补贴带来的企业行为扭曲。

第二，规范管制措施、严控产能供给。对新增产能采用更高的市场进入标准进行规范，更多利用环境、安全、健康等社会性管制措施，优化产能审批、指标分配等经济性管制措施，避免因审批成本过高导致企业绕开审批等违规生产现象发生。在规范性管制下，引导企业进行规模效率提升、技术升级改造，进一步放松产能指标置换交易市场限制，让真正高效率的产能公平进入市场进行竞争。

第三，利用市场机制、引导产能退出。传统方式下政府界定过剩频繁失手，很多情况下难以真正选择出市场竞争失败者，甚至在一些情况下为提升整体效率用公共财政帮助竞争失败者，这是一种反效率、反竞争的方式。市场化兼并重组和破产清算，能够有效识别哪些是过剩产能、哪些是落后产能以及谁是竞争失利者，由此为低效率产能退出市场、优化产能供给结构提供重要渠道。

第四，政策焦点从"生产前端"绝对量化控制向"生产后端"产能退出疏导政策转变。在我国语境下，产能背后还有就业、税收以及隐含在其后的社会治理问题，如何承接过剩产能化解带来的社会成本是政策转型应考虑的重要因素，需有相应财税支持、有序进行不良资产处置、解决失业人员再就业和生活保障以及专项奖补等政策进行配套。

## 三、一个代表性产业政策剖析与评述：产能过剩治理

在中国经济快速发展的 30 多年历程中，如果去回顾和评述改革开放之后中国的主要产业政策，产能过剩治理算得上是我国产业政策史上难得一遇的精彩案例，值得我们深入研究。

### （一）产能过剩已是个历史问题

中国传统及部分新兴制造业领域的产能过剩问题已经成为当前和未来中国经济发展的顽疾。大规模、持续性的产能过剩，深刻影响了中国制造业企业在国内市场和国外市场的竞争方式。从长远来看，过剩产能的治理关乎中国制造业的发展命运、关乎中国经济成功转型的实现及经济发展持续增长新动力的培育。但在中国语境下，产能绝非单纯的经济概念，产能的背后还有就业、税收以及隐含在其后的社会治理问题，快速的产能调整必然带来大规模失业、地方政府财政收入锐减，由此带来的社会稳定又是政府部门的极大顾虑。因而，产能过剩的治理处在中国经济改革关键的"十字路口"。

去产能工作成为近年来中央关注的重点议题。仅习近平总书记就至少四次明确批示做好化解产能过剩工作。2015 年 12 月 14 日召开的中央政治局会议指出，"要积极稳妥推进企业优胜劣汰，通过兼并重组、破产清算，实现市场出清"。2015 年 12 月 18 日召开的中央经济工作会议，更是将化解产

能过剩作为 2016 年经济工作五大任务之首。

产能过剩外部表现为需求不足，如消费者可支配收入低导致有效需求不足，但这已无法描绘我国当前产能过剩状况。事实上，我国模仿型排浪式消费阶段基本宣告结束，高端需求不断涌现但国内供给体系低端化导致高端需求无法满足。因此，我国产能过剩核心问题在于供给结构优化与供给效率提升。这也是中央提出"在适度扩大总需求的同时，提高供给体系质量和效率"的主要原因，国际产能合作为主要手段的外部市场扩容，为内部供给优化提供时间窗口和战略机遇。供给侧结构性改革可看作中央化解产能过剩的新政，但供给改革思想和实践却早已有之。20 多年间，产能过剩历经数次政策干预和宏观调控，其逻辑还是基于产能供给管制体系。但多年来治理产能过剩持续却收效甚微，钢铁、电解铝、水泥三个行业自 2003 年就被国家列为产能过剩行业，但直到现在这三个行业依然是产能过剩行业的典型。治理产能过剩的政策出了什么问题？从计划经济转型而来的市场经济体系，计划思想和手段在产能过剩治理中仍处处可见。总体来看，过去的产能过剩治理政策基于供给侧的产能供给管制，其运转逻辑与现实冲突很好地反映了我国产能过剩治理存在的困境及弊病。

### （二）产能供给管制与产能过剩调控

产能的数量化管控，是产能形成的制度背景。企业运行首先要符合行业准入条件，通常要满足环境、效率、规模等各种准入标准，而符合产业政策的通常更容易拿到审批。与产能过剩治理最直接相关的是产能指标供给的政府管制：当该产业被国家认定为过剩时，企业生产要附加配额控制或产能审批，管制部门通过总量控制严控新产能、调节落后产能。

产能过剩行业的供给管制分为两类：一是新增产能控制。新增产能控制"自下而上"运行：企业将产能申请上报管制部门，在符合其他准入条件前提下，新增产能审批一般遵循"先到先得"标准。但国家调控产能过剩政策文件中通常严格限制过剩行业的新增产能审批；二是淘汰落后产能指标分配。管制部门确定过剩行业淘汰落后产能总量，按行政区划沿"省—市—

县—企业"逐级分配指标，是"自上而下"运行的。无论是新增还是淘汰落后产能，都有政府相关部门配合，如国土资源部门严控产能过剩行业用地需求、环保部门加强环境评价审批、金融部门控制过剩行业信贷成本，同时严格停止未经审批私自开工建设的违规产能，并对违规项目地方政府责任人进行免职或其他处分。

从上述产能供给管制和治理产能过剩逻辑来看，各环节都有严格定量标准或定性措施，通过行政命令来化解产能过剩似乎也不是难题，实际运行效率如何呢？

### （三）产能供给控制运行效率与困境

从供给端管制来看，"产能审核—判定过剩—分配指标—逐级淘汰—过剩缓解"这一链条确实有助于优化产能供给结构，但链条上每一环节"跳跃"都异常惊险，执行过程面临各种障碍：

第一，产能供给审批：不利于竞争并在一定程度上保护了落后产能和落后技术。由于行业已经被界定为产能过剩，在市场准入环节新产能审批异常艰难。新增产能在能源效率、环保措施、技术革新等方面都优于原有产能，限制新产能保护老产能是限制竞争、保护落后、淘汰先进、劣币驱逐良币的过程。政策执行越严格，企业取得产能指标越困难，于是许多产能就绕过审批在市场中进行竞争，产能供给审批控制大打折扣。

第二，产能过剩界定：政府代替市场界定产能过剩的制度成本奇高以至监管低效。不同产能过剩界定方式必然导致不同治理政策。在自由市场体系下，产能过剩导致企业利润水平下降，低效率企业会被淘汰出市场，产能过剩治理是水到渠成的事情。政府准确判定产能过剩态势，至少要有以下几方面精准信息：未来市场需求及波动情况、当前产能总量分布及利用情况、企业应保留多少合理的闲置产能等方面。这些信息获取异常艰难，信息成本之高通常导致信息失真。从现实运行情况来看，仅市场中短期需求预测这一项，政府就频繁"失手"；依据失真信息进行监管和产能控制，效率不可能高。

第三，淘汰指标分配：地方政府间竞争与产能过剩治理目标兼容性差。产能绝非单纯的经济概念，背后还有就业、税收等社会问题。钢铁、水泥等传统过剩行业通常是固定资产投资大、提供就业岗位多、创造税收收入大的行业。中央与地方分税体制下地方财政吃紧是不争的事实，而增值税作为第一大主体税在生产地与生产项下征收，因而一个地区上项目越多，企业生产的GDP越多，增值税也就越多。当淘汰产能总量指标由上级政府分配下来时，中央政府和地方政府的目标取向就发生了冲突：对中央政府来说，产能过剩事关国家产业竞争力提升必须治理，而淘汰产能对地方政府来说意味着减少税收、增加失业，地方政府化解产能过剩动机减弱。地方政府为保护就业也通常会补贴在竞争中失败企业的亏损，企业退出市场存在行政障碍。这是产能供给结构存在的一个突出问题，低效产能因政府介入难以被淘汰出市场。

第四，压缩产能意愿：不同所有制企业间产能供给竞争加剧产能过剩。在同一过剩行业中，不同所有制企业的市场绩效差异巨大，国有企业、外资企业与民营企业在土地成本、资本成本、环保成本、管理成本方面存在差异，企业成本结构也完全不同。在成本结构非对称前提下，市场竞争容易产生逆向淘汰效应：不妨假设某企业环保标准（成本）高于竞争企业，以利润作为竞争准绳的市场竞争，会将承担更多环保责任（由此成本更高）的企业排挤出市场。有经验证据表明不同所有制企业环保标准执行存在差异，市场对产能的逆淘汰需警惕。以行政指令淘汰产能，国企行政地位又享有天然优势，在市场上竞争不过民营企业时其退出市场的壁垒也更大。企业所有制身份差异是产能过剩成因及其化解之难的重要成因，过剩行业国有成分越高，化解过剩就相对更难。

## （四）市场"无形之手"优化产能供给

传统产能供给控制严格限制新产能入市，为了避免"劣币驱逐良币"、让更高效率产能进入市场，产能指标置换交易市场应运而生。管制机构确定供给总量目标，在产能限额不变情况下，市场竞争必然导致部分企业扩张而部分企业缩减规模，必然会使企业进入或退出市场，于是产生产能指标富余者和稀缺者。两者进行交易，产能总量不变但整体生产效率得到提升。由于这种交易是市场导向的，高效率产能总是能够在竞争中胜出，相比传统供给总量控制方式，产能指标置换交易可谓实质性突破。

但指标交易被附加了诸多限制：交易的行业限于钢铁（炼钢、炼铁）、电解铝、水泥（熟料）、平板玻璃四个行业；交易的指标限于 2013 年度及以后列入工业和信息化部公告的淘汰落后和过剩产能企业，企业自有指标不能进行市场交易；交易模式为等量或减量置换；交易原则上不限区域，但事实上要得到省级政府的认可。关键在于，市场机制运行的指挥棒——价格如何决定至今仍在探索中，当前指标交易市场这只"无形的手"已经被捆绑住，市场运行不畅亟须优化。

### （五）产能过剩治理思路的悄然转变

近十年的产能过剩治理政策文件，既有专门针对特定行业的、也有规范行业市场秩序的，系统追踪这些年的产能过剩治理思路，我们发现政府治理产能过剩的逻辑正在悄然发生良性改变，这些转变正逐步矫正当前政府管制和不合理的产业政策对企业激励的扭曲，必将奠定产能过剩化解政策体系的基础。我们对此梳理如下：

第一，从"一刀切"走向分类管制。早期治理产能过剩时，一旦行业被官方定义为"过剩"或"严重过剩"行业后，新增的产能即使效率再先进也没有进入市场进行博弈的机会。后期我们观察到了这种思路的良性转变，政府通过构造一个产能指标置换交易市场，使得新增产能有了入市渠道。同时采取"因业施策"，不同行业的产能过剩治理也遵循不同的思路。在治理不同行业时，治理权限存在不同程度的下放，尤其是对于区域性行业（如水泥），产能审批的权限已经开始下放，不再由全国统一进行审批。在产能置换的方案管理上也采取了分类管制措施，水泥、平板玻璃行业产能置换方案由地方确认，而钢铁、电解铝行业产能置换方案由工业和信息化部确认。

第二，从行政命令为主转向市场起决定性作用。市场决定资源配置亦离不开更好的"政府作用"。从 2014 年治理产能过剩的基本思路可以看出，政府一方面构建市场，另一方面规范竞争。2014 年 7 月份，工信部产业〔2014〕296 号文《关于做好部分产能严重过剩行业产能置换工作的通知》构建了一个产能置换平台；11 月份的国发〔2014〕62 号文《国务院关于清理规范税收等优惠政策的通知》又进一步限制和约束了地方政府制定税收优惠政策的权力。这个转向解决了谁界定、谁治理的问题，更好地理清了政府和市场的边界。在这种思路转变下，行政审批的产能将会越来越少，逐步让位于市场决定产能总量这个基本逻辑。

第三，从经济性管制走向社会性管制。早期的治理措施可以集中用"关停并转"四个字来描述，无论哪种措施都涉及管制机构对企业决策的直接干预。针对竞争的无序，政府希望通过培植大企业进而影响市场竞争格局的方式改善行业发展状态。但事实证明，许多由政府"拉郎配"的企业兼并实际上并不符合经济发展规律，很多兼并不是企业发展内生要求，而是反效率的兼并行为。近几年的产能过剩治理措施中，人为干涉企业经营决策的措施越来越少，更多地转向"规范竞争"这个方向，主要聚焦的管制措施则是社会性管制。比如，提高过剩行业的环保标准、能耗标准、安全生产标准等。

第四，由主要依靠内部市场转向依靠内外部两个市场。从政策的沿革来看，行业出现产能过剩，政策指向首先从拉动内需的角度去化解。许多基础设施比较薄弱的新兴市场经济国家，对传统产业产能需求还非常多，这给我国化解产能过剩提供了一个巨大的机遇。外部市场能够弥补部分内部需求不足问题，国务院审时度势，依托"一带一路"、金砖银行、亚投行的筹备，让国内产能"走出去"，主动出击，推动国际产能合作。我国的产能过剩源于激励扭曲以及地方政府非合意的政策激励，长远来看依靠市场扩容可能会进一步引发地方政府的无序竞争，这个陷阱需要避免。投资机制出了问题，长期还要靠市场来化解产能过剩。毫无疑问，外部市场扩容给化解产能过剩留足了制度转换的空间，把握住这个重要的窗口期至关重要。

## 四、产业结构调整与产业政策为什么行：中国的经验

成功的产业政策大都一致，不成功的产业政策却各有各的缺陷。产业结

构调整与产业政策的确帮助我国建立了工业基础，用足了分工优势，提升了竞争能力。而基于自由市场的经典理论认为，政府设定的产业政策难以有效配置资源，我国的产业结构调整和产业政策为什么行，两点经验值得其他后发国家学习：

第一，政府统一认识，降低交易成本。产业政策，顾名思义是针对产业实施的政策体系，一定程度上是引导产业发展预期的手段，使得人们对于未来产业发展蓝图达成共识。我国的政治制度不同于西方，政府在统一认识和行动方面的协调能力远超过其他国家。从经济学角度来解释，这是降低交易成本的一种方式。有了产业政策作为指引，受产业政策恩泽的企业，在与政府部门、金融机构等打交道的时候，由于多方达成共识，交易成本大幅降低。比如，国务院确定金融支持工业增效升级的产业政策措施，通过引导金融机构加大对高新技术企业、重大技术装备、工业强基工程等的信贷支持，促进培育发展新动能。同样，如果产业政策旨在限制某产业发展，也会由于多方达成共识（如政府不审批、银行不贷款），较容易地执行下去。如李克强总理在 2016 年 1 月 27 日召开的国务院常务会议上指出，"对长期亏损、失去清偿能力或环保、安全生产不达标且整改无望的企业及落后产能，坚决压缩退出相关贷款"。没有政府这只手统一认识，产业结构调整和升级不会这么快，产业政策也难于实施。

第二，区域竞争使产业政策更灵活。我国的产业政策取得成功的另一重要因素是区域间的竞争制度。产业政策运行成本实际上并不低，具有补贴性质的产业政策执行成本与监管成本就更高。产业政策执行和监管部门的运转费用、监管部门如何分配补贴资金、企业为争取补贴资金而浪费的精力和资源，都是产业政策的实际运行成本。这些成本的降低，依赖于产业政策的竞争性实施。竞争分两个层面：一个层面是不同政府间就产业规划进行竞争。当产业政策鼓励某产业发展时，不同区域的地方政府竞相将其作为地区重点发展的产业，比如国家鼓励机器人产业发展，三分之二的地方政府都出台了机器人产业重点发展方案。政府效率决定了产业的布局，低效率的政府必然在产业争夺竞争中出局；另一层面是不同政府间就新企业设立进行竞争。在产业政策指引下，企业对市场前景容易达成共识，在政府鼓励发展的产业中新增或加大投资。分灶吃饭的地方政府为增加财政收入，积极吸引新企业设立，提供各种优惠政策，企业可以选择对自己最有利的区域，不必为争取补贴资金浪费太多的精力。这时，在区域竞争下，产业政策已经成为集税收、土地、金融等多方于一体的综合政策。

但不可否认的是，随着市场经济深化，政府推动的产业政策也遭遇了前所未有的挑战，产业政策带来的负效应也不容忽视。产业政策调整为以竞争政策为主线的时代转型正在发生。2008年我国首部《反垄断法》实施，是我国产业政策史上的里程碑。类似的转型曾经发生在20世纪70年代末80年代初的日本。20世纪80年代，日本提出了以"创造型知识密集化"作为产业结构发展方向，90年代放宽了对石油、电力等领域的限制，有效地促进了这些产业的竞争与发展。

不同的国家却发生同样的政策转变，难道产业政策作用发挥还有阶段性限制吗？是的，中国的经验表明：在经济薄弱的发展初期，哪些产业能够带动经济发展成为主要驱动力，西方的工业化进程已经给出了标准范式。因此，政府有"前车之鉴"，可以"照本宣科"规划出相对合理的产业结构，在统一认识、区域竞争的条件下，利用产业政策快速形成相对完善的产业体系和相对合理的产业结构，降低市场的"试错"成本。但在经济基础雄厚的成熟时期，未来哪些技术会引领产业发展、哪些将成为产业发展的驱动力，政府并不比市场知道得多，未来的不确定性大。未来什么样的产业结构是合理的产业结构，并未达成共识，政府无法再"按图索骥"规划产业结构。这时，提供一个公平竞争的市场环境、营造全员参与的创新氛围，让市场筛选出真正的胜者至关重要。

产业政策发挥了历史作用，将中国推向世界市场。若在世界市场站得稳、提高世界市场的话语权，中国的竞争政策将进一步大放光彩。

# 第八章　社会主义财政与财税体制改革

2013 年 11 月，党的十八届三中全会指出：财政是国家治理的基础和重要支柱，科学的财税体制是优化资源配置、维护市场统一、促进社会公平、实现国家长治久安的制度保障。必须完善立法、明确事权、改革税制、稳定税负、透明预算、提高效率，建立现代财政制度，发挥中央和地方两个积极性。2015 年 10 月，十八届五中全会进一步指出：深化财税体制改革，建立健全有利于转变经济发展方式、形成全国统一市场、促进社会公平正义的现代财政制度，建立税种科学、结构优化、法律健全、规范公平、征管高效的税收制度。建立事权和支出责任相适应的制度，适度加强中央的事权和支出责任。调动各方面积极性，考虑税种属性，进一步理顺中央和地方收入划分。建立全面规范、公开透明预算制度，完善政府预算体系，实施跨年度预算平衡机制和中期财政规划管理。建立规范的地方政府举债融资体制。健全优先使用创新产品、绿色产品的政府采购政策。

## 一、财政与公共财政

财政是理财之政，以政控财、以财行政。公共财政是以国家为主体，通过政府的收支活动，集中一部分社会资源，用于履行政府职能和满足社会公共需要的经济活动。公共财政具有资源配置职能、收入分配职能、调控经济职能、监督管理职能。

自从国家这个组织登上历史舞台以来，财政问题就困扰着各代君主。古罗马帝国衰亡的重要原因之一就是发生了财政问题。当时，行政机构随着其领土扩大而增长，财政支出不断膨胀，不得不一再靠增税来支撑。由于财政困难，无法应付必需的支出。这样，罗马帝国从繁荣的顶峰走向衰退之路。

我国古籍中可以看到理财、国用、国计一类用词，但在中文词汇中出现的"财政"一词是近代的事，经由日本传入我国。清朝光绪二十四年（1898年）在戊戌变法"明定国事"诏书中有"改革财政，实行国家预算"的条文，这是在政府文件中最早使用"财政"一词。1924年，陈启修在《财政学总论》中指出："财政者公共团体之经济或经济经理也；易词言之，即国家及其他强制团体当其欲满足其公共需要时关于所需经济的财货之取得管理及使用等各种行为之总称也。"20世纪40年代中华书局出版的《辞海》对财政作如下解释："财政谓理财之政，即国家或公用团体以维持其生存发达为目的，而获得收入、支出经费之经济行为也。"

我国在计划经济年代主要是坚持"国家财政论"。国家财政论的最初提出是在1951年。丁方和罗毅在这一年出版的《新财政学教程》中指出："财政是国家在满足它的需要上，进行社会财富的分配和再分配的经济行为。""国家是在阶级社会里，一个阶级压制另一个阶级的最有力的工具。财政为国家服务。由于国家是历史上阶级矛盾不可调和的产物，所以财政具有一定的阶级本质。"[1] 可以看出，这一概念，已明白无误地包含了"国家"和"分配"这两个国家财政论的基本因素，并论证了财政的阶级本质；同时，该书还将财政与国家本质、国家职能以及国家权力的行使等直接相联系，并从国家角度分析了财政与经济的关系等问题，因而国家财政论的基本内容已初步具备。之后，经过几十年的讨论，主要是确定"国家主体"的内涵，区分"财政"与"财政本质"两个概念，提出"财政与国家有本质联系"命题，最后构成了财政的基本要素学说，即：（1）分配主体："国家是财政分配的主体"；（2）客体或对象："财政分配对象，即财政分配的客体，它指一部分社会产品或国民收入，主要是剩余产品"；（3）形式："在自然经济中，分配是实物的分配，在商品货币关系中，分配

---

[1]　丁方、罗毅：《新财政学教程》，十月出版社1951年版，第3页。

是价值的分配"；（4）目的："财政分配的目的，是满足国家实现其职能的需要"。① 至此，国家财政论的主要内容和体系已基本定型。

国家财政论确立于计划经济时期，就是因为它与计划经济的国家计划模式具有天然的一致性。国家财政论的主要特征也几乎都与计划经济国家相联系。第一，国家财政为国家的活动服务，而不是为独立于国家的企业和个人提供公共服务。在传统的计划经济体制下，企业是国家的附属物，个人是企业的附属物，整个社会是以国家为中心的一个大企业，整个社会再生产活动表现为国家的活动，此时的财政是国家为国家服务的"国家财政"。第二，它是社会再生产的内在因素，而不是为市场主体提供外部条件。此时财政是国家筹集整个社会建设资金的主要手段，国家是供应整个社会建设资金的基本来源。第三，国家与国有企业的关系是主从关系，财政是所有企业的"管家"。整个社会的各个企业的财务，通过统收统支的企业财务管理，以财政为中心形成一个大企业财务。财政直接成为国家这个大企业的财力运作手段，是国家作为整个社会的生产组织者在财力方面的体现。可以说，国家财政论就是计划经济财政，以国家为基点去分析一切财政活动，强调财政的阶级性；国家代表人民，以国家为中心；国家财政论反映了计划经济时期的财政实际状况。

改革开放以后，尤其是确立在我国建立社会主义市场经济体制之后，开始了对公共财政的讨论。1995 年出版的《财政分配学》，就是"尽量从公共财政理论出发展开分析"。一般而言，公共财政是在市场经济条件下政府作为政权组织和社会管理者所进行的公共经济活动和公共经济管理。公共财政的特征正是体现在它对市场经济的适应性和一致性上。公共财政的一切活动以市场经济为核心来展开；公共财政的目的是满足社会公共需要，为所有市场活动的参与者提供大致相等的公共产品或服务；公共财政实行法制化、规范化的预算管理形式，体现了市场经济法制性的要求。

政府作为一种特殊的社会组织本身就是公共权力的代表和象征，其相应

---

① 《社会主义财政学》，中国财政经济出版社 1987 年版，第 31—32 页。

的收支自然也应具有公共性，至少理论上如此；支撑这一公共性组织的政府收支最本质的特征就是公共性。公共财政实际上就是国家财政，是国家作为特定公共组织的理财之政。公共财政是支撑国家这一公共组织存在的财政，没有国家就不需要公共财政。古今中外没有脱离开国家独立存在的公共财政。反过来说，国家财政就是公共财政，甚至奴隶制国家财政也是如此，具有某种公共性。奴隶制国家的产生也是建立在某种公共需要的基础上的，国家本身就是一种公共权力，"为了维持这种公共权力，就需要公民缴纳费用——捐税。捐税是以前的氏族社会完全没有的"[①]。当然，我国社会主义公共财政更加突出社会主义，中国特色社会主义公共财政旨在说明，现阶段现有条件下我们能在多大程度上满足人民的公共需要，更多体现财政的"公共性"。

## 二、市场失灵与公共产品

市场失灵与公共产品理论在很大程度上可以解释我国政府与市场的关系，从这个意义上这一章可理解为政府与市场关系的继续。实际上，不管怎么称呼，公共财政都是政府最重要的经济手段。

### （一）市场失灵

市场失灵，是指在自由放任的基础上市场经济自身运行中自发产生的缺陷或弊端。

#### 1. 自然垄断

在某些情况下，生产一种商品所使用的技术可以导致一个市场上只有一个厂商或只有很少几个厂商。例如，如果两家公司在一个城市的每一街道上同时架设电线，其中一家把电力输送到一家用户，而另一家则负责隔壁另一用户的电力输送，那么，这将是缺乏效率的。根据这一道理，单独一家厂商通常是提供电话、水和燃气服务最有效的方式。在多数地方，只有一家砾石

---

① 《马克思恩格斯选集》第4卷，人民出版社1972年版，第167页。

厂或混凝土厂。这种情况称作自然垄断。在自然垄断情况下，成本递减的技术特点排除了完全竞争。对于自然垄断行业来说，平均成本是递减的，而边际成本又低于平均成本。因此，当价格等于边际成本时，价格就会低于平均成本，厂商就会亏损。垄断厂商按边际收益等于边际成本来决策，可以通过限制其产量来提高商品的价格，使价格高于其边际成本，获得额外利润；而在相应的完全竞争的条件下，产品的需求曲线、边际收益曲线和平均收益曲线是重叠的，厂商是价格的接受者，按照价格等于边际成本决策。管制力图使自然垄断行业的价格等于其平均成本。如果政府想使自然垄断厂商在边际成本等于价格的那一点上生产（产量最大），那么，政府必须为抵消上述损失对该厂商进行补贴。

### 2. 外部效应与公共产品

完全竞争市场要求成本和效益内在化，产品生产者要负担全部成本，同时全部收益为生产者所有，而外部效应是指私人边际成本和社会边际成本之间或私人边际效益和社会边际效益之间的非一致性。当出现正外部效应时，生产者的成本大于收益，得不到应有的效益补偿；当出现负的外部效应时，生产者的成本小于效益，受损者得不到损失补偿；因而市场竞争就无法形成理想的效率。外部效应典型的例子是公共产品，因为大部分公共物品的效益是外在化的。

### 3. 不完全市场

当私人市场无法提供或无法充分提供某种产品或服务——即使提供该产品或服务的成本低于购买者所愿意支付的金额时——不完全市场的市场失灵出现。

（1）保险市场。私人市场不能为个人所面临的许多风险提供保险。明显的例子是，保险公司愿意为健康的、不十分需要保险的人提供医疗保险；而老年人则很难以同样条件获得保险。各国政府都制定了大量的社会保险纲领，目的就是克服保险市场上的失灵问题。

（2）资本市场。市场经济国家的政府多年来积极介入了不完善的资本市场活动。我国 2015 年中期以来，股市波动频繁，政府也多次出手干预，也是出于对资本市场的不完善的一些纠正。

（3）互补市场。互补产品的生产，如咖啡和糖，往往需要合作。大量的事例表明，一旦需要大规模的合作，市场机制往往不能充分发挥作用。同样地，对于城市市区改建计划，仅靠市场也是无法有效完成的。当改建一个城市的某个较大部分时，需要在工厂、商店、土地所有者和其他行业之间进行大规模的合作。这就需要政府的计划和干预。

### 4. 信息不充分

一旦消费者不具有充分的市场信息，或者市场本身提供的信息过少，则将产生由于信息不足而引致的市场失灵。没有充分的信息，竞争也将是不充分的，从而市场运转必然不是完善的。我们可以想一想医疗服务市场，医生与病人之间，如果仅靠市场决定那会出好多问题。所以，各国都不同程度地干预医疗卫生市场，甚至政府主办医疗卫生。

### 5. 失业、通货膨胀与失衡

可能得到最广泛认可的市场失灵的征兆，是周期性的高失业。从某种程度上说，高失业率是市场内有某种东西难以很好运转的证据。同时，通货膨胀、经济失衡与失业一样，也是困扰着西方市场经济的严重问题。我国引入市场经济后也已经历了通货膨胀、结构失衡、下岗等问题，最近国际金融危机的影响更加证实了这一点。现在我国正遭遇经济下行压力加大的困难，也是市场经济的正常表现。

### 6. 分配不公平

如果社会最初是处于不公平状态，那么经济运行的帕累托效率越高，市场所自发决定的分配结果可能越不公平。效率和公平问题，几个世纪以来一直是困扰经济学家的最大问题之一，越高的效率，往往自发伴随着越不公平的分配结果，出现贫富差距越加剧的问题。这是市场依靠自身力量无法解决的难题之一。几十年的高增长之后，人民现在觉得我们社会分配不公更严重了，这已经引起中央的高度重视。同时，我们也要理解，市场经济本身具有这样的缺陷。所以，才需要我们研究社会主义政治经济学，把市场经济的副作用控制在最低限度。

### 7. 非理性行为

市场能有效地配置资源的一个基本假设是，供求双方都理性地去追求自身利益的最大化。可是人类历史上总存在着那么一些人不顾或不懂得如何做出理性的选择，而是去做诸如酗酒、吸毒或卖淫等最终会伤害自己的事情。对这些问题，市场经济不仅无法阻止和纠正，还常有推波助澜之嫌。我们可能感觉到了，现在经济发展了，出现这样的非理性的新闻报道好像多了。我们要利用市场经济有效率的一面，同时更好发挥政府作用，加强舆论引导，使人们在富裕后能过上更加健康的生活。

在很大程度上说，政府正是为了对付市场失灵而存在的，社会主义政府尤其如此。自 1917 年俄国革命以来，在社会主义国家实行的计划经济便是针对市场经济的失败而提出的一套完全不同的理论和方法。即使我们现在发展市场经济，也没必要像有的人那样一味抨击计划经济。计划和市场都是手段，为人民服务才是目的。

### (二) 公共产品

公共产品的思想萌芽，最早见于 1739 年大卫·休谟所著的《人性论》一书。他分析说，两个邻居可以达成协议，共同在一片草地上排水，但在一千人之间却难以达成同样的协议，因为每个人都企图独享其成。休谟认为，诸如桥梁、海港、城墙和运河的建造，舰队的装备和军队的训练等都应由政府出面去做。1776 年，亚当·斯密在《国富论》中描述了公共产品的存在。他认为，政府负有设立并维持某些公共工程和公共机关的义务，这类事业是不可能为了个人或少数人的利益而设立或维持的。因为所得的利润不能补偿个人或少数人的所费。过了大半个世纪，迪皮特提出了一条公共产品的需求曲线，考察公共工程的最佳规模与资金筹措问题，假定不纳税者可以排除在受益范围之外，进而描述愿意使用者的数量与税收水平之间的函数关系。又过了 10 年，穆勒以灯塔为例探讨了公共产品的问题，指出无人出于自私的动机去建造灯塔，除非由国家强制收费以保障和补偿其利益（实际上英国历史上确实存在过私人建造灯塔运营的例子）；难以收取服务费用和无法排斥他人受益导致了市场机制失灵。19世纪70年代"边际革命"后，奥意学者萨克斯、马佐拉等人开始用边际效用理论分析公共产品。后来瑞典学派的维克塞尔和林达尔，提出了公共产品供应的维—林模型。林达尔指出，每人在总税额中应纳份额应与他从该公共产品消费中所享有的效用价值相等，这就是著名的林达尔价格。

对公共产品的定义，一般都采用诺贝尔经济学奖获得者萨缪尔森（Paul A. Samuelson）于1954年的定义。公共产品是这样一种物品，任何人对这种物品的消费都不能减少其他人也对该物品的消费。"公共产品利益在整个社区（地区）范围内不可分割地分布，不管个人是否愿意购买这些公共产品。相反，私人产品则可以分割并分别提供给不同的个人，不给他人带来外部利益或成本。有效提供公共产品通常要求政府采取行动，而私人物品可以通过市场实现有效配置。"

可见，公共产品的概念是与市场失灵直接联系在一起的。广义讲，根据排他性、竞争性的不同可以把所有的物品划分为私人物品、公共物品、共有资源和自然垄断。

财政满足整个社会公共需要的职能，在市场经济条件下是通过公共产品的提供实现的。在提供人们需要的产品（或服务）方面，由于物品不同，市场所发挥的作用也不同。当物品是诸如冰激凌、家用电器时，市场可以完美地发挥作用，而当物品是新鲜的空气、健康的环境时，市场的作用很糟。在考虑经济中的各种物品时，根据两个特点来对产品分类是有用的：（1）排他性，指可以阻止一个人使用一种物品时该物品的特性；（2）竞争性，一个人使用一种物品减少其他人使用时该物品的特性。根据排他性、竞争性的不同可以把所有的物品划分为私人产品、公共产品、共有资源和自然垄断。

1. 私人物品是既有排他性又有竞争性的物品，如冰激凌蛋卷、衣服、拥挤的收费道路等。这是我们最常碰到的物品，也是市场能最好提供的物品。

2. 公共产品是既无排他性又无竞争性的产品，如国防、知识、不拥挤的不收费道路等。这就是说，不能排除人们使用一种公共产品，而且，一个人享有一种公共产品并不减少另一个人对它的享用。

3.共有资源是有竞争性但无排他性的物品，如海洋中的鱼、环境、拥挤的不收费道路等。海洋中的鱼是竞争性物品：当一个人捕到鱼时，留给其他人捕的鱼就少了；但这些鱼并不是排他性物品，因为对渔民所捕到的鱼收费是困难的。

4.当一种物品有排他性但没有竞争性时，可以说存在这种物品的是自然垄断，如消防、有线电视、不拥挤的收费道路等。考虑一个小镇上的消防，要排除享用这种物品是容易的，比如即使一家房屋着火也置之不理，但消防没有竞争性。一旦该镇为消防部门付了费，多保护一所房子的额外成本是微不足道的。

我们真正关心的是没有排他性的物品，也就是每个人都可以免费得到的物品：公共产品与共有资源，尤其是公共产品，或者把两者通称为广义的公共产品。公共产品、共有资源与外部性密切相关，外部性的产生是因为没有价格可以对这些物品评价。如果向一个人提供了一种公共产品，例如国防，其他人的状况也会变好，但并不能由于这种好处而向他们收费。同样，当一个人使用一种共有资源，例如海洋中的鱼时，其他人的状况也会变坏，但对这种损失也无法补偿。由于这些外部效应，私人关于消费和生产的决策会引起无效率的结果，而且，政府干预可以潜在地增进经济福利。

## 三、公共选择与人民主权

政府不是正确的机器，不能永远做正确的事情。政府是社会组织——个人集体的进行决策、采取行动的制度化过程——的一种替代方式。

伟大的瑞典经济学家维克塞尔曾指出：政治是一种复杂的交换。公共选择分析研究决策对政府这样集体组织的形成与运行的影响。一般说来，它是把经济学的原理与方法运用于政治科学的问题。集体决策的过程可以被看作是选民、立法者和官员之间的复杂相互作用。公民——选民选举立法机构，立法机构向各种政府机构和机关分派税收并配置预算。公务员在立法者的领导下使用资金，为选民提供政府服务和收入转移。

## 选民—消费者

理性的选民经常缺乏以真正了解的方式投票所需要的详细信息。很多公民认识到他们的投票不太可能决定选举的结果。所以他们几乎没有什么激励花很大工夫去寻找有见地的投票所需要的信息。经济学家把这种激励缺乏称为理性无知效应。

## 政治家—供给者

竞争使政治家从政治角度决策，无论终极动力是什么，政治家达到目标的能力依赖于他们当选和再度当选的能力。正如利润是市场企业家的生命之源一样，选票是朝野政治家的生命之源。忽视经济利润是被市场遗忘的途径，忽视潜在的选票是通往政治遗忘的途径。

## 公务员：作为政治参与者的政府官员

官员的利益经常与特殊利益集团的利益紧密结合在一起。政治过程以选举竞赛开始，接着是立法决策和官员行为。选民、政治家和官员每一方都想从有限的资源供给中得到更多。

当选民按他们得到的收益的比例支付时，如果政府行为是生产性的，所有选民都得到收益（政府行为是非生产性的，所有人都损失）。因此，当选民按他们得到的收益的比例支付时，好的政治和合理的经济学之间存在着和谐。

公共选择理论认为选民的收益和成本模式将影响政治活动的进行。选民的收益和成本有四种可能的类型：（1）分散的收益和分散的成本；（2）集中的收益和分散的成本；（3）集中的收益和集中的成本；（4）分散的收益和集中的成本。当利益和成本的分配在选民中是分散的（类型1）或集中的（类型3）时候，代议制政府将会从事生产性项目，并拒绝非生产性项目。与此相反，当收益集中而成本分散（类型2），代议制政府倾向于采取不利于生产的活动。最后，当利益分散而成本集中（类型4）时，政治过程会拒绝生产性项目。

自 1948 年以来，公共选择理论已经发展成了一个独立的领域。在过去的几十年里，随着市场体制的成功，它得到了广泛传播，并且关于"市场社会主义"的模型描述了政府如何代替价格体系和如同市场一样有效率地配置物品①。作为进行非市场决策方法的公共选择理论，它的作用是：（1）使同样的行为假设成为统一的经济学假设（理性的，功利主义）；（2）经常用来描述偏好显示过程，如同市场一样（投票人从事交换，个人通过投票、公民退出和进入俱乐部显示它们的需求有限性）；（3）如传统的价格理论那样回答同样的问题（均衡存在吗？它们稳定吗？存在帕累托效率吗？如何达到上述状态？）②

公共选择理论并不是完美的，我们研究它主要是利用它本身积极的一面。我们坚持社会主义民主，也利用投票，分析公共选择学派的利弊，借鉴公共选择的一些做法，就是要在我国财政体制改革过程中加大公众在公共财政活动中的话语权。我国社会主义政府是为人民服务的，政府又必须按照法律的要求提供合格服务。在我国"人民—人大—政府"这一委托代理安排中，人民需要更加有效的手段监督和管理政府。选民选择人大代表，人大代表受公民的委托选出政府，并立法规定和授权政府要执行的事务。人民监督人大、人大监督政府，努力建设一个人民满意和能管得住的清廉、高效的政府。

## 四、税收和税收制度

有国家就有税收，所以，人们说税收与死亡一样地确定。在计划经济年代和改革开放初期我们强调税收的强制性，在引入公共财政体制后，我们更

---

① ［英］丹尼斯·C. 缪勒：《公共选择理论》，韩旭、杨春雪译，中国社会科学出版社 2010 年版，第 2 页。

② ［英］丹尼斯·C. 缪勒：《公共选择理论》，韩旭、杨春雪译，中国社会科学出版社 2010 年版，第 3 页。

多地认为税收是政府提供公共产品的价格。

由于搭便车问题的存在，除非对公共产品的支持是强制的，否则没有人愿意提供资金；强制向公共产品提供资金能使所有人的处境都变得更好。税收的强制性也可能被用来迫使一个集团把自己的资源转移给另一个集团。美国独立战争就是在"没有代表权的课税就是暴政"的口号下进行的。

税收与政府一样古老，《圣经》中说庄稼的什一税应该用于再分配，用于支持教会。

理想税制的 5 个特征：

1. 经济效率：税制不应该干扰资源配置；

2. 管理简便：税制应当易于管理，花费较少；

3. 适应灵活：应该能够容易地适应经济环境变化；

4. 政治负责：税制透明，保证每个人知道他们支付了多少，并能评估在多大程度上反映了纳税人的偏好；

5. 税负公平：税制应公平对待不同个人的相对状况。

17 世纪英国征收窗户税导致许多房子没有窗户。现代英国由于课税原因，许多人选择三轮车而不是传统的四轮车，即使三轮车不如四轮车安全，也并不便宜多少。在美国，活动墙的税收优惠待遇鼓励了使用活动墙的商务办公楼的建设，尽管建造者从没有想过要移动它们。同样是由于税收制度的影响，在美国选择结婚、离婚的日期往往在 12 月还是 1 月间变动。税制可能鼓励和限制银行（相比股票或债券）。通过银行筹集资金的企业，在投资中的波动性较小，部分是因为银行更能了解企业发生资金短缺的原因，在出现周期性低迷时，提供给暂时缺乏资金的好企业，停止向有根本问题的企业贷款。

法国路易十四的财政部部长，柯尔伯特（Jean-Baptiste Colbert）曾说，"征税艺术如同拔鹅毛，既要拔到的鹅毛最多，又要听到鹅叫声最少"。因此，政府有时也偏好那些人们无法完全了解其成本的税收。

以上是一般地谈论税收，我们社会主义国家也需要税收，但我们更加注重公平，坚持"社会主义"。

税收公平包括横向公平，即相同（或处在基本相同经济环境中）的个人应该得到同样的待遇，支付同样的税收；也包括纵向公平，这是指，有支付能力、或处境更好、或从政府服务中受益更多的人，应支付更多的税。但是，税收公平在实践中很难取得一致意见。收入是最常用的税基，消费可能更为公平：它衡量一个人从社会中拿走的是什么，而不是一个人对社会贡献了什么；终生消费等价于终生收入，终生收入相比一年收入是更好的税基（更好地衡量了整体支付能力或福利），但是，终生消费／收入也有缺陷，它不公平地使勤奋工作的人与享受休闲的人相比处于不利地位，不是对一个人的机会集进行衡量的真正指标。功利主义认为，税制应最大化效用之和。罗尔斯方法认为，税制应最大化处境最差的个人福利。

中国共产党人在每一个历史的关键时刻把握人民最关心的问题，最大限度地关注公平与效率，使税收和税制更符合中国发展实际。

## 五、财政税收体制改革

我国财税体制改革大的动作包括在 20 世纪 80 年代的财政包干制、1994年推出的分税制。十八届三中全会又提出了新的改革规划。

### （一）改进预算管理制度

实施全面规范、公开透明的预算制度。审核预算的重点由平衡状态、赤字规模向支出预算和政策拓展。清理规范重点支出同财政收支增幅或生产总值挂钩事项，一般不采取挂钩方式。建立跨年度预算平衡机制，建立权责发生制的政府综合财务报告制度，建立规范合理的中央和地方政府债务管理及风险预警机制。

完善一般性转移支付增长机制，重点增加对革命老区、民族地区、边疆地区、贫困地区的转移支付。中央出台增支政策形成的地方财力缺口，原则上通过一般性转移支付调节。清理、整合、规范专项转移支付项目，逐步取消竞争性领域专项和地方资金配套，严格控制引导类、救济类、应急类专项，对保留专项进行甄别，属地方事务的划入一般性转移支付。

## （二）完善税收制度

深化税收制度改革，完善地方税体系，逐步提高直接税比重。推进增值税改革，适当简化税率。调整消费税征收范围、环节、税率，把高耗能、高污染产品及部分高档消费品纳入征收范围。逐步建立综合与分类相结合的个人所得税制。加快房地产税立法并适时推进改革，加快资源税改革，推动环境保护费改税。

按照统一税制、公平税负、促进公平竞争的原则，加强对税收优惠特别是区域税收优惠政策的规范管理。税收优惠政策统一由专门税收法律法规规定，清理规范税收优惠政策。完善国税、地税征管体制。

## （三）建立事权和支出责任相适应的制度

适度加强中央事权和支出责任。国防、外交、国家安全、关系全国统一市场规则和管理等作为中央事权，部分社会保障、跨区域重大项目建设维护等作为中央和地方共同事权，逐步理顺事权关系；区域性公共服务作为地方事权。中央和地方按照事权划分相应承担和分担支出责任。中央可通过安排转移支付将部分事权支出责任委托地方承担。对于跨区域且对其他地区影响较大的公共服务，中央通过转移支付承担一部分地方事权支出责任。

保持现有中央和地方财力格局总体稳定，结合税制改革，考虑税种属性，进一步理顺中央和地方收入划分。

## （四）深化财税体制改革方案推出

2014年6月30日，习近平总书记主持中共中央政治局会议，审议通过《深化财税体制改革总体方案》，目标是建立统一完整、法治规范、公开透明、运行高效，有利于优化资源配置、维护市场统一、促进社会公平、实现国家长治久安的可持续的现代财政制度；2016年基本完成财政改革重点工作和任务，2020年基本建立现代财政制度。

财政是国家治理的基础和重要支柱，财税体制在治国安邦中始终发挥着基础性、制度性、保障性作用。十一届三中全会以后，为适应经济转轨需要，调动地方和企业积极性，在20世纪80年代初形成了财政包干体制，生产迅速发展，为市场经济改革奠定了必要的物质基础。1992年，党的十四大确立社会主义市场经济目标模式；1994年推出分税制，再次推动了经济的高速发展，走上更长时间持续增长的道路。如果说20世纪80年代的包干制调动了地方发展经济的积极性，1994年分税制建立起"与社会主义市场经济体制相适应"的体制框架，新一轮财税改革则是建立"与国家治理体系和治理能力现代化相适应"的制度基础。

深化财税体制改革的主要内容，一是改进预算管理制度，强化预算约束、规范政府行为、实现有效监督，加快建立全面规范、公开透明的现代预算制度；二是深化税收制度改革，优化税制结构、完善税收功能、稳定宏观税负、推进依法治税，建立有利于科学发展、社会公平、市场统一的税收制度体系，充分发挥税收筹集财政收入、调节分配、促进结构优化的职能作用；三是调整中央和地方政府间财政关系，在保持中央和地方收入格局大体稳定的前提下，进一步理顺中央和地方收入划分，合理划分政府间事权和支出责任，促进权力和责任、办事和花钱相统一，建立事权和支出责任相适应的制度。

规范的预算制度是现代财政制度的基础，重在公开透明，以制度建设治理各种预算乱象。要推进预算公开，完善预算体系，改进预算控制，加强预算管理。预算公开本质上是政府行为的透明，是建设阳光政府、责任政府、法治政府的需要。与财税改革方案公布的同一天，宣布徐才厚等4名公职人员被开除党籍。仔细看一下这四个人的罪行，不难发现，与个人权力过大，不受制度、公众监督不无关系。预算公开是反腐的利剑，是从制度上、源头上防止和清除腐败。另一项重大举措是，清理规范重点支出同财政收支增幅或GDP挂钩事项。与财政收支增幅或生产总值挂钩的重点支出涉及教育、科技、农业、文化、医疗卫生、社保、计划生育等7类，2013年占全国财政支出的47.5%。基层市县之间的经济发展差距很大，一年财政收入从几千万元到几个亿、几十亿，高的可达上百亿元。与财政收支挂钩，就会使保障水平差距进一步拉大，造成新的苦乐不均。

税制改革是为企业、个人创造更加公平的经济环境，真正使市场在资源配置中起决定性作用。改革包括增值税、消费税、资源税、环境保护税、房地产税、个人所得税，以及清理税收优惠等。增值税是按照税收中性原则，建立规范的消费型增值税制度，近期完成营改增。消费税要调整征收范围，增强调节功能。资源税推进从价计征，逐步扩展到水流、森林等。建立环境保护税制度。加快房地产税立法并适时推进改革。探索逐步建立综合与分类相结合的个人所得税制，使个人税赋更加公平。现行税收优惠政策尤其是区域优惠政策过多，已出台实施的区域税收优惠政策约50项。一些地方还出台了五花八门的"土政策"，通过税收返还等方式变相减免税收，不利于结构优化和社会公平。除专门的税收法律、法规规定的优惠，其他各种优惠均在清理之列，一定要还市场一个公平的竞争环境。

中央与地方的财政分配关系是财税体制改革的核心，关系国家长治久安。1994年分税制后的十年间，总体处于利大于弊的制度性红利释放期，2004年开始出现利弊交汇的转折点。当年朱镕基同志在推行分税制时就讲过，到了一定时期要对这一制度进行调整。目前中央财政本级支出只占15%，地方实际支出占到85%，中央通过大量专项转移支付对地方进行补助，客观上会不同程度地干预地方事权，地方也无动力做好本不适于地方承担的事务。要用法律形式对政府间事权划分作出制度安排。将国防、外交、国家安全等关系全国统一市场规则和管理的事项集中到中央，减少委托事务，提高全国公共服务水平和效率；将区域性公共服务明确为地方事权；明确中央与地方共同事权。在事权明确的基础上，改革转移支付制度，一是建立一般性转移支付的稳定增长机制，增加一般性转移支付规模和比例；二是清理、整合、规范专项转移支付项目，逐步取消竞争性领域专项和地方资金配套，严格控制专项转移支付规模，使地方政府有与承担的公共服务职能相适应的财源财力财权。

财税体制改革，习总书记强调从严治党，推进户籍制度改革，一批"大老虎"被揪出等，一个"公共服务体制＋执政党建设＋民生＋反腐败"的框架已经形成。财税是人民支付的公共服务价格，执政党反腐败可以降低行政成本，体制改革重在提高服务效率，民生则是公共服务之本。深化财税体制改革涉及中央与地方、政府与企业、市场与社会以及部门间范围、权利调整，是一场牵一发而动全身的硬仗。这是一场关系国家治理体系现代化的深刻变革，是一次立足全局、着眼长远的制度创新和系统性重构。政府、企业、社会都可以在一个现代财税制度的诞生过程中找到自己的位置，作出自己的贡献；这个制度的产生过程本身就可以体现国家治理体系的进步。

**（五）以财税法治促进国家治理现代化。**

2015 年 1 月 1 日，修订后新的《中华人民共和国预算法》开始实施，标志着我国向财税法治化的道路上迈出了重要一步。之前的《中华人民共和国预算法》制定于 1994 年，1995 年 1 月 1 日起施行。20 年来，经济和社会发生了翻天覆地的变化，人民对更成熟、规范的财税法的需求越来越高，越来越多的人认识到财税法治与国家治理、人民福祉紧密相连。

国家预算是现代财政运作的基本制度框架，是公共财政活动的核心，关系"国计"，影响"民生"。财税不仅仅是钱的问题，"钱袋子"的背后是国家与纳税人的关系，是中央与地方的关系、立法机关与行政机关的关系，还可以引申出政府与市场的关系。从法治视角看，财税制度不仅具有调控经济、组织分配的职能，更是借助财政收入、支出和管理等，界定私人财产与公共财政的边界，促进私人财产权利与公共财政权力的协调，保障处于弱势地位的私权利免受公权力的侵害。

始于西方资产阶级革命时期，议会对征税等事项的同意权伴随着宪法制度的建立而确立，税收法定成为财税领域的基本原则。马克思在论证英国、法国、美国革命时，特别强调了争取税收权利的作用。每当论及英国成为世界第一个工业强国，人们往往从 1689 年的"光荣革命"谈起。其实，光荣革命最重要的成果就是"没有议会的同意，国王不能征税"。18 世纪中叶，英国首相威廉·皮特在议会作了《论英国人个人居家安全的权利》，提出了被后人概括成"风可进，雨可进，国王不能进"的"公私权"法则。由于税收法定和私人财产权得到尊重，激发了市场主体的活力，催生了第一次工业革命的兴起，英国最先成为世界最发达的资本主义国家。

改革开放以来，特别是1995年预算法及实施条例施行以来，我国财税制度改革逐步走上法治轨道，初步建立了与社会主义市场经济体制相适应的财税体制。但是，现行预算管理制度也暴露出一些不符合现代财政制度和国家治理要求的问题：预算管理和控制方式不够科学，跨年度预算平衡机制尚未建立；预算体系不够完善，地方政府债务未纳入预算管理；预算约束力不够，财政收支结构有待优化；财政结转结余资金规模较大，预算资金使用绩效不高；预算透明度不够，财经纪律有待加强，财政可持续发展面临严峻挑战。一些重大贪腐案件大多与预算管理问题有关。

新一届中央领导集体把财税体制和法治提到了前所未有的高度："财政是国家治理的基础和重要支柱，科学的财税体制是优化资源配置、维护市场统一、促进社会公平、实现国家长治久安的制度保障""必须完善立法"。2013年11月，十八届三中全会在全面深化改革的《决定》中，除"深化财税体制改革"单独作为一个部分外，在第二部分要求提高国有资本上缴国家财政的比例、完善国有资本经营预算制度；第八部分，强调加强人大预算决算监督、国有资产监督，提出"落实税收法定原则"；第十部分，要求健全反腐倡廉法规制度体系，着力控制"三公"经费支出和楼堂馆所建设；第十二部分，收入分配改革、社会保障制度完善也需要财税法支持。

2014年6月，中央政治局审议通过了《深化财税体制改革总体方案》，确定了改进预算管理制度、深化税收制度改革和调整中央与地方间财政关系的改革框架。2014年10月，十八届四中全会在在全面推进依法治国的《决定》中提出"总目标是建设中国特色社会主义法治体系，建设社会主义法治国家""法律是治国之重器，良法是善治之前提"。财税法，尤其是《中华人民共和国预算法》重在规范各级政府行为，依法"治"政府，依法管住纳税人的钱，是真正的"治国之重器"。

新的《预算法》坚持"规范政府收支行为，强化预算约束，加强对预算的管理和监督，建立健全全面规范、公开透明的预算制度，保障经济社会的健康发展"：强调预算完整、真实，推进预算公开、透明；改进预算管理和控制，建立跨年度预算平衡机制；加强财政收入管理，依法征税、规范优惠；优化财政支出结构，加强结转结余资金管理；加强预算执行管理，提高财政支出绩效；规范地方政府债务管理，防范化解财政风险；规范理财行为，严肃财经纪律。

"国家治理体系和治理能力现代化"，就是国家治理体系和治理能力的法治化。我国《宪法》规定了"中华人民共和国公民有依照法律纳税的义务"，全国人民代表大会有"审查和批准国家的预算和预算执行情况的报告"职权；新的《预算法》则对中央与地方的财政关系、收支规范、债务管理、基本公共服务均等化、转移支付作出了明确限定。政府收钱和花钱的手，被带上了"紧箍咒"；财税改革的成果以法律的形式稳定下来，预算法又规定了财税改革的法治化方向。以预算法促进财税法治、以财税法治促进国家治理，就是通过依法管好"钱"来管好人和事，以财税之"良法"带动国家之"善治"。

## 六、公共服务均等化与转移支付

社会上的每个人都应该享有最基本的权利并均等地享有社会经济发展的成果，为此，政府应在提供一系列的公共服务的基础上，力求公共服务的均等化。在世界范围内的具体实践中，很多国家建立起了现代财政均衡制度，其目标便是保证各级政府在全国范围内提供均等的基本公共服务。具体到某个国家来说，公共服务均等化目标也被具体化了。例如，加拿大和德国将其具体化为使各地区获得均等的人均财政收入；英国将其具体化为使各级政府达到均等的人均公共支出水平；澳大利亚、日本和俄罗斯将其具体化为使政府间标准财政收入与标准财政支出的差异达到均衡；而美国将其具体化为均衡某些公共服务项目。

初级阶段的目标为实现区域公共服务均等化，主要表现为区域之间的公共服务均等；中级阶段的目标为实现城乡公共服务均等化，主要表现为区域之间和城乡之间的公共服务均等；高级阶段的目标为实现全民公共服务均等化，主要表现为区域之间、城乡之间、居民个人之间的公共服务分布均等。当前我国公共服务均等化程度还较低，并处于探索阶段，主要在于实现区域公共服务均等化，并逐步实现国家层面的公共服务均等化。

早在"十一五"规划纲要中就提出："根据公共财政服从和服务于公共政策的原则，按照公共财政配置的重点要转到为全体人民提供均等化基本公共服务的方向，合理划分政府间事权，合理界定财政支出范围。"加快建立公共服务体制；根据公共服务的性质和受益人群确定相应的提供方法（收取使用费服务或普惠性服务）；根据公共服务的区域性（全国性公共服务和地区性公共服务）确定公共服务的提供主体（中央政府和地方政府）并均衡各主体的财政能力，最终实现公共服务全民均等化的最高目标。

公共服务均等化的主要实现手段是转移支付。均等化转移支付是指以客观、科学地评估收入能力和支出需求为基础，以各地政府能够提供基本均等的公共服务为目标而实行的转移支付。均等化转移支付包括纵向转移支付和横向转移支付。纵向转移支付制度是指中央政府对地方政府，以及上级地方政府对下级地方政府的转移支付。横向转移支付制度指同一级地方政府间的转移支付。从各国转移支付的实践来看，实行均等化转移支付制度的国家大都以纵向转移支付为主。1.无条件转移支付。无条件转移支付又称一般性补助或无条件拨款，上级政府对下级政府转移的财政资金不附带任何条件，拨款接受者可按自己的意愿使用拨款。2.有条件转移支付。有条件转移支付又称有条件拨款或专项补助，指上一级政府在把一定数额的财政资金转移给下一级政府的同时，提出该款项的特定用途与使用要求，拨款接受者必须满足相应条件，按规定的方向使用拨款资金。有条件转移支付的目的是鼓励下级政府对一些特殊项目的支出，体现某些政策意图，资金的使用必须接受上级政府的监督和检查。

有条件转移支付，按其是否有配套资金的要求，又可分为有条件非配套性转移支付和有条件配套性转移支付两种。1.有条件非配套性转移支付。指进行转移支付的上一级政府指定了特殊用途的、无须下级政府财政资金配套的专项补助。2.有条件配套性转移支付。指上级政府在向下一级政府拨款时，要求接受转移资金的下一级政府，必须自主筹集一定比例的款项才能获得上一级政府的转移资金。

转移支付所追求的目标是实现地方政府公共服务能力或水平的均衡。均等化转移支付制度应该以公平为主，兼顾效率，在发挥转移支付的均等化功能时，尽量鼓励地方政府的积极性。我国应逐步将现行的多种财政转移支付形式，归并为无条件的一般性转移支付和有条件的专项转移支付两大类。一般性转移支付只是对地方政府财力的一种补充，下级政府对这项资金有支配权，主要目的是用来平衡地方预算，满足地方履行职能的基本支出需求，使地方达到基本的公共服务水平；专项转移支付由于规定了转移支付资金的使用用途，有的甚至附带一些条件，下级政府只能在规定项目中使用转移支付资金，体现上级政府的政策意图，贯彻产业政策，更有效地配置资源。我国在转移支付资金的结构安排上应该以一般性转移支付为主，专项转移支付为辅。列入专项转移支付的项目，应是具有外溢性、突发性、特殊性、非固定性等特征的项目。

## 七、财政政策与宏观调控

我国长期坚持量入为出的财政原则，根据财政收入的多少安排支出。《礼记·王制》记载："冢宰制国用，必于岁之杪，五谷皆入，然后制国用。用地大小，视年之丰耗，以三十年之统制国用，量入以为出。"同时，中国历史上也提出"量出制入"的财政原则。西汉初，"量出制入"原则已被应用，"量吏禄，度官用，以赋于民"(《汉书·食货志》)。作为正式的财政原则，"量出制入"是由唐代杨炎首先提出的，他在奉行两税法时说，"凡百役之费，一钱之敛，先度其数而赋于人，量出以制入"。从世界范围来看，"量出制入"是出现在"量入为出"之后的财政思想。

现代财政政策产生于20世纪30年代的经济大萧条时期。大萧条以前，古典经济学家的经济政策可以归结为"Laissez faire"，这句法文的意思是"自由放任"。政府干预应尽量予以避免，市场力量将会引导经济正常运行。大萧条的深度和时间上的长度动摇了人们对上述观点的信心。英国经济学家凯恩斯在其 1936 年出版的《就业、利息和货币通论》一书中，开创了现代宏观经济学这一分支，他解释了为什么经济有可能陷于产量损失和失业的困境，他尤其着重论证了劳动市场可能长期处于非均衡状态，即劳动的供给超过需求，结果造成失业。凯恩斯进一步认为，政府应该使用影响政府支出和税收水平的财政政策，使经济摆脱衰退。凯恩斯是 20 世纪最具影响力的思想家之一，他的开创性工作已经在众多的学派中得到发展，所有这些学派都享有"凯恩斯主义"的称号。这些学派有一个共同的信念：由于众多原因，经济可能在一个相当长的时期内存在工人失业和资源利用不足，在这种情况下，政府的行动可以使经济病状得到改善。

一般来说，财政政策目标包括：

1. 物价相对稳定。物价相对稳定，并不是冻结物价，而是把物价总水平的波动约束在经济稳定发展可容纳的空间，可以具体解释为避免过度的通货膨胀或通货紧缩。

2. 资源优化配置。资源优化配置是指对现有的人力、物力、财力等社会资源进行合理分配，使其充分发挥作用，获得最大的经济和社会效益。

3. 收入合理分配。收入合理分配是指社会成员的收入分配要公正、合理，公平与效率相结合，避免悬殊过大。

4. 经济适度增长。经济适度增长是指经济追求可持续发展，既要保持一定的速度，又要量力而行，注意资源保护。

财政政策目标要靠一定的财政政策工具来实现，主要包括税收、公债、公共支出、政府投资等。根据财政政策具有调节经济周期的作用来划分，可分为自动稳定的财政政策和相机抉择的财政政策：

1. 自动稳定的财政政策，又称"内在稳定器"，是指某些政策能够根据经济波动情况自动发生稳定作用，无须借助外力就可直接产生调控效果，不需要政府采取任何干预行动。财政政策的自动稳定性主要表现在两个方面：第一，税收的自动稳定性。税收体系，特别是公司所得税和累进的个人所得税，对经济活动水平的变化反应相当敏感。当经济衰退失业增加时，税收自动减少，出现赤字，可帮助缓和衰退；反之，当经济过热通货膨胀严重时，税收会自动增加，产生财政盈余，有利于降低通货膨胀。第二，政府支出的自动稳定性。对个人的转移支付计划是普遍的自动稳定器。在经济衰退时期，失业人数增加，失业救济金和各种福利支出增加，它们起着抵消个人收入下降的作用，减轻经济萧条程度或加快经济复苏的过程；反之，经济过热时，相反的过程将发生而减轻经济的过热程度。

2. 相机抉择的财政政策，是指政府根据当时的经济形势，采用不同的财政措施，以消除通货膨胀缺口或通货紧缩缺口，是政府利用国家财力有意识干预经济运行的行为。在 20 世纪 30 年代的世界性经济危机中，美国实施的罗斯福—霍普金斯计划（1929—1933 年）、日本实施的时局匡救政策（1932年）等，都是汲水政策。从字面上看，这种政策就是水泵里缺水不能吸进地下水，需要注入少许引水，以恢复抽出地下水的能力。美国的汉森教授认为，汲水政策是对付经济波动的财政政策，是在经济萧条时靠付出一定数额的公共投资使经济自动恢复其活力的政策。

根据财政政策在调节国民经济总量方面的不同功能，财政政策分为扩张性财政政策、紧缩性财政政策和中性财政政策：

1. 扩张性财政政策是指通过财政分配活动来增加和刺激社会的总需求。在国民经济存在总需求不足时，通过扩张性财政政策使总需求与总供给的差额缩小以至平衡。扩张性财政政策载体主要有减税（降低税率）和增加财政支出。

2. 紧缩性财政政策是指通过财政分配活动来减少和抑制总需求。在总需求过旺时，通过紧缩性财政政策消除通货膨胀缺口，达到供求平衡。实现紧缩性财政政策目标的手段主要是增税（提高税率）和减少财政支出。

3. 中性财政政策是指财政的分配活动对社会总需求的影响保持中性。一般情况下，这种政策要求财政收支要保持平衡。

在经济政策理论中，一般把以增加盈余或减少盈余、增加赤字或减少赤字的形式表现出来的财政政策称为非均衡财政政策；而将以收支平衡的形式表现出来的财政政策称为均衡财政政策。均衡财政政策的主要目的在于力求避免预算盈余或预算赤字可能带来的消极后果。

我国改革开放以来，政府对宏观经济的调控水平不断提高，财政政策的作用越来越明显。1998—2004 年实施积极的财政政策，主要是通过增发国债、增加财政支出及调整税收政策，直接刺激经济增长的一种扩张性财政政策。从 1997 年下半年起，亚洲金融危机不断发展，严重冲击了亚洲和世界经济，使我国经济面临前所未有的挑战。1998 年，我国长江又出现百年不遇的洪水，更是对当时新一届政府的考验。面对国内外严峻的经济形势，党中央、国务院高瞻远瞩，作出了实施积极的财政政策的英明决策。积极的财政政策的主要内容是：向国有商业银行增发国债，专项用于基础设施建设；向国有商业银行发行特别国债，专项用于补充国有独资银行的资本金；提高部分产品的出口退税率，鼓励出口；推行费税改革，减轻企业和农民负担；增加财政支出。

积极的财政政策是我国政府针对世纪之交的国内外经济形势而采取的反经济周期的调控措施，但是，积极的财政政策是一种扩张性的财政政策，如果长期坚持，政策调控效果将受到影响。在经济总量基本平衡时期，由于物价相对稳定，经济运行总体平稳，应当实行中性财政政策，凸显稳健特征，注重解决结构优化问题，减弱政府直接干预，充分发挥市场机制的调节作用。党中央、国务院决定从 2005 年实行稳健财政政策。稳健财政政策的主要内容，可以概括为"控制赤字、调整结构、推进改革、增收节支"。

2007 年末，中央提出 2008 年实施"从紧的货币政策"，把防止经济由偏快转变为过热、物价由结构性上涨演变为全面通货膨胀（"双防"）作为宏观调控的首要任务，此举标志着实行了长达 9 年的"稳健的货币政策"正式转向。1999 年 3 月，与积极的财政政策相配合，时任总理的朱镕基提出："要实行稳健的货币政策，适当增加货币供应量。"2005 年，积极的财政政策转为稳健的财政政策，与稳健的货币政策称为"双稳健"。2008 年的政策组合是稳健的财政政策和从紧的货币政策，"一稳一紧"。

2008 年的国际金融危机，使我国 2009 年、2010 年选择积极的财政政策与适度宽松的货币政策组合。从 2011 年起，宏观经济政策取向确定为"积极稳健、审慎灵活"，实施积极的财政政策和稳健的货币政策，增强宏观调控的针对性、灵活性、有效性，处理好经济平稳较快发展、调整经济结构、管理通胀预期的关系。2015 年"积极财政政策要更加有力"，货币政策要松紧适度。2016 年，继续实行积极的财政政策和稳健的货币政策。

# 第九章 社会主义金融与金融体制改革

我们可以把金融理解为市场经济的组成部分，只要搞市场经济，尤其是搞现代市场经济就不能离开金融。我国发展社会主义市场经济，发展社会主义金融，通过金融体制改革，提高金融和市场经济运行效率，进一步服务中国特色社会主义实体经济。

党的十八届三中全会提出：完善金融市场体系。扩大金融业对内对外开放，在加强监管前提下，允许具备条件的民间资本依法发起设立中小型银行等金融机构。推进政策性金融机构改革。健全多层次资本市场体系，推进股票发行注册制改革，多渠道推动股权融资，发展并规范债券市场，提高直接融资比重。完善保险经济补偿机制，建立巨灾保险制度。发展普惠金融。鼓励金融创新，丰富金融市场层次和产品。完善人民币汇率市场化形成机制，加快推进利率市场化，健全反映市场供求关系的国债收益率曲线。推动资本市场双向开放，有序提高跨境资本和金融交易可兑换程度，建立健全宏观审慎管理框架下的外债和资本流动管理体系，加快实现人民币资本项目可兑换。落实金融监管改革措施和稳健标准，完善监管协调机制，界定中央和地方金融监管职责和风险处置责任。建立存款保险制度，完善金融机构市场化退出机制。加强金融基础设施建设，保障金融市场安全高效运行和整体稳定。

健全宏观调控体系。宏观调控的主要任务是保持经济总量平衡，促进重大经济结构协调和生产力布局优化，减缓经济周期波动影响，防范区域性、系统性风险，稳定市场预期，实现经济持续健康发展。健全以国家发展战略和规划为导向、以财政政策和货币政策为主要手段的宏观调控体系，推进宏观调控目标制定和政策手段运用机制化，加强财政政策、货币政策与产业、价格等政策手段协调配合，提高相机抉择水平，增强宏观调控前瞻性、针对性、协同性。形成参与国际宏观经济政策协调的机制，推动国际经济治理结构完善。

十八届五中全会指出：加快金融体制改革，提高金融服务实体经济效率。健全商业性金融、开发性金融、政策性金融、合作性金融分工合理、相互补充的金融机构体系。构建多层次、广覆盖、有差异的银行机构体系，扩大民间资本进入银行业，发展普惠金融，着力加强对中小微企业、农村特别是贫困地区金融服务。积极培育公开透明、健康发展的资本市场，推进股票和债券发行交易制度改革，提高直接融资比重，降低杠杆率。开发符合创新需求的金融服务，推进高收益债券及股债相结合的融资方式。推进汇率和利率市场化，提高金融机构管理水平和服务质量，降低企业融资成本。规范发展互联网金融。加快建立巨灾保险制度，探索建立保险资产交易机制。加强金融宏观审慎管理制度建设，加强统筹协调，改革并完善适应现代金融市场发展的金融监管框架，健全符合我国国情和国际标准的监管规则，实现金融风险监管全覆盖。完善国有金融资本和外汇储备管理制度，建立安全高效的金融基础设施，有效运用和发展金融风险管理工具。防止发生系统性区域性金融风险。

创新和完善宏观调控方式。按照总量调节和定向施策并举、短期和中长期结合、国内和国际统筹、改革和发展协调的要求，完善宏观调控，采取相机调控、精准调控措施，适时预调微调，更加注重扩大就业、稳定物价、调整结构、提高效益、防控风险、保护环境。

# 一、金融和金融体制

对金融可以做很多种理解，简单地说，金融是资金的融通。在任何一个时间，有的人需要投资没有钱，也有的人有钱需要找到"投资"的地方；金融就是把这两类人联系起来的一种制度设计。具体一点，金融指货币的发行、流通和回笼，贷款的发放和收回，存款的存入和提取，汇兑的往来等经济活动。金融就是对现有资源进行重新整合之后，实现价值和利润的流通。金融是人们在不确定环境中进行资源跨期的最优配置决策的行为。

金融体制指金融机构、金融市场和金融业务的组织、管理制度，是国民经济管理体制的有机组成部分，包括各类金融机构和各类金融市场的设置方式、组成结构、隶属关系、职能划分、基本行为规范和行为目标等。

在不同的社会制度和不同的经济管理体制下，各国金融管理体制存在不同程度的差别，但由于各国的经济制度又具有商品经济的共性，因此，其金融体制也存在某些共同的特点，主要有四个方面：以银行为主体的多种形式的金融机构并存；以中央银行为金融体系的核心机构和宏观调控机构（个别国家以相应的政府机构行使中央银行部分职能）；中央银行垄断货币发行权；国家对金融机构的设置和金融活动进行比较严格的管理，并以本国国民经济宏观效益作为管理和调控的基本目标。

各国金融机构的设置方式、组成结构、隶属关系，及其业务的组织管理根据社会制度和经济管理体制的差别以及历史的原因而异。

关于银行设置方式。①单一银行制和分支行制。前者指一家银行的业务只由一个独立的银行机构经营，不设分支机构的银行组织形式，主要存在于美国的某些州；后者指一家银行除总行以外，可以在各地设立分支机构，并共同经营业务的银行组织形式，世界各国多采取这种形式。②按经济需要择地设立分支机构或按行政区划和隶属关系设置分支机构，在同等建制的行政区域内，设立同一等级的分支机构。前者一般为商业银行所采用，后者一般为政府直接组织管理经营的中央银行和国家专业银行所采用。③有的国家把金融机构划分为由中央政府管理和地方政府管理两类，如美国将银行划分为在联邦政府注册的国民银行和在州政府注册的州银行；而多数国家则由统一的机构办理注册和管理。

关于银行组成结构。在多种金融机构并存的情况下，各国银行组成结构各异，主要有：①以私营金融业为主体或以公有制金融业（包括国营和集体所有制）为主体；②以商业银行为主体或以专业银行为主体；③外国金融机构在整个金融体系中占有不同的比重。

银行间的隶属关系，主要表现为中央银行与政府的关系、中央银行与其他金融机构的关系。中央银行与政府，有的具有直接隶属关系，如中国人民银行直接隶属国务院；有的则归属政府有关部门，如民间股份占45%的日本银行归日本政府的大藏省（财政部）管理。一些国家的中央银行则不隶属于政府，而直接对社会负责，如美国、德国等。这类中央银行也与政府紧密配合，但具有较大的独立性。

在中央银行与其他金融机构的关系方面，有的对各种金融机构具有领导、管理和监督权，如中国；有的对金融机构的管理、监督权名义上属于政府其他机构，而实质上中央银行仍在很大程度上参与，如法国、日本。美国的中央银行比较特殊，是一个由多种管理和调控机构组成的体系，联邦储备银行（中央银行）只是这个体系中的一个组成部分。美国对其他金融机构的管理分属美国联邦储备系统的各有关机构，对州银行的管理则属于州政府。

各国的中央银行一般作为发行的银行、政府的银行、银行的银行发挥作用，主要负责金融宏观调控和金融管理。只有个别国家的中央银行同时兼管商业银行业务。商业银行一般具有综合性经营的特点，特别是一些垄断性的大商业银行，在金融领域属于全能性机构。专业银行一般在经营对象方面各有自己的重点，主要按政府的经济政策或产业政策进行重点扶植。专业银行有的属于政策性银行。银行以外的各种金融机构，一般都按规定的业务范围经营。在一个国家的金融体制中，各金融机构的职能划分，会随着经济发展和管理的需要而有所变化。各有分工的金融机构实行某种组合和一定方式的协调配合，形成一个国家金融体制的特定格局。

一个国家或地区金融体制的特点是综合形成的，各国金融体制均有其特点，很少有完全相同的。但许多国家的金融体制大致属于相同的某种类型。

# 二、中央银行的三大货币政策工具

## （一）存款准备金和存款准备金率

所谓存款准备金，是指金融机构为保证客户提取存款和资金结算需要而准备的在中央银行的存款。在现代金融制度下，金融机构的准备金分为两部分，一部分以现金的形式保存在自己的业务库，另一部分则以存款形式存储于央行，后者即为存款准备金。存款准备金分为"法定准备金"和"超额准备金"两部分。

央行在国家法律授权中规定金融机构须将自己吸收的存款按照一定比率交存央行，这个比率就是法定存款准备金率，按这个比率交存央行的存款为"法定准备金"存款。而金融机构在央行存款超过法定准备金存款的部分为超额准备金存款，超额准备金存款与金融机构自身保有的库存现金，构成超额准备金（习惯上称为备付金）。超额准备金与存款总额的比例是超额准备金率（即备付率）。金融机构缴存的"法定准备金"，一般情况下是不准动用的；而超额准备金，金融机构可以自主动用，其保有金额也由金融机构自主决定。

虽然一般情况下是不准动用"法定准备金"，但"法定准备金"也是财富，可考虑其科学运营的问题，特别是"法定准备金"的长效运营，如果运营得好，会给国家带来很大的好处。

"法定准备金"的特点是典型的规模可测、可控资金，只要"机构专业"，"规模合理"，"科学运营"，就会发挥既能控制"热钱""准热钱"，又能促进可持续发展的独特作用。

## （二）贴现率和再贴现率

贴现率是指将未来支付改变为现值所使用的利率，或指持票人以没有到期的票据向银行要求兑现，银行将利息先行扣除所使用的利率。这种贴现率也指再贴现率，即各成员银行将已贴现过的票据作担保，作为向中央银行借款时所支付的利息。

再贴现率是当商业银行需要调节流动性的时候，要向央行付出的成本。理论上讲，央行通过调整这种利率，可以影响商业银行向央行贷款的积极性，从而达到调控整个货币体系利率和资金供应状况的目的，是央行调控市场利率的重要工具之一。

贴现率政策是许多国家的主要货币政策。中央银行通过变动贴现率来调节货币供给量和利息率，从而促使经济扩张或收缩。当需要控制通货膨胀时，中央银行提高贴现率，这样，商业银行就会减少向中央银行的借款，商业银行的储备金就会减少，而商业银行的利息将得到提高，从而导致货币供给量减少。当经济萧条时，则通过降低再贴现率，银行就会增加向中央银行的借款，从而储备金增加，利息率下降，扩大了货币供给量，由此起到稳定经济的作用。但如果银行已经拥有可供贷款的充足的储备金，则降低贴现率对刺激放款和投资也许不太有效。中央银行的再贴现率确定了商业银行贷款利息的下限。

### （三）公开市场业务

公开市场业务与其他货币政策工具相比，具有主动性、灵活性和时效性等特点。公开市场业务可以由中央银行充分控制其规模，中央银行有相当大的主动权；公开市场业务是灵活的，多买少卖、多卖少买都可以，对货币供应既可以进行"微调"，也可以进行较大幅度的调整，具有较大的弹性；操作的时效性强，当中央银行发出购买或出售的意向时，交易立即可以执行，参加交易的金融机构的超额储备金相应发生变化；可以经常、连续地操作，必要时还可以逆向操作，由买入有价证券转为卖出有价证券，使该项政策工具不会对整个金融市场产生大的波动。

越来越多国家的中央银行将公开市场业务作为其主要的货币政策工具。20 世纪 50 年代以来，美国联邦储备委员会（美国中央银行）90％的货币吞吐是通过公开市场业务进行的，德国、法国等也大量采用公开市场业务调节货币供应量。从 20 世纪 80 年代开始，许多发展中国家将公开市场业务作为货币政策工具。

## 三、从存款准备金率调整看我国货币政策

我国的存款准备金制度建立于 1984 年。那一年，中国人民银行的职能发生重大转变。此前，中国人民银行身兼商业银行、中央银行双重身份。此后，中国人民银行成为专门的中央银行。其职责是，在国务院领导下，制定和实施金融政策，监管和调控金融行业，其中就包括实施存款准备金制度等等。

存款准备金制度是为了防范金融风险而设立的。通俗地说，就是商业银行把手里的存款，按照一定比率，存入中央银行，以备不时之需。存款准备金率定为多少，何时调整，是升是降，幅度多大，由中央银行发布，各商业银行执行。

1984 年，按存款种类，中国人民银行规定了法定存款准备金率，企业存款为 20%，农村存款为 25%，储蓄存款为 40%。与此同时，央行向商业银行提供再贷款。

1985 年，中国人民银行调整存款准备金制度，不再按存款种类分类，而是统一为一个标准，将存款准备金率调整为 10%。此后人们再谈论存款准备金率，都以此为尺度。

1987 年和 1988 年，中国经济高速增长的同时，也面临通货膨胀的巨大压力。为适当集中资金，支持重点产业和项目，也为了紧缩银根，抑制通货膨胀，中国人民银行经两次调整，将存款准备金率调至 13%，达到前所未有的高水平。由此，我国进入存款准备金率最为稳定的一个时期，一直保持了 10 年之久。

1998 年前后，中国金融业改革进一步深化。政策性银行先后成立，商业银行经营机制不断改革，央行一般不再对商业银行提供再贷款。为适应改革需要，保障商业银行资金充裕，中国人民银行将存款准备金率从 13%

下调到8%。5%的调整幅度是历次调整中最为剧烈的，中央银行通过追加收回再贷款计划、增发央行融资券等方式进行了对冲。1999年11月18日，存款准备金率下调到6%的历史最低点后，我国存款准备金率又进入一个相对稳定的时期，持续到2003年9月20日（9月21日起调整为7%）。

2003年开始，存款准备金率进入一轮上升周期，一直持续到2007年。到2007年11月的23年，我国存款准备金率先后调整19次。综观这段历史，2007年调整次数最多。1—11月共上调9次，除去3月和7月，每月都有上调。2007年内第九次上调11月26日到位，达到13.5%的历史最高水平。

2007年12月5日结束的中央经济工作会议决定2008年实施"从紧的货币政策"，12月8日中国人民银行宣布从2007年12月25日起，上调存款类金融机构人民币存款准备金率1个百分点（与2003年宏观调控时的上调同）；12月20日宣布，从12月21日起上调1年期存贷款基准利率，其他利率相应上调。这也是人民银行在1年内第十次上调存款准备金率，调整以后的普通存款类金融机构执行14.5%的存款准备金率标准，创20余年历史新高；第六次上调基准利率，1年期存款利率从3.87%调整为4.14%，1年期贷款利率从7.29%调整为7.47%。

这次准备金率1%重拳是在物价指数达到11年来高位，面临通货膨胀压力，经济发展明显偏快的背景下出台的。2007年10月末广义货币供应量（M2）余额为39.42万亿元，同比增长18.47%；前10个月人民币新增贷款已达到上年全年新增贷款的1.1倍。此次存款准备金率上调1个百分点，金融机构因此被冻结资金约4000亿元，加上前9次冻结的16000多亿元，总冻结资金超过2万亿元。选择2007年末重调存款准备金率还有其特殊意义。从近三年的数据来看，年初是商业银行贷款的高增长期，央行在2008年初之前提高存款准备金率可为下一年控制信贷规模争取更大空间。另一方面，也是借此宣布实行了长达9年之久的稳健货币政策告一段落，从而转向从紧的货币政策。

2007年货币政策组合中另一重拳就是6次加息（3月18日、5月19日、7月21日、8月22日、9月15日、12月21日），从2004年算共9次加息。

一年期存款基准利率由年初的 2.52%（2004 年 1.98%）调至 4.14%，每次上调 0.27 个百分点，提高 1.62 个百分点；一年期贷款基准利率从年初的 6.12% 上调至 7.47%，提高 1.35 个百分点。已开征 8 年的利息税，于 2007 年 8 月 15 日起减征，利息税率从 20% 降为 5%，这相当于两次加息的效应。加息所传达的信号是明确的：引导公众通胀预期，发挥价格杠杆的调控作用。

货币政策，尤其是数次上调存款准备金率无疑对控制物价过快上涨发挥了重要作用，贷款增幅开始下降，居民存款半年来首次增加。同时我们必须意识到提高存款准备金率是有局限性的：一是存款准备金率不能无休止提高，14.5% 已接近极限；二是目前造成流动性过剩的主要因素并非银行体系，而是外部供给，表现为外汇占款的增加，与贸易顺差直接相连，中国被动发行基础货币。我国贸易顺差的 60% 是由在华外资企业出口形成的，而存款准备金率提高的成本则要由所有商业银行，从而所有贷款人承担，这显然有失公允。我们必须综合运用多种金融工具控制货币供应量，特别是释放人民币升值压力，消除过高升值预期。发行央行票据和国债有利于吸收经济体系中的流动性；加息是提高资金运用成本，从需求上抑制流动性增加；提高存款准备金率是从供给上控制银行体系的流动性；加快人民币汇率制度综合改革，完善人民币汇率生成机制，是从制度上避免游资流动性。只要我们合理运用各种手段，搞好内外协调配合，掌控从紧货币政策与稳健财政政策的度，就一定能实现中央经济工作会议提出的防止经济由偏快转变为过热、物价由结构性上涨演变为全面通货膨胀的目标。

如果换一个角度，看看新世纪第一个 10 年，我国在 2001 年到 2010 年期间，准备金率调整频繁，共调整 30 次，每次调整幅度在 0.5%—1%，累计上调幅度高达 11.5%。10 年里，准备金率在 2001 年、2002 年始终保持 1999 年制定的 6% 的水平，于 2003 年开始第一次调控，而后一直平稳上升，在 2008 年 9 月 25 日达到新的高点 17.5%。此后准备金率小幅下降，于同年底到达 15.5% 的低位。经过风平浪静的 2009 年，2010 年继续保持上升势头，直至达到峰值 18.5%。

2014 年是法定存款准备金制度诞生 100 周年（1914 年美联储建立后以

法律形式确定了存款准备金制度），是我国改革开放后实施存款准备金制度30 周年（1984 年中国人民银行确立其中央银行地位后开始实施法定存款准备金）。在外需不振、内需乏力、房市飘摇、经济下行压力加大的背景下，如何把握我国的存款准备金制度及其方向，确定我国货币政策的合理走向成为各国、各界的关注点。我们既有经济下行压力，更有前几年经济刺激计划带来的货币超量发行问题；既要保持一定的经济增长速度，又要"挤泡沫"，消化前一阶段扩张政策带来的负面影响。从这个角度看，把存款准备金率这一公认的最猛力的货币政策工具先放一放，实施"微调"，完全可以理解，也是明智的。但是，20%左右的存款准备金率实在太高了；不管是不是遇到当前的经济困难，我们都应当适时把它调回到一个较低的水平，之后再努力把它"放一放"，甚至搁置起来。

美国 20 世纪 30 年代大危机后的 1935 年，授权美联储可以根据经济的实际运行情况随时调整会员银行的存款准备金率，至此法定存款准备金率正式成为一个货币政策工具。随后其他国家纷纷仿效，建立起存款准备金制度。20 世纪 80 年代后，美国对存款准备金制度开始调整；1992 年后，大幅度降低存款准备金率；格林斯潘时代更是把存款准备金这一政策束之高阁，之后也没有再用存款准备金率这一政策。在欧盟，虽说在欧洲央行的货币政策框架中包含有最低存款准备金率的要求，但是并没有把存款准备金当成一项货币政策工具来使用。在一些实行通货膨胀目标制的国家，如英国、加拿大、澳大利亚等，干脆取消了法定存款准备金要求，大多数商业银行的存款准备金降到了只与清算需要相适应的水平。与世界各大经济体相比较，我国的存款准备金率是最高的。

与国际对待存款准备金率的态度和趋势不同，我国自 1984 年建立存款准备金制度后，就把其当作控制通货膨胀的工具，尤其是 2006 年后频繁使用。亚洲金融危机期间，开始配合"第一次积极财政政策"，把存款准备金率下调，作为货币政策工具发挥作用，1998 年 9 月一次下调 5 个百分点至8%，1999 年 11 月又下调 2 个百分点至 6%，一直保持到 2003 年 9 月，经济最后走出通缩。这是我国成功使用财政货币政策的经典案例。之后 5 年，到 2008 年 6 月，存款准备金率经过连续 20 次上调至 17.5％。国际金融危机袭来，为配合"第二次积极财政政策"，从 2008 年 9 月开始下调存款准备金率，并把对大型金融机构与中小金融机构的要求分设，一直到 2010 年 1 月，经济回稳。第二次积极财政政策的效果是喜忧参半：我国经济在成功走出危机阴影的同时，也为产能过剩埋下了伏笔。之后 1 年半的时间存款准备金率12 次上调，2011 年 6 月 20 日调整后，大型金融机构和中小金融机构分别执行 21.5％和 18％的存款准备金率。2011 年 12 月进入新一轮下调周期。到2014 年大型金融机构依然保持 20％的存款准备金率。

新一届中央领导集体审时度势，明显对存款准备金率作为货币政策的兴趣大减。面对复杂的国际国内经济形势，高层坚守底线，抵制"中央政府号召、地方政府主导、银行积极支持、企业大干快上"的发展模式。即使在经济明显下行的情况下也没有频繁动用存款准备金率这一政策，传达了"结构转型"的明确信号。然而，转变经济发展方式和去杠杆化不能通过过于宽松的货币政策实现，也不能伴随高实际利率和低名义 GDP 增长率（并且还在减速）而获得。除为银行资产负债表创造更多放贷空间外，有必要有计划逐步降低存款准备金率，在提振信心的同时，着手消除金融隐患。

降低存款准备金率将使银行有多余的现金用于放贷。只要监管部门继续对影子银行施压，并控制其规模，"此消彼长"，传统银行业的贷款增加就不会大大提升总体信贷的增速。随着存款准备金率下调，影子银行存在的空间自然会缩小。影子银行相当于计划经济时代的黑市。由于商品供不应求，又实行价格管制，各类"投机倒把"自然横行。后来价格放开了，价格不涨反而降下来了，黑市自然也就消失了。我们现在推行利率市场化，但存款利率实行管制，存款准备金率又这么高，还有严格的存贷比限制（贷款不得超过存款的 75％）。中小企业很难按现有利率获得贷款。百姓不满意存款利率，纷纷寻找投资途径。影子银行这种金融"投机倒把"就产生了。从这个意义上，监管部门视为"眼中钉"的影子银行，正是监管部门的过度监管和超高存款准备金率共同作用的结果。

如果能用成本相对低廉的传统银行贷款取代影子银行信贷，将有助于降低总体借款成本，减少金融风险。自 2013 年发生信贷紧缩后，国内总体借款成本大幅上升。随着通胀率回落，实际银行贷款利率升高。由于实际利率高推高了融资成本，从而带来了一系列问题。虽然对银行贷款利率的行政手段控制有所减弱，但实际贷款利率仍很有粘性，难以跟随市场同业利率起伏。在企业销售收入名义增长暗淡的环境下，实际利率居高给企业融资和经营带来了较多困难。在这种环境下，债务负担更容易加重。一些企业利润增长接近为零。在企业利润微薄的环境下要支付 7％到 8％，甚至更高的实际利率，意味着企业投资乏力；中小企业支付的利率远高于银行利率，一般超过 10％，有的甚至 20％以上。超高存款准备金率本来是为了控制风险，却由于其带动利率提高的效应，加大了经济和金融领域的风险；正如一些地方为了防止金融风险，切断银行与地方融资平台的联系，把地方融资平台逼到利用影子银行，因成本增加而放大风险一样。

中国需要必要的增长率，不管是为了经济发展，还是为了银行健康。在上世纪 80 年代，日本经济蓬勃发展，银行贷款表现良好。但在 90 年代经济减速之际，坏账大幅飙升。当时日本的银行毫无防备，银行和官员们感到措手不及；因为没有处理好坏账和贷款问题，经济陷入长时间的衰退。鉴于我国经济增长放缓（2015 年增长 6.9％），我们同样应该警惕经济陷入通缩的可能性：通缩是致命的，当价格下跌时，债务负担上升；通常而言，坏账也会上升。尽管消费者价格指数仍在上涨，但生产者价格指数已经连续两年多下降。我们是要实现结构转型，但绝不可以容忍通货紧缩，尤其是考虑到一些银行已经在使用财务伎俩来粉饰它们的账簿（比如用"信托受益权"这类不透明结构来隐瞒坏账）。与官方数据坏账只占资产的 1％左右不同，牛津经济研究院等独立观察机构表示，该比例在 10％至 20％之间。一旦经济衰退与坏账增加同时发生，如果再有一些不利的外在因素，极容易产生系统性风险，直至金融和经济危机。

必要的经济增长要求存款准备金率不能太高，而呆坏账率却制约着存款准备金率的下调。所以，经济转型改革与金融市场化改革应该一并进行，如有人所说"一边走路，一边嚼口香糖"，也就是说，在推进改革的同时放松存款准备金率，以支撑经济增长；同时改革银行本身，强化银行自身的自我约束，消化现有的不良贷款。鉴于此次经济下行是由"主动调控"、房地产行业减速、高实际利率和企业利润增长率造成的，宏观经济还会进一步放缓。结构性改革不会立即产生实质性增长红利，通过汇率放松政策的空间有限。稳经济的重任还是要通过财政货币政策。货币政策不能大幅宽松，经济减速属于结构性下行，并非松银根可以解决，而且总量宽松时，资金大概率先流向房地产和产能过剩行业等资金黑洞；货币政策也不宜过度收紧，因为结构调整的过程中，传统行业存在下行压力，但新的经济增长点尚不成熟；货币政策必须维持适度，避免经济出现"硬着陆"。

彭博社在这一年的一期访谈节目中说："中国国家主席习近平是当今世界最强有力的领导人，他使美国总统奥巴马相形见绌、显得软弱多了"；主持人查理·鲁斯说：但是，"习近平主席面对三大挑战：消除污染、消除腐败和使经济在不出现太大波动的前提下实现转型"。直面前两项挑战对我国经济长期持续健康发展有利，但对近期的增长则可能是负面的，从而加大了解决第三大挑战的难度。

当前，为维持一定的经济增长采取一些措施，对解决各种经济、社会问题，是必要的。经济的核心是活力，存款准备金率的内涵是"控制"；激发活力，需要减少控制。

第一，我们要坚决地把存款准备金率降下来，目标值可以定为10%左右，坚定金融改革市场化方向。这不仅是经济转型的需要，更是金融自身转型的需要。存款准备金率基本还是计划的范畴，比计划经济年代的信贷计划稍微进步一点点，是直接进行数量控制。本来是一个不得已时才使用的手段，在我国成为常用货币政策工具，这本身就不正常。当然，不能一下子降到10%，而是要分步来；但是要坚定，只要可能就降，一般不再升；需要回笼货币时则多用其他货币政策工具。"定向降准"和靠喊话增加贷款，是试图用行政的办法解决经济问题；我们更应该用市场的办法解决经济问题。同时，在降低存款准备金的同时，减少对银行的隐形担保，使银行从自身发展出发，加强自身管理，降低不良贷款比例；处理好政府与银行，尤其是地方政府与银行的关系。把商业银行办成真正的企业型银行，而不是现在的半政府半企业。

第二，对互联网金融重在"监"，先不要"管"，培养金融竞争环境。互联网金融不是没有问题，但总体上是市场作用的结果。如果说理财产品和影子银行是钻存款准备金率的空子，在很大程度上是过高的存款准备金率逼出来的；互联网金融则是钻我国高存贷利差、存款利率没有放开的空子。不管是影子银行、还是互联网金融，反映的都是金融价格双轨制，是过分管制导致的"套利"。监管部门和传统银行真正需要做的是检讨自身，而不是按照传统思维，管住对方。我们不能一方面说要让市场在资源配置中起决定性作用，一方面又把市场作用的萌芽扼杀掉。市场在资源配置中起决定性作用，甚至需要首先在金融资源配置中起决定性作用。互联网金融，甚至影子银行，利用得好可以倒逼传统银行进行市场化改革；况且，我国金融风险主要不在互联网金融。降低存款准备金率，并促进传统银行加快改革，可以在条件许可时实现从金融价格"并轨"。

第三，把存款准备金率下调与适度放开存款利率、汇率结合起来，保持独立的货币政策。适度放松存款利率，可以增加居民收入，从制度上让"影子银行"现身，减少金融改革的不确定性。近4万亿美元的外汇储备，既是财富又是负担。不管用什么标准计算，我们都没必要保持这么多外汇储备。我们可以在把存款准备金率下调一半的过程中，努力把外汇储备降低一半。适度放开人民币汇率，而对资本管制不承诺完全放开。我们这样一个大国不能没有独立的货币政策，完全被动投放或对冲货币肯定不行。汇率升值不利于出口，但比频频遭到反倾销制裁好。以汇率贬值促进出口的政策，如同地方竞争模式一样，已经完成自己的历史使命；况且，低价竞争既不利于经济结构转型，也不符合我国的根本利益。实际上，准备金率下调也会减轻人民币汇率的升值压力，人民币汇率升值又会减轻降低准备金率的刺激效应，避免货币政策信号误导。

## 四、稳步推进利率和汇率市场化

国务院总理李克强 2013 年 5 月 6 日主持召开国务院常务会议，研究部署 2013 年深化经济体制改革重点工作，决定再取消和下放一批行政审批事项；强调稳定增长、防控通胀、化解风险，稳步推进利率汇率市场化，以市场化改革打造中国经济升级版。党的十八大后，市场经济改革进入新阶段，利率汇率市场化进入快车道，几年来各种尝试一直没有停止。

利率市场化是指使利率能够灵活、及时地反映资金供求状况和金融资产的收益率，有利于价格发现，纠正资金价格"双轨制"和市场的扭曲现象，形成有效的货币政策传导机制。作为全社会最重要生产要素——资金的价格信号，市场化利率能够有效调节金融资源在全社会范围内的配置，进而引导整体经济资源的有效配置。中央银行的货币政策操作，将能够通过影响利率的水平和结构来调节国民经济的运行。1993 年党的十四届三中全会在《关于建立社会主义市场经济体制若干问题的决定》中就提出了利率市场化改革的目标。"十二五"规划明确提出，要"稳步推进利率市场化改革，加强金融市场基准利率体系建设"。2012 年，央行两次调整金融机构人民币存款基准利率及其浮动区间，其中 1 年期存款基准利率上浮区间扩大到 1.1 倍、1 年期贷款基准利率下浮区间扩大到 0.7 倍。之后，继 2014 年 12 月宣布将存款利率上限由基准利率的 1.1 倍扩大到 1.2 倍之后，中国人民银行又于 2015 年 2 月 28 日宣布，自 2015 年 3 月 1 日起，金融机构存款利率上限由基准利率的 1.2 倍扩大到 1.3 倍。利率市场化是中国金融自由化的关键，其可以通过储蓄效应、渠道效应和收入效应，深化金融市场功能，优化金融资源配置，并促进实体经济健康发展，但同时，利率市场化也会提高利率波动，加剧银行竞争，压低贷款利率，提高存款利率。低利率环境会提高银行风险承担水平；相反，高利率环境将降低商业银行承担的风险。

汇率市场化是指人民币汇率的形成更多地参照国际货币市场的供求情况，依据市场供求确定人民币与各种外币的比价。如果说利率市场化是深化市场经济改革在国内资金市场上的必然反映，汇率市场化则是我国主动参与国际范围内资源配置的重要举措。2012年央行把银行间即期外汇市场人民币兑美元交易浮动幅度由5‰扩大至1%，并在银行间外汇市场推出人民币对日元直接交易。

利率、汇率市场化有利于我国经济结构转型，启动中国经济升级版。我国经济的问题是：内部主要靠投资拉动，尤其是国有企业的投资拉动，外部过分依赖出口。

2015年，人民币市场化迈出一大步。为增强人民币汇率市场化程度，中国人民银行改革人民币兑美元汇率中间价报价。自2015年8月11日起，做市商在每日银行间外汇市场开盘前，参考上日银行间外汇市场收盘汇率，综合考虑外汇供求情况以及国际主要货币汇率变化，向中国外汇交易中心提供中间价报价。8月11日，央行把人民币对美元汇率中间价从6.116贬值调整至6.23，贬值1.86%；12日贬值至6.33；13日贬值至6.40，三天中间价贬值了4.6%。在"百分之三左右的累积贬值压力得到一次性释放"之后，央行通过召开吹风会"口头干预"的方式引导市场，人民币兑美元汇率基本稳定下来。①

人民币突然贬值，幅度又是20年来最大的，世界为之震惊。美国《华尔街日报》8月14日刊出题为"中国宣布货币独立"的文章，认为"中国不再维持人民币紧盯强势美元的做法，允许其货币贬值"，表明"中国实际上朝货币独立迈出了一大步"。国际货币基金组织支持中国汇改，表示这是朝更市场化的汇率机制迈出的一步，"中国可以也应该把目标定为在两到三年内全面实现浮动汇率制"。著名国际金融学者、美联储前主席伯南克给以正面回应，甚至美国财政部也表示理解。同时，人民币贬值后，马来西亚、菲律宾、澳大利亚等周边国家汇率下跌；越南央行8月12日宣布，将越南盾与美元汇率的每日波幅区间从此前的1%扩大到2%，以对冲人民币贬值带来的风险。当然，也有一些人担心人民币贬值可能会爆发货币战，英国

---

① 李旭章：《我国财政政策选择与地方政府性债务研究》，人民出版社2015年版，第324页。

《经济学家》网站 8 月 15 日文章称：人民币贬值"促使外界担心，随着经济增长放缓，中国政府已准备冒险打一场全球货币战"。

2015 年 8 月 17 日，英国《金融时报》发表社评称："中国货币贬值让人联想起由泰国引爆的 1997—1998 年亚洲金融危机，让人担心类似危机即将重演，给全球各地的投资者带来灾难性后果"；过去 20 年，人民币取得了长足进展。在 1994 年，外国游客来华还不得不使用特殊的"外汇券"，而非本地货币，只有指定的商店和餐厅才被允许接收外汇券。自 2005 年 7 月以来，人民币的发展进程进一步加快。当时中国宣布，解除人民币与美元的挂钩机制。从那之后，人民币对美元升值超过 30%，中国央行也减少了对外汇市场的干预；人民币贸易结算逐渐增加，2014 年中国 20% 的商品贸易以人民币结算。

人民币汇率定价机制的调整是市场起决定性作用的重要体现。一个市场化的机制更有利于长期的稳定。我国这次汇改，修正人民币兑美元中间价定价机制，实质上是承诺让市场决定人民币汇率中间价，而不是让中间价决定市场，是强化汇率定价市场化程度的一项特别措施。人民币兑美元中间价报价机制调整以后，整个汇率形成机制将更加市场化。根据国际清算银行的测算，2014 年以来，人民币名义有效汇率和实际有效汇率分别升值 10.28% 和 9.54%，从保持人民币有效汇率相对平稳的角度看，人民币兑美元汇率有一定的贬值要求。2015 年资本流出压力加大，外汇储备减少，7 月份银行结售汇逆差 2655 亿元（434 亿美元）。正如英国《金融时报》8 月 14 日社评所言，"让人民币走弱的理由很充分。由于人民币跟随美元相对很多其他货币走强，中国在经济明显变弱之际已经失去了竞争力。资本外流也对汇率形成下行压力"。汇率改革的方向是市场在汇率形成中起决定性作用，这次较大幅度的贬值也是外汇市场供求变动的结果。

人民币适应市场化要求适度贬值，有利于搞好宏观调控，缓解当前经济下行压力。一个有弹性的汇率是经济发展的稳定器，是国际收支的稳定器，它会逐步调整一些不平衡，使得整个经济发展、国际收支处于均衡的状态。这种有弹性的、市场化的汇率制度会增加央行货币政策的独立性、自主性和调控的空间，有利于央行在利率、流动性、货币供应量等方面的自主权。我国人民币汇率长期盯住美元，实际是在一定程度上放弃了独立的货币政策。每当美联储执行宽松的货币政策，我们就会被动宽松，比如美国2008年金融危机期间的量化宽松，就导致我们不得不"对冲"而扩大货币发行，"流动性过剩"；而当美联储收紧货币，又会引发我国资本外流，被动抽紧银根，正如当前我们遇到的情况，而此时我国扩大总需求正需要宽松的货币环境。从我国当前经济形势看，受结构调整、经济转型、外部需求等方面的影响，2014年以来下行压力持续加大，需要内外联动的宏观组合政策，实现稳增长目标。人民币汇率适度贬值，有利于出口；主要不是我国自身原因造成的所谓出口增长"瘫痪"将有望得到缓解。

人民币汇率调整，是按照国际货币基金组织的相关规则，根据我国自身经济情况，考虑市场外汇供求力量，在可控范围内适度贬值。我们不打货币战，人民币不会持续贬值。众所周知，国际货币基金组织2010年以来一直在评估，是否把人民币作为继美元、英镑、欧元和日元后第五个货币纳入"特别提款权"货币篮子，成为国际储备货币。现在有两个标准：一个是出口标准（export criterion）被称为"入门标准"（gateway criterion），另一个是自由使用原则（freely-usable criterion）。第一个标准在于保证储备货币国的贸易重要性，2010年以来，只有中国一家符合该条件；第二个标准，自由使用，国际货币基金组织认为我国还需要进一步努力，使人民币更加市场化。这次汇改，我国央行承诺退出汇率市场的常态干预，只有在特殊情况下才会出手来熨平过度偏离基本面的短期波动，就是对这一要求所做的回应。中国是一个大国，是一个负责任的大国，不打货币战，不选择"以邻为壑"的汇率政策，不追求过大顺差，不单靠贬值刺激出口。2015年前7个月货物贸易顺差3052亿美元，我们有全世界最大的外汇储备，人民币汇率没有长期贬值的基础。正如彭博社2015年8月21日一档谈话节目中一位全球基金经理所言，"世界过分解读了中国的货币贬值；日本常在一天贬值2%却没有人在意；当然，中国的影响太大了"。从生产率比较、后发优势等方面看，人民币从长期还会重回升值轨道。

2015年9月22日，习近平主席在接受《华尔街日报》采访时，回应国际社会对我国人民币汇率走向的关切，对新一轮汇改后的汇率政策进行了全面阐述；强调人民币汇率形成机制改革会继续朝更加市场化的方向迈进，稳步有序向前推进人民币资本项目可兑换，中国外汇储备有所增减是正常的，不必过分担忧，人民币汇率不存在持续贬值的基础。这是我国国家元首首次就汇率这一备受关注的议题明确对外表态，给世界吃了一颗"定心丸"。

中国一直在完善人民币汇率市场化形成机制。1994年，由于官方汇率与市场汇率出入较大，我们选择向市场并轨，美元兑人民币汇价从1：6左右调整为1：8左右，贬值约1/3；2005年，市场大反转，人民币受追捧，我们考虑市场供求，顺势而为，一次升值2%，之后一直保持升值势头；2008年国际金融危机袭来，人民币升值步伐有所减缓，但累积升值依然超过1/4；由于美国逐步走出金融危机，美元走强，2014年以来，人民币名义有效汇率和实际有效汇率分别升值10.28%和9.54%。8月11日、12日、13日，中国人民银行连续3天调整中间价报价，贬值4.6%。这次改革人民币汇率中间价报价，加大了市场决定汇率的力度。

国际经济金融形势复杂多变，做市商对人民币汇率走势预期明显分化，使得人民币汇率中间价和市场汇率出现了较长时间的偏离。完善中间价报价使中间价形成更多参考外汇市场供求关系，从机制上防止中间价和市场汇率持续大幅偏离。2015年8月11日中间价报价完善以来，偏差矫正已初见成效，在岸汇率与离岸汇率也趋于一致。总体来看，得到了国际社会的广泛认可，既释放了市场的贬值压力，又把对国际金融体系的影响控制在一定范围内，避免了大幅度贬值可能带来的系统性风险。

在改革人民币汇率形成机制的同时，我国已经于1996年实现了经常项目可兑换；之后，一直在朝着资本项目可兑换方向努力。党的十八大报告提出："逐步实现人民币资本项目可兑换"。目前，人民币资本项目完全不开放的交易已经不多，人民币资本项目可兑换相关工作正在稳步有序向前推进。关于资本项目兑换和国际资本的流动，国际社会一直有不同的看法：一方面资本流动顺畅可以提高资本在国际范围内的配置效率，另一方面大规模的资本外流往往也会给一些国家带来金融动荡，直至引发经济危机。我国是根据自身经济发展状况和金融承受能力，参考国际经济组织的建议有序推进资本项目可兑换。

近期，中国外汇储备下降，引发了一些人的猜想，担心人民币会大幅贬值。2015年7月份银行结售汇逆差2655亿元（434亿美元）；8月份外汇储备减少940亿美元，比上月减少翻一番还多；9月份又对外汇市场进行了干预，外汇储备进一步减少。其实，除了外汇干预还有其他原因，主要是境内银行、企业、个人等本外币资产负债结构的优化调整。一是部分外汇资产由央行转向境内银行、企业等机构及个人持有，2015年前8个月境内银行各项外汇存款余额增加569亿美元，其中8月份增加270亿美元。二是境内企业"走出去"对外投资增长较快，这是我们政策引导的结果。三是境内企业等市场主体稳步减少境外融资，降低高杠杆经营、货币错配等风险。中国外汇储备从2014年的近4万亿美元，降低为3万多亿美元，降幅有些大，但储备总量依然充裕，在世界范围内仍属于很高水平。况且，过大的外汇储备并不总是好事情。随着人民币汇率形成机制不断完善以及人民币国际化推进，中国外汇储备有所增减是正常的，不必过分担忧。路透社分析，人民币易升难贬：首先是中国每年逾3000亿美元的贸易顺差仍将继续，这一因素将长期支撑着人民币；二是人民币与美元难以扭转的正利差及人民币的理财回报，将令居民持有美元的兴趣明显下降。即便是从短期流动性考虑，支撑人民币成为全球配置的因素也是明显的：一是中国A股加入明晟指数（MSCI），二是人民币成为SDR（特别提款权）篮子中的一员。

从国际国内经济金融形势看，人民币汇率不存在持续贬值的基础。决定汇率走向最重要的因素是一个国家的经济基础和发展前景。我国目前由于经济转型，一些累积的矛盾显现出来，加上国际金融危机后遗症，外需突然缩减后恢复却十分缓慢，眼下存在较大困难。但是，我国经济发展长期向好的基本面没有变，经济韧性好、潜力足、回旋空间大的基本特质没有变，经济持续增长的良好支撑基础和条件没有变。中国依然是当前全球最具吸引力的投资东道国。2014年，中国吸引外资规模居世界第一，达到1200亿美元，

连续 23 年保持发展中国家首位。2015 年前 8 个月，中国外贸顺差是 3655
亿美元，实际利用外资 853 亿美元，同比增长 9%。每个月大概有 500 亿美
元的国际收支基础性顺差，这是人民币汇率不会贬值的基础保障。根据中国
加入世贸组织协议的条款，中国市场经济地位在 2016 年 12 月会得到自动承
认，实际上大多数国家已经承认了中国市场经济地位。这对人民币的影响都
是正面的。近期来看，对人民币是需要贬值还是升值，出现了分歧：美国一
些议员又在论证人民币需要大幅度升值，一些媒体则预测人民币贬值。这正
说明，我国目前的汇率政策是正确的，因为汇率双向浮动才是健康的。正如
习近平主席访问美国首日在西雅图所说，我们将坚持市场供求决定汇率的改
革方向，允许人民币双向浮动，我们反对搞货币竞争性贬值，反对打货币
战，也不会压低人民币汇率刺激出口。这就奠定了一个基础，人民币汇率形
成机制改革可以并将会继续朝更加市场化的方向迈进。

北京时间 2015 年 12 月 1 日凌晨，人民币终于迎来了一个历史性的时
刻，国际货币基金组织 (IMF) 执董会表决通过，将人民币纳入 SDR 也就是
IMF 特别提款权。纳入 SDR，意味着人民币成为美元、欧元、英镑、日元
之外，国际货币基金组织的第五种官方储备货币，人民币也成为第一个被纳
入 SDR 篮子的新兴市场国家货币。中国经过多年的经济改革与金融市场开
放，国际货币基金组织经过数月的讨论，11 月 30 日，人民币终于以比重超
过英镑和日元的重要成分的身份，成为作为具有国际储备货币性质的特殊提
款权成员，2016 年 10 月 1 号正式生效，人民币成为一揽子货币的老三。老
大依然是美国，比重 41.74%，欧元是老二，比重 30.93%，人民币 10.92%，
日元 8.33%，英镑最小 8.06%。拉加德表示，这对中国来说是经济与金融改
革征程上的重要里程碑，也是中国在国际金融市场上成为重要成员的关键
一步。

## 五、辩证理解我国外汇储备数量的变化

2014 年中期，我国 4 万亿美元的外汇储备引发社会热议。外汇管理局

一度招标课题，征求社会意见，"看如何使用这么大的外汇储备"；甚至有人认为，这是一种"负担"。我们要知道，这是人民的血汗钱，是我们的宝贵财富，绝不可以当成一种"负担"；把握好这笔财富是党和政府的重要职责。

外汇储备（Foreign Exchange Reserve），指一国政府所持有的国际储备资产中的外汇部分，即一国政府保有的以外币表示的债权，是一个国家货币当局持有并可以随时兑换外国货币的资产。外汇储备是一个国家国际清偿力的重要组成部分，同时对于平衡国际收支、稳定汇率有重要的影响。

中国外汇储备从 1994 年汇改时的 516.2 亿美元，到 1996 年的首次突破 1000 亿美元，除了亚洲金融危机的两到三年间，均保持了较快增速。进入本世纪，随着对外经济与贸易的快速发展，外汇储备保持了高速增长，2003 年、2004 年、2007 年增速超过 40%。从 2006 年开始，中国的外汇储备居世界第一位，2010 年 6 月突破 2 万亿美元。2011 年 3 月，突破 3 万亿美元。2014 年 3 月末，中国外汇储备余额为 3.95 万亿美元（比排名第二的国家多 2.85 万亿美元），占全球外储总量的 1/3。6 月末，外汇储备余额为 3.99 万亿美元。

传统上外汇储备的用途是，用作应对潜在危机时期的储蓄，尤其是出现国际支付危机之时。最初的担忧往往是与经常账户有关，后来逐渐转变为也包括金融账户的需要。实际上，国际货币基金组织的创立就被当作是对那些累积储备国家以满足外汇需求做出的反应。1997 年东南亚金融危机后，亚洲各国外汇储备增加，则是对国际货币基金组织没能发挥其应有作用不满的结果。在 2008 年国际金融危机期间，美联储与多个国家设立了货币互换（currency swap）协议，以缓解对美元流动性需求的压力，这样就减少了对外汇储备的需求。

外汇储备的积累可以被看成是一种强制的储蓄（forced savings）。政府通过关闭金融账户，可以使私人部门由于没有更好投资选择而购买国内债券。利用这一资源，政府可以购买外国资产。这样，实际上政府是通过外汇储备的形式，协调国内储蓄的积累与国外资金的需求。在 2008 年开始的国际金融危机中，发达国家当局采用了超级扩张性的货币和财政政策，导致新兴市场国家货币升值。对货币升值的抵制和因此失去竞争力的担心，促使这些国家采取相应干预政策避免资本流入，从而形成更多的外汇储备。

## （一）合理的外汇储备数量与所谓的"中国问题"

尽管全世界都在议论中国的外汇储备，而外汇储备的快速增长却是一个普遍现象。在 20 世纪 70 年代早期，布雷顿森林体系解体之后，许多国家采用了浮动汇率制度。理论上说，在这一汇率体系安排下没必要保持外汇储备；所以人们期待外汇储备会有一个减少趋势。但是，实际情况是，相反的情况发生了，外汇储备呈现出强势增长势头。外汇储备在许多国家比 GDP 和进口增长得都要快。在各种比较中，只有外汇储备与 M2 的比例一项，相对来说比较稳定，即随着外汇储备增加广义货币量相应增加。

随着绝大多数国家参与到国际贸易当中来，外汇储备的重要性凸显出来。一旦危机来临，外部资金停止进入一国，既有外汇储备可以保证国际贸易不因为支付问题而中断。从贸易需求出发，一般认为中央银行至少应该保持相当于 3 个月的进口所需的外汇数量。除了国际贸易，过去 10 多年一个最重要的变化趋势是国际收支平衡表的金融账户（the financial account of the balance of payments）的开放。这样，金融流动，比如直接投资和债券组合投资（portfolio investment）显得更加重要。通常情况是，金融流动变动性更强，这加强了保持较高储备的必要性。由于金融流动的增加而导致的外汇储备需求的大数定律是：一个国家保持的外汇储备量，应当等于他们在未来一年到期的债务数量。

在进入新世纪的 10 多年，中国的贸易顺差和外汇储备的积累，受到各方关注。西方一些经济学家认为，中国政府是通过避免经济发展中自然发生的真实汇率的升值，来保护国内经济中可贸易部门的腾飞。一种解释尝试使用标准的开放经济条件下的经济学隔代消费模型（intertemporal consumption）证明，通过关闭经常账户和累积外汇储备，可以模拟对进口征收关税或者对出口施行补贴。

另一种解释认为，经济中的可贸易部门是比非贸易部门更加倾向资本密集约型。私人部门对资本的投入往往太少，由于外部性（比如人力资本的改进、较高的竞争、技术溢出和规模效应），他们不能理解较高的资本比例带来的社会利益。政府却可以通过补贴和征收关税改善平衡条件。与外汇储备对应的是对外国人的贷款，使他们可以从本国经济中购买可贸易商品。政府以外汇储备的形式协调储蓄的积累。在这种情况下，真实汇率会贬值，经济增长会提高。在一些情况下，这会改进社会福利，因为较高的经济增长率可以弥补本来可以用于消费或投资的可贸易商品的损失。

### （二）控制外汇储备规模，创新资产利用

维持大量的外汇储备的确有许多代价。外汇市场的波动会导致外汇储备购买力的上升或下降。除了汇率波动，法定货币的购买力由于通货膨胀而导致的贬值自然下降。所以，一个中央银行必须不断地增加外汇储备的数量来保持同样的维持汇率稳定的能力。同时，储备货币只有一个很小的利率回报。这可能低于同期因为通货膨胀而导致的购买力的减少，结果是一个被称为"准财政成本"（quasi-fiscal cost）的"负回报"。另外，外汇储备可能对应一个在私人部门与公共部门的财富转移。在发展中国家这种成本可达其GDP 的 1%。这当然是很高的代价，但也可以视为一种保险，防止一个很容易使 GDP 损失 10% 的危机。正是基于这一点，我们认为不应把我国外汇储备当成负担。设想一下，如果没有这些外汇储备，我国的地方债问题可能已经发展成系统性风险，银行体系的风险可能已经成为现实。

我国的外汇储备到 2014 年的几年不断增加，一方面确实增加了国家综合实力，提高了我国在国际社会的话语权；另一方面，也带来了许多始料未及的问题。一是加大宏观调控难度。我国是有管理的浮动汇率制，为了维持汇率稳定，就要购入外币，出售本币，在形成国内通胀潜在压力的同时提高了央行存款准备金率和对冲操作压力。二是增加央行资产负债风险。超过总资产八成的外汇储备，加剧央行资产负债货币结构不匹配，带来较大的汇率风险。三是加大外汇储备经营挑战。近 4 万亿储备无与伦比，挑战也无与伦比。国际金融危机频繁发生，引发资产安全和价格风险；也存在政治、外交

冲突引发资产冻结等极端风险。四是资源、环境等成本也在不断上升。这么大代价换来的外汇不能被实体经济吸纳，主要以金融资产的方式持有，回流到海外，投入产出比下降。

西方发达国家一般不保有太多外汇储备。对外汇储备管理没有太多可以借鉴的成功经验，新加坡和挪威是建立主权投资公司，我们的中投大致是这一思路。更多的国家是在探索中选择市场化的道路。在 2008 年金融危机之后和欧债危机的初始阶段，瑞士法郎大幅升值。中央银行通过购买欧元储备抵制本币升值。在累积外汇储备达 15 个月之后，直到 2010 年 6 月，瑞士国家银行（SNB）终于让其货币升值。结果是仅在 2010 年，由于外汇贬值，外汇储备就损失 270 亿瑞士法郎，相当于其 GDP 的 5%（其中的一部分由于黄金价格提高而带来的 60 亿瑞士法郎的利润而得到补偿）。2011 年，在瑞士法郎对欧元升值从 1.5 到 1.1 之后，瑞士国家银行宣布，瑞士法郎的定价不得超过每欧元 1.2 法郎。到 2012 年中期，外汇储备达到其 GDP 的71%。由于对外汇市场的干预，瑞士这个小国成为世界第四大外汇储备国。只是由于该国经济规模小，而对应的欧元急于维护稳定，很高兴看到有国家积累欧元，才没有引起国际社会太多的关注。2015 年 1 月，瑞士央行宣布放弃执行了三年半的瑞士法郎对欧元汇率限制，这个决定震惊全球市场。我国从相对比例来说外汇储备则低得多，但由于块头大，对应的是美元，贸易伙伴又是世界老大美国，结果被炒得沸沸扬扬。

面对看似庞大的外汇储备，我们要理性对待。总的指导原则应该是：控制增量，盘活存量，创新资产利用。外汇储备持续增长的深层次原因是之前一个时期以来国际收支持续不平衡，超高速的经济增长透支了国内的紧缺资源，带来了环境污染，人为地挖了一个"坑"支撑了一个相应的"鼓包"。随着经济转型深入和初见成效，外汇储备增速自然会回落。货物贸易加上服务贸易经常项目的顺差占 GDP 的比重，最高时 2007 年是 10.1%，最近几年已经降到了 2% 左右。如果经济不出现大的滑坡，即使偶尔出现逆差也不可怕。

从存量来讲，我们确实还有很多可以去做，前提是要尽量坚持市场化操作。市场化机制能够有效避免用汇主体滋生逃避汇率波动、盲目扩大财务杠杆和投资的道德风险；防止计划经济思维对市场配置资源决定性作用产生扭曲，杜绝低效、无效使用甚至损失浪费。一些人的各种计量模型显示我国"最优"储备规模是 8000 亿到 1 万亿美元。考虑到我国特定的发展环境和为稳妥起见，我们认为目标规模确定不应低于 2 万亿美元。

一是要主动放弃经济高速增长，尤其是依赖出口的高速增长，转而追求平衡、可持续的增长。我们已经明确这么说，但在行动中却存在反复。固然还有其他原因，但出口大于进口的外贸顺差是外汇积累的最主要来源。要真正按照调结构、转方式的需要，在对外贸易方面追求平衡增长。不能像从前那样，一遇到经济滑坡就又打汇率贬值的主意，甚至搞"临时出口便利"。我们不能够既追求外贸顺差，又要减少外汇储备。

在计划经济年代，外汇短缺，积极扩大出口可以理解；改革开放之初，以出口导向带动经济起飞，也在情理之中。但现在情况不同了，出口要为国内经济发展服务，不可以为了出口而出口。新中国成立之初，我们曾有一个工农产品价格"剪刀差"，压低农产品价格以支持工业发展。现在绝不可以再搞一个国内外商品价格"剪刀差"，通过压低工资价格，出口廉价商品来出口创汇，把财富转移到国外。

二是实施外汇储备积极管理政策，组建新的投资公司，加快投资结构合理化。外汇储备的积极管理，就是在满足储备资产必要流动性和安全性的前提下，以多余储备单独成立专门的投资机构，拓展储备投资渠道，延长储备资产投资期限，以提高外汇储备投资收益水平。我们只有中投一家主权财富基金公司，现在看来不够，效果也不理想。可以考虑增加至少两家基金公司，可以新组建，也可以是以现在的投资公司为基础建立；甚至可以公开招标，完全商业化管理；明确投资国外。一般可以考虑成立一家中资公司，一家外资公司（外方主导），加上现有的中投，"三足鼎立"。用这种方式，用活 1 万亿美元外汇储备，使这笔公共财富最大限度保值增值。

对留下来的外汇储备也要促使其投资结构合理化。中国有近一半的外汇储备投资美债。外管局已从美元转向更为多元化的货币，降低以往主导其资产组合的美国国债的比重，转而加大对公司债务、私募股权甚至房地产的投资。西方低成本吸收中国外储，再投资到中国谋取高回报，确实存在，但这一状况已经有所改变。要立足国家发展战略，调整外汇储备投资方向。世界格局多极化趋势形成，新的经济增长点逐步明晰。可以适时加强对东盟、非洲、上合组织、俄罗斯、阿盟、中东欧和金砖国家等的投资力度，并加强与欧盟国家品牌公司和先进技术制造企业的投资力度。

三是支持中国企业、个人走出去。企业要走出去，金融必须跟上去。我们的外汇储备可以支持中资银行走出去，为我们的企业保驾护航。资本项目要进一步放松管制，比如说通过外汇储备对银行的外汇资金的支持，来更好地支持企业"走出去"。企业有需求，国家也有能力为外汇储备找到合适的出路。还应该鼓励中国的家庭有序走出去，有效、可控地开放家庭的对外投资，甚至可以鼓励他们出国投资，直接购买国外股票或债券。逐步形成国家、企业、个人分别持有外汇，共担储备风险的格局。

四是调整外汇储备结构，提升黄金储备，探索资源类储备基金运作。中国外汇储备第一，而黄金储备硬通货只有美国的1/8，也远低于一些大国。世界上不少国家都在悄悄买进黄金，我们应该确定一个原则：只要有机会就买进。这需要与管理体制改革结合起来。如果像现在这样，按程序报批，往往机会就失去了。我们要发展就需要各类资源的持续供应，外汇储备应该为增强我国经济后劲服务。

五是全面理解"人民币国际化"，多做少说，分步走。现在的国际货币体系中，除美元外，没有哪个国家愿意其货币主动承担太多责任；人民币国际化不宜推进速度脱离实际，更没必要"炒作"。应将人民币国际化视为伴随我国经济实力的增长、物价体系及金融运行的稳定而出现的副产品，是一个自然而然的过程，而不应作为我们进行拔苗助长式推进的目标。

人民币国际化鼓励外国企业和投资者使用人民币，这给人民币带来升值压力。随着人民币国际化战略的实施，出现了一些"副产品"：企业和投资者可从国内外利差中获利，为"热钱"涌入国内开辟了道路。从历史上看，日元在国际化过程中，在很大程度上失败了，国内的宏观经济运行遭受了重创。日元国际化的过程也是日本国际竞争力下降的过程。德国（原西德）出于保护本国经济的考虑，在发展过程中不希望西德马克过多地受到国际关注，更不热衷于西德马克的国际化，却走出了一条马克成功国际化的道路。

人民币国际化的实质是中国资本账户的开放，目前全球金融极度不稳，发展中国家纷纷加强对跨境资本流动的管控，如果要加速资本项下人民币的可兑换，其后果难以预料。人民币的货币存量世界第一。在人民币国际化的过程中，资本账户的开放过快或者控制不力都会带来资金的大量外流，从而对中国经济形成比现在加大货币供给大得多的冲击，直至出现金融危机。

对资本账户不承诺完全放开，却可以鼓励在周边国家和主要贸易伙伴间直接人民币结算；先成为区域性主导货币；开放外资进入国债、铁道部债券、国开行债券和四大国有银行债券等高评级债券市场，陆续扩大债券发行规模。在有利于降低这些机构融资成本的同时，也为离岸人民币回流和海外资本提供了具有高流动性的市场。放开海外资本投资债券市场并限制投资股票市场正是美国经济发展和居民财产性收入增长的经验。

六是用 1 万亿美元外汇储备支持利率、汇率市场化改革。利率是国内资金的价格，汇率是国内外资金的价格，既要相对稳定，又要体现市场决定。如果公众都认为人民币只会单向波动，那就只有接受人民币付款的人才有兴趣参与人民币交易。国际金融市场上没有人愿意借只能升值的货币；人民币必须要双向浮动，能上能下。从长远说，中国迟早要放开其金融体系，否则人民币不能成为国际储备货币。当务之急还是改革国内金融体系，增强其抗风险能力。1 万亿外汇储备用于支持改革，对汇率是"渐行渐减"，尤其是防止发生逆转，对国内金融机构则是提供一种过渡性"保险"；在国内金融改革到位的过程中，"打发"掉这 1 万亿美元储备。

### （三）以灵活的汇率手段阻止资本非正常外流

如果说 2014 年我们担心外汇储备规模过大，2015 年形势则变了，2016年初甚至担心资本外流、外汇储备下降过快了。

中国人民银行 2015 年 8 月 11 日人民币汇率贬值以来，国内外对人民币进一步贬值的预期一直存在，近期又出现较大的汇率波动。尽管有一些非议之声，但总体反应是人民币贬值，或者进一步贬值在情理之中。国外媒体有的甚至认为需要大幅贬值，"一种方法是人民币真正贬值，比如说贬值20%，以使出口再次活跃，而不是像8月那样敷衍式的只贬值3%，后者似乎是混乱的官僚妥协的结果"。我国先是出于争取加入国际货币基金组织的货币篮子，加入后又觉得应该维护人民币稳定的形象，多次对汇市进行干预，极力避免再度贬值。这样，继2015年8月份外汇储备减少940亿美元之后，12月份再创纪录减少1079亿美元，使外汇储备从高位时的近4万亿美元直逼下一个3万亿美元关口。

我们应该明白，决定人民币汇率走向最基本的原因是我国的经济形势，能否止住运行的持续下滑；此外，汇率决定也有许多说不清的方面，预期很重要。近三年来，我国通货紧缩趋向逐步显现，2015年CPI上涨1.4%，12月份PPI同比下跌5.9%，是连续第46个月下跌。衡量制造业活动的指标不景气，而通常强劲的服务业也显示出疲态。进一步分析，与周边国家相比，我国劳动力成本低等方面的优势有的也正在减少甚至丧失。中国工作年龄人群2012年达到高峰值，农村居民向城市的转移已经减慢速度。英国《经济学家》杂志有文章认为：东南亚看来要崛起，那里具有一个巨大的劳动力队伍，工资低，大多具有亲市场的政策环境；中国工厂工人平均每人每天工资是27.5美元，印尼是8.6美元，越南是6.7美元。东南亚的另一个优势是劳动力年龄：中国正在快步迈入老龄化社会，而东南亚的劳动力队伍比世界中位数年龄29.7岁低很多。

1997年东南亚金融危机的一个重要理由是"中国因素"：由于中国的崛起，当时他们失去了在制造业方面的优势；1994年人民币大幅贬值使中国产品出口竞争力如虎添翼，进一步巩固了我国的优势地位。2008年，国际金融危机爆发后，一些企业同样埋怨中国进口产品的竞争；2010年欧洲主权债务危机，最重要的原因也是产品失去竞争力。"风水轮流转"，现在我们也正遇到一样的压力。越南、印尼等国家以低得多的劳动力成本在与我国竞争。美国、日本又在拉越南加入TPP，欧洲与越南的贸易增长很快，欧越自贸区谈判有了实质性进展。资本的逐利性正驱使一些产业移出中国；越南张开双臂欢迎他们，甚至鼓励购买中国的二手设备，以使成本更具有优势。我国经济转型没有完成，在产业链的中高端还没有形成新的竞争力；低端部分又由于工资提高、成本增加失去原有的竞争优势。所以，出口增长出现"坍塌式回落"，而扩大内需，尤其是扩大消费没有突破，短期无法替代外需的减少。以相同的道理分析，如不采取果断措施，深层次的竞争力危机就会向我们袭来。要稳步实现转型，需要在扩大内需的同时，稳住外需。

我们面对的困难是真实的。现在的问题已经不是增长率会不会回到从前的两位数，而是一个渐进的、可控的减速——有一些波动但不发生危机——或者是突然的、危险的令人难以接受的硬着陆。有些紧张的迹象正在显现：资本开始撤离，财政更加紧张，银行坏账增加。

决策层意识到问题的严峻，开始允许币值波动。但是，如何实现贬值的问题明显还没有得到解决。如果像现在我们选择的人民币渐进式小幅贬值，可能会开启一个可怕的恶性循环。国际经济学原理告诉我们：一次贬值的风险是可能使投机者觉得这次贬值只是开始，从而开始更大的投机。为了避免这种情况的发生，政府若要选择贬值需要遵循如下规则：第一，如果要贬值，贬值幅度就要足够大；否则，那就只是增加了未来贬值的预期。第二，贬值后立即表明态度，让公众相信，事态完全在掌控之中，我们是负责任的，十分清楚关心投资者利益的重要性等；否则的话，贬值可能会让人们觉得我们的经济可靠性出了问题，并引发恐慌。

同时，我们应该相信，处理得好，适当贬值是可以产生正面作用的，不必过分担心贬值。一段时间以来，由于中间价过度紧跟反弹的美元，人民币相对于其他主要货币显得过于坚挺。矫正汇率而做出必要调整是正常的，也是有成功先例的。当2002年阿根廷切断与美元长达10年的联系汇率后，经历了多年的快速增长，这明显得益于物价的上涨，使其农产品出口国的优势得以发挥。现在，我国面对的情况更为复杂：外部有美联储加息和可能的加息周期，国内货币政策需要稳中趋松，利率处于下行通道；而中国资本走出去步伐加快，外商直接投资基本稳定，资本账户顺差在缩减。人民币入篮不会自然带来人民币使用量的增加。目前香港人民币的数量实际是在下降。只有当具备人民币升值预期时，海外的人民币需求才会增加。当存在人民币贬值预期的时候，人民币在海外的使用量难以增加。现在，各方都预计 2016 年人民币将保持贬值态势，人民币双向波动区间将进一步扩大，贬值预期从 5% 到 10%，甚至 20%。

面对如此的形势，我们应该贬值，可以贬值；必须采取行动，现在就行动。行动有风险，但历史的先例表明，坐等危机过去可能是风险最高的应对方式。在某种意义上，目前处理好人民币汇率是真正的政治经济学，有的国家不怀好意冲击我们的汇率，我们则可以以其人之道还治其人之身，在汇率政策上实现货币政策的"更加灵活适度"。

第一种选择是，立即一次性把人民币汇率贬值 10%。就现在的形势看，贬值是对的，但如果选择渐进式贬值，将会逐步消耗掉我们宝贵的外汇储备，使携款外逃的投机家获得丰厚回报（在国家支撑的股市卖出，兑换成有升值预期的美元）。贬值比较成功的先例当属 1992 年英国英镑贬值，当英镑贬值 15% 之后，很快稳定下来：投资者认为，最坏的时刻已经过去，并且如此幅度的贬值还有利于英国的出口，英国现在比以前更适合投资，对英镑的冲击很快结束。而东南亚国家在 1997 年的贬值则是"逐步的"，直到消耗完了自己的外汇储备，贬值成为急剧的"自由落体式的"，最后演变成一场系统性金融和经济危机。

第二种选择是贬值 15%。15% 甚至更高一些的一次性贬值也许是理论上最理想的，符合"一步到位"的贬值黄金规则。彭博社 2016 年 1 月 8 日《为获得实惠中国有必要让人民币进一步贬值》的文章认为，在已经贬值 5% 的基础上，如果中国经济要看到实际好处，人民币可能需要再贬值 14%；人民币对美元汇率应从 6.6 左右下调为 7.7，而此举将使 6700 亿美元的资本外流。考虑到我国的经济地位，有可能使国际经济陷入较大程度的混乱，可作为最坏情况下的选择。

第三种选择是贬值 5%。这是我们能想出的最温和的方案。但是，这一方案的弊端是有可能会像 2015 年 8 月的"4.6%"方案那样，不仅没有解决问题，还带来了新的问题。

我们分析，贬值10%可以使汇率基本稳定下来，并保住现有大部分外汇储备。10%贬值可以选择一次性，比如扩大双边浮动；也可以在现有框架内，分两段实现。总的原则是不再无谓花费外汇储备。在贬值过程中可能会出现"汇率超调"，一度超过10%，要酌情处理，不能急于干预；贬值多才会反弹，汇率稳定才会建立在制度基础上，等回到升值渠道我们就会主动得多。

贬值是否一定带来一场灾难呢？一般不会。只要我们明确继续推进金融和经济改革，过度波动是可以避免的。贬值后能否稳住局势，关键在于能否让世界相信我们有诚意、有能力进一步深化改革，能否控制住可能出现的风险。即使是中度的人民币汇率贬值，也会被国际上炒作成"大幅贬值"，甚至会有人认为我们要中断改革进程。在基本上"一步到位"后，党和政府要立刻表明立场：捍卫人民币的长期稳定，继续推进金融改革。在1997年港币受到冲击之时，时任总理朱镕基"中央政府坚决支持香港联系汇率制"的表态成为经典案例。如果我们能够实现中度贬值人民币，并保住3万亿美元左右的外汇储备，就会为金融和经济的进一步改革赢得时间，就是贯彻了最好的政治经济学。好的结果是，稳定了汇率，既保住了外汇储备，也促进了出口。退一步也可以保住外汇储备，为进一步改革保驾护航。我们有比较大的把握，中度贬值，在消化了国际社会的负面影响后，会出现较好的预计结果，汇率呈现双向波动的态势。

## 六、深化金融体制改革，支持社会主义市场经济

金融体制是社会主义市场经济体制的重要组成部分。改革开放以来，我国社会主义市场经济体制逐步建立健全，适应市场经济要求的金融体制基本建立，金融宏观调控和金融监管体制不断完善。金融资源是现代经济的核心资源，要使市场在资源配置中起决定性作用。

## （一）创新金融体制，提高服务实体经济效率

创新是引领发展的第一动力。完善宏观调控方式，加快金融体制改革，加快形成有利于创新发展的投融资体制。

1. 健全金融机构体系，构建金融发展新体制。健全商业性金融、开发性金融、政策性金融、合作性金融分工合理、相互补充的金融机构体系。构建多层次、广覆盖、有差异的银行机构体系。进一步深化国家开发银行、进出口银行和农业发展银行改革，加强资本约束，完善治理机制，更好地发挥开发性金融和政策性金融在促增长、调结构方面的作用，加大对经济重点领域、薄弱环节支持力度。继续巩固商业性金融机构改革成果，优化国有金融机构股权结构，改善金融机构公司治理机制，建立现代金融企业制度，形成有效的决策、执行和制衡机制。推动一批具有国际竞争力和跨境金融资源配置权的中资金融机构快速稳健成长。依托合作经济组织，引导合作性金融健康发展，形成广覆盖、可持续、补充性组织体系。提高金融机构服务质量，降低企业融资成本。完善国有金融资本管理制度，增强国有金融资产的活力、控制力和影响力。

2. 发挥金融创新功能，培育经济发展新动力。加大金融支持国家创新驱动发展战略的力度，构建普惠性创新金融支持政策体系。加强技术和知识产权交易平台建设，建立从实验研究、中试到生产的全过程科技创新融资模式。拓宽适合科技创新发展规律的多元化融资渠道，推进高收益债券及股债相结合的融资方式。强化资本市场对科技创新支持力度，鼓励发展众创、众包、众扶、众筹空间，发展天使、创业、产业投资。创新间接融资服务科技创新方式，银行与创业投资和股权投资机构投贷联动。加快发展科技保险，推进专利保险试点。加快建立健全促进科技创新的信用增进机制。

3. 完善宏观调控方式，创新调控思路和政策工具。在区间调控基础上加大定向调控力度，增强宏观经济政策的针对性、准确性和前瞻性。完善以财政政策、货币政策为主，产业政策、区域政策、投资政策、消费政策、价格

政策协调配合的政策体系，运用大数据技术，提高经济运行信息及时性、科学性和准确性。

### （二）协调发展，构建结构平衡、可持续的金融体系

协调是持续健康发展的内在要求，金融协调发展是实体经济平衡和可持续发展的重要保障。

1. 提高直接融资比重，建设直接融资和间接融资协调发展的金融市场体系。积极培育公开透明、健康发展的资本市场。我国总体金融结构仍以银行间接融资为主，资本市场制度尚不完善，直接融资占比仍然偏低，宏观杠杆率高企的同时经济金融风险集中于银行体系。"十三五"时期，应着力加强多层次资本市场投资功能，优化企业债务和股本融资结构，使直接融资特别是股权融资比重显著提高。预计从 2014 年到 2020 年，非金融企业直接融资占社会融资规模的比重将从 17.2% 提高到 25% 左右，债券市场余额占 GDP 比例将提高到 100% 左右。推进股票和债券发行交易制度改革，以充分信息披露为核心，减少证券监管部门对发行人资质的实质性审核和价值判断；加强事中事后监管，完善退市制度，切实保护投资者合法权益。深化创业板、新三板改革，完善多层次股权融资市场，以合格机构投资者和场外市场为主发展债券市场，形成包括场外、场内市场的分层有序、品种齐全、功能互补、规则统一的多层次资本市场体系。

2. 扩大民间资本进入银行业，构建产权协调、混合所有、有效竞争的金融服务体系。进一步发挥民间资本积极作用，拓宽民间资本投资渠道，在改善监管前提下降低准入门槛，鼓励民间资本等各类市场主体依法平等进入银行业。形成促进各种所有制经济金融主体依法平等使用生产要素、公开公平公正参与市场竞争、同等受到法律保护的良好的制度环境。

3. 规范发展互联网金融，构建主流业态与新兴业态协调发展的金融体系。近年来，在银行、证券、保险等主流金融业态借助网络科技持续快速发展的同时，以互联网企业为代表的新兴金融业态不断涌现，金融业信息化、综合化经营渐成趋势。顺应信息技术发展趋势，支持并规范第三方支付、众

筹和 P2P 借贷平台等互联网金融业态发展。支持具备条件的金融机构审慎稳妥开展综合经营。推进各类金融机构大数据平台建设，建立大数据标准体系和管理规范。

### （三）绿色发展，建设绿色金融体系

绿色是永续发展的必要条件，发展绿色金融是实现绿色发展的重要措施。通过创新性金融制度安排，引导和激励更多社会资金投资于环保、节能、清洁能源、清洁交通等绿色产业。

1. 引导商业银行建立完善绿色信贷机制。通过绿色金融再贷款、财政对绿色贷款的贴息和担保、对商业银行进行绿色评级等手段，鼓励商业银行进一步发展绿色信贷。充分发挥征信系统在环境保护方面的激励和约束作用。支持商业银行建立绿色金融事业部。支持排放权、排污权和碳收益权等为抵（质）押的绿色信贷。

2. 发挥金融市场支持绿色融资的功能。创新用能权、用水权、排污权、碳排放权投融资机制，发展交易市场。支持和鼓励银行和企业发行绿色债券。进一步明确绿色债券的界定、分类和披露标准，培育第三方绿色债券评估机构和绿色评级能力。推动绿色信贷资产证券化。发展绿色股票指数和相关投资产品，鼓励机构投资者投资于绿色金融产品。建立要求上市公司和发债企业披露环境信息的制度安排。建立绿色产业基金。推动发展碳租赁、碳基金、碳债券等碳金融产品。

### （四）开放发展，构建金融业双向开放新体制

开放是国家繁荣发展的必由之路。全方位对外开放是金融发展的必然要求。推进金融业双向开放，促进国内国际要素有序流动、金融资源高效配置、金融市场深度融合。

1. 扩大金融业双向开放。全面实行准入前国民待遇加负面清单管理制度，有序扩大服务业对外开放，扩大银行、保险、证券、养老等市场准入。推进资本市场双向开放，改进并逐步取消境内外投资额度限制。提升股票、

债券市场对外开放程度，有序拓展境外机构参与银行间债券市场的主体范围和规模，扩大境内机构境外发行债券的主体类型和地域范围，放宽境外机构境内发行人民币债券限制。建立与国际金融市场相适应的会计准则、监管规则和法律规章，提升金融市场国际化水平。

深化内地与港澳、大陆和台湾地区金融合作。支持香港巩固国际金融中心地位，参与国家双向开放、"一带一路"建设。支持香港强化全球离岸人民币业务枢纽地位，推动香港金融服务业向着高端高增值方向发展。支持澳门建设中国与葡语国家商贸合作服务平台。加大内地对港澳金融开放力度，加快前海、南沙、横琴等粤港澳金融合作平台建设。推动海峡两岸金融业合作及贸易投资双向开放合作，推进海峡西岸经济区建设，打造平潭等对台经济金融合作平台。开拓我国经济金融对外开放新局面，形成深度融合的互利合作新格局。

2. 有序实现人民币资本项目可兑换。转变外汇管理和使用方式，从正面清单转变为负面清单。放宽境外投资汇兑限制，放宽企业和个人外汇管理要求，放宽跨国公司资金境外运作限制。允许更多符合条件的境外机构在境内市场融资。加强国际收支尤其是跨境资本流动的监测、分析和预警，加强审慎管理和反洗钱、反恐怖融资审查，保持国际收支基本平衡。完善外汇储备管理制度，多元化运用外汇储备。

推进"一带一路"建设，加强同国际金融机构合作，参与亚洲基础设施投资银行、金砖国家新开发银行建设，发挥丝路基金作用，吸引国际资金共建开放多元共赢的金融合作平台。推动建立多元化的全球融资框架，实现我国金融资产全球布局。

3. 借人民币加入特别提款权，努力使人民币真正成为可兑换、可自由使用货币。树立对人民币的信心，进一步推动人民币成为可兑换、可自由使用货币。加强双边和多边货币金融合作，以服务"贸易投资和产业链升级"为重点，从巩固人民币计价结算货币地位，向支持人民币的市场交易和国际储备功能推进。扩大人民币在周边国家和新兴市场区域化使用的便利性，逐步向国际金融中心和发达国家延伸。推动人民币对其他货币直接交易市场发展，更好地为跨境人民币结算业务发展服务。"十三五"期末，预期人民币跨境收支占我国全部本外币跨境收支的比例超过 1/3，人民币成为一种国际性货币。

4.积极参与全球治理，以更加包容的姿态参与全球经济金融治理体系。顺应经济全球化潮流，加强宏观经济政策国际协调，促进全球经济平衡、金融安全和经济稳定增长。支持发展中国家平等参与国际经济金融治理，促进国际货币体系和国际金融监管改革，推动国际经济金融秩序向着平等公正、合作共赢的方向调整。积极参与全球经济金融治理和公共产品供给，提高我国在全球经济金融治理中的制度性话语权和国际性影响力。

### （五）共享发展，发展普惠金融

共享是中国特色社会主义的本质要求，是缩小收入差距，推动经济可持续发展的有效途径。普惠金融是让每一个人在有需求时都能以合适的价格享受到及时、有尊严、方便、高质量的各类型金融服务。

1.加强对中小微企业、农村尤其是贫困地区金融服务。发展多业态的普惠金融组织体系，构建多层次、广覆盖、有差异的银行机构体系。发挥政策性金融和商业性金融的不同作用，整合各类扶贫资源，开辟扶贫开发新的资金渠道。深化农村金融改革，鼓励国有和股份制金融机构开拓"三农"和小微企业市场，提高农村信用社治理水平和服务能力。发展能够高效便捷低成本地提供融资、汇款、结算和支付等基本金融服务的各类金融机构。支持小微企业依托多层次资本市场融资，扩大中小企业各类非金融企业债务融资工具及集合债、私募债发行。支持并规范移动互联支付、小额贷款等创新性、专业性、社区性金融业态发展。建立全国土地当量核算和配额交易机制，服务于国家粮食安全、农业现代化和新型城镇化。综合运用财税政策、货币政策和监管政策，引导金融机构更多地将信贷资源配置到"三农"、小微企业等重点领域和薄弱环节。

2.完善农业保险制度，探索建立保险资产交易机制。推进保险业市场化改革，提高农业保险覆盖面，增加涉农保险品种，提高农村保险深度和密度，改善政策性保险资金使用效率。加快建立巨灾保险制度，推动巨灾保险立法进程，界定巨灾保险范围，建立政府推动、市场运作、风险共担的多层次巨灾保险体系。通过债权、股权、不动产等多种投资渠道，促进保险资金价值投资和长期投资。

3.完善筹资机制，建立更加公平更可持续的社会保障制度。拓宽社会保险基金投资渠道，加强风险管理，提高投资回报率。健全医疗保险稳定可持续筹资机制，鼓励商业保险机构参与医保经办。

## （六）努力实现国家金融治理体系和治理能力现代化

随着我国经济由高速增长转变为中高速增长，原来被高速度所掩盖的一些结构性矛盾和体制性问题逐渐暴露出来。切实防范和化解金融风险是未来五年我们面临的严峻挑战。

1.加强金融宏观审慎管理制度建设，加强统筹协调，改革并完善适应现代金融市场发展的金融监管框架。借鉴危机后国际金融监管改革经验，构建宏观审慎与微观审慎互相补充，货币政策与审慎管理统一协调的金融管理体制。探索将系统重要性资产扩张活动纳入宏观审慎管理范畴。加强对系统重要性金融机构、金融基础设施和外债宏观审慎管理。

2.健全符合国际标准的监管规则，建立安全、高效的金融基础设施。强化综合经营监管，实现新型金融业态监管全覆盖。强化对金融控股公司，以理财产品、私募基金、场外配资等为代表的跨行业跨市场交叉性金融业务监管全覆盖。构建集中统一的货币支付清算和金融产品登记、托管、清算和结算系统，建设统一共享的金融综合统计体系和中央金融监管大数据平台，实现各监管机构充分及时的信息交换。加快金融监管转型，确立以资本约束为核心的审慎监管体系。

3.建立国家金融安全机制，防止发生系统性金融风险。金融安全是总体国家安全重要基础，金融改革成败取决于金融安全，社会公众对金融体系具有充分信心是金融安全的基本内涵。建立国家金融安全审查机制，健全金融安全网，完善存款保险制度职能，建立风险识别与预警机制，以可控方式和

节奏主动释放风险，全面提高财政和金融风险防控和危机应对能力。完善反
洗钱、反恐怖融资监管措施，建立金融处罚限制制度，有效应对极端情况下
境外对我实施金融攻击或制裁。有效运用和发展金融风险管理工具，降低杠
杆率，防范系统性金融风险。①

---

① 　周小川:《深化金融体制改革》，中国政府网 2015 年 11 月 25 日。

# 第十章　社会主义城乡发展一体化理论与实践

　　城乡发展一体化是中国特色社会主义政治经济学研究的重要内容。城乡关系一直是我国社会主义现代化进程中要处理好的重大关系。城乡二元结构是我国最大的结构问题。"十三五"时期是全面建成小康社会的决胜阶段，创新、协调、绿色、开放和共享的发展理念将贯穿于城乡关系发展过程中，推进城乡协调发展。《中共中央关于制定国民经济和社会发展第十三个五年规划的建议》指出："坚持工业反哺农业、城市支持农村，健全城乡发展一体化体制机制，推动城乡要素平等交换、合理配置和基本公共服务均等化。"

## 一、我国城乡二元结构凸显

　　我国城乡发展不协调主要体现在城乡二元结构凸显。我国城乡二元结构由来已久，缩小城乡差距一直是我国经济发展的重要目标。

### （一）我国城乡二元经济结构表现

　　在新中国成立前我国就存在城乡二元经济结构。毛泽东同志在《中国革命战争的战略问题》指出："微弱的资本主义经济和严重的半封建经济同时存在，近代式的若干工商业都市和停滞着的广大农村同时存在，几百万产业工人和几万万旧制度统治下的农民和手工业工人同时存在，若干的铁路航路汽车路和普遍的独轮车路、只能用脚走的路和用脚还不好走的路同时存在。"这段论述为我们描绘了当时城乡二元结构的状况。新中国成立后，我国实行人民公社制度、农产品统购统销制度和城乡二元户籍制度，二元经济结构明显。改革开放后许多制度被改革，但是直到现在我国还存在城乡二元户籍制度，户口被分为农业户口和非农业户口。我国城乡之间不仅存在户籍二元性，还存在收入、公共服务和社会保障等收入和保障二元性以及土地、资本、劳动力等要素二元性等。

1. 收入和保障二元性。从城乡收入看，1978 年农村改革开始时，我国城乡居民收入差距为 2.37∶1；农村改革首先使广大农民得益，城乡居民人均收入差距迅速缩小，到 1984 年缩小到 1.71∶1，接近世界多数国家 1.5∶1 的水平。1985 年起，随着改革的重心逐步转移到城市，城乡居民收入差距又重新扩大起来，2009 年城乡居民人均收入比是 3.33∶1，2012 年 3.10∶1。随后城镇和农村居民收入比值不断缩小，2014 年城镇居民人均可支配收入为 28844 元，农村居民人均可支配收入为 10489 元，比值为 2.75∶1。近些年来，国家虽然加大了对农村交通、通信、教育、文化、卫生等基础设施建设投入，明显提高了农村公共服务水平，但长期形成的城乡公共服务二元结构并没有从根本上得到改变。城乡社会保障制度发展仍然不平衡，突出表现在制度不统一、管理分散、待遇差距大等方面，相对城镇社会保障待遇，农村待遇水平低。

2. 要素流动二元性。市场经济要求要素可以自由流动，而我国土地、资本和劳动力二元性制约了要素流动。农村土地分为耕地和集体建设用地，集体建设用地有的用于宅基地建设，有的用于企业等经营性用途，有的用于道路等基础设施建设。农村耕地和建设用地的所有权归农村集体经济组织所有，宅基地使用权归农民所有。我国法律规定农村耕地和宅基地没有抵押的权利，也不可以买卖，而城市土地是归国家所有，城市房屋可以抵押、买卖等。城乡土地的二元性限制了农村土地的权利，而土地是农民"命根子"，因而也制约了农民从农村向城市转移。在资金方面，由于农村土地不能抵押，影响了农民从银行获得资金，进而使银行在农村获得的存款难以在农村贷款，而银行获得的城市存款可以在城市贷款，这就造成资金城乡二元性，使得本来就缺少资金的农村更加缺少资金。在劳动力方面，进城务工农民享受的是农村待遇，这些农民无法在城市定居，农民出现"早退"现象，城市也难以聘用到有经验的工人。比如，由于进城务工农民流动性大，东莞市企业很难招到熟练工人，进而影响了企业竞争力。到外务工农民很难在当地留下来，大部分还是回到原来所在地。劳动力的城乡二元性，导致劳动力资源浪费，制约企业发展，也影响农村规模经营和农业现代化进程。

3. 城市特别是特大城市和大城市拥挤与农村人口"空心化"并存。我国新型城镇化快速推进，经济发展和人民生活水平不断提升，人的素质也得以提高，但城镇化也带来了很多问题，城市特别是特大城市和大城市十分拥挤，而农村则出现"空心化"。我国大城市出现交通拥堵、空气污染、房价高企等现象，大城市人口剧增带来了入学难、就医难等一系列问题；而在农村，由于农村青壮年劳动力外流，农村经济"空心化"、农业劳动力老龄化、农村儿童留守化等现象已普遍出现。农村经济中，特别是农业经济，是典型的一家一户小农经济；而在农村务农的劳动力多是老人的状况，使得农村中的小农经济和城市中的现代化工业大生产形成了鲜明的对比。农民到城市打工，享受的还是农村人的待遇，于是出现了"半城镇化"的现象。2014年国家统计局公布的城镇化率比按户籍人口计算的城镇化率要"虚高"18个百分点左右。"半城镇化"问题既制约了农村发展，又影响了城镇化进程。

## （二）我国城乡二元经济结构的制度成因

我国城乡二元结构的形成既有历史和传统的原因，如封建社会长期形成的重农传统和近代半殖民地半封建社会的经济凋零，导致农村发展长期处于小农经济状态；也有地理和交通的原因，例如地理偏僻、交通不便、环境差异使农村特别是西部民族地区农村长期处于封闭落后状态；还有制度和管理的原因。这里从体制和机制角度提出两个主要制约因素。

1. 城乡分治制约。首先，城乡分治导致生产要素难以在城乡之间实现最优配置；其次，城乡分治导致国家对农村投入严重不足，农村基础设施和公共服务落后，制约农村经济发展和农民生活水平提高；再次，城乡分治导致农民收入水平低，农村消费难以拉动。最大消费潜力在农村，但农村消费潜力难以释放，制约了国内消费需求扩大。最后，城乡分治导致我国农村进城务工人员虽然工作在城市，但享受农村户籍人员待遇，出现了农村进城务工人员子女教育难、就医难等一系列问题。

2.法律法规制约。伴随着改革开放，我国对许多法律法规进行修改。但是我们看到，还有一些法律法规制约着城乡统筹发展。例如，农民贷款难原因之一是农民没有抵押物，但是当我们试图允许农民以土地做抵押时，却发现这与宪法、土地管理法等多条法律法规相冲突。在调研中，我们注意到有的省制定了地方法规，允许农民以土地进行抵押，但在实际运行中难以执行，原因之一是地方法规与国家有关法律法规相冲突。

# 二、我国城乡协调发展的主要目标是城乡发展一体化

## （一）城乡关系的基本理论

马克思主义经典作家对城乡关系问题进行了许多精辟的论述，他们的思想是我们进行城乡协调发展实践的强大思想武器。

### 1.马克思和恩格斯的城乡融合思想

马克思和恩格斯所处的时代，正是资本主义制度最终确立，工业化大规模展开，城市迅速崛起，城乡关系发生全新变化的时代。马克思和恩格斯作了比较系统的研究，形成了富有特色的城乡关系理论，这是马克思主义理论宝库中的重要内容。马克思主义认为，人类社会的发展和每一次进步，都是生产力与生产关系、经济基础与上层建筑这两对基本矛盾运动的结果。生产力的发展是城市产生和发展的基本动力。城市的产生和城乡分离的过程，就是生产力的发展使社会分工不断深化的过程。马克思和恩格斯不仅指出了社会分工和生产力发展对城市和乡村产生的影响，还指出了城市发展造成的城乡分离和城乡利益的对立。"无论什么地方都没有例外地是城市通过它的垄断价格，它的赋税制度，它的行会，它的直接的商业诈骗和它的高利贷在经济上剥削农村。"城市的发展加剧了城乡之间的对立。同时，马克思和恩格

斯认为，城市是人类文明达到一定程度的产物，是人类社会进步的一大标志。马克思和恩格斯认为，城乡分离和对立只是工农业发展水平还不够高的表现。城乡的分离和对立，将成为社会进一步发展的障碍，因而他们设想，未来的社会不是固化城乡的分裂，而是在更高的层次上实现城乡融合，从而形成结合城市和乡村生活方式的优点而避免二者的偏颇和缺点的新的统一体。

马克思和恩格斯认为，城乡会重新在更高级的形态上实现融合，是经济发展的必然需要。第一，乡村摆脱愚昧落后的要求。只有消除城乡对立"才能使农村人口从他们数千年来几乎一成不变地栖息在里面的那种孤立和愚昧的状态中挣脱出来"。第二，大工业发展和解决"城市病"的要求。"城市和乡村的对立的消灭不仅是可能的。它已经成为工业生产本身的直接需要，正如它已经成为农业生产和公共卫生事业的需要一样。只有通过城市和乡村的融合，现在的空气、水和土地的污毒才能排除，只有通过这种融合，才能使现在城市中日益病弱的群众的粪便不致引起疾病，而是用来作为植物的肥料。"城乡对立的消逝，会使劳动者的生产方式发生改变，生产方式的改变必然有利于生活方式的改变和整个社会文明程度的提高。马克思和恩格斯在《共产党宣言》中指出，在最先进的国家里可以采取的方法是：把农业和工业结合起来，促使城乡对立逐步消灭。

### 2. 毛泽东、邓小平、江泽民和胡锦涛关于工农和城乡关系重要论述

我国几代领导集体高度重视农业和农村的发展，在城乡发展关系问题上有经典的论述，并进行了卓有成效的实践。毛泽东同志的工农业并举思想。发展工业必须与发展农业同时并举。毛泽东同志在《论十大关系》中指出："在处理重工业和轻工业、农业的关系上，我们没有犯原则性的错误。我们比苏联和一些东欧国家作得好些……我们现在的问题，就是还要适当地调整重工业和农业、轻工业的投资比例，更多地发展农业、轻工业。""你对发展重工业究竟是真想还是假想……你如果是假想，或者想得差一点，那就打击农业、轻工业，对它们少投点资。你如果是真想，或者想得厉害，那你就要注重农业、轻工业，使粮食和轻工业原料更多些，积累更多些，投到重工

业方面的资金将来也会更多些。"党的十一届三中全会以前，我国农业发展缓慢。邓小平同志做出了一系列重视农业和农村经济发展的重要论述。在1962 年，邓小平同志就指出："农业搞不好，工业就没有希望，吃、穿、用的问题也解决不了。"党的十一届三中全会以后的几年里，我国的农业生产得到了迅速的发展，人们似乎对农业松了口气，但邓小平仍然强调不要对农业掉以轻心。1982 年，他在总结我国经济建设的历史经验时指出，"再就是重视发展农业。不管天下发生什么大事，只要人民吃饱肚子，一切就好办了"。1983 年，邓小平同志再次提醒全党："农业是根本，不要忘掉。"

江泽民同志高度重视农业和农村经济的发展。2003 年江泽民同志在党的十六大所做的《全面建设小康社会，开创中国特色社会主义事业新局面》的报告中，明确提出"统筹城乡经济社会发展，建设现代农业，发展农村经济，增加农民收入，是全面建设小康社会的重大任务"。胡锦涛同志在党的十六届四中全会提出了"两个趋向"的重要论断，即"综观一些工业化国家发展的历程，在工业化初始阶段，农业支持工业、为工业提供积累是带有普遍性的趋向；但在工业化达到相当程度以后，工业反哺农业、城市支持农村，实现工业与农业、城市与农村协调发展，也是带有普遍性的趋向"。这为我国在新形势下形成"工业反哺农业、城市支持农村"的机制定下了基调。

## （二）我国城乡经济社会发展一体化目标的提出和内涵界定

### 1. 城乡经济社会发展一体化目标的提出

党的十七大报告明确提出："解决好农业、农村、农民问题，事关全面建设小康社会大局，必须始终作为全党工作的重中之重。要加强农业基础地位，走中国特色农业现代化道路，建立以工促农、以城带乡长效机制，形成城乡经济社会发展一体化新格局。"2007 年，国务院下发文件，在成都市和重庆市设立统筹城乡综合配套改革试验区。党的十七届三中全会提出到 2020 年基本建立城乡经济社会发展一体化体制机制，指出："建立促进城乡经济社会发展一体化制度。尽快在城乡规划、产业布局、基础设施建设、公共服务一体化等方面取得突破，促进公共资源在城乡之间均衡配置、生产要素在城乡之间自由流动，推动城乡经济社会发展融合。"

党的十八大报告明确提出："推动城乡发展一体化"，"加快完善城乡发展一体化体制机制，着力在城乡规划、基础设施、公共服务等方面推进一体化，促进城乡要素平等交换和公共资源均衡配置，形成以工促农、以城带乡、工农互惠、城乡一体的新型工农、城乡关系"。党的十八届三中全会提出了"健全城乡发展一体化体制机制"，并就加快构建新型农业经营体系、赋予农民更多财产权利、推进城乡要素平等交换和公共资源均衡配置、完善城镇化健康发展体制机制等做了重要部署。

**2. 城乡经济社会发展一体化的内涵和本质**

我国在改革开放后，尤其是在 20 世纪 80 年代末期，由于历史上形成的城乡之间隔离发展，各种经济社会矛盾出现，城乡经济社会发展一体化受到重视。但城乡经济社会发展一体化是一个新概念，到目前为止，仍众说纷纭。

城乡经济社会发展一体化的概念是从城乡融合的概念发展而来的。城乡经济社会发展一体化是针对城乡在经济社会发展中存在的二元结构提出来的，它是指城乡之间通过生产要素自由流动和公共资源均衡配置，以城带乡，以乡促城，城乡互动互促，实现城乡经济、社会持续协调发展的过程。城乡一体化的关键在于改善城乡关系，目的在于实现共同繁荣和发展。在改善城乡关系过程中，加强新农村建设，提高农村自身的综合实力是动力和基础，工业反哺农业、城市带动农村是核心和关键。城乡一体化并不意味着城乡一样化，也不意味着变乡为城或变城为乡。它是针对我国城乡二元结构提出来的，其旨意在打破城乡二元结构，改革城乡制度隔离，实现城乡融合。也就是说，我们强调城乡经济社会发展一体化体制机制的建立。

城乡经济社会发展一体化是不以人的意志为转移的发展过程和客观规律。它是依从社会生产力的发展，从"城乡混沌合一"走向"城乡分离"，从"城乡分离"走向"城乡对立"，从"城乡对立"到"城乡融合"的发展规律。城乡经济社会发展一体化本质应从以下几个方面把握：第一，城乡经济社会发展一体化是发生在生产力水平相当高的时期。第二，城乡经济社会发展一体化是一种发展过程和趋势。第三，城乡经济社会发展一体化是城市与乡村互动发展的过程。第四，城乡经济社会发展一体化不是指消灭城乡差别。城乡一体化的概念不同于乡村城市化，也不同于城市化。乡村城市化是指人口从城市向乡村流动，或从乡村向城市流动的空间迁移过程，具体体现为乡村的现代化和农民的非农化。而城乡一体化是特指城乡关系而言，指城乡融合发展。

## 三、建立新型工农和城乡关系，促进城乡发展一体化

我国农村和城市分割的二元经济结构，最终要走向现代一元经济结构。由传统农业和农村、现代化工业和城市并存状态，最终走向现代农业和农村、现代工业和城市相融合状态。为此，我们需要一系列体制和机制创新。

### （一）逐步建立工业反哺农业、城市带动农村的体制机制

从工农和城乡关系的演变看，有两个阶段论也有三个阶段论。工农和城乡关系两个阶段划分是：一是农业支持工业、农村支持城市阶段，一是工业支持农业、城市带动农村阶段。工农和城乡关系三个阶段划分是：一是农业支持工业、农村支持城市阶段，一是工农业和城乡平等发展阶段，一是工业支持农业、城市带动农村阶段。根据中国经济发展状况，我国提出了工业反哺农业、城市带动农村，也就是到了后一阶段。但是，在现实中并没有得到很好的真正落实。在目前阶段中，首要的是打破城乡之间"玻璃墙"，使农业和工业、农村和城市平等发展。工业和农业、城市和乡村平等发展，从经济学上来说，就是城乡生产要素报酬要相当。在城乡要素平等交换中，最主要的要素就是土地。如何实现城乡土地平等交换，一个重要途径就是构建城乡统一的建设用地市场。建立城乡统一建设用地市场后，势必会增加城市建设用地成本，但会促进城镇化健康发展，提升城镇化质量。在现有土地指标政策中，实行占补平衡政策。如果将现有土地指标也纳入到城乡统一建设用地市场中，将构建一个完整的土地指标市场，有利于促进土地集约利用。在

工农业平等发展基础上逐步建立工业反哺农业、城市带动农村发展的体制机制。

在十八届三中全会中指出:"建立城乡统一的建设用地市场。在符合规划和用途管制前提下,允许农村集体经营性建设用地出让、租赁、入股,实行与国有土地同等入市、同权同价。缩小征地范围,规范征地程序,完善对被征地农民合理、规范、多元保障机制。扩大国有土地有偿使用范围,减少非公益性用地划拨。建立兼顾国家、集体、个人的土地增值收益分配机制,合理提高个人收益。完善土地租赁、转让、抵押二级市场。"同价同权的改革可以解决城郊等靠近城镇的农村建设用地问题,但是对于边远农村作用有限。因而,关于城乡统一建设用地市场的模式,可以借鉴重庆的地票制度,也就是将地票扩展到农村建设用地,包括农村建设用地中的宅基地。而且,地票制度可以扩大使用范围,比如变成省内可流通。必须购买了农村建设用地指标,才可以有城市建设用地指标,这样,才能形成城乡统一的建设用地市场,才能做到缩小农村村庄的范围和扩大城市建设规模相衔接。要建立交易平台,可以借鉴或者借用有的地方建立的"农村产权交易中心",对农村建设用地进行交易。集体土地所有者是供给主体,也就是说供给者是集体经济组织,而且,对建设用地的土地整理也要依靠集体经济组织。在这个问题中,就如同在成都市实行的土地确权中,基层民主建立和完善是基础。在城乡统一的建设用地市场中,需求者是政府或者是企业。如果是政府,就是赎买政策,如果是企业,就是企业必须支付成本才能获得用地指标。建立城乡统一建设用地市场对农村集体建设用地进行交易,当进行交易的是农村宅基地时,必须要有三个条件:一是农民已经在城市工作和生活,并且有了城市社会保障。二是农民宅基地交换后需要整理成耕地。当然先有鸡还是先有蛋,具体操作是需要深入研究的。三是把进行宅基地交易的进城务工农民纳入保障房供给队伍。目前我国城市房价上涨过猛过快。但是,如果说在北京通过高的房价限制人们流入北京,那么在县级城市中,房价上涨过快,就使得进城务工农民在城市居住变成空想了。需要将农村宅基地的提供者纳入保障房供给中。我国保障房建设力度要加大,保证居者有其屋。人有恒产,则有恒心，当居者有其屋时，社会将变得稳定和谐。

工业和农业、城市和乡村平等发展的另一个表现是城乡基本公共服务均等化。《中共中央关于制定国民经济和社会发展第十三个五年规划的建议》中明确提出："促进城乡公共资源均衡配置，健全农村基础设施投入长效机制，把社会事业发展重点放在农村和接纳农业转移人口较多的城镇，推动城镇公共服务向农村延伸。"从目前城乡基本公共服务供给看，城乡基本公共服务差距大，特别是落后地区城乡基本公共服务差距更大，我国实现城乡基本公共服务均等化任重道远。从农村基本公共服务供给看，既有国家增加对农村基本公共服务投资问题，也有落实"一事一议"增加农民对农村基本公共服务投资问题。从城乡基本公共服务均等化供给层次看，有国家层面城乡基本公共服务均等化供给，也有省级甚至县级层面基本公共服务均等化供给问题。

### （二）推进以人为核心的新型城镇化，逐步解决农民工市民化问题

我国新型城镇化正在快速推进中，新型城镇化对全面建成小康社会乃至实现中国梦具有重要意义。我国城镇化规模之大在世界上前所未有，城镇化所面临的一些问题也是世界上其他国家没有经历过的。我国城镇化水平不断提升，1978 年城镇化率为 17.8%，2011 年超过 50%，2013 年和 2014 年分别为 53.7% 和 54.7%。世界银行前行长佐利克认为我国到 2030 年城镇化率将达到 70%。我国正在快速从农村人口大国向城镇人口大国转变。我国城镇化取得了显著成就，但也存在各种各样的问题，并且积累了许多风险，原有城镇化模式难以持续。必须重新审视我国城镇化发展模式，探究具有中国特色的新型城镇化道路。

我国新型城镇化快速推进，经济发展和人民生活水平不断提升，人的素质也得以提高，但城镇化也带来很多问题。城市拥挤特别是特大城市和大城市拥挤，而农村出现空心化。我国大城市出现交通拥堵、空气污染、房价高企等现象。大城市人口剧增带来入学、就医等一系列问题。而在农村，由于农村青壮年劳动力外流，农村里留下的是老人、妇女和儿童，出现了空巢老

人和留守儿童等现象。农村经济中,特别是农业经济,是典型的一家一户小农经济,在农村务农的劳动力多是老人。农村经济空心化、农业劳动力老龄化、农村儿童留守化等现象普遍出现。农村中的小农经济和城市中的现代化工业大生产形成鲜明对比,城乡差距巨大。农村人进入到城市打工,享受的还是农村人的待遇,出现了"半城镇化"现象。

传统城镇化注重"物"的建设,新型城镇化更加注重"人"的发展。根据问题导向,针对进城务工农民在城市工作生活中的身份及遇到的各种问题,《中共中央关于制定国民经济和社会发展第十三个五年规划的建议》中明确提出:"深化户籍制度改革,促进有能力在城镇稳定就业和生活的农业转移人口举家进城落户,并与城镇居民有同等权利和义务。实施居住证制度,努力实现基本公共服务常住人口全覆盖。"习近平总书记在关于《中共中央关于制定国民经济和社会发展第十三个五年规划的建议》的说明指出:"关于户籍人口城镇化率加快提高。户籍人口城镇化率直接反映城镇化的健康程度。根据《国家新型城镇化规划(2014—2020)》预测,2020年户籍人口城镇化率将达到45%左右。""现在,按照常住人口计算,我国城镇化率已经接近55%,城镇常住人口达到7.5亿。问题是这7.5亿人口中包括2.5亿的以进城务工农民为主体的外来常住人口,他们在城镇还不能平等享受教育、就业服务、社会保障、医疗、保障性住房等方面的公共服务,带来一些复杂的经济社会问题。""建议稿提出户籍人口城镇化率加快提高,是要加快落实中央确定的使1亿左右进城务工农民和其他常住人口在城镇定居落户的目标。"

在人的城镇化中,首要的是解决进城务工农民市民化问题。进城务工农民市民化,就是要让进入城市工作的农民真正变成城市居民。我国关于农民进城的政策逐渐演变,从农民只能在农村务农逐渐发展到鼓励有进城意愿的农民留在城市,这也体现了我国政府顺应经济发展规律不断深化改革的精神。从政策演变看,新中国成立后我国通过户籍制度、人民公社制度和统购统销制度等将农民固定在了土地上;1978年我国改革开放,农村实行了家庭联产承包责任制,农民可以利用农闲时间进入城镇打工,农民开始自发地流向城镇,出现了民工潮;在十六大我国提出统筹城乡发展;十六届四中全会，我国提出"两个趋向"理论，即在工业化的初期，一般存在农业支持工业、农村支持城市趋向，在工业化后期，一般存在工业支持农业、城市支持农村趋向，针对我国经济发展阶段，我国提出工业反哺农业、城市带动农村方针；十八大我国提出城镇化的核心是人的城镇化，将有意愿进入城市的进城务工农民逐渐转为市民，将城市的大门向农民敞开；十八届三中全会提出赋予农民更多财产权利，完善城镇化发展体制机制。

进城务工农民市民化是需要成本的。进城务工农民市民化成本分为社会成本和个人成本。社会成本包括：学生义务教育，包括小学生、中学生和校舍；居民合作医疗保险；基本养老保险；民政部门的其他社会保障，如意外伤害保险、低保、医疗等救助、妇幼保健等，孤寡老人；城市管理费用，以及住房等方面的投入和补贴等。进城务工农民市民化社会成本，不同地区有所不同，比如，成都市估算每个进城务工农民市民化需要 20 万元左右，驻马店市 10 万元左右。各个地方成本不同，但是总的支出项目是大致相同的。对于鼓励地方政府推动进城务工农民市民化，《中共中央关于制定国民经济和社会发展第十三个五年规划的建议》中明确提出，"健全财政转移支付同农业转移人口市民化挂钩机制，建立城镇建设用地增加规模同吸纳农业转移人口落户数量挂钩机制"。

在我们调研中注意到许多进城务工农民不愿意变成城市市民，而愿意保留农民身份在城市工作。当然，在城镇化过程中必须尊重农民的意愿，但是，我们必须在政策上为农民设计出路径，至于如何选择是农民自己的事情。农民不愿意变成城市市民的主要原因是，一旦农民从农业户口变成非农户口时，在农村享受的各种待遇，如宅基地、耕地、林地等都是需要放弃的。所以，农民不愿意变成城市户口。而且，在一些地方由于财力有限，农民将户口变成非农户口后，并没有获得城镇人享受的城镇社会保障，引起人们上访等。如何鼓励进入城市工作的进城务工农民变成城镇居民，需要做的不外乎两个，一是改革农村产权制度，要给予农民更多财产权利，使农民财产具有资产属性。十八届三中全会指出："赋予农民对承包地占有、使用、收益、流转及承包经营权抵押、担保权能"，"赋予农民对集体资产股份占有、收益、有偿退出及抵押、担保、继承权。保障农户宅基地用益物权，改革完善农村宅基地制度，选择若干试点，慎重稳妥推进农民住房财产权抵押、担保、转让，探索农民增加财产性收入渠道。"将农民在农村的耕地、宅基地、林地和农村资产等资产化，让农民能够带资进城，可以探索当进城务工农民在城市有获得城市社会保障的条件时，允许农民按照国家规定出售承包地和宅基地的使用权；二是将其纳入城市的社会保障体系中，而且，我国要加快构建全国统一社会保障。这里，可能有人认为农民获利太多，其实，中国的农民已经为国家做出了许多贡献，让农民进入城市过上体面的生活，正是政府所追求的目标。为鼓励进入城市工作的进城务工农民变成城镇居民，《中共中央关于制定国民经济和社会发展第十三个五年规划的建议》中明确提出："维护进城落户农民土地承包权、宅基地使用权、集体收益分配权，支持引导其依法自愿有偿转让上述权益。"

随着我国城镇化率的提升，越来越多的人从农村进入城市，一些特大城市和大城市出现"大城市病"。破解这一问题的关键是通过产业合理布局等措施，使大中小城市和小城镇协调发展。在我们进行的问卷调查中，大部分进城务工农民选择的最后居住地是县城。我国自古以来就是"郡县治，天下安"，县域经济的发展意义重大。《中共中央关于制定国民经济和社会发展第十三个五年规划的建议》中明确提出："发展特色县域经济，加快培育中小城市和特色小城镇，促进农产品精深加工和农村服务业发展，拓展农民增收渠道，完善农民收入增长支持政策体系，增强农村发展内生动力。"只有县域经济发展，提供越来越多的就业机会，流动人口才能回流县城，进而促进我国城市体系协调发展。

## 四、大力推进农业现代化，促进城乡发展一体化

城乡发展一体化中的短板是农业和农村发展，在农业和农村发展中关键是农业产业的发展。我国社会主义新农村的目标是"生产发展、生活宽裕、乡风文明、村容整洁、管理民主"，在目标中第一位是生产发展。"十三五"

时期是全面建成小康社会的决胜阶段，农业是全面建成小康社会的基础。农业发展面临巨大挑战，也酝酿着农业发展思路大变革。资源环境已经制约农业发展，农业迫切需要由粗放型向集约型转变，由要素驱动、投入驱动向创新驱动转变。"十三五"期间创新、协调、绿色、开放和共享的发展理念将贯穿于农业发展中，推进农业现代化进程。

## （一）对农业现代化道路内涵新阐述及目标

建设现代农业，是世界农业发展的普遍趋势。现代农业是与传统农业相对应的发达农业。我国已经进入加快改造传统农业、走中国特色农业现代化道路的关键时刻。在不同时期，我国农业现代化的道路也有所不同。

### 1. 农业现代化道路内涵新阐述

从世界各国情况看，发展农业现代化，没有固定的模式，我们要从我国的基本国情和当前发展的阶段性特征出发，走中国特色农业现代化道路。中国农业特点决定中国特色农业现代化道路的特色。第一，我国人多地少、人均资源紧缺，因而必须走适度规模经营道路。第二，由于我国存在大量小规模家庭经营，生产技术相对落后，因而必须走技术先进的道路。第三，由于我国农业规模小，与国外大规模农业相比，国际竞争力低下。因而必须走提高国际竞争力的道路。第四，由于追求产量，农民大量施用化肥，地力下降，因而必须走生态农业、绿色农业、可持续农业道路。第五，与第二和第三产业相比，我国农业效益比较低，因而必须走市场配置资源与强农惠农政策相结合道路。第六，我国农村地域广、农业发展不平衡，因而必须走因地制宜、多样化的农业现代化道路模式。

随着经济进入新常态，农业农村外部环境和自身内部发生了重大变化，农业需要不断创新发展，挖掘新潜力、培育新优势、拓展新空间。农村家庭联产承包责任制拉开了中国改革的序幕，农村家庭联产承包责任制的实行使农产品供给丰富起来，农村乡镇企业发展起来，也使得农民可以利用农闲时间到城市务工，推进了中国城镇化。但是，随着时间的推移，农村家庭联产承包责任制的政策能量释放已近完成，农村家庭联产承包责任制带来的一家一户的小农经济的负面效果，在中国现代化进程中越来越显现出来。一些农产品国际国内价格倒挂，农产品生产成本不断提升，小规模的小农经济发展压力日益加大。由于大量施用农药化肥等，农业可持续发展问题愈发突出。在中国快速的城镇化进程中，农村青壮年劳动力流向城市，农村留下儿童、妇女和老人，相对于城市，农村发展滞后。

随着农业农村发展变化，对农业现代化道路也不断有新的要求。《中共中央关于制定国民经济和社会发展第十三个五年规划的建议》中明确提出要"着力构建现代农业产业体系、生产体系、经营体系，提高农业质量效益和竞争力，推动粮经饲统筹、农林牧渔结合、种养加一体、一二三产业融合发展，走产出高效、产品安全、资源节约、环境优化的农业现代化道路"。

**2. 现代农业的特征和核心**

中国特色农业现代化目标是建立现代农业。现代农业主要特征有：（1）要素投入集约化。现代农业注重集约投入生产要素，提高生产要素的配置效率。它主要是通过增加资本投入、应用现代科技和装备、适度集中土地和强化组织管理来提高农业效益和农民收入。（2）资源配置市场化。在市场经济条件下，农民从事农产品生产的主要目的，不是为了自食自用，而是为市场提供商品，实现利润最大化。现代农业坚持以市场需求为导向，合理调整农业结构和生产布局，健全农产品现代流通体系，提高农产品市场占有率。（3）生产手段科技化。现代农业发展的原动力，来自科技进步与创新。现代农业的发展过程，实质上是先进科学技术在农业领域广泛应用的过程，是用现代科技及装备改造传统农业的过程，是用现代农业科技知识培养和造就新型农民的过程。（4）产业经营一体化。现代农业以一体化的经营方式进行资源配置和利益分配。农业产前、产中、产后紧密衔接，产加销、农工贸环环相扣，农业生产的专业化、农产品的商品化、农村服务的社会化全部纳入经营一体化的轨道之中。

现代农业的基本目标是努力提高土地产出率、资源利用率、劳动生产率，不断增强农业抗风险能力，保证粮食等主要农产品有效供给、促进农民增收、实现农业可持续发展。现代农业的基本要求是发展高产、优质、高效、生态、安全农业。现代农业的基本途径是大力推进改革创新，强化农业农村发展的制度保障，加快转变农业发展方式，推进农业科技进步，加强农业物质技术装备，健全农业产业体系。现代农业的重点任务是确保国家粮食安全，推进农业结构战略性调整，加快农业科技创新，加强农业基础建设，建立新型农业社会化服务体系，促进农业可持续发展，扩大农业对外开放。

现代农业的核心是建立有竞争力的现代农业产业体系。现代农业产业体系的构建和产生应以食品产业为主体，在确保国家粮食安全的前提下，满足社会消费日益多样化的需求。现代农业产业体系的运营是以农业生产专业化为基础，不断推进产业化运营模式的创新。现代农业产业体系应以现代营销和流通为龙头，加大对现代农产品营销组织和流通组织的扶持和培育。随着农产品市场供求结构的变化，营销在现代农业产业中的地位越来越重要。现代农业产业体系应以现代农民企业家为骨干，为农民企业家的生成和成长创设良好的制度环境。现代农业产业体系应以农业知识创新体系为支撑。农业产业要有竞争力，必须要有一个包括农业科学研究开发体系、技术推广体系和人才发展体系的农业知识创新体系为支撑。

## （二）中国特色农业现代化道路的着力点

走中国特色农业现代化道路，必须从中国实际出发，坚持问题导向，深化改革，创新发展。

### 1. 赋予农民更多财产权利

以农村土地集体所有为基础的农村集体所有制是公有制的重要组成部分。深化农村集体产权制度改革就是要明晰农村集体产权归属、赋予农民更多财产权利，发挥集体经济优越性，调动农民生产积极性。农村土地所有权、承包权和经营权分离是实现公有制和市场经济结合的必然要求，也是在农村走中国特色社会主义道路的必然要求。"赋予农民更多财产权利"主要包括以下几个方面的内容：

第一，关于农村承包地的权利。改革之初，农民创造了土地集体所有权与农户土地承包经营权的"两权分离"。后来，一些地方农民又创造出农村土地明确所有权、稳定承包权、放活经营权的"三权分离"。在坚持和完善最严格的耕地保护制度前提下，赋予农民对承包地占有、使用、收益、流转及承包经营权抵押、担保权能。必须加快推进农村集体土地所有权、农户土地承包经营权的确权、登记、颁证工作，为依法保障农村土地的集体所有权和稳定农户的土地承包权提供依据，为承包土地经营权的流转和集中创造适宜的制度环境。

第二，关于农民宅基地的权利。农村宅基地问题突出，一方面农村宅基地取得困难，违法点多面广，另一方面，农村宅基地退出机制不健全，造成宅基地大量闲置，影响了农民财产权益，也制约了城镇化进程。要保障农户宅基地用益物权，改革完善农村宅基地制度，选择若干试点，慎重稳妥推进农民住房财产权抵押、担保、转让。

第三，关于农民集体资产的权利。改革开放后，我国农村实行家庭联产承包责任制，调动了农民生产积极性。但是，在一些地方，也出现了集体经济"空壳村"现象。发展农村集体经济具有重要意义，我们注意到许多富裕农村是集体经济发展好的村。农村土地集体所有权的有效实现形式是股份合作。赋予农民对集体资产股份占有、收益、有偿退出及抵押、担保、继承权，将有利于农民增收，同时也有利于进城务工农民市民化。

第四，关于农村经营性建设用地的权利。随着我国经济的发展，工农和城乡关系不断变化。要形成新型工农和城乡关系，必须保障农民权益，特别是农民拥有的生产要素的权益。长期以来，农村集体土地所有权与国有土地所有权地位不对等、集体建设用地产权不明晰、权能不完整、实现方式单一等问题已经成为统筹城乡发展的制度性障碍。法律规定，农村集体所有土地的使用权不得出让、转让或者出租用于非农建设，农村集体建设用地不能单独设立抵押。除农村集体和村民用于兴办乡镇企业、村民建设住宅和乡村公共设施和事业外，其他任何建设不能直接使用集体土地，都要通过征收程序将集体土地变为国有建设用地。法律限制过多，制约了农村集体建设用地市场建设，农民土地权利受到损害。为解决这些问题，我国应进行农村集体经营性建设用地同等入市、同权同价的试点。

### 2.构建新型农业经营体系，发展多种形式农业适度规模经营

小规模分散经营制约了农业发展，农业适度规模经营是农业现代化必由之路。《中共中央关于制定国民经济和社会发展第十三个五年规划的建议》提出："加快转变农业发展方式，发展多种形式适度规模经营，发挥其在现代农业建设中的引领作用。"

第一，扶持发展新型农业经营主体。

世界上大多数国家的实践证明，家庭经营是适合的农业生产经营形式。农业是利用动植物的生命活动过程来生产产品的产业，因而它更适合由家庭进行经营。由于我国地域广大，各地情况不同；而且，我国工业化、城镇化的快速推进，大量农民到城市务工；因而，在家庭经营基础上，演变出多种多样的具体经营形式。加快构建新型农业经营体系，坚持家庭经营在农业中的基础性地位，推进家庭经营、集体经营、合作经营、企业经营等共同发展的农业经营方式创新。新型农业经营体系反映了理论和实践的要求，必将促进农村经济发展。家庭经营要采用先进科技和先进的生产手段，从而增加农民的收入，提高农民的生活水平，并实现农业的可持续发展。无论是扩大家庭的土地经营规模还是提高土地的产出率，都需要采用先进的科学技术和生产手段，增加技术、资本等生产要素投入。在土地规模经营发展比较好的地区，农民对农业机械的需求大幅提高，农业机械化进程加快，能够促进良种和规范化栽培技术的推广；在设施农业比较集中的地区，增加科技投入和物质投入，提高农业生产效率。国家需要增加对农业的科技投入。

第二，加快农村土地流转市场的建设。

我国农村人多地少，因而我国提出土地适度规模经营。土地适度规模经营需要土地流转，对于土地流转，我国一直采取自愿原则。要健全土地经营权流转市场，完善县乡村三级服务和管理网络。探索建立工商企业流转农业用地风险保障金制度，严禁农用地非农化。在浙江湖州调研中，我们注意到为促进土地流转，从村到乡镇到县都建立了促进土地流转的组织，助推了湖州农业现代化和新农村建设。发展适度规模经营，方式多种多样，要因地制宜，充分发挥基层和群众首创精神，允许"探索、探索、再探索"。发展适

度规模经营，只要符合国家法律和法规，符合改革方向，农民群众欢迎，不管什么形式，都应该鼓励和支持。

第三，建立农村产权流转交易市场。

建立农村产权流转交易市场，推动农村产权流转交易公开、公正、规范运行。"赋予农民更多财产权利"涉及农民土地承包权、经营权，也涉及城乡建设用地等。要落实"赋予农民更多财产权利"改革，就需要建立农村产权流转交易市场，促进农村产权流转依法规范发展。

### 3. 健全耕地保护和补偿制度，确保粮食安全

《中共中央关于制定国民经济和社会发展第十三个五年规划的建议》中明确提出："坚持最严格的耕地保护制度，坚守耕地红线，实施藏粮于地、藏粮于技战略，提高粮食产能，确保谷物基本自给、口粮绝对安全。"

农业是国民经济的基础，它不仅关系到经济发展水平，而且还关系到国家粮食安全。粮食是战略物资，我国政府一直高度重视粮食安全。随着经济发展和人民生活水平的提升，我国农产品消费总量不断增长，而农产品生产所依赖的土地、水等资源却是有限的，我国利用国外农业资源，进口国外农产品不可避免。近年来，我国进口农产品数量和品种逐年增加，主要农产品供给呈现"总量基本平衡、结构性紧缺"的态势。因而，必须根据我国国情调整粮食安全战略。我国提出粮食安全的重点是"谷物基本自给、口粮绝对安全"。我国粮食安全战略调整符合我国发展的国情，而且，保证口粮绝对安全也是保证粮食安全的应有之义。农产品进口也必将带来农产品自给率下降。我国粮食安全不仅重视数量上的安全，还要重视质量上的安全，食品安全也是我国政府需要着力解决的重大问题。

确保我国粮食安全，要破解粮食安全要解决"有地可种""有人种地""有钱种地"等问题。粮食生产离不开土地，中国在推进工业化、城镇化的过程中，一直强调占用土地要做到"占补平衡"，18亿亩耕地红线不能动。解决粮食安全问题还要调动农民种粮的积极性，也就是要提高种植粮食的比较效益。改革开放后，农村实行家庭联产承包责任制，农村经济蓬勃发展，但是，这也带来农户土地经营规模小、难以和大市场衔接等问题。由于和外出

务工相比，种植粮食比较效益低下，农村青壮年劳动力纷纷外出务工。但是，这些现象也正在酝酿着农村生产力新的提升。农村土地"碎片化"呼唤着农业适度规模经营的出现，家庭农场、集体经营、合作经营、企业经营等新型农业经营方式正逐渐在中国农村推开，土地适度规模经营必将促进农业科技水平和机械化水平的提升和种植粮食比较效益的提高，进而保证国家粮食安全。工商资本到农村发展适合企业化经营的现代种养业，也将向农业输入现代生产要素和经营模式。

粮食生产需要资金投入，资金是制约农村经济发展的重要因素。保障金融机构农村存款主要用于农业农村政策的落实，必将有助于解决农村资金外流的问题；同时，我国鼓励农村发展合作经济，扶持发展规模化、专业化、现代化经营，允许合作社开展信用合作，这也会有助于破解农村资金难问题。我国对种粮农民实行了种粮直补政策；针对一些粮食主产区出现的"粮食大县、工业小县、财政穷县"问题，我国将完善粮食主产区利益补偿机制，调动粮食主产区种粮积极性，促进国家粮食安全。

我们应该采取积极措施，加快构建我国的粮食安全保障体系，主要有：第一，实行最严格的耕地保护制度。耕地是构建我国粮食安全保障体系的根本。人均耕地资源少是我国的基本国情，在今后的经济发展过程中，耕地资源紧张的矛盾只会越来越突出。因此对耕地要合理开发利用，反对乱占滥用耕地，必须执行最严格的耕地保护政策。同时，在落实责任方面要明确保护耕地不仅是中央政府或者是国土资源部门的责任，也是各级地方政府的共同责任，可以通过建立问责制度来加大耕地保护的力度。第二，探索实行耕地轮作休耕制度试点。习近平总书记在关于《中共中央关于制定国民经济和社会发展第十三个五年规划的建议》的说明中指出："经过长期发展，我国耕地开发利用强度过大，一些地方地力严重透支、水土流失、地下水严重超采、土壤退化、面源污染加重已成为制约农业可持续发展的突出矛盾。当前，国内粮食库存增加较多，仓储补贴负担较重。同时，国际市场粮食价格走低，国内外市场粮价倒挂明显。利用现阶段国内外市场粮食供给宽裕的时机，在部分地区实行耕地轮作休耕，既有利于耕地休养生息和农业可持续发展，又有利于平衡粮食供求矛盾、稳定农民收入、减轻财政压力。"这是我国第一次提出实行耕地轮作休耕制度试点，对未来增加农民收入、调控农产品数量和价格提出了全新的思路，必将促进农业现代化和农民增收。第三，建立健全粮食补贴的长效机制。农民问题是"三农"问题的根本，粮食安全归根结底取决于农民的种粮积极性。因此，要想保证粮食安全，保护农民的种粮积极性很重要，这样就要求国家的粮食惠农补贴政策要具有连续性和稳定性，同时随着国家经济实力的不断增强要进一步提高粮食补贴的标准，争取让农民种粮能够获得相应的收入报酬，这样也能够实现农业的可持续发展。

**4. 促进农业产业发展**

农业作为一个产业要遵循产业发展的规律。《中共中央关于制定国民经济和社会发展第十三个五年规划的建议》指出："优化农业生产结构和区域布局，推进产业链和价值链建设，开发农业多种功能，提高农业综合效益。"

农业产业发展意义重大。从产业链看，农业产业链涉及农业科研、农药化肥等生产资料生产、农业生产、农产品加工、农产品销售等多个环节。从价值链看，涉及研发、生产、销售等环节。从产业融合看，要从单纯发展农业转变为一二三产业融合。已经有学者提出第六产业概念，由于1+2+3 或 1×2×3 等于 6，所以被称为第六产业。从一些发达国家的经验看，农业对国民生产总值贡献小，但是，从农业产业链或者一二三产业融合看，农业对国民生产总值贡献比较大。以美国为例，无论是农业人口和农业劳动力在全国人口和劳动力总数的比重，还是农业产值在国内生产总值中的比重都只占 2%—3%。但从美国所谓的"食物和纤维体系"(Food and Fiber system) 或农业综合体 (agribusiness) 的角度来看，全国就业总数的 1/3 弱和国内生产总值的 1/6 强都与它有关。随着我国经济的发展和人民生活水平的提升，农业产业链发展和一二三产业融合发展的空间越来越大。

农业是个弱质产业，需要国家扶持。不管财力多紧张，都要确保农业投入只增不减。创新农业农村投融资方式，促进资金流向农业农村。农业产业发展有助于农业成为一个盈利行业，只有当从事农业生产盈利时，才能有职业农民。要对农民进行培训，一方面培训农业经营管理理论与实践，另一方面培训农业技术。只有当农民懂技术、会经营时，才能实现农业现代化。教育农民、培训农民的任务是繁重的，也是长期的，而这些恰恰是政府应该发挥作用的地方。农业技术推广部分的发展应得到政府的重视，同时，地方政府还可以通过购买服务的方式，鼓励学校、社会组织等机构对农民进行培训。

**5. 推进农业标准化和信息化**

信息化对于改造传统农业、促进现代农业发展具有显著的带动作用。《中共中央关于制定国民经济和社会发展第十三个五年规划的建议》中明确提出："推进农业标准化和信息化。健全从农田到餐桌的农产品质量安全全过程监管体系、现代农业科技创新推广体系、农业社会化服务体系。"

第一，利用现代信息通信手段可以加快推动农业产业化和现代化进程。

农业信息化可以提高农业生产经营的标准化、集约化及组织化水平，促进农业结构的调整和发展方式的转变。信息通信具有很强的倍增效应、扩散效应和带动效应。信息技术可以有效带动城镇化进程，促进农村经济社会发展和进步，促进"小生产"对接"大市场"，帮助农村及偏远地区实现信息脱贫、信息致富。信息化对于改善农民民生具有重要的助推作用。通过信息化可以构建城乡一体化管理服务系统，推进城乡文化教育、公共卫生、医疗救助、社会保障等方面的资源共享，促进公共资源在城乡之间的均衡配置。

第二，加快我国农业农村信息化建设。

改革开放以来，我国农业农村信息化发展成就斐然。农村信息基础设施快速普及，农村信息服务能力提升，信息内容、信息业务和信息终端进乡入村初显成效。我国村村通工程实现了从"通电话"到"信息化"的飞跃。尽管我国农业农村信息化取得了很大进步，但与国外发达国家农业农村信息化水平相比、与我国城市信息化水平相比，仍有不小差距。发达国家利用计算机、通信、网络、人工智能等技术进行精确农业生产，并能及时、准确、完整地获取市场信息，有效减少了农业生产经营的风险。农业农村信息化呈现出网络化、综合化和全程化特征。另外，我国农业农村信息技术应用总体水平落后于城市。

我国农业农村信息化发展目前总体上仍处于起步阶段，将信息化转化为农村改革发展的新动力。有关研究表明，信息化发展程度与地区经济发展水平呈正相关性。因此，我国农村经济发展、农业现代化以及农民增收，都需要借助先进的信息通信技术手段来支撑。当前，我国农业农村信息化建设正处于重要的战略机遇期，既面临难得的历史机遇，也面临诸多困难与问题。第一，资金投入需求巨大。我国农村人口众多，地域广阔，居住分散，农村信息基础设施建设是农业农村信息化建设中最艰巨的任务，资金需求量大，仅靠政府投入不现实。农村打电话、上网成本相对农民收入水平仍较高，农村市场仍是一个不成熟的市场，特别是在广大的中西部农村地区，短期内实现盈利是不可能的。因此，研究农业农村信息化投入的长效机制非常必要。第二，对农民信息技术培训不够，信息技术应用程度不高。尽管我国推行九年义务教育，但是城乡人口知识水平差异明显，而且，由于没有对农民进行广泛的信息技能培训，农民整体信息素质仍然较低。农村网民结构偏向年轻化、以低学历和学生群体为主，农村网民商务应用和交流沟通类应用远远落后于城镇。信息素质低限制了农民信息化应用水平，影响了农村信息化效应的发挥。今后要进一步推进农村信息基础设施建设，加快农村地区宽带网络建设，全面提高宽带的普及率和接入带宽，发展农业信息技术，提高农业生产经营信息化水平。要大力发展农村电商，促进农产品销售和工业品下乡，促进农民增收和提高农民生活水平。

### （三）农村基础党组织建设是农业现代化根本保障

农村基层党组织是农村改革发展稳定的保障。实践证明，凡是发展好的村都有一个强有力的农村基层党组织。推进农业现代化也离不开强有力的农村基层党组织。要不断增强农村基层服务型党组织的创造力、凝聚力、战斗力，为农业现代化提供有力保障。要发挥基层党组织在推进依法治国中的战斗堡垒作用，增强基层干部法制观念，提高依法办事能力。切实加强农村基层党组织建设，造就一支过硬的"三农"干部队伍。要充分发挥基层党组织和村民委员会在农村经济社会中作用，全面建成小康社会，实现农业农村现代化。

　　要加快完善农业农村法律体系，善于用法制思维推进农业农村现代化。改革要于法有据，有法可依。深化农业农村改革的任务，比如赋予农民更多财产权利、城乡要素平等交换等，这些改革要真正落实，必须要首先修改相关法律法规，然后才能实施。对农业农村进行管理时，行政机关要坚持法定职责必须为、法无授权不可为。要培育农民的法制意识，推进依法治村。深入开展法治宣传教育，引导农民自觉守法、遇事找法、解决问题靠法。

# 第十一章　中国经济发展进入新常态
## 理论与政策

党的十八大以来，习近平总书记就新常态下的中国经济如何实现中高速发展发表了多篇讲话，提出了许多新论断、新思想。再结合十八大以前习总书记与中国经济发展的相关论述，贯穿起来研究表明，习近平总书记在继承邓小平理论、"三个代表"重要思想和科学发展观中关于中国经济发展思想精华的基础上，立足新时期中国经济发展面临的新形势、新情况和新任务而提出的这些新论断、新思想已经形成了较为完整的思想理论体系。深入系统地研究习近平经济发展思想的基本内核、基本逻辑，认清新常态下中国经济发展的基本动力，对于在新常态下实现中国经济高质量中高速发展具有很强的指导意义。

## 一、发展依然是"硬道理"，是"第一要务"

改革开放 30 多年来，由于经济始终保持 9.8％以上的速度增长，中国的综合国力和人民生活水平显著提高，中国一举成为经济总量仅次于美国的世界第二大经济体，创造了世界经济史上的"中国奇迹"，邓小平同志提出的"三步走"战略已经取得了举世瞩目的阶段性成果。党的十八大又更加明确地提出了"两个一百年"的宏伟奋斗目标，即在中国共产党成立一百周年时全面建成小康社会，在新中国成立一百周年时建成富强民主文明和谐的社会主义现代化国家。

无疑，实现"第一个百年"奋斗目标，并为实现"第二个百年"奋斗目标夯实坚实的发展基础的重任，责无旁贷地落在以习近平同志为总书记的新一届中央领导集体的肩上。因此，为了凝聚全党和全国各族人民的共识，习近平总书记把"两个一百年"的奋斗目标归结为实现中华民族伟大复兴的"中国梦"，并以此来提振精神、聚集力量。

要实现"两个一百年"的奋斗目标，实现中华民族伟大复兴的中国梦，最根本的靠什么？习近平总书记在带领刚刚组成不久的新一届中央领导集体参观《复兴之路》展览时就鲜明地指出："回首过去，全党同志必须牢记，落后就要挨打，发展才能自强。"[①] 因此，一脉相承地继承"发展"这个中国特色社会主义理论的本质和灵魂，自然就成为习近平总书记治国理政思想，尤其是经济思想的基本内核。

马克思主义一贯重视发展生产力，认为物质生产是人类社会生存和发展的基础，生产力是人类社会发展的最终决定力量。改革开放以来，我们党和国家对国家发展问题十分重视。邓小平同志指出，中国解决一切问题的关键，是要靠自己发展，发展是硬道理。三十多年来，中国共产党对发展的认识不断深化，从发展是硬道理，再到发展是执政兴国的第一要务，到发展是科学发展观的第一要义，始终把发展作为破解实施"三步走"战略过程中面临的各种难题和矛盾的法宝。因此，作为马克思主义中国化最新成果创立者以及全面建成小康社会和实现中国化民族伟大复兴的中国梦的伟大实践的领导者，不仅会继承好发展这一法宝，而且会根据新的实际进一步丰富它，赋予发展更多更新的时代内涵。

首先，"牢牢坚持以经济建设为中心"。人类发展与社会进步的一般规律表明，经济发展是一切发展的基础。对于我们这样一个仍处在社会主义初级阶段的发展中人口大国来说，就更是如此。尽管改革开放以来我们已经取得了世人瞩目的发展成就，但"我国仍处于并将长期处于社会主义初级阶段的基本国情没有变，人民日益增长的物质文化需要同落后的社会生产之间的矛盾这一社会主要矛盾没有变，我国是世界最大发展中国家的国际地位没

---

[①] 《习近平谈治国理政》，外文出版社 2014 年版，第 36 页。

有变"①。因此，习近平总书记在 2012 年 11 月 17 日主持十八届政治局第一次集体学习时就明确强调："我们在任何情况下都要牢牢把握这个最大的国情，推进任何方面的改革发展都要牢牢立足这个最大的实际"。"我们在实践中要始终坚持'一个中心、两个基本点'不动摇"，"我们要牢牢抓好党执政兴国的第一要务，始终代表中国先进生产力的发展要求，坚持以经济建设为中心，在经济不断发展的基础上，协调推进政治建设、文化建设、社会建设、生态文明建设以及其他各方面的建设。"② 2013 年 3 月 17 日，习近平总书记又在第十二届全国人民代表大会第一次会议上的讲话中强调："我们要坚持发展是硬道理的战略思想，坚持以经济建设为中心，全面推进社会主义经济建设、政治建设、文化建设、社会建设、生态文明建设，深化改革开放，推动科学发展，不断夯实现中国梦的物质文化基础。"③ 2013 年 11 月 12 日，习近平总书记在中共十八届三中全会第二次会议讲话中更加明确地指出："我国仍处于将长期处于社会主义初级阶段的基本国情没有变，人民日益增长的物质文化需要同落后的社会生产力之间的矛盾这一社会主要矛盾没有变，我国是世界最大发展中国家的国际地位没有变。这就决定了经济建设仍然是全党的中心工作。"因此，"全面建成小康社会，实现社会主义现代化，实现中国民族伟大复兴，最根本最紧迫的任务还是进一步解放和发展社会生产力"④。

其次，"发展必须是遵循经济规律的科学发展，必须是遵循自然规律的可持续发展"。讲遵循经济规律的科学发展和遵循自然规律的可持续发展，说到底就是不能以经济增长代替经济发展，不能以 GDP 排名论英雄，追求实实在在、没有水分的经济增长。是"既要看速度，也要看增量，更要看质量，要着

---

① 胡锦涛:《坚定不移沿着中国特色社会主义道路前进　为全面建成小康社会而奋斗》，人民出版社 2012 年版，第 16 页。

② 《习近平谈治国理政》，外文出版社 2014 年版，第 10、11 页。

③ 《习近平谈治国理政》，外文出版社 2014 年版，第 41 页。

④ 习近平:《在党的十八届三中全会第二次全体会议上的讲话》，《求是》2014 年第 1 期。

力实现有质量、有效益、没水分、可持续的增长，着力在转变经济发展方式、优化经济结构、改善生态环境、提高发展质量和效益中实现经济增长"。①

习近平总书记在党的十八届一中全会的讲话指出："在前进道路上，我们一定要坚持以科学发展为主题、以加快转变经济发展方式为主线，切实把推动发展的立足点转到提高质量和效益上来，促进工业化、信息化、城镇化、农业现代化同步发展，全面深化经济体制改革，推进经济结构战略性调整，全面提高对外开放水平，推动经济持续健康发展。"② 习近平总书记在湖南考察时又进一步指出："我们这么大个国家、这么多人口，仍然要牢牢坚持以经济建设为中心。同时，要全面认识持续健康发展和生产总值增长的关系，防止把发展简单化为增加生产总值，一味以生产总值排名比高低、论英雄。转方式、调结构是我们发展历程必须迈过的坎，要转要调就要把速度控制在合理范围内，否则资源、资金、市场等各种关系都绷得很紧，就转不过来、调不过来。各级都要追求实实在在、没有水分的生产总值，追求有效益、有质量、可持续的经济发展。"③ 因此，"发展必须是遵循经济规律的科学发展，必须是遵循自然规律的可持续发展。各级党委和政府要学好用好政治经济学，自觉认识和更好遵循经济发展规律，不断提高推动改革开放、领导经济社会发展、提高经济社会发展质量和效益的能力和水平"。④

最后，发展必须是遵循社会规律的包容性发展。所谓包容性发展，就是"坚定不移走共同富裕道路"，"努力把'蛋糕'分好"，在共享发展中增进人民群众福祉。社会主义制度下的生产目的是为了最大限度地满足人民日益提高的物质文化生活需要。习近平同志在刚当选中共中央总书记之后与中外记者第一次见面时就明确指出："我们的责任，就是要团结带领全党全国各族

---

①　习近平：《关于〈中共中央关于制定国民经济和社会发展第十三个五年规划的建议〉的说明》，新华网，2015 年 11 月 3 日。

②　习近平：《在党的十八届一中全会上的讲话》，《求是》2013 年第 1 期。

③　习近平：《在考察湖南时的讲话》，《人民日报》2013 年 11 月 6 日。

④　习近平：《主持召开经济形势专家座谈会时的讲话》，《人民日报》2014 年 7 月 9 日。

人民，继续解放思想，坚持改革开放，不断解放和发展社会生产力，努力解决群众的生活生产困难，坚定不移走共同富裕的道路。"然而，要走好共同富裕的道路，不仅要发展经济，做大经济总量，创造尽可能多物质财富，而且要处理好分配问题，避免两极分化，维护公平正义。对此，习近平总书记指出："我们必须紧紧抓住经济建设这个中心，推动经济持续健康发展，进一步把'蛋糕'做大，为保障社会公平正义奠定更加坚实物质基础。"① "同时还要把'蛋糕'分好。我国社会历来有'不患寡患不均'的观念。我们要在不断发展的基础上尽量把促进社会公平正义的事情做好……要把促进社会公平正义、增进人们福祉作为一面镜子，审视我们各方面体制机制和政策规定。"② 习近平总书记强调："广大人民群众共享改革发展成果，是社会主义的本质要求，是我们党坚持全心全意为人民服务根本宗旨的重要体现。我们追求的发展是造福人民的发展，我们追求的富裕是全体人民共同富裕。改革发展搞得成功不成功，最终的判断标准是人民是不是共同享受到了改革发展成果。"③

实现共同富裕，维护社会公平正义，从根本上说是要消除贫困，特别是农村地区的贫困，让每一个贫困地区的老百姓都过上小康生活。因为"消除贫困，改善民生，逐步实现全体人民共同富裕，是社会主义的本质要求"④。所以习近平总书记十分重视扶贫工作，挂念贫困地区的老百姓，多次反复研究布置扶贫工作。2012 年 12 月 29—30 日，习近平总书记到河北阜平看望困难群众时的讲话指出："全面建成小康社会，最艰巨最繁重的任务在农村，特别是在贫困地区。没有农村的小康，特别是没有贫困地区的小康，就没有全面建成小康社会。"⑤ "现在，距实现全面建成小康的第一个百年奋斗目标

---

① 《习近平谈治国理政》，外文出版社 2014 年版，第 96 页。

② 《习近平谈治国理政》，外文出版社 2014 年版，第 97 页。

③ 习近平：《在中南海召开党外人士座谈会上的讲话》。人民网，2015 年 8 月 21 日。

④ 习近平：《在首个"扶贫日"之际对扶贫开发工作作出的重要批示》，《人民日报》2014 年 10 月 18 日。

⑤ 习近平：《到河北阜平看望慰问困难群众时的讲话》，《人民日报》2012 年 12 月 31 日。

只有五六年了，但困难地区、困难群众还为数不少，必须时不我待地抓好扶贫开发工作，决不能让困难地区和困难群众掉队。"[①] 因此，"要以更加明确的目标、更加有力的举措、更加有效的行动，深入实施精准扶贫、精准脱贫，项目安排和资金使用都要提高精准度，扶到点上、根上，让贫困群众真正得到实惠"[②]。"要着力推动老区加快发展，我们决不能让老区群众在全面建成小康社会进程中掉队，立下愚公志、打好攻坚战，心中常思百姓疾苦，脑中常谋富民之策，让老区人民同全国人民共享全面建成小康社会成果。这是我们党的历史责任。"[③]

## 二、新常态是新时期中国经济发展的大逻辑

中国经济在经过了三十多年的高速增长之后，由于经济发展的内在支撑条件和外部需求环境都发生了深刻变化，中国经济进入速度换挡期、结构调整阵痛期和前期刺激政策消化期"三期叠加"的"新常态"。

中国经济进入新常态的战略判断，最初是习近平总书记2014年5月9—10日在河南考察时提出的，针对人们担心中国经济增长减速和国外有些学者唱衰中国经济的观点，他认为："我国发展仍处于重要战略机遇期，我们要增强信心，从当前我国经济发展的阶段特征出发，适应新常态，保持战略上的平常心态。"[④]

那么，中国经济新常态的内涵到底是什么？ 2014年11月9日，习近平总书记在亚太经合组织工商领导人峰会开幕式上的演讲中给出了初步的描述，他认为："中国经济呈现新常态，有几个主要特点。一是从高速增长转

---

① 习近平：《同中央党校县委书记研修班学员座谈时的讲话》，《人民日报》2015年1月13日。

② 习近平：《在云南考察工作时的讲话》，《人民日报》2015年1月22日。

③ 习近平：《参加十二届全国人大三次会议江西代表团审议时的讲话》，《人民日报》2015年3月7日。

④ 习近平：《在河南考察时的讲话》，《人民日报》2014年5月11日。

为中高速增长。二是经济结构不断优化升级,第三产业、消费需求逐步成为主体,城乡区域差距逐步缩小,居民收入占比上升,发展成果惠及更广大民众。三是从要素驱动、投资驱动转向创新驱动。"①

时隔一个月,2014 年 12 月 9—11 日,习近平总书记在中央经济工作会议上的讲话从 9 个方面对中国经济新常态的阶段性特征、表现及应对之策进行了更全面系统的阐述。

从消费需求看,过去我国消费具有明显的模仿型排浪式特征,现在模仿型排浪式消费阶段基本结束,个性化、多样化消费渐成主流,保证产品质量安全、通过创新供给激活需求的重要性显著上升,必须采取正确的消费政策,释放消费潜力,使消费继续在推动经济发展中发挥基础性作用。

从投资需求看,经历了三十多年高强度大规模开发建设后,传统产业相对饱和,但基础设施互联互通和一些新技术、新产品、新业态、新商业模式的投资机会大量涌现,对创新投融资方式提出了新要求,必须善于把握投资方向,消除投资障碍,使投资继续对经济发展发挥关键作用。

从出口和国际收支看,国际金融危机发生前,国际市场空间扩张很快,出口成为拉动我国经济快速发展的重要动能,现在全球总需求不振,我国低成本比较优势也发生了转化,同时我国出口竞争优势依然存在,高水平引进来、大规模走出去正在同步发生,必须加紧培育新的比较优势,使出口继续对经济发展发挥支撑作用。

从生产能力和产业组织方式看,过去供给不足是长期困扰我们的一个主要矛盾,现在传统产业供给能力大幅超出需求,产业结构必须优化升级,企业兼并重组、生产相对集中不可避免,新兴产业、服务业、小微企业作用更加凸显,生产小型化、智能化、专业化将成为产业组织新特征。

从生产要素相对优势看,过去劳动力成本低是最大优势,引进技术和管理就能迅速变成生产力,现在人口老龄化日趋发展,农业富余劳动力减少,

---

① 习近平:《谋求持久发展,共筑亚太梦想——在亚太经合组织工商领导人峰会开幕式上的讲话》,《人民日报》2014 年 11 月 10 日。

要素的规模驱动力减弱，经济增长将更多依靠人力资本质量和技术进步，必须让创新成为驱动发展新引擎。

从市场竞争特点看，过去主要是数量扩张和价格竞争，现在正逐步转向质量型、差异化为主的竞争，统一全国市场、提高资源配置效率是经济发展的内生性要求，必须深化改革开放，加快形成统一透明、有序规范的市场环境。

从资源环境约束看，过去能源资源和生态环境空间相对较大，现在环境承载能力已经达到或接近上限，必须顺应人民群众对良好生态环境的期待，推动形成绿色低碳循环发展新方式。

从经济风险积累和化解看，伴随着经济增速下调，各类隐性风险逐步显性化，风险总体可控，但化解以高杠杆和泡沫化为主要特征的各类风险将持续一段时间，必须标本兼治、对症下药，建立健全化解各类风险的体制机制。

从资源配置模式和宏观调控方式看，全面刺激政策的边际效果明显递减，既要全面化解产能过剩，也要通过发挥市场机制作用探索未来产业发展方向，必须全面把握总供求关系新变化，科学进行宏观调控。

这些趋势性变化说明，我国经济正在向形态更高级、分工更复杂、结构更合理的阶段演化，经济发展进入新常态。"新常态下，我国经济发展表现出速度变化、结构优化、动力转换三大特点，增长速度要从高速转向中高速，发展方式要从规模速度型转向质量效率型，经济结构调整要从增量扩能为主转向调整存量、做优增量并举，发展动力要从主要依靠资源和低成本劳动力等要素投入转向创新驱动。这些变化不依人的意志为转移，是我国经济发展阶段性特征的必然要求。"[①] 因此，认识新常态，适应新常态，引领新常态，就成为当前和今后一个时期我国经济发展的大逻辑。

---

① 习近平：《关于〈中共中央关于制定国民经济和社会发展第十三个五年规划的建议〉的说明》，新华网，2015 年 11 月 3 日。

## 三、新常态下中国经济发展要依靠"多元动力"

保持中高速发展，既是新常态下中国经济发展的基本特征，也是中国经济发展的基本要求。因为只有保持住中高速发展，才能实现转方式、调结构、惠民生的发展目标，才能实现充分就业、居民增收和社会稳定，才能不断夯实全面建成小康社会奋斗目标的物质基础。

然而，要在新常态下实现中高速发展，单纯依靠扩大有效需求，即投资、消费、出口这"三驾马车"拉动是不够的，还要千方百计扩大有效供给，通过提高各种生产要素的配置效率，特别是劳动生产率来推动和促进经济发展。单纯依靠资源能源和生产要素量的扩张投入就不够了，还要不断优化产业结构和区域经济结构，大力培植新技术和新产业，不断释放结构转换动力。对此，习近平总书记指出："新常态下中国经济增长更趋平稳，增长动力更为多元。"[1] 并进一步指出："后国际金融危机时期，增长动力从哪里来？毫无疑问，动力只能从改革中来、从创新中来、从调整中来。我们要创新发展理念，从传统的要素驱动、出口驱动转变为创新驱动、改革驱动、通过结构调整释放内生动力。"[2]

第一，科技创新驱动发展："创新是引领发展的第一动力"。

新中国成立后特别是改革开放以来后，我们党一贯强调要增强自主创新能力。继邓小平提出"科学技术是第一生产力"的论断后，党中央先后于1995年、2002年、2006年分别提出科教兴国战略、人才强国战略、建立创新型国家战略。2012年，党的十八大报告又第一次将"实现创新驱动发展战略"写入党代会报告，强调科技创新是提高社会生产力和综合国力的战略支撑，必须摆在国家发展的核心地位。党的十八大以来，习近平总书记高度

---

[1] 习近平:《谋求持久发展　共筑亚太梦想——在亚太经合组织工商领导人峰会开幕式上的演讲》,《人民日报》2014年11月10日。

[2] 习近平:《在亚太经合组织第二十二次领导人非正式会议上的开幕词》,《人民日报》2014年11月12日。

重视创新，重视新常态下创新驱动发展动力的培育。2013 年 9 月 30 日，中央政治局专门以实现创新驱动发展战略为题，进行集体学习。为了唤醒全社会的创新意识，增强提高自主创新能力的自觉性，习近平总书记多次在不同场合强调技术创新、倡导创新驱动，希望全社会都要增强自主创新的紧迫感。2014 年 6 月 9 日，习近平总书记在中科院第十七次院士大会、工程院第十二次院士大会上的讲话中强调指出："不能想象我们能够以现有发达水平人口消耗资源的方式来生产生活，那全球现有资源都给我们也不够用！老路走不通，新路在哪里？就在科技创新上，就在加快从要素驱动、投资规模驱动发展为主向以创新驱动发展为主的转换上。"[①] 2014 年 8 月 18 日，习近平总书记在主持召开中央财经领导小组第七次会议时的讲话又再次强调，"创新始终是推动一个国家、一个民族向前发展的重要力量。我国是一个发展中大国，正在大力推进经济发展方式转变和经济结构调整，必须把创新驱动发展战略实施好"。要 "增强科技进步对经济增长的贡献度，形成新的增长动力源泉，推动经济持续健康发展"[②]。2015 年 3 月 5 日，习近平总书记在参加十二届全国人大三次会议上海代表团审议时的讲话中更进一步地强调："创新是引领发展的第一动力。抓创新就是抓发展，谋创新就是谋未来。适应和引领我国经济发展新常态，关键是要依靠科技创新转换发展动力。"[③]为此，一是必须破除阻碍和制约创新的体制机制，深入推进科技与经济的紧密结合，促进产学研的深度融合，实现科技同产业的无缝对接，打通从科技强到产业强、经济强、国家强的通道，加快建立健全国家创新体系，让一切创新源泉充分涌流。二是必须重视发挥人才是第一资源的作用，鼓励大众创业万众创新。正像习近平总书记所说："人才是创新的根基，创新实质上是

---

① 习近平：《在中科院第十七次院士大会、工程院第十二次院士大会上的讲话》，《人民日报》2014 年 6 月 10 日。

② 习近平：《主持召开中央财经领导小组第七次会议时的讲话》，《人民日报》2014 年 8 月 19 日。

③ 习近平：《参加十二届全国人大三次会议上海代表团审议时的讲话》，《人民日报》2015 年 3 月 6 日。

人才驱动，谁拥有了一流创新人才，谁就拥有了科技创新的优势和主导权。要择天下英才而用之，实施更加积极的创新人才引进政策，集聚一批站在行业科技前沿、具有国际视野和能力的领军人才。"① 同时"要最大限度地调动科技人才的创新积极性，尊重科技人才的创新自主权，大力营造勇于创新、鼓励创新、宽容失败的社会氛围"②。三是必须提高自主创新能力。习近平总书记指出："实施创新驱动战略，最根本的是要增强自主创新能力，最紧迫的是要破除体制机制障碍，最大限度解放和激发科技作为第一生产力所蕴藏的巨大潜能。"因为"只有把核心技术掌握在自己手中，才能真正掌握竞争和发展的主动权，才能从根本上保障国家经济安全、国防安全和其他安全"。所以"我们不能在这场科技创新的大赛场上落伍，必须迎头赶上、奋起直追、力争超越"③。

第二，扩大内需拉动发展："扩大内需是中国经济自主性增长的关键"。

十八大之前的历次党代会，都强调重视开发国内市场，强调最大限度地满足国内老百姓物质文化生活生活水平提高的需要。特别是受 1998 年亚洲金融危机和 2008 年国际金融危机的影响，我们党自觉把扩大内需确立为经济发展的基本立足点和长期的战略方针。党的十八大后，以习近平为总书记的党中央更加强调要用好我国经济的巨大韧性、潜力和回旋余地，加快构建扩大内需长效机制，着力扩大消费需求，切实把扩大内需作为拉动中国经济增长的主要动力。

要扩大内需，难题是如何扩大消费需求。尽管 2014 年居民消费对我国 GDP 总量的贡献率已经达到 51.2%，但远低于世界 61% 的平均水平，同时也低于中等收入国家 55% 的平均水平。要扩大居民消费需求，前提还是要深化收入分配制度改革，逐步提高劳动所得占初次收入分配的比重和居民所

---

① 习近平：《参加十二届全国人大三次会议上海代表团审议时的讲话》，《人民日报》2015 年 3 月 6 日。

② 习近平：《考察中国科学院工作时的讲话》，《人民日报》2013 年 7 月 18 日。

③ 习近平：《在中科院第十七次院士大会、工程院第十二次院士大会上的讲话》，《人民日报》2014 年 6 月 10 日。

得占国民收入分配的比重，确保居民收入增长不低于经济增长速度，同时还必须通过健全社会保障制度减少居民消费的后顾之忧。对此，习近平总书记指出："把落实收入分配制度、增加城乡居民收入、缩小收入分配差距、规范收入分配秩序作为重要工作，着力解决人民群众反映突出的问题。"① 同时，要加强民生保障，提高人民生活水平。"要按照'守住底线、突出重点、完善制度、引导舆论'的思想做好民生工作。重点是保障低收入人民群众基本生活，做好家庭困难学生资助工作……要加强城乡社会保障体系建设，继续完善养老保险转移接续办法，提高统筹层次。"②

扩大内需重点还是要重视扩大投资。像我们这样一个正处在工业化和城镇化加速发展时期的发展中大国来讲，基础设施建设和公共服务需求仍有巨大的需求空间，进而产生巨大的投资需求。习近平总书记指出："推进城镇化是解决农业、农村、农民问题的重要途径，是推动区域协调发展的有力支撑，是扩大内需和促进产业升级的重要抓手，对全面建成小康社会、加快推进社会主义现代化具有重大现实意义和深远历史意义。"③ 特别是"城乡公共基础设施投资潜力巨大，要加快改革和创新投融资体制机制。"④

第三，结构优化提升发展："加快由中低端向中高端迈进"。

推动经济结构战略性调整，是经济发展方式转变的主线，是提高经济发展质量的根本条件，更是促进经济发展的重要动力。习近平总书记认为："把经济发展抓好，关键还是转方式、调结构，推动产业机构加快由中低端向中高端迈进。"⑤ 国际金融危机后的世界经济深度调整，为迎接新工业革命而进行的再工业化、再平衡成为潮流。因此，习近平总书记强调："加快推进经济结构战略性调整是大势所趋，刻不容缓。国际竞争历来是就是时间和

---

① 《习近平关于全面深化改革论述摘编》，中央文献出版社 2014 年版，第 92 页。

② 习近平：《在 2012 年中央经济工作会议上的讲话》，《人民日报》2012 年 12 月 17 日。

③ 习近平：《在中央城镇化工作会议上的讲话》，《人民日报》2013 年 12 月 15 日。

④ 习近平：《主持召开中央财经领导小组第九次会议时的讲话》，《人民日报》2015 年 2 月 11 日。

⑤ 习近平：《在江苏调研时的讲话》，《人民日报》2014 年 12 月 14 日。

速度的竞争，谁动作快，谁就能够抢占先机，掌控制高点和主动权；谁动作慢，谁就会丢失机会，被别人甩在后边。"① 要推动产业结构调整，首先就是要化解过剩产能，加快传统产业升级改造。近年来，我国经济发展中存在的一个最突出的问题是传统产业产能过剩，"两高一资"行业尤为明显。据有关资料显示，目前我国工业企业产能利用率只有78%左右。其中，钢铁、水泥、电解铝、焦炭、船舶、光伏等行业主要产品产能利用率不到50%。这不仅造成巨大的投资与资源的浪费，而且导致大量的环境污染。老百姓对此怨声载道。对此，习近平总书记明确指出："现在不拿出壮士断腕的勇气，将来付出的代价必然更大。""要决战决胜打好调整经济结构、化解过剩产能这场攻坚战。"②

第四，城乡区域协调促进发展："发展差距意味着发展潜力"。

当前，中国经济发展不平衡的矛盾集中体现在城乡之间和区域之间发展差距不断扩大上。差距就意味着潜力。在全面建成小康社会的决战阶段，不断缩小并逐步消灭这两大差距，不仅是实现全面建成小康社会的内在要求，而且是新常态下进一步促进中国经济平稳健康发展的重要引擎。

改革开放三十多年来，我国广大农村面貌都发生了巨大变化，但由于自然条件和发展水平不同，城乡之间、农村与农村之间还存在着很大的发展差距，农村真穷、农民真苦的问题还在一些贫困地区普遍存在，要解决这个问题，习近平总书记指出："小康不小康，关键看老乡。一定要看到，农业还是'四化同步'的短腿，农村还是全面建成小康社会的短板。中国要强，农业必须强；中国要美，农村必须美；中国要富，农民必须富。农业基础稳固，农村和谐稳定，农民安居乐业，整个大局就有保障，各项工作都会比较主动。"③ 因此，"我们既要有工业化、信息化、城镇化，也要有农业现代化和新农村建设，两个方面要同步发展。要破除城乡二元结构，推进城乡发展一

① 习近平：《在广州主持召开经济工作座谈会时的讲话》，《人民日报》2012年12月11日。

② 习近平：《在参加河北省委民主生活会时的讲话》，《人民日报》2013年9月26日。

③ 习近平：《在中央农村工作会议上的讲话》，《人民日报》2013年12月25日。

体化，把广大农村建设成农民幸福生活的美好家园"①。

要破除城乡二元结构，推进城乡发展一体化，必须协调推进农业现代化、新农村建设和新型城镇化，形成双轮驱动。一方面通过推进农业现代化和新农村建设，充分发挥亿万农民主体作用和首创精神，不断解放和发展农村社会生产力，激发农村发展活力，从而不断增加农民收入，最大限度地释放农村消费力。另一方面要在推进城镇化过程中谋划农业和农村发展，避免"两张皮"，努力实现城乡规划和基础设施一体化、城居民基本权益平等化、基本公共服务均等化、城乡居民收入均衡化的新局面。

我国幅员辽阔，区域发展回旋余地大，促进区域协调发展，是新常态下推进中国经济发展的另一重要引擎。新世纪以来，我国逐步形成了西部开发、东北振兴、中部崛起、东部率先的区域发展总体战略。特别是随着主体功能区战略的不断实施，我国地区之间的发展差距呈现出日益缩小的趋势。在广大的中西部地区正逐步形成一些新的经济增长极。党的十八大后，以习近平同志为总书记的党中央继续深入实施区域发展总体战略，坚定不移地实施主体功能区战略，重视创新区域发展政策，着力促进区域协调发展，尤其重视老少边穷地区的发展。为此，党中央和国务院创造性地提出旨在促进东中西部协调发展和西部地区对外开放的"一带一路"、京津冀协同发展、长江经济带三大区域发展战略。随着三个区域发展战略的深入实施，不仅区域发展差距会进一步缩小，而且会形成许多新的增长极或增长带，进而为新常态下中国经济稳定健康可持续发展提供新的能量。具体到京津冀协同发展战略，习近平总书记指出："通过疏解北京非首都功能，调整经济结构和空间结构，走出一条内涵集约发展的新路子，探索出一种人口密集地区优化开发的模式，促进区域协调发展，形成新增长极。"②

第五，生态文明推动发展："改善生态环境就是发展生产力"。

党的十八大从实现中华民族伟大复兴和永续发展的全局出发，首次把

---

①　习近平：《在湖北考察改革发展工作时的讲话》，《人民日报》2013年7月24日。

②　习近平：《主持召开中央财经领导小组第九次会议时的讲话》，《人民日报》2015年2月11日。

"美丽中国"作为生态文明建设的宏伟目标，把生态文明建设摆上了中国特色社会主义五位一体总体布局的战略位置。对此，习近平总书记指出："建设生态文明，关系人民福祉、关乎民族未来。党的十八大把生态文明建设纳入中国特色社会主义事业五位一体总体布局，明确提出大力推进生态文明建设，努力建设美丽中国，实现中华民族永续发展。这标志着我们对中国特色社会主义规律认识的进一步深化，表明了我国加强生态文明建设的坚定意志和坚强决心。"[①]

建设生态文明推动发展，首先要正确处理经济发展和保护生态环境的关系。习近平总书记指出："我们既要绿水青山、也要金山银山。宁要绿水青山、不要金山银山，而且绿水青山就是金山银山。"[②] 因此，"要正确处理经济发展同生态环境保护的关系，牢固树立保护生态环境就是保护生产力、改善生态环境就是发展生产力的理念，更加自觉地推进绿色发展、循环发展、低碳发展，决不能以牺牲环境为代价去换取一时的经济增长"[③]。

其次，要坚持绿色、循环、低碳发展，推动生产方式绿色化。从根本上缓解我国经济发展与资源环境之间的矛盾，出路在于必须构建起科技含量高、资源消耗低、环境污染少的产业结构，加快推进生产方式绿色化，有效降低经济发展的资源环境代价。习近平总书记指出："节约资源是保护生态环境的根本之策。""大部分对生态环境造成破坏的原因是来自对资源的过度开发、粗放型使用。如果竭泽而渔，最后必然是什么鱼也没有了，因此，必须从资源使用这源头抓起。"[④] 他强调，要加快发展绿色产业，形成经济社会发展新增长点。要大力发展循环经济，促进生产、流通、消费过程的减量化、再利用、资源化。

第六，全面改革保障发展："改革开放是中国发展进步的活力之源"。

---

① 习近平：《在十八届中央政治局第六次集体学习时的讲话》，《人民日报》2013 年 5 月 25 日。

② 习近平：《在哈萨克斯坦纳扎尔巴耶夫大学的演讲》，《人民日报》2013 年 9 月 8 日。

③ 《习近平关于全面深化改革论述摘编》，中央文献出版社 2014 年版，第 107 页。

④ 引自《瞭望》2015 年第 26 期。

改革开放三十多年来，我们党靠什么来振奋民心、统一思想、凝聚力量？靠什么来激发全体人民的创造精神和创造活力？靠什么来实现我国经济社会快速发展、在与资本主义竞争中赢得比较优势？靠的就是改革开放。因此，习近平总书记指出："改革开放是当代中国发展进步的活力之源，是党和人民事业大踏步赶上时代的重要法宝。"①"我们正在推行的全面深化改革，既是对社会生产力的解放，也是对社会活力的解放，必将成为推动中国经济社会发展的强大动力。"②"我国发展走到今天，发展和改革高度融合，发展前进一步就需要改革前进一步，改革不断前进也能为发展提供强劲动力。"③

全面深化改革给中国经济社会发展带来的强大动力从哪里来？一是从使市场在资源配置中起"决定性"作用和更好发挥政府作用中来。习近平总书记指出："经济发展就是要提高资源尤其是稀缺资源的配置效率，以尽可能少的资源投入生产尽可能多的产品、获得尽可能大的效益。理论和实践都证明，市场配置资源是最有效率的形式。"④然而，这并不否认政府在推动和保证经济平稳健康发展中的特殊作用。习近平总书记强调："在市场作用和政府作用的问题上，要讲辩证法、两点论，'看不见的手'和'看得见的手'都要用好，努力形成市场作用和政府作用的有机统一、相互补充、相互协调、相互促进的格局，推动经济社会持续健康发展。"⑤二要从继续毫不动摇巩固和发展公有制经济，毫不动摇鼓励、支持、引导非公有制经济发展，大力发展混合所有制经济中来。习近平总书记指出："国有资本、集体资本、非公有资本等交叉持股、相互融合的混合所有制经济，是基本经济制度的重

①　习近平：《在武汉主持召开部分省市负责人座谈会时的讲话》，《人民日报》2013年7月25日。

②　习近平：《谋求持久发展　共筑亚太梦想——在亚太经合组织工商领导人峰会开幕式上的演讲》，《人民日报》2014年11月10日。

③　习近平：《在中央全面深化改革领导小组第十八次会议的重要讲话》，新华网，2015年11月9日。

④　习近平：《关于〈中共中央关于全面深化改革若干重大问题的决定〉的说明》，新华网，2013年11月15日。

⑤　《"看不见的手"和"看得见的手"都要用好》，2014年5月26日，载《习近平谈治国理政》，外文出版社2014年版，第116页。

要实现形式，有利于国有资本放大功能、保值增值、提高竞争力。"[1] 同时，"鼓励非公有制企业参与国有企业改革，鼓励发展非公有资本控股的混合所有制企业，鼓励有条件的私营企业建立现代企业制度。"[2] 由此，公有制经济与非公有制经济平等竞争、相互补充、混合发展，进而使各类经济主体的发展活力竞相迸发。三是从"明确事权、改革税制、稳定税负、透明预算、提高效率，建立现代财政制度，发挥中央地方两个积极性中来"。[3] 四是从政府简政放权，扩大市场准入，实施负面清单制度，加快形成"大众创业万众创新"的新局面中来。

---

[1] 习近平:《关于〈中共中央关于全面深化改革若干重大问题的决定〉的说明》，新华网，2013 年 11 月 15 日。

[2] 习近平:《关于〈中共中央关于全面深化改革若干重大问题的决定〉的说明》，新华网，2013 年 11 月 15 日。

[3] 习近平:《关于〈中共中央关于全面深化改革若干重大问题的决定〉的说明》，新华网，2013 年 11 月 15 日。

# 第十二章　社会主义创新发展理论与实践

习近平指出："实践告诉我们，自力更生是中华民族自立于世界民族之林的奋斗基点，自主创新是我们攀登世界科技高峰的必由之路。"① 这是社会主义创新发展理论体系与实践体系的经典概括，也是中国发展经济学的核心思想，也是对经典政治经济学理论的发扬与光大。

## 一、创新是人类不断认识自然和改造自然的行动

创新是人类特有的不断认识自然和改造自然的过程。

人类为了生存与发展，就要不断与自然界抗争，感受自然、体会自然、认识自然、适应自然，有条件地改造生存环境。人类认识了电、发现了电的规律，利用电为人类服务；人类发现了石油，开采并利用石油，形成了开采、炼油、精化、塑料、尼龙、化纤、树脂、交通运输等行业和产品，为人类服务。人类所特有的不断认识自然利用自然的过程就是创新。

人类是群居动物，形成了人与人之间的相互关系，伦理之分、等级之分、职位之分、地位之分、职业之分，分工提高了效率、分工节约了劳动，分工创造了更多财富。人类群居行为性形成了人类社会，形成了家庭组织、商业组织、社会组织、国家组织。人类所特有的不断认识社会和改造社会的过程就是创新。

人类的生存与发展从来都没有停止过创新，从古人类到现代人类都是孜

① 《习近平谈治国理政》，外文出版社 2014 年版，第 122 页。

孜不倦地探索自然，求索规律，探索社会，求得真理，创新是永恒的事业。

远古人类对火的发现和利用是一场伟大的创新，使人们能够吃到用火烧熟了的食物，使人们可以感受火带来的热量用以御寒，推进了古人类基因的改变，促进了脑的发育和四肢的分工，使得人类不断繁衍进化到现代文明社会。创新功不可没。

中国古代火药、指南针、造纸、印刷术"四大发明"，促进了生产效率大幅度提高，改变了战争形态，认识了地势地貌，改变了信息记录方式，极大推进了人类文明与进步。创新功不可没。

现代社会，人类创新活动更加活跃，创新领域更加广泛，创新成果更加精细，创新手段更加高级。出现了创新群、创新链、创新包、创新平台，极大推进劳动工具和劳动手段高级化，深刻影响了生产力和生产关系。创新功不可没。石油的发现和利用，使人类获得了新型能源和工业原料，促进了石油化工业的发展，推进了一系列产业的涌现，进入到内燃机时代，促进了汽车的发明、飞机的发明、巨型轮船的发明，从而改变了人类交通运输方式，出现了海陆空立体交通运输系统，极大提高了社会文明和进步，极大提高了社会经济运行效率。无线电波的发现和利用，使人类获得了发明和制造收音机、电报机、电视机、手持电话的机会，形成了广播网、电话网、电视网、互联网等现代通信网络，极大方便了人们通信交流，促进货币电子化时代的到来，产生了电子票务系统、电子结算系统、电子账务系统、电子税务系统、电子统计系统、电子登记系统、电子个人信息系统等等，极大方便了海量信息管理，生成了大数据。创新功不可没。

人类神奇的创新活动，还在继续创造着人类神奇。

## 二、社会主义创新发展理论借鉴人类所有文明

人类文明进步是逐步积累的过程，不同的学说汇聚，肯定、否定、再肯定、再否定，循环往复，不断进步，每一次循环都向高级形态前进。马克思、熊彼特、邓小平等伟人都对技术创新和技术革命的作用做出过重要论

述，成为政治经济学说体系中的重要组成部分，也为中国特色社会主义政治经济学奠定了理论基础。

### 1. 马克思的理论

创新理论的突出贡献者是马克思，马克思主义政治经济学认为：生产力决定生产关系，生产关系反作用于生产力。有什么样的生产力就会有什么样的生产关系，反过来有什么样的生产关系就会适应什么样的生产力。生产力是由人、劳动工具和劳动对象构成的，生产力是最活跃的要素。由于人类不断出现的发明和创造，极大改变了生产工具，大幅度提高效率，甚至延伸了人类无法直接达到的境界，触角向远、深、大、微四个领域延伸。远，就是离开地球、能走得很远，甚至到达月球和火星，人类走得越远人越有本事。深，向地下走，深海探险、千米深井，探索地球深处，获得地下资源，人类走得越深入越有本事。大，人造工程越来越大，摩天大楼、巨型工程、跨海大桥、巨型山洞，人造工程越大人越有本事。微，向微观世界进军，细胞、分子、原子、原子核、电子、基本粒子，探索微观世界，人类探索的微观世界越深邃人越有本事。

马克思在《哲学的贫困》《政治经济学批判》《资本论》等著作中对生产力和生产关系，科学技术与经济、技术与社会、创新与发展等方面都做出了精辟的论述。

在《资本论》中，马克思指出："劳动者用物的、机械的、物理的和化学的属性，以便把这些物当作发挥力量的手段，依照自己的目的作用于其他的物。"[①] 可见，科学是客观存在的自然规律的集合，而技术是人类特有的，是人类认识了自然规律，上升为科学以后，运用规律有目的人为创造出来的方法和手段，这一过程呈现出来一系列的创新行为，包括：发现、发明、改进与创造。

马克思指出："劳动生产力是由多种情况决定的，其中包括：工人的平均熟练程度，科学的发展水平和它在工艺上应用的程度，生产过程的社会结

---

① 《资本论》第一卷，人民出版社 1995 年版，第 203 页。

合，生产资料的规模和效能，以及自然条件。"① "而劳动生产力是随着科学和技术的不断进步而不断发展的。"②

马克思反复强调科学技术对生产领域的作用，实际上就是强调人对科学技术的掌握程度，这个过程无疑是人类智慧迸发的过程，是创新行动。如果没有人类的智慧，科学发现和科学发明就不会存在，如果没有人类的智慧，自然界的客观存在永远是客观存在，不会出现用自然改造自然的奇迹。人类智慧与客观自然的有机结合，才会出现生机勃勃的繁荣世界，创新表现出来的魅力才会淋漓尽致。

人类的创新活动，按照其先后关系，可以分为认识自然和改造自然两种活动。

认识自然是第一步，直接表现出来的是人与自然的相互作用关系，以及人与社会之间的相互作用的关系，人类抽象出来的客观存在。

改造自然是第二步，是人能动地运用自然规律反作用于自然，在有限范围内运用自然力人为创造出来适合人类更好生存和发展的条件。这一过程是人与自然关系的升华。

自然力不能创造价值，但是，人可以运用自然力，为人更高效地创造价值提供条件，谁运用得好，谁的效率就高，谁先运用谁就先受益。因此，谁的创新能力强，谁就多收益、先收益。

马克思指出："随着一旦已经发生的、表现为工艺革命的生产力革命，还实现着生产关系的革命。"③ 根据马克思的论断，人类的创新活动除了科技领域创新，还有社会变革，即社会领域中的创新活动，这些创新活动包括组织变革、制度变革、运行机制变革、体制变革，关系协调，等等方面。人类也总是不断地调整社会关系，不断调整经济关系，不断调整外交关系，不断调整政治关系，关系的协调也是创新活动。

---

① 《资本论》第三卷，人民出版社 1995 年版，第 10 页。
② 《资本论》第一卷，人民出版社 1995 年版，第 505 页。
③ 《马克思恩格斯全集》第 47 卷，人民出版社 1979 年版，第 473 页。

## 2. 熊彼特的理论

创新理论的又一位杰出贡献者，是著名经济学家约瑟夫阿罗斯·熊彼特（J.A.Joseph Alois Schumpeter（1883—1950）（美籍奥地利经济学家）。在1912 年出版的《经济发展理论》一书中，熊彼特提出了自己的创新理论，其核心思想集中在五个方面：

一是，创新引起经济增长。社会经济活动中，只要有创新和模仿，经济就会增长，只要有模仿的失误或者失败，尤其是过度投资，经济就会停滞或者衰退。创新开辟新的发展道路，赢得利润，引起其他人效仿，就会掀起更大的创新浪潮，从而使经济走向高涨。当较多的企业模仿同一创新后，创新浪潮消逝，经济停滞，如果要再度增长必须有新一轮创新出现，只有不断创新，才能保证经济持续增长。

二是，企业家是主要创新群体。创新的主体（或者承担者）只能是企业家，企业家的创新活动是经济兴起和发展的主要原因，只有企业家才能组织完成技术创新活动。企业家有眼光，能看到市场潜在的商业利益。企业家有能力、有胆略敢于承担市场失败的风险。企业家有经营能力，善于动员和组织社会资源实现生产要素的新组合，获得市场利益。

三是，创新是经济学范畴的活动。创新就是建立一种新的生产函数，把一种从来没有过的关于生产要素和生产条件的新组合引入生产体系。包括五个方面：采用一种新产品，创造消费者还不熟悉的新产品，或者与过去产品有本质区别的新产品；采用一种新的生产方法，采用一种该产业部门从未使用过的方法进行生产和经营；开辟新市场，开辟有关国家或者某一特定产业部门以前尚未进入的市场，不管其过去是否存在；获得新的供应资源，获得原材料或者半成品的新供应来源，不管这种来源过去是否存在；实行新的组织形式形成新的组织形态，建立或者打破某种垄断。

四是，创新是周期性波浪式推进的。创新能够导致经济增长，且呈现周期性波浪式前进，繁荣——衰退——萧条——复苏，四个阶段周而复始不断往复，每一次往复都是由创新启动的。长周期（长波）约为 50 年，又称为"康氏之波"（Kondratieff Cycle），由苏联专家尼古拉·康德拉捷夫（Nikolai

D.Kondratieff）于1926年提出并命名；中周期(中波）约为10年，又称为"尤氏之波"（Juglar Cycle），由法国专家克莱门·尤格拉（Clement Juglar）于1860年提出并命名；短周期（短波）约为40个月（近三年半），又称为"基氏之波"（Kitchin Cycle），由美国专家约瑟夫·基钦（Joseph Kitchin）于1923年提出并命名。3个短波构成1个中波，18个短波构成1个长波。每一个周期都是由创新活动发端的。

五是，创新促进社会形态进步。只要社会不断进行创新，社会制度就将不断更迭，在社会化大生产体系下，生产技术条件日趋复杂化，管理工作的内在联系日趋紧密，每个人的工作性质也随之变化，人们之间的生产关系也将随之变化，社会利益机制和格局也会发生变化，社会生产方式以及相应的生产关系也会随之变化，不断向高效率的制度方向演进，促进社会变革，不断由低级向高级、由简单向复杂演变。

### 3. 新中国成立以来科技创新和管理创新的理论

1949年10月新中国成立，开创了中国历史上的新纪元。中国共产党带领全国人民开始了建设社会主义新中国的伟大征程，这是中国历史上的巨大理论创新、制度创新和管理创新。经过艰苦奋斗，形成了一整套适合当时中国国情的管理方式和方法，将一穷二白的旧中国建设成为日新月异、蒸蒸日上的新中国。

党的十一届三中会议树立了里程碑，国家建设重点转为以经济建设为中心，坚持改革开放，开创了建设中国特色社会主义的伟大征程，这是中国历史上的又一次巨大理论创新、制度创新和管理创新，经过30多年的建设，经济高速增长，科技不断进步，生产不断发展，中国已经发展成为世界第二大经济体，人民生活水平和社会文明程度取得巨大进步，进入全面建成小康社会的时期。形成了一系列科技创新和管理创新的理论、方法和实践经验。

邓小平同志1978年在全国科学大会上阐述道："现代科学技术正在经历着一场伟大的革命。近三十年来，现代科学技术不只是在个别的科学理论上、个别的生产技术上获得了发展，也不只是有了一般意义上的进步和改革，而是几乎各门科学技术领域都发生了深刻的变化，出现了新的飞跃，产生了并且正在继续产生一系列新兴科学技术。现代科学为生产技术的进步开辟道路，决定它的发展方向。"邓小平于 1988 年 9 月 5 日在会见捷克斯洛伐克总统胡萨克时的谈话中指出："马克思说过，科学技术是生产力，事实证明这话讲得很对。依我看，科学技术是第一生产力。"这是邓小平同志对近代科学技术发展及其作用的观察得出来的深刻结论，显示出来国家对创新事业的认识和理解不断深入，上升到马克思主义的高度，不仅仅继承和发扬得马克思主义，而且创新了马克思主义。

十六大报告指出：创新是一个民族进步的灵魂，是一个国家兴旺发达的不竭动力，也是一个政党永葆生机的源泉。实践基础上的理论创新是社会发展和变革的先导。通过理论创新推动制度创新、科技创新、文化创新以及其他各方面的创新，不断在实践中探索前进，永不自满，永不懈怠，这是我们要长期坚持的治党治国之道。创新就要不断解放思想、实事求是、与时俱进。实践没有止境，创新也没有止境。我们要突破前人，后人也必然会突破我们。这是社会前进的必然规律。我们一定要适应实践的发展，以实践来检验一切，自觉地把思想认识从那些不合时宜的观念、做法和体制的束缚中解放出来，从对马克思主义的错误的和教条式的理解中解放出来，从主观主义和形而上学的桎梏中解放出来。要坚持马克思主义基本原理，又要谱写新的理论篇章，要发扬革命传统，又要创造新鲜经验。善于在解放思想中统一思想，用发展着的马克思主义指导新的实践。

创新事业是要站在巨人的肩膀上再有所作为。这就需要有两个基本前提：一是找到巨人，认识巨人，知道巨人是谁；二是自己有能力爬到巨人肩膀上。只有满足这两个前提，才可能会有所作为。现在我们已经找到了巨人，这就是马克思主义，以及历代革命家、科学家群体。现在我们已经到达巨人的肩膀，中华民族经过百年浴血奋战，已经建立了坚实的社会主义现代化建设基础，时代需要我们有所作为，而且要大有作为。

十七大报告指出：提高自主创新能力，建设创新型国家。这是国家发展战略的核心，是提高综合国力的关键。要坚持走中国特色自主创新道路，把增强自主创新能力贯彻到现代化建设各个方面。认真落实国家中长期科学和技术发展规划纲要，加大对自主创新投入，着力突破制约经济社会发展的关键技术。加快建设国家创新体系，支持基础研究、前沿技术研究、社会公益性技术研究。加快建立以企业为主体、市场为导向、产学研相结合的技术创新体系，引导和支持创新要素向企业集聚，促进科技成果向现实生产力转化。深化科技管理体制改革，优化科技资源配置，完善鼓励技术创新和科技成果产业化的法制保障、政策体系、激励机制、市场环境。实施知识产权战略。充分利用国际科技资源。进一步营造鼓励创新的环境，努力造就世界一流科学家和科技领军人才，注重培养一线的创新人才，使全社会创新智慧竞相迸发、各方面创新人才大量涌现。

建设创新型国家这是国家建设的方向，方向决定战略，战略决定路线，路线决定策略，策略决定方法，方法决定效率，效率决定目标是否会实现。只有创新型国家才是有活力的国家，只有善于创新的民族才是伟大的民族。中国自古以来就是具有创新传统的国家，中华民族自古以来就是善于创新的民族，现在要站在新的起点上，面向未来，投身于新的技术创新与技术革命，投身于新产业创新与产业革命，投身于新的社会创新与社会革命。

十八大报告指出：实施创新驱动发展战略。科技创新是提高社会生产力和综合国力的战略支撑，必须摆在国家发展全局的核心位置。要坚持走中国特色自主创新道路，以全球视野谋划和推动创新，提高原始创新、集成创新和引进消化吸收再创新能力，更加注重协同创新。深化科技体制改革，推动科技和经济紧密结合，加快建设国家创新体系，着力构建以企业为主体、市场为导向、产学研相结合的技术创新体系。完善知识创新体系，强化基础研究、前沿技术研究、社会公益技术研究，提高科学研究水平和成果转化能力，抢占科技发展战略制高点。实施国家科技重大专项，突破重大技术瓶颈。加快新技术新产品新工艺研发应用，加强技术集成和商业模式创新。完善科技创新评价标准、激励机制、转化机制。实施知识产权战略，加强知识产权保护。促进创新资源高效配置和综合集成，把全社会智慧和力量凝聚到创新发展上来。

坚定走中国特色自主创新发展的道路，实施创新驱动发展战略，明确原始创新、集成创新、引进消化吸收再创新方法，要在科技领域创新和社会领域创新有所作为，持续努力、持续奋斗、扎扎实实、潜心钻研，长期不懈，就会大有作为。

十八届三中会议做出决定全面深化改革与创新事业，会议指出：全面深化改革的总目标是完善和发展中国特色社会主义制度，推进国家治理体系和治理能力现代化。全面推进改革开放和创新，完善基本经济制度，完善现代市场体系，加快政府职能转变，发展城乡一体化体制机制，深化财税改革，加强社会主义民主法治建设，依法治国，从严治党，推进文化体制机制创新，推进社会事业改革创新，推进社会治理体制创新，建设生态文明。

改革就是创新，就是调整某些不适应的方面或做法，适应新环境适应新要求；开放就是创新，就是由原来的局部经济扩展为大局经济，由原来的计划经济转变为社会主义市场经济，对世界上有效的管理方式和管理方法借鉴吸收，创造新的管理方法、管理体制和管理机制。建设有中国特色的社会主义市场经济本身就是巨大的创新工程。形成了马克思主义中国化的一系列创新成果，全面继承发展和创新了马克思主义。

## 三、市场竞争演变为创新竞争

现代社会运行特点集中体现在新事物层出不穷，人类创新活动更加活跃，出现了世界经济全球化、区域经济一体化趋势，出现了经济发展国际分工，产业链分工细化，资源供给全球化，市场消费全球化，商机分布全球化，竞争已经成为基本经济规律。国家之间的竞争已经演变为创新能力的竞争，国家之间的竞争已经演变成为标准之间的竞争，演变成为货币体系、金融体系、产业体系、经济管理体系之间的竞争，演变成为创新能力的竞争。

创新能力是国家之间文明程度比较的重要指标，企业是一个国家国际竞争力的集中体现，也是担当国家创新事业的主体力量，企业群体的国际竞争力强，则国家的竞争力就强；企业群体的国际竞争力弱，则国家的竞争力就弱。而企业竞争力的主要来源就是集中在企业的创新能力。当代国际跨国公司竞争特点突出表现在：行业占位竞争、资本体量竞争、创新能力竞争和商业模式竞争四个方面。行业的体量决定企业的命运，企业的占位决定企业的发展。

### 1. 行业占位竞争

当代是指进入 21 世纪以来的时期，在这一时期出现最先进的全球通信系统，出现最先进的全球交通系统。"时间无距离""空间无距离"，时空被大大压缩。国际分工更加细化，以产业链联动的行业竞争上升为主要竞争形态，企业之间的竞争演变成为行业之间的竞争。

以世界 500 强企业为例。1995 年度，企业数量行业前后排名前 10 位的分别是：商业银行以及储蓄机构、保险、批发零售、电子和电器设备、通信邮政、石油提炼、汽车及零件、贸易、化学制造及化妆品、航空铁路海运业。其中，前 5 个行业企业数量集中度达到 47% 以上，由此可见行业集中度相当明显。行业的性质决定了企业的命运，企业的站位决定企业的发展。如果行业的规模属性不够，行业中的企业也不可能具有技术上的规模属性。

到 2015 年度，企业数量行业前后排名前 10 位的分别是：银行及储蓄、石油及石油制品、保险、电子电器、汽车及零部件、贸易零售、通信邮政、电力、工业制造、化工及制品。其他行业企业数量有限，这个现象证明：行业的资本有机构成决定行业的属性，有些行业要求具有生产技术上的规模经济，以获得成本优势；有些行业要求具有庞大的资本体量，以获得资本对资源的动员能力。

从 1995 年至 2015 年，金融业始终处于 500 强企业数量最多的行业，充分证明了金融业已经成为世界上最具产业规模的行业，是世界产业链分工中最高端的产业领域。

### 2. 资本体量竞争

世界 500 强企业中绝大部分都是具有强大资本体量和资本动员能力的企业，有多大的资本就做多大的事业。当经济上行时，企业可以凭借大举投资扩大规模，占有先机，增强直接竞争能力，将资本体量过小的企业挤出直接对手行列之外。当经济下行时，企业可以凭借庞大资本体量补充亏损份额，将亏不起的企业挤出行业之外，除清竞争对手，清理市场空间。

资本是可以动员其他生产性资源的重要手段，大钱干大事，小钱干小事，没钱干不了事。

在世界 500 强企业中，2015 年度排在最后一位的是中国武汉钢铁公司，当年营业收入达到 237 亿 2090 万美元，利润 5450 万美元。如此庞大的经营管理能力和资本动员能力绝不是一般性企业所具有的。因此，自身资本拥有能力和资本动员能力，以及资本的经营管理能力都是跨国公司面对复杂的国际市场竞争所必须具备的。

### 3. 创新能力竞争

创新能力是企业之间直接竞争的领域，谁的创新能力强，能够引领行业发展，谁就会在竞争中处于优势地位。

在世界 500 强企业中，2015 年度，工业制造业企业有 49 席，电子电器行业有 35 席。这些企业几乎都是具有自己独立创新能力的企业，有些企业资本拥有数量并没有其他企业多，在比拼资本体量方面并不占优势。但是，在行业中的独立自主创新能力却是佼佼者，例如：微软公司（排名第 95 位），拜尔公司（排名第 178 位），英特尔公司（排名第 182 位），杜邦公司（排名第 324 位），等等。可见，企业独立创新能力已经成为创造行业标准的"领头羊"，一旦形成行业标准，就必然处于行业中的"前三甲"地位，由此形成行业中的相对垄断地位，即市场占有率在 40％以上，进入世界 500 强的概率大大提高。

还有些企业并没有进入世界 500 强，这是限于企业的经营额不够（500强企业是按照总经营额来计算，并以此排名的）；但是，却是同行业中的引领者，这样的企业同样是依靠独立的创新能力获得行业引领地位。比拼创新能力是当代国际企业之间竞争的重要领域。

### 4. 商业模式竞争

商业模式的概念是在 20 世纪 80 年代，随着网络公司这种业态出现以后才风靡开来的一个概念。究竟什么叫作商业模式，在经典的管理学教科书中，以及在经典的经济学教科书中很难找到。网络公司出现以后，其企业组织形态、运营形态、获利方法与传统企业完全不同，出现了虚拟状态的企业型态，新闻记者们不断在媒体上报导这类企业，讲出来一个词叫"商业模式"。虽然不同的报导有不同的说法，媒体上出现的频率多了，社会各界用得多了，习惯了，也就被接纳了。但是，至今商业模式这个概念并没有经典权威定义。

当代企业之间的竞争也聚焦在商业模式竞争。还是以世界 500 强企业为例，有些企业并没有独到的专有技术，也没有庞大的资本体量，为什么也能够取得发展成功？对比起来看是独到的经营管理做法。例如：沃尔玛（第 1 位），家乐福（第 64 位），谷歌公司（第 124 位），百事公司（第 141 位），华特迪士尼公司（排名第 214 位），可口可乐公司（排名第 232 位），耐克公司（排名第 425 位），麦当劳（排名第 434 位），等等。这些企业虽然分布在传统行业中，但是商业模式独特。例如：零售业中的沃尔玛、家乐福，采用的是"连锁超市"的商业模式，超越了传统的百货商场模式，取得成功；麦当劳在传统的餐饮行业中采用的是"连锁经营"和"特许经营"的模式取得成功；百事公司和可口可乐公司在食品业采用的是"构筑垄断壁垒"的模式取得成功；耐克公司在服装鞋帽业采用"虚拟经营"模式取得成功，有些企业创造了独到的经营模式取得成功，例如：华特迪士尼公司采用的是"体验式消费"模式取得成功；谷歌公司采用"网络公司"模式取得成功，等等。

当代企业商业模式的创建，是紧紧依赖于现代通信系统和现代交通系统的，中国的阿里巴巴公司创造了"网络平台"模式，由此宣告了"互联网+"时代的来临。

即：互联网 + 物联网 + 信联网 = 全息网 + ……

互联网是信息平台，物联网是物流平台，信联网是支付平台，合成为一个物理平台之上，创造出来与传统行业完全不同的新行业，即平台产业。形成了全新的商业模式。

新的商业模式可以支撑中小型企业做强做大，即使不能进入世界 500 强，但是足以成为行业中的佼佼者，极大提升企业的竞争力。

## 四、自主创新引领发展方向

### 1. 自主创新的含义

企业自主创新能力是指企业通过自身的努力或者联合攻关探索技术突破，并在此基础上完成技术的商品化，进而获得商业利润的创新活动。

企业自主创新能力还体现在企业对市场竞争局势的把握、企业内外部资源的利用整合、技术平台的拓展和延伸、核心技术及自主知识产权的拥有以及竞争优势的持续保持和扩大等。基于创新的技术特性，自主创新分为原始创新、集成创新和引进消化吸收再创新。

基于创新活动的特性，也可分为常规性自主创新与非常规性自主创新。基于创新技术突破的角度，可分为主导设计创新、核心元器件创新和产品架构创新。

自主创新能力中的"自主"是指谁主张做、怎么做，结果归谁。它对应不同的创新主体，本质上是创新的一种战略选择，其根本利益指向本国和本国人民的利益，"自主创新"的"主体"是多元的，但是能够构成中华民族引领能力的只能是那些本土资本具有绝对控制权或控股权的在中国注册的企业。

国家与国家之间经济实力的较量，往往体现在以知识产权为核心的自主创新能力的博弈上。企业自主创新能力关乎国家利益，国际化的竞争环境下，创新能力越来越成为企业参与竞争的核心要素，决定了企业的生死存亡和发展空间。

### 2. 提高企业自主创新能力具有战略意义

自主创新能力承载着企业可持续发展。企业作为一个以盈利为目的，运用各种生产要素，向市场提供商品或服务，实行自主经营、自负盈亏、独立核算的经济实体，可持续发展问题是企业的首要问题。在国家创新战略的引领下，一些企业坚守建设创新型企业的理念，分别以自主研发、合作创新、引进消化吸收再创新、国际化研发发展等创新发展模式在不同行业拔得头筹，为不同经济性质的企业创新发展提供了范例，如航天科技、海尔集团、华为公司等。

### 3. 自主创新能力保障企业运营质量和效益

自主创新的本质特点就是科技成果的转化及产业化过程。改革开放以来，中国依靠大量引进国外资本和先进技术、管理经验，有效促进了经济发展。但是核心技术和自主知识产权的匮乏，使中国对外技术依存度高达60%以上，部分行业甚至更高，而一般发达国家都在30%以下，美国和日本则低于5%。2010年，中国成为全球第一大制造国，多数企业从事加工、组装、制造等，按照微笑曲线原理来分析产业价值链各环节产值结构的变化，在价值链两端即微笑的嘴角，研究开发、产品设计、品牌营销等环节，附加值和利润高，而处于中段的加工、组装、制造等传统制造业企业，附加值和利润率低，常常陷入低端低价的无序竞争中。如果自主创新能力不足，经济发展与企业发展的质量和效益就无从谈起，而且处于产业链条分工中极为不利境地的企业，非常容易在市场竞争中边缘化甚至被淘汰。掌握市场和利润的控制权，必须通过自主创新加快企业结构、增长方式的转变。《中国企业自主创新评价报告（2014）》显示，中国自主创新进入厚积薄发新阶段，新兴领军企业表现突出，高新技术产业集中，市场拉动正在成为推动创新的主要力量。

### 4. 技术是企业核心竞争力的重要组成部分

技术来源于企业具有创新能力，创新包括战略创新、技术创新、管理创新、体制机制创新、商业模式创新、文化创新。创新就是调整内部行为提高企业运营效率，创新就是调整战略部署适应市场变化，创新能力是企业国际化发展的条件。企业既在创新中推进国际化，企业又在国际化中促进创新，将创新与国际化联动。世界上处于行业领先的国际企业都是具有创新能力的企业，通过企业自主创新创造出来世界领先的产品或技术，并将技术以法律形式形成标准，引领行业发展，创新型企业绝大多数都是行业发展的引领者。

### 5. 建设国家创新体系全面支持创新

中国已经建立了完整的国民经济体系，建立了完整的国家产业体系，建立了完整的国家重大工程项目研发创新体系，建立以高等院校、科研院所、企业技术创新中心"三位一体"社会科研创新体系，为提高原始创新、集成创新、引进消化吸收再创新能力提供了支持系统。截至 2014 年底，中国全年研究与实验发展（R&D）经费支出 13312 亿元，占当年国内生产总值（GDP）之比为 2.09%，其中，基础研究经费 626 亿元。累计建设国家工程研究中心 132 个，国家工程实验室 154 个，国家认定的企业技术中心 1098 家。受理境内外专利申请 236.1 万件，授予专利权 130.3 万件，有效专利已达到 464.3 万件。全年共签订技术合同 29.7 万项，技术合同成交额达到 8577 亿元[①]。

### 6. 补短板聚合力全面提高创新能力

应当看到，中国作为世界第二大经济体，不久的将来还将成为世界第一大经济体，其经济地位与自主创新、原始创新能力还不匹配，研发整体水平和质量与发达国家相比还有差距，特别是能够形成中国标准、引领世界科技发展前沿的领域、引领产业发展前沿的领域，还亟须努力。因此，必须提高原始创新能力，必须提高企业自主创新能力。应当看到由于科技基础薄弱，企业存在急功近利，重引进、轻消化吸收，缺少核心技术的局面，很多企业包括高新技术企业呈现低技术、低效益的状况，形成投入不足、大量科技人员流失的恶性循环，企业存在技术"空心化"的危险。创新是企业的源头活水，拥有自主创新能力，企业就拥有了自己的产品技术权、开发权、商标权等，不仅能极大提升企业竞争力，也拥有了市场的话语权。提高自主创新能力能有效解决和处理企业发展过程中的矛盾和问题，是企业可持续发展的前提和基础。

## 五、提高企业创新能力的实践方式

制约企业自主创新的因素有很多，包括企业内部因素、企业之间因素，

---

① 中国国家统计局：《2014 年国民经济和社会发展统计公报》，2015 年 2 月 26 日。

以及企业外部因素。企业内部主要涉及企业家及企业家精神、战略、组织结构、研究与开发、资金、人才等因素。企业外部因素包括政府政策、客户行为和市场环境等。综合分析，企业自主创新是由技术创新、组织创新、管理创新、制度创新等方面内容构成的综合性体系，创新的主体要素、支撑要素、环境要素及相关要素是构成企业自主创新体系的基本单元。依据创新资源，把握市场趋势，变革管理体系，是有效提升自主创新能力的有效途径。

**1. 技术创新与管理创新共进**

技术创新是指人与自然的关系建设，利用自然规律能动地创造出来具有使用功能的产品或方法。自然规律人类是不能发明创造的，只能去发现，去遵守，去利用。科学发现属于基础性创新，人们运用自然规律创造出来的器物或者方法，属于工程技术层面的创新，企业创新绝大部分属于这一领域的创新。管理创新是人与人的关系建设，利用社会规律创造出有效的管理方法，提高人的主观能动性，发挥人的创造力，提高人的工作效率。技术创新是企业的"硬件"建设，管理创新是企业的"软件"建设，二者互为促进，互为依存，同等重要。

**2. 依照产品生命周期规律推进创新**

产品生命周期是指产品的市场寿命。一种产品进入市场后，它的销售量和利润都会随时间推移而改变，呈现一个由少到多、由多再到少的过程。产品生命周期一般可分为四个阶段，即导入期、成长期、成熟期和衰退期。一般情况下，当产品处于市场成长期时，就要启动下一个产品的创新行动，随着产品市场表现，逐步进入成熟期，后续产品就应当跟进，并在前一个产品进入衰退期之前就投入新产品，形成一浪一浪的发展势头。

企业要延年益寿，就需要对产品进行准确定位，实施不同营销策略组合，以获得更高的利润。根据产品生命周期在不同国家技术水平上的差距，设计际贸易行动，确定国际投资决策。根据产品生命周期规律，创新策略设计的逻辑应当是生产一代、储备一代、研制一代、构思一代，一代一代循环往复，生生不息。依靠技术创新赋予产品生命力，紧紧结合产品和技术的问题、目标和任务，分别采取突破型创新、改进型创新、完善型创新、集成型

创新等不同策略组合，推动产品和技术发展

### 3. 创新商业模式带动创业创新

商业模式是企业获利环节、经营套路、生产格局和扩张路线的系统集合，是企业在一定的产业链中向客户提供产品和服务并获取利润的方法，也是企业赚钱的方式。现代企业的商业模式建立在现代交通系统和现代通信系统两大物理平台之上，趋向于企业组织内部专业化，外部联合化发展的趋势。形式上更灵活，运作上更集中，特色上更鲜明。例如：麦当劳、肯德基的连锁经营和特许经营模式，每一个店 20—30 人，规模不大，但是同类的店做多了，形成的可以复制的网络覆盖，巨大的小组织集合如同一张网络。耐克公司、美特斯邦威公司、小米公司的虚拟经营模式，将企业的供产销功能分解，订单锁定，企业只做品牌维护和资源配置。英特尔公司的阶层递进模式，将计算机的处理器研制、生产、销售按照半年一代的速度推进。微软公司的滚动否定模式，研发和生产系统软件，平均每两年推出一代，赢得市场。

### 4. 依靠国家创新体系建设全面提升企业创新能力

政府始终肩负着企业创新政策引领与环境打造的责任，多年的市场经济发展成果，要求国家在自主创新与引进使用先进技术之间寻找更为利我的平衡点，为自主创新配置更多资源，在利用国际技术资源过程中，鼓励引进技术的消化吸收，给予多于引进环节的资源，鼓励由引进模仿走向自主创新。

国家应大力建立以企业为主体的基层科研基地，加大对基础科研的投入，从国家层面确定扶持重点企业实验室，推动科研成果的转化。对企业研发成果给予适当保护，促使企业间建立合作创新机制，建立有利创新的横向信息流动为主的企业组织体系，及时在国外开办技术型企业和研究机构。转变现在重大科研项目立项拨付科研基金的政策，向应用型成果倾斜，健全科研成果转化资金拨付机制。各级高新区的战略发展、管理模式、法规政策都自觉地以企业为中心，充分体现企业的主体地位，从配套设施、投融资服务等软硬件建设等全方位为企业提供保障。

政策支持创新，建立政府出面巨资引进国外最先进技术然后组织人力、物力、财力进行科技攻关，引导企业建立技术联盟的政策机制。完善财税优惠政策、加大政府财政对企业的支持力度。按照国际惯例，建立健全负担更轻的企业税收政策，为企业搭建参与国际化竞争的平台。采取税收减免政策，作为国家对企业科技项目的投入。采取政府对科技的直接投入、政府补贴、国家采购等一系列支持创新的政策；借鉴西方发达国家利用国家采购手段推动企业自主创新的成功经验，尽可能采购国内具有自主知识产权的产品，同时引导民众消费观念向自主品牌产品倾斜。在对国有企业进行分类监管的前提下，转变对企业的评价机制，从业绩考核到选人用人向创新创效倾斜。

依法管理创新，依法管理，打造公平正义的市场环境，提高政府依法依规管理市场的力度，坚持敢于担当、敢于作为的监管行为。坚决打击假冒伪劣产品，逐步与发达国家管制制度接轨，加大案件查办力度，实施刑事追究，铲除地方保护主义，建立健全全国统一物品流向、信息跟踪系统，加强执法人员的管理，确保管理的有效。

实行全方位国家知识产权保护战略，建立关注核心技术的预警机制，完善从检索、注册和维权等各环节的制度法规，坚持依法治国，严格执法。完善有利于自主创新的技术标准体系，鼓励产品未动，专利、技术标准先行。建立健全知识产权评估和交易体系，推动和保护技术创新长期稳定的基本法律制度，解决当前知识产权侵权易、维权难，损害赔偿标准偏低，侵权行为刑事追究门槛高，权利人举证困难，社会信用记录制度不健全等问题。

### 5. 企业创新联动产业创新

产业创新引领企业创新。发挥产业引领作用，明确产业发展方向，扶植支柱产品，推动建立和发展多种形式的创新联盟。整合政府有关部门在产业创新中的作用，协调多种关系，保证产业创新体系以企业为核心。规范政府与行业协会的责权利，实现行业的自主管理。高科技前沿技术的重大突破，不是一个公司能够做到的。有些产业工程也不是几个企业能够力所能及的，要走强强联合之路，加快重大技术突破和产业升级，培养一批具有品牌优势、标准优势和知识产权优势的产业集群，实现创新的互惠互利、优势互补、共享专利，在全球竞争中争得一席之地。

创新与创造标准同步。标准化是制度化的最高形式，体现了企业创新能力的最高水平，创新要与创造标准同步进行，建立健全统一权威的标准体系，建立有助于创新发展、绿色发展的行业规范和标准，加强行业立法的建设，满足国际合作与竞争的需要。

加大基础研究投入。基础科研是新知识产生的源泉和新发明创造的先导，是技术进步的源头和根本，发达国家企业基础科研费用一般占3%—8%，保证资金投入才能支持基础性研发，为后续研发积累条件。

将产—学—研—商系统集成，发挥各自优势，产生1+2大于3的功效。本着市场提要求，企业出课题，院所搞基础，大学教知识，四位一体的研发联动机制，将资金、技术、智力和商机有效结合起来。使得科研成果迅速产生生产力。

### 6. 营造创新氛围

组建创新精英团队，打造创新团队，培养技术领军人才。创新型人才是第一位的资源。发达国家都非常重视创新型人才的汇聚。建立人才汇聚机制最为重要。要解决人才的待遇市场化机制，认可人才的市场价值，实施项目工资、股权激励政策等，留住人才。规范人才流动秩序，建立有利于科技人才脱颖而出的用人机制和自主创新环境。注重对创新方法的学习和研究，培养创新型人才。利用好技术中心、博士后工作站等平台，引导科技人才向企业流动。通过建立人才派遣公司等中介服务机构，动用全社会的力量，利用全社会的人才来为企业研发服务。企业必须作好信息化工作，组织好技术信息流，及时掌握和处理瞬息万变的动态信息，建立信息网络，从世界范围内搜寻最佳资源，予以整合。始终要把引才引智作为打造企业核心竞争力的重要举措，努力营造有利于创新人才成长的氛围。

培育创新文化。创新文化是一个企业的骨血和精气神，孕育创新的土壤和空气。创新文化倡导个性、超越、学习、包容、民主和诚信。创新文化来源于企业上下精神的契合、制度的锻造、行为的规范和物质的创造。根植于员工心中，落实于行动上。要求企业必须把企业打造成学习型组织，员工打造成知识型员工。

提升决策者创新素质。企业创新能力很大程度上取决于企业决策者的素质，企业家的心理品质、创新意识、创新思维、控制风险能力和谋划研判能力，也是企业自主创新的关键因素。其专注事业的精神和追求卓越的品格同时也影响着团队的绩效，企业家要善于在组织中营造创新氛围，做创新文化的践行者、倡导者和推动者，激发、凝聚员工的进取精神，在经营管理中贯彻创新发展战略，推动企业变革，把控创新发展的速度与成效，时刻保持企业不断创新的状态。

### 7. 包容创新失败

创新是一项风险事业，需要大量的实验，甚至需要很多次失败，最终可能会成功，也可能会失败，甚至是彻底失败，再也没有继续研究的价值。无论是国家，还是社会组织，还是企业，能不能容忍创新试验失败与能不能允许成功是等价的。试验成功是一种创新活动的结果，试验失败也是一种创新活动的结果。中国古人说"失败是成功之母"。因此，需要社会环境和企业环境更加宽松，容许创新失败，更容许在失败中总结经验，鼓励继续试验。实际上创新失败的失落感和挫折感，从事创新事业的人最为心痛。此时更需要周边的人群给予理解、给予关怀、给予安抚，他（她）们的心情别人是无法感受的，包容失败就是对失败者最好的鼓励，包容失败也是促进创新最好的鼓励。

企业要树立"崇尚创新、宽容失败、支持冒险、鼓励冒尖"的创新理念，建立允许失败的创新管理制度，厚待失败后的创新成功。营造宽松包容、耐得寂寞钻研的工作氛围，从激励机制等方面鼓励基础科研、工艺改进人员，以目标驱动创新，为员工提供富有挑战性的工作，搭建坦诚交流、协作共赢的沟通平台，为企业自主创新能力的提升提供组织、制度保证。

## 六、示范创新案例经验

企业创新包括产品创新、技术创新、商业模式创新、发展战略创新、体制机制创新、管理方法创新，以及文化创新。创新事业是企业中的核心秘密，是形成企业竞争力的中心内容，一般情况下是不对外公布的。但是，对于中国民族企业而言，由于企业的性质所决定，民族企业之间既是合作伙伴，也是竞争对手；既是同行同盟，也是异路异军。因此，在微观管理领域要各练绝活，形成各个领域的旗手；在宏观管理领域要分享经验，鼓励勇于创新，激励持续创新，鞭策长久创新，共同提高创新能力。风帆股份有限公司长期坚持自主创新，创造了在电源领域中的中国奇迹，就是千百万个民族企业中坚持创新赢得优势的很好案例。

**1. 风帆股份有限公司概况**

风帆股份有限公司隶属中国船舶重工集团公司，前身保定蓄电池厂（国营第四八二厂）始建于 1958 年，是"一五"期间国家 156 个重点建设项目之一。2000 年 6 月，由中船重工作为主发起人设立股份公司，2004 年 7 月在上海证交所挂牌上市。自 1987 年以来，主要经济技术指标一直名列全国起动蓄电池行业前列，成为行业龙头企业。

**2. 风帆股份公司自主创新路径**

第一，原始创新成就品牌市场。20 世纪 80 年代，企业依靠拥有自我知识产权技术，利用三个月的时间研发出为桑塔纳配套的蓄电池，率先成为国家引进车型桑塔纳第一批国产化配套三家企业之一，并抓住中国汽车工业大上的战略机遇，坚持技术创新，打造高性能、高品质产品，先后为更多引进车型配套。借助"好马配好鞍，好车配风帆"的广告语，迅速开拓市场，推行经销商特约经销制度，至 2015 年底销售服务分公司 17 家、一级经销商 500 多家，二、三级经销商上万家，打造出国内行业中覆盖面最广的市场网络以及全国异地联保、中心城市一小时赶到服务体系。中高端汽车综合配套占比 60％以上，部分高端车系 100％独家配套，国内市场占有率达到 22％以上并出口 30 多个国家和地区。成为移动电源领域中国领军企业。

第二，自主研发实现产业升级。基于对国家产业政策及市场需求的准确研判，从 2009 年起将提升免维护电池生产能力作为企业发展的重点。通过 2009—2012 年的项目优化和产能再造，采用国际最先进设备，完成结构调整和产品、装备双升级。赶在 2011 年国家落后产能淘汰目录实施前，全部淘汰置换落后产品。国内首创300万只混合板栅全免电池项目顺利投产，大型全免电池200万千伏安时生产能力整体改造竣工。现起动电池总产能从2008年底的600多万只跃升到近2000万只，其中全免电池比例从43%提高到94%。并确保高品质绿色发展，先后通过国军标9001A—2001、VDA6.1/QS9000质量体系认证、ISO/TS16949标准认证、GBT24001环境和GBT28001职业健康安全管理体系双认证，2015年电池制造单元全部通过行业准入验收。

第三，二次创新实现技术突破。面对经济发展带来的问题，2009年，风帆关注国际汽车产业技术的发展趋势，围绕环保和节能减排思考未来发展。成功研制出起停技术汽车配套电源，填补了国内技术和市场空白，并大量应用于国内外主流品牌汽车。

第四，建立健全研发体系。为了更好地跟进世界蓄电池技术发展步伐，风帆充分发挥行业内唯一的发改委、科技部双认定的国家级技术中心及博士后科研工作站平台优势，加强顶层设计，逐年加大科研投入，密切与市场接轨，实施标准、专利和人才三大联动战略，逐步形成了以起动电池、工业电池、新能源产业为主导，带动相关产业及零部件技术优化与进步的技术格局。依托低温起动、高温耐腐蚀等具有自主知识产权的核心技术，成功开发了全系列产品。风帆研究院现拥有授权专利255件，其中发明专利43件。2010年被列为"国家级企事业知识产权示范创建单位"，2013年被评为河北省第一批"国家级知识产权优势企业"，2014年通过国家高新技术企业复审。

### 3. 风帆企业创新经验

第一，企业自主创新永远在路上。产品优化，结构升级的任务永无止境，主导产品升级到位，基础科研坚实，强力保障质量，前沿技术的把握要进一步，创新的节奏要永远早一拍，引领需求，创造需求。

第二，创新发展要求决策团队要对市场变化保持敏感，把握多变的局面。面对复杂竞争形势，创新发展填补了国内技术和市场空白，取决于决策坚定的创新理念、准确的预判谋划能力、扎实充分的论证，以及果断的决策和强力推动能力。信息时代，后信息化，国家经济发展靠什么？只有坚实的持续创新能力才能支撑国家前进。工业化进程中，企业自主创新中的很多功课不能偷懒，要自己做，有些发展阶段不可逾越。制造业拼的是质量，弯道超车，风险自担。

第三，企业自主创新就是研发、制造、淘汰，再研发，再制造、再淘汰，不断发展的过程。产品容易被遗忘，高性能打造出来的品牌却在闪亮。穿过历史的尘埃，很多世界知名的百年老店在品牌的感召下依然笑傲市场，经历市场洗礼的拥有自主知识产权的品牌是无价之宝。稳健经营，培植技术性能领先的名牌，是企业提高自主创新能力。

创新，是人类发展的基本规律，是国家进步的基本动力，也是企业生存和发展的永恒主题，真正把创新驱动发展战略落到实处还有很多工作要做，很多思路有待探讨，谁抢占了先机谁就赢得了主动，谁坚持了创新谁就赢得了市场。

# 第十三章　社会主义协调发展理论与实践

协调发展是经济持续健康发展的内在要求，是社会主义制度优越性的突出表现。在中国特色社会主义建设中，特别是在全面建成小康社会的决胜阶段，必须始终坚持协调发展的理念，着力形成平衡发展结构。

## 一、协调发展是持续健康发展的内在要求

协调发展的理念，既是对我们推动经济发展实践的理论总结，同时也是以马克思主义政治经济学关于协调发展的思想作为其理论渊源的。

### （一）协调发展是马克思主义的一贯思想

首先，从马克思主义政治经济学的哲学基础来看。一方面，联系的观点是辩证唯物主义的基本观点之一。经济社会发展是一个系统工程，各个方面是密切联系的。而现代社会的发展面临着更多更新更复杂的矛盾和问题，因而必须协调好各种关系，处理好各种矛盾，解决好各种问题。所以，在推动社会主义经济发展的实践中，必须研究和把握现代化建设各个环节、各个方面之间的内在联系，促进其相互协调发展。另一方面，生产力和生产关系、经济基础和上层建筑矛盾运动规律的原理，是历史唯物主义最基本的原理之一。我们在推动社会主义经济发展的实践中，必须解决一系列的生产关系与生产力以及上层建筑与经济基础的矛盾，促进生产关系与生产力、上层建筑与经济基础相协调。实际上，存在于自然大系统当中的社会大系统，本身就是由生产力、生产关系、上层建筑各子系统所构成的。要做到这个社会大系

统全面发展，就要对各个方面和环节统筹兼顾，有机协调。其中，要处理解决的最普遍的问题就是人们之间的经济利益关系问题，即生产关系问题，或者进一步牵涉到政府工作问题，即同时兼有政治上层建筑与经济基础的矛盾问题。

其次，从马克思主义政治经济学中的再生产理论看。无论是社会再生产中的各种比例关系，还是单个资本正常循环的条件，都意味着各个环节、各个方面之间要统筹兼顾，协调发展。以社会再生产中的比例关系为例，马克思在《资本论》中早就告诉我们，要实现社会再生产，不仅生产生产资料的第一部类和生产消费资料的第二部类之间要保持平衡关系，而且两大部类内部的各个分部类之间也要保持适当的比例；不仅要重视总供给和总需求间的平衡，而且还要重视不同部门和产品间的平衡、最终产品供求的平衡以及中间产品供求的平衡。

马克思主义关于协调发展的一贯思想，在中国的社会主义实践中得到了继承和发展。毛泽东根据我国社会主义建设的实践，提出了统筹兼顾、适当安排、正确处理十大关系的论断。邓小平强调"我们过去长期搞计划，有一个很大的缺点，就是没有安排好各种比例关系""现代化建设的任务是多方面的，各个方面需要综合平衡，不能单打一"。改革开放以来，我们党围绕着协调发展形成了一系列重大战略思想，包括：统筹城乡发展、统筹区域发展、统筹经济社会发展、统筹人与自然和谐发展、统筹国内发展和对外开放等。在此基础上，党的十八届五中全会通过的《中共中央关于制定国民经济和社会发展第十三个五年规划的建议》进一步明确指出，协调是持续健康发展的内在要求。要在协调发展中拓宽发展空间，在加强薄弱领域中增强发展后劲。习近平在对《中共中央关于制定国民经济和社会发展第十三个五年规划的建议》的说明中强调，"'十三五'规划作为全面建成小康社会的收官规划，必须紧紧扭住全面建成小康社会存在的短板，在补齐短板上多用力。……谋划'十三五'时期经济社会发展，必须全力做好补齐短板这篇大文章，着力提高发展的协调性和平衡性"。尤其是，作为以习近平同志为总书记的党中央治国理政战略思想重要内容的"四个全面"战略布局，使协调发展的思想被进一步赋予了新意。2014 年 12 月习近平在江苏调研时明确指出要"主动把握和积极适应经济发展新常态，协调推进全面建成小康社会、全面深化改革、全面推进依法治国、全面从严治党，推动改革开放和社会主义现代化建设迈上新台阶"。"四个全面"战略布局，不是简单的并列、平行关系，而是既有战略目标又有战略举措，既统揽全局又突出重点，每一个"全面"都有其重大战略意义，相互之间密切联系、有机统一。2015 年 6 月 16 日至 18 日，习近平在贵州调研期间强调，"适应我国经济发展新常态，保持战略定力，加强调查研究，看清形势、适应趋势，发挥优势、破解瓶颈，统筹兼顾、协调联动，善于运用辩证思维谋划经济社会发展"。2016 年 1 月 18 日，习近平在省部级主要领导干部学习贯彻十八届五中全会精神专题研讨班开班仪式上发表重要讲话时进一步强调："协调既是发展手段又是发展目标，同时还是评价发展的标准和尺度，是发展两点论和重点论的统一，是发展平衡和不平衡的统一，是发展短板和潜力的统一。"可见，从毛泽东的"弹钢琴"思想到邓小平的"两手"论，再到习近平的"全面"观，拓展了协调发展的内涵，深化了协调发展的思想，使马克思主义关于协调发展的一贯思想，在中国化、时代化的过程中得以与时俱进。

### （二）协调发展是完成全面建成小康社会历史任务和实现中国梦的必然要求

把我国建设成为富强民主文明和谐的社会主义现代化国家，是全中国人民共同的奋斗目标和理想追求。在新世纪新阶段，我国经济和社会发展的战略目标是，巩固和发展已经初步达到的小康水平，到建党一百年时，建成惠及十几亿人口的更高水平的小康社会；到建国一百年时，人均国内生产总值达到中等发达国家水平，基本实现现代化。按照党的十八届五中全会提出的全面建成小康社会奋斗目标的新要求，到 2020 年全面建成小康社会目标实现之时，我们这个历史悠久的文明古国和发展中社会主义大国，将成为主要经济指标平衡协调，发展空间格局得到优化，投资效率和企业效率明显上升，工业化和信息化融合发展水平进一步提高，产业迈向中高端水平，先进制造业加快发展，新产业新业态不断成长，服务业比重进一步上升，消费对经济增长贡献明显加大，户籍人口城镇化率加快提高，农业现代化取得明显进展，迈进创新型国家和人才强国行列的国家；成为人民生活水平和质量普遍提高、国民素质和社会文明程度显著提高、生态环境质量总体改善、各方面制度更加成熟更加定型的国家。而无论是经济上的富强，政治上的民主，社会的和谐和进步，还是各方面文明程度的提高，其相互之间都要协调发展。中国的现代化事业不可能是单方面的发展，否则就是畸形的现代化，甚至不能称之为现代化。协调发展的社会，才是克服了经济水平低、发展不全面、发展不平衡弱点的全面的小康社会。要完成全面建成小康社会历史任务、实现中华民族伟大复兴的中国梦，必须坚持系统性整体性协同性的协调发展理念。

### （三）协调发展是解决我国当前面临的一系列问题的客观需要

随着改革开放的不断深入，我们都能够切身地感受到我国的综合国力在不断提高，人民的生活水平在不断改善。特别是党的十八大以来，以习近平同志为总书记的党中央坚持实践创新、理论创新，协调推进"四个全面"战略布局，坚持统筹国内国际两个大局，毫不动摇坚持和发展中国特色社会主义，党和国家各项事业取得了新的重大成就。但是，当前我国发展不平衡、不协调、不可持续问题仍然突出，比如发展方式粗放，创新能力不强，部分行业产能过剩严重，企业效益下滑，重大安全事故频发；城乡区域发展不平衡；资源约束趋紧，生态环境恶化趋势尚未得到根本扭转；基本公共服务供给不足，收入差距较大，人口老龄化加快，消除贫困任务艰巨；人们文明素质和社会文明程度有待提高；等等。其实，我国在发展中面临的许多问题，都与发展的协调性不高有关。比如，高投入、低产出，高消耗、低效率，高速度、低效益，高污染、低循环的状况，反映的是速度、质量、效益之间的不协调；城乡二元结构问题反映的是城乡发展之间的不协调；科技、教育、文化、卫生等社会事业发展滞后，居民收入差距扩大问题，反映的是经济与社会发展之间的不协调；等等。上述一系列问题告诉我们，失衡的现实状况迫切需要协调来匡正，发展的中国迫切需要协调来支撑。我们必须把握大局，看清主流，要抓住矛盾的主要方面；要善于协调各方面的利益关系，讲比例、讲平衡、讲统筹、讲衔接；增强发展协调性，坚持区域协同、城乡一体、物质文明精神文明并重、经济建设国防建设融合，在协调发展中拓宽发展空间，在加强薄弱领域中增强发展后劲。必须按照党的十八届五中全会通过的《中共中央关于制定国民经济和社会发展第十三个五年规划的建议》的要求，"必须牢牢把握中国特色社会主义事业总体布局，正确处理发展中的重大关系，重点促进城乡区域协调发展，促进经济社会协调发展，促进新型工业化、信息化、城镇化、农业现代化同步发展，在增强国家硬实力的同时注重提升国家软实力，不断增强发展整体性"。

## 二、促进城乡协调发展

### （一）城乡协调发展是生产力发展的必然要求

按照马克思主义经典作家的观点，城乡发展不平衡是生产力发展过程中社会分工的产物。正如马克思所说，"一切发达的、以商品交换为媒介的分工的基础，都是城乡的分离。可以说，社会的全部经济史，都概括为这种对立的运动"[①]。就是说，在社会发展到一定历史阶段产生的城乡分离，其根本原因在于生产力有所发展但又发展不足。

同时，马克思、恩格斯还论述了城乡融合发展的趋势，认为"城市和乡村的对立的消灭不仅是可能的。……大工业在全国尽可能平衡地分布，是消灭城市和乡村分离的条件，所以从这方面来说，消灭城市和乡村的分离，这也不是什么空想"[②]。"资本主义完全割断农业和工业的联系，但同时又以其高度的发展为这种联系准备新因素，使工业同农业结合起来，其基础是自觉地运用科学，

---

① 《马克思恩格斯全集》第 44 卷，人民出版社 2001 年版，第 408 页。
② 《马克思恩格斯全集》第 20 卷，人民出版社 1971 年版，第 320、321 页。

集体劳动的联合，人口的重新分布（一方面消灭农村的偏僻状况及与外界隔绝的未开化状态，另一方面消灭人口大量集中在大城市的反常现象）。"[①]

当然，马克思和恩格斯明确地告诉我们，城乡融合是一个漫长的社会历史过程。"消灭城乡之间的对立，是社会统一的首要条件之一，这个条件又取决于许多物质条件，而且一看就知道，这个条件单靠意志是无法实现的……"[②]

总之，城乡之间由对立走向融合、由差别拉大走向协调发展，是生产力发展的必然要求，是历史的趋势。

### （二）城乡协调发展面临的挑战

其实，马克思论述的"城市和乡村的对立"，也就是今天所说的城乡二元结构。而城乡二元结构的转换，是几乎任何一个发展中国家在工业化的过程中都要遇到的，也是中国至今一直没有解决的老问题。

就二元经济结构的转换而言，一个不可忽视的核心性问题，是传统农业部门的剩余劳动力向现代非农产业转移。一般认为，随着一国农业剩余劳动力转移完毕，农业劳动的边际生产力也就与非农产业劳动的边际生产力趋于相等，农业部门与非农部门的发展水平也趋于均衡。这是工业化阶段应该完成的任务。而在我国，农业剩余劳动力转移极其缓慢的问题，是一个长期困扰我们的难题。尽管近年来通过多方面的努力，使农业剩余劳动力转移取得了很大的进展，但迄今为止，一方面仍有众多农村剩余劳动力尚需转移；另一方面，已转移到城市非农产业的农民工，却远远享受不到市民的待遇。就是说，工业化时期应该解决的农业剩余劳动力转移这一老问题，至今并未得到有效的解决。而与此同时，信息化的来临又给二元经济结构转换带来了一系列的新挑战、新矛盾。

一是原有的"劳动力转移慢"与新的"就业难"及"雇工难"的矛盾。首先，

---

① 《列宁全集》第 21 卷，人民出版社 1959 年版，第 52 页。
② 《马克思恩格斯全集》第 3 卷，人民出版社 1960 年版，第 57 页。

信息化的来临抬高了农业剩余劳动力到非农产业就业的"门槛"。随着以信息产业为代表的高新技术产业的兴起以及传统产业的信息化，无疑对就业人员的要求（包括知识、技能、综合素质等）比以前变得更高了，使得新背景下农业剩余劳动力的转移，面临着"双峭壁"的阻碍，即劳动力由传统农业向工业部门流动的"峭壁"和劳动力由传统农业、工业部门向高新技术部门流动的"峭壁"。① 其次，信息化的来临加快了"刘易斯拐点"到来的速度。所谓"刘易斯拐点"，即劳动力由过剩转向短缺的转折点，由刘易斯在人口流动模型中提出。在发展中国家，随着"刘易斯拐点"出现，农村富余劳动力逐渐减少直至枯竭，工资会明显上涨，从而导致整个经济的劳动力成本上升。这意味着人口红利优势的反转、消失。显然，信息化的发展，使"刘易斯拐点"到来的速度加快。这是因为，一方面，信息化带来的产业升级，是"招工难"的各种成因中一个不可小觑的重要因素；另一方面，在信息化的过程中逐步突出起来的"博弈"现象，在劳、资双方之间也日益加剧。工资的"集体议价"，就是一个表现。对此，我国深圳富士康的加薪举动，只是进入信息化时代以来劳、资"博弈"这一国际大背景在我国的一个折射。

二是原有的"中小企业融资困难"与新的"风险投资压力"的矛盾。一般说来，要完成二元经济结构的转换，其途径主要是加快资本形成，以扩大吸收传统农业部门剩余劳动力的空间。所以，资本积累是至关重要的。而在我国的工业化进程中，一方面，中小企业"融资难"的问题长期以来未能得到根本的解决；另一方面，一些扭曲的投资行为又使微观经济主体在市场经济中的作用大打折扣。与此同时，信息化的来临，增加了投资问题的复杂性。最为典型的，是风险投资的推行及普及。不仅以信息产业为代表的高新技术产业的发展要仰仗于风险投资的支持，而且传统产业的技术创新同样离不开风险投资的助力。风险投资在我国虽然取得了长足的进展，对于互联网等新兴产业的发展起到了巨大的作用，但作为一个发展中的大国，我国风险投资的推进和完善还有很长的路要走。比如，既懂管理又懂技术，并熟悉金

---

① 参见林岗、黄泰岩等：《三元经济发展模式》，经济科学出版社2007年版，第73页。

融的复合型人才奇缺；资本市场等也都有待于进一步健全及规范。

三是原有的"资源稀缺"与新的"资源共享"的矛盾。在二元经济结构的转换过程中，非农经济体系之所以能够通过资本形成的不断扩大而吸收农业经济体系的剩余劳动力，主要在于其"剩余"的不断增加。"剩余越来越多，资本形成也越来越大"。资本的本性就在于不断的增值。它不仅要获取正常利润，而且还要追逐超额利润。而企业创造超额利润（经济租金）的一个必要条件，就是对资源的拥有和使用。谈到资源，在今天信息化来临的新背景下，一方面，工业化时期旧有的经济学的基本问题——资源稀缺性和需要无限性之间的矛盾，不仅依然存在，而且更加尖锐；另一方面，信息化条件下的主要资源——信息资源，在"稀缺"的同时，也表现出"共享"的特性。信息资源的共享性，在给我们带来巨大机遇的同时，也带来了不容忽视的挑战。首先，由于信息资源可以极低的成本进行克隆，或者无差别地复制，并且其传播渠道日益增多，所以类似于"盗版""山寨""商业间谍"及"搭便车"等行为，也会在资源共享中出现或加剧。企业在寻利的过程中为了减少因上述行为而带来的损失，往往会设置阻止其共享的进入壁垒和运行壁垒；或者为了有效阻止其他企业的模仿和跟随，而建立起一种隔离机制。于是，信息化条件下的垄断问题，就是一个不可回避的问题。其次，尽管信息资源具有共享性，但一方面真正有用的信息资源本身也是稀少的；另一方面，作为经济行为主体，人的理性是有限的，往往只具备有限地获取和处理信息的能力。当一方试图获取另一方已经拥有的信息，其成本可能超过收益；或即使一方主动地向另一方披露这些信息，但对于接受方而言，这些信息可能是不可证实的，这意味着信息注定是不对称的。固然，信息不对称及其所带来的问题原本早就存在。但随着信息化的来临，信息资源上升为最为重要的资源，从而使得该类问题更加突出起来。尤其是，由于我国工业化任务尚未完成，本应在工业化阶段建立健全的市场经济体制及其相应的监督制约机制，到目前而言还很不完善。这无疑加剧着信息不对称及其所带来问题的尖锐性。以至于各种逆向选择、道德风险等行为一度泛滥。

### （三）促进城乡协调发展的举措

习近平强调："城乡联动，就是要打破城乡二元结构，把发展块状经济与推进城市化结合起来，与推进区域经济协调发展结合起来，与加快农业农村现代化结合起来。"党的十八届五中全会通过的《中共中央关于制定国民经济和社会发展第十三个五年规划的建议》强调，坚持工业反哺农业、城市支持农村，健全城乡发展一体化体制机制，推进城乡要素平等交换、合理配置和基本公共服务均等化。为此，一要发展特色县域经济，加快培育中小城市和特色小城镇，促进农产品精深加工和农村服务业发展，拓展农民增收渠道，完善农民收入增长支持政策体系，增强农村发展内生动力。二要推进以人为核心的新型城镇化。提高城市规划、建设、管理水平。深化户籍制度改革，促进有能力在城镇稳定就业和生活的农业转移人口举家进城落户，并与城镇居民有同等权利和义务。实施居住证制度，努力实现基本公共服务常住人口全覆盖。健全财政转移支付同农业转移人口市民化挂钩机制，建立城镇建设用地增加规模同吸纳农业转移人口落户数量挂钩机制。维护进城落户农民土地承包权、宅基地使用权、集体收益分配权，支持引导其依法自愿有偿转让上述权益。深化住房制度改革。加大城镇棚户区和城乡危房改造力度。三要促进城乡公共资源均衡配置，健全农村基础设施投入长效机制，把社会事业发展重点放在农村和接纳农业转移人口较多的城镇，推动城镇公共服务向农村延伸。提高社会主义新农村建设水平，开展农村人居环境整治行动，加大传统村落民居和历史文化名村名镇保护力度，建设美丽宜居乡村。

以推进以人为核心的新型城镇化为例。诸如"人往哪里去""城在哪里建""地从哪里来""钱从哪里筹"等，都是需要面对的实实在在的问题。对此，要通过有序推进农业转移人口市民化、优化城镇化布局和形态、推进土地节约集约利用以及逐步建立多元化、可持续的城镇化资金保障机制等途径来加以有效解决。比如说，关于有序推进农业转移人口市民化，到2020年，常住人口城镇化率达规划达到60%左右，户籍人口城镇化率达到45%左右，户籍人口城镇化率与常住人口城镇化率差距缩小 2 个百分点左右，努力实现 1 亿左右农业转移人口和其他常住人口在城镇落户。对此，习近平指出，"实现 1 亿人在城镇落户意义重大。从供给看，在劳动年龄人口总量减少的情况下，对稳定劳动力供给和工资成本、培育现代产业工人队伍具有重要意义。从需求看，对扩大消费需求、稳定房地产市场、扩大城镇基础设施和公共服务设施投资具有重要意义。实现这个目标，既有利于稳定经济增长，也有利于促进社会公平正义与和谐稳定，是全面建成小康社会惠及更多人口的内在要求。这就要求加大户籍制度改革措施落实力度，加快完善相关配套政策，确保这一目标实现"[①]。再比如说，关于优化城镇化布局和形态，到2020年，按规划预计达到"两横三纵"为主体的城镇化战略格局基本形成，城市群集聚经济、人口能力明显增强。城市规模结构更加优化，中心城市辐射带动作用更加突出，中小城市数量增加，小城镇服务功能增强。

## 三、促进区域协调发展

在我国经济社会发展进程中，中西部地区与东部地区之间发展不协调的问题越来越突出。这不仅直接表现在不同区域间发展差距的扩大上面，而且带来了诸如产业分工、资源配置和流动、劳动力转移、机制体制碰撞以及文化观念冲突等许多方面的问题。显然，这些问题如果处理不好，就会严重阻碍科学发展。习近平指出："区域协调发展是统筹发展的重要内容，与城乡协调发展紧密相关。区域发展不平衡有经济规律作用的因素，但区域差距过大也是个需要重视的政治问题。区域协调发展不是平均发展、同构发展，而是优势互补的差别化协调发展。"

按照党的十八届五中全会通过的《中共中央关于制定国民经济和社会发展第十三个五年规划的建议》，在全面建成小康社会决胜阶段的"十三五"

---

① 习近平:《关于〈中共中央关于制定国民经济和社会发展第十三个五年规划的建议〉的说明》，《人民日报》2015 年 11 月 4 日。

时期，促进区域协调发展主要是塑造要素有序自由流动、主体功能约束有效、基本公共服务均等、资源环境可承载的区域协调发展新格局。一是深入实施西部大开发，支持西部地区改善基础设施，发展特色优势产业，强化生态环境保护。推动东北地区等老工业基地振兴，促进中部地区崛起，加大国家支持力度，加快市场取向改革。支持东部地区率先发展，更好辐射带动其他地区。支持革命老区、民族地区、边疆地区、贫困地区加快发展，加大对资源枯竭、产业衰退、生态严重退化等困难地区的支持力度。二是培育若干带动区域协同发展的增长极。推动京津冀协同发展，优化城市空间布局和产业结构，有序疏解北京非首都功能，推进交通一体化，扩大环境容量和生态空间，探索人口经济密集地区优化开发新模式。推进长江经济带建设，改善长江流域生态环境，高起点建设综合立体交通走廊，引导产业优化布局和分工协作。

协调区域之间发展，关键是统筹协调各经济区的区域发展战略。截至目前，我国除了继续发展长三角、珠三角和中部经济区以外，已实施"一带一路"、京津冀协同发展、长江经济带、西部大开发、东北老工业基地振兴等一批重点区域发展战略。以京津冀协同发展为例，2015年2月10日，习近平主持召开中央财经领导小组第九次会议强调："目标要明确，通过疏解北京非首都功能，调整经济结构和空间结构，走出一条内涵集约发展的新路子，探索出一种人口经济密集地区优化开发的模式，促进区域协调发展，形成新增长极。"再以"一带一路"为例，不仅涉及国内相关区域，而且涉及国际的协调发展、互利共赢。对此，党的十八届五中全会明确指出："推进'一带一路'建设，推进同有关国家和地区多领域互利共赢的务实合作，推进国际产能和装备制造合作，打造陆海内外联动、东西双向开放的全面开放新格局。深化内地和港澳、大陆和台湾地区合作发展，提升港澳在国家经济发展和对外开放中的地位和功能，支持港澳发展经济、改善民生、推进民主、促进和谐，以互利共赢方式深化两岸经济合作，让更多台湾普通民众、青少年和中小企业受益。"此外，还要根据我国主体功能区规划统筹协调、分类指导各区域国土空间的开发。要从全局角度促进这些战略的有机融合，推进经济区和主体功能区之间的优势互补与良性互动。

## 四、促进其他方面的协调发展

协调发展的理念，在实践中涉及许许多多的方面。除了前述之外，还包括诸如经济社会协调发展、新"四化"同步协调发展、人与自然的和谐共生发展、硬实力和软实力协调发展、用好"两种资源"促进"两个市场"的协调发展、投资与消费的协调发展、处理好"两只手"的关系、推进经济建设与国防建设融合发展以及完善"总揽全局，协调各方"的体制机制等。

以促进经济社会协调发展为例。坚持促进经济社会协调发展，既是我们吸收国际国内发展实践的经验教训，也是解决当前诸如上学难、看病贵、就业压力大等经济社会发展不平衡问题的迫切需要。如果我们只顾经济增长而忽视社会发展，不仅会加重经济社会发展不平衡的矛盾，最终经济发展也将难以为继。所以，我们追求的发展，应该是经济社会协调的发展，是人民群众共享成果的发展。整个国民经济的发展固然应稳中有进、又好又快，但发展经济的出发点和归宿点是改善民生，因而"改善民生就是发展"的价值导向，与社会主义经济发展的根本目的是内在统一的。经济与社会同步协调发展，才能实现国家治理体系和治理能力现代化。为此，党的十八届五中全会明确指出：增加公共服务供给，从解决人民最关心最直接最现实的利益问题入手，提高公共服务共建能力和共享水平，加大对革命老区、民族地区、边疆地区、贫困地区的转移支付。实施脱贫攻坚工程，实施精准扶贫、精准脱贫，建立健全农村留守儿童和妇女、老人关爱服务体系。促进就业创业，坚持就业优先战略，实施更加积极的就业政策。缩小收入差距，坚持居民收入增长和经济增长同步、劳动报酬提高和劳动生产率提高同步，健全科学的工资水平决定机制、正常增长机制、支付保障机制，完善最低工资增长机制，完善市场评价要素贡献并按贡献分配的机制。建立更加公平更可持续的社会保障制度。推进健康中国建设，深化医药卫生体制改革，理顺药品价格，实行医疗、医保、医药联动，建立覆盖城乡的基本医疗卫生制度和现代医院管理制度，实施食品安全战略。促进人口均衡发展，坚持计划生育的基本国策，完善人口发展战略，全面实施一对夫妇可生育两个孩子政策，积极开展应对人口老龄化行动。加快建设人才强国，深入实施人才优先发展战略，推进人才发展体制改革和政策创新，形成具有国际竞争力的人才制度优势。运用法治思维和法治方式推动发展，全面提高党依据宪法法律治国理政、依据党内法规管党治党的能力和水平。加强和创新社会治理，推进社会治理精细化，构建全民共建共享的社会治理格局。牢固树立安全发展观念，坚持人民利益至上，健全公共安全体系，完善和落实安全生产责任和管理制度，切实维护人民生命财产安全。①

再以促进新"四化"同步协调发展为例。"十三五"期间，要促进新型工业化、信息化、城镇化、农业现代化同步发展，不能有所偏废，为实现全面小康和中华民族的伟大复兴打下坚实的物质基层。其中，就工业化和信息化的融合而言，在党的十八届五中全会提出的全面建成小康社会新的目标中，明确强调"工业化和信息化融合发展水平进一步提高"。本来，两化融合是中国在工业化与信息化"双峰逼近"的局面下所做出的一项战略选择。其背景在于，发达国家的信息化，当时是在已经实现了工业化的基础上进行的；而中国，在工业化任务尚未完成的过程中，信息化又以迅雷不及掩耳之势逼到近前。显然，这一方面意味着我们有了新的机遇——以"后发优势"去力争"后来居上"，但同时更意味着我们面临着巨大的挑战——稍有疏忽即会被越拉越远。面对这种情况，从党的十六大开始，我们做出了工业化与信息化融合发展的战略选择。而这一战略选择恰恰反映了世界科技经济发展的新趋势。事实上，不只是中国，而即使是发达国家，也在以另一种方式和途径把工业化与信息化融合起来，这比较突出地表现在其"再工业化"上。一方面，不论美国、日本还是欧洲，伴随着产业结构的不断高度化，虚拟经济空前发展，都不同程度地出现过实体经济的削弱。制造业竞争力下

---

① 《中共中央关于制定国民经济和社会发展第十三个五年规划的建议》，《人民日报》2015年11月4日。

降，"产业空心化"便是其典型的"副产品"之一。而这毕竟难以支撑经济的持续增长，2008 年爆发的国际金融危机就是沉痛的教训。另一方面，新的科技革命和产业变革，使各个国家都面临着占领未来产业制高点的新课题。在这样的背景之下，发达国家纷纷提出"再工业化"，比如美国的"重振美国制造"，德国"工业 4.0"。有必要指出的是，无论是美国"重振美国制造"，还是德国"工业 4.0"，都决不是简单地回归传统制造业领域，而是着眼于信息化等当今最先进的科技成果，改造提升传统制造业，并致力于制造业里最高端、最高附加值的领域，重点制造别国无法制造的产品，尤其是大型、复杂、精密、高度系统整合的产品，与新兴工业化国家形成错位发展。其实质，与我国所倡导的两化融合具有同工异曲之效。根据《信息化和工业化深度融合专项行动计划 (2013—2018 )》，我国两化融合到 2018 年的总体目标为：全国两化融合发展水平指数达到 82。按照中国电子信息产业发展研究院对于两化融合水平的评估指标体系（包括基础环境、工业应用、应用效益三类共 23 项指标），2014 年，全国两化融合发展总指数为 66.14。其中，基础环境指数为 71.71，工业应用指数为 59.70，应用效益指数为 73.43。但是，各地区间的两化融合发展是不平衡的。2014 年，东部省份的两化融合平均指数是 75.20，西部是 54.78，中部是 63.94。进一步推动两化深度融合，重点是围绕落实《中国制造 2025》，加紧制定"1+X"实施方案和规划体系，组织实施国家制造业创新中心建设、智能制造、工业强基等重大工程，努力在若干重要领域和关键环节取得实质性突破。引导制造业朝着分工细化、协作紧密方向发展，促进信息技术向市场、设计、生产等环节渗透，推动生产方式向柔性、智能、精细转变。而这也恰恰是构建产业新体系的题中之义。[①] 此外，还应重视以下几点：一是重视实体经济。我国作为一个工业化尚未完成的发展中大国，从一开始就要尽量避免"产业空心化"的形成，决不能"喜新厌旧"般地只重视作为"新生事物"的虚拟经济，而忽视传统

---

① 李鹏主编：《决战百年目标——〈中共中央关于制定国民经济和社会发展第十三个五年规划的建议〉解读》，中共中央党校出版社 2015 年版，第 24、25 页。

的实体经济发展，更不能以削弱实体经济为代价去发展虚拟经济。二是加快传统产业的转型升级。比如说，对于资源型产业来说，要向低成本生产型和生态循环型技术要效益，从横向和纵向拉长产业链，推动现有产业向高附加值攀升。为此，必须坚持创新驱动、智能转型、强化基础、绿色发展。三是构建适合国情（区情）的现代产业体系。这里所说的现代产业体系，既包含构成传统二元经济结构的两大经济体系（如农业和传统制造业等）在内，又包含战略性新兴产业；同时，也是更为重要的，就是产业融合。其中，就产业融合而言，制订并落实好"互联网＋"行动计划，推动移动互联网、云计算、大数据、物联网等现代制造业结合，是亟待破解的课题。但在实践中，既要谨防对其拔苗助长；又要克服"一刀切""大帮哄""同构化"等现象；还要注意预防将其"行政化"以及制造新一轮"政绩工程"的倾向，使之能够健康推进。四是强化软实力。比如说，中国工业化本来就已落伍，这已经暴露出民营经济"先天不足"、工艺流程落后、技术标准不规范等缺陷；而信息化又带来诸如物质资源稀缺与信息资源共享的矛盾、批量化生产与个性化定制的矛盾、企业经营目标与其社会责任等矛盾。因此，理念更新至关重要。也就是说，两化融合，不仅要有技术融合、产品融合、产业融合等等，而且也要重视理念的融合。五是深化改革开放。上述对策思路，哪一条都离不开改革的深化。只有深化改革，才能补足动力，为推进两化融合发展夯实体制、机制基础。

总之，坚持协调发展，着力形成平衡发展结构，是全面建成小康社会最终取得胜利的法宝，是推进中国特色社会主义经济建设、实现中华民族伟大复兴中国梦所必须坚持的发展理念。

# 第十四章　社会主义绿色发展理论与实践

中共十八届五中全会明确提出和强调了包括绿色发展在内的五大新发展理念。这其中绿色发展就是在传统发展基础上的一种模式创新，是建立在生态环境容量和资源承载力约束条件下，以效率、和谐为目标的可持续经济增长和社会发展方式。绿色发展是结合当代中国的基本国情，将科学发展观付诸行动，从盲目服从、盲目改造自然到自觉掌握、能动利用自然，并以较低的生态消耗获得较大的社会福利，推动人与自然的共生共荣、共同演进、共同发展，实现人、社会、自然三大系统的和谐统一，因而是对传统马克思主义生态思想的创新发展。

## 一、绿色发展理念提出的时代背景

改革开放以来，虽然我们取得了飞跃式的进步，创造了经济发展的奇迹。但在传统工业文明模式下，我国的经济发展在追逐高增长、高 GDP 的进程中，也忽略了自然与社会等其他方面的均衡发展。不均衡的发展导致了资源的浪费，生态问题日益突出，发展陷入了生态困境，资源环境越来越成为阻碍人们健康生活和社会持续发展的桎梏。

### （一）生态危机加剧，经济发展出现困境

人类无论怎样推进自己的文明，都无法摆脱文明对自然的依赖和自然对文明的约束。然而，从人类社会发展的历史来看，在谋求工业化与现代化的过程中，并未真正解决好人与自然的关系乃至人类自身的生存和发展问题，

忽视了人与自然相互依存的关系，忽视了人类的存在必须以自然界的可持续为前提。这就易使自然界的自我调节机制和动态平衡机制遭到严重破坏，由此造成生态失衡、环境污染、资源短缺、人口爆炸、生物多样性破坏等一系列难题。生态危机一旦形成，在较长时间内都难以得到修复或者根本无法修复，自然界就会以生态规律作用的形式对人类进行惩罚，直接威胁人类的生存和发展。联合国 1997 年发表的《关于环境伦理的汉城宣言》中指出，"我们必须认识到，现在的全球环境危机，是由于我们的贪婪、过度利己主义以及认为科学技术可以解决一切的盲目自满造成的，换一句话，是我们的价值体系导致了这一场危机。如果我们再不对我们的价值观和信仰进行反思，其结果将是环境质量的进一步恶化，甚至最终导致全球生命支持系统的崩溃。"

从我国情况看，改革开放以来，我国工业化进程快速推进，但经济的快速增长与生态保护也并未完全协调，并且由于在经济增长过程中对生态环境的忽视，导致生态风险逐步加大，生态环境濒临危机边缘，逐渐成为制约着中国经济发展的瓶颈问题。20 世纪 90 年代以来，全球化进程推进，生态环境污染日益呈现无间断性和常态化。具体表现在：

第一，大气污染物排放量持续增加，形成大范围、长时间的严重雾霾天气。以北京为例，2010 年空气质量达到及好于二级的天数总计 286 天，占全年比重 78.4%；2014 年空气质量达到及好于二级的天数仅 168 天，占全年比重不及 50%（见图 14-1、图 14-2）。主要工业城市的空气污染情况更甚于北京，河北省保定市 2014 年空气达标天数仅 79 天，全年占比仅为 21.6%（见图 14-3）。在空气污染中，工业污染、生活污染最为严重（见表 14-1）。工业污染源主要是火力发电、钢铁、化工等工矿企业所排放的污染物。工业污染排放源集中、浓度高、局部地区污染强度高，是城市大气污染的罪魁祸首。生活污染主要是生活垃圾的堆放或简易填埋，使得垃圾中的粉尘和细小颗粒物随风飞扬，而垃圾中的有机物会由于微生物作用产生腐烂降解，释放出大量有害气体。生活垃圾的卫生填埋也会产生大量的填埋气，填埋气的主要成分为甲烷和二氧化碳，具有很强的温室效应，其中还含有微量的硫化氢、氨气、硫醇和某些微量有机物等。另外，生活垃圾随意焚烧，会造成大量有害成分挥发以及二噁英等物质的释放，未燃尽的细小颗粒也有可能进入大气而造成污染。

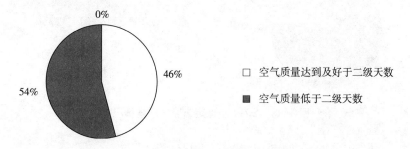

**图 14-1　2014 年北京市空气质量情况**

资料来源：《中国统计年鉴》(2015)，中国统计出版社 2015 年版。

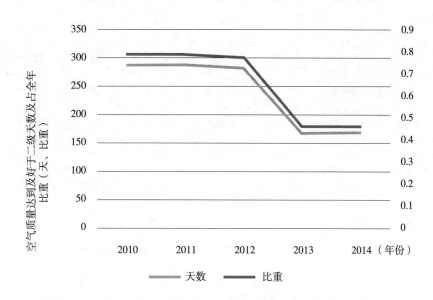

**图 14-2　北京市 2010—2014 年空气质量情况**

资料来源：《中国统计年鉴》(2011、2012、2012、2014、2015)，中国统计出版社 2011—2015 年版。

0%
22%
78%

□ 空气质量达到及好于二级天数

■ 空气质量低于二级天数

**图 14-3　2014 年保定市空气质量情况**

资料来源:《中国统计年鉴》(2015),中国统计出版社 2015 年版。

**表 14-1　2013 年主要城市废气中主要污染物排放情况**　　(单位:吨)

| 城市 | 工业二氧化硫排放量 | 工业氮氧化物排放量 | 工业烟(粉)尘排放量 | 生活二氧化硫排放量 | 生活氮氧化物排放量 | 生活烟尘排放量 |
|---|---|---|---|---|---|---|
| 北京 | 52041 | 75927 | 27182 | 34967 | 13638 | 28258 |
| 天津 | 207793 | 250646 | 62766 | 8959 | 5221 | 18400 |
| 石家庄 | 176469 | 200301 | 99806 | 9564 | 2802 | 6635 |
| 太原 | 88880 | 96018 | 37003 | 33396 | 6738 | 26727 |
| 呼和浩特 | 96190 | 131665 | 48822 | 4257 | 665 | 3763 |
| 沈阳 | 130672 | 83348 | 60425 | 14389 | 5154 | 15276 |
| 长春 | 57246 | 95190 | 72970 | 7344 | 1545 | 7919 |
| 哈尔滨 | 65987 | 85515 | 82323 | 50012 | 22985 | 80792 |
| 上海 | 172867 | 262346 | 67174 | 42947 | 23474 | 6451 |
| 南京 | 110665 | 109693 | 65256 | 1750 | 400 | 1000 |
| 杭州 | 82021 | 67283 | 40243 | 633 | 335 | 135 |
| 合肥 | 41483 | 70311 | 42387 | 2710 | 130 | 3188 |

（续表）

| 城市 | 工业二氧化硫排放量 | 工业氮氧化物排放量 | 工业烟（粉）尘排放量 | 生活二氧化硫排放量 | 生活氮氧化物排放量 | 生活烟尘排放量 |
|---|---|---|---|---|---|---|
| 福州 | 76043 | 72284 | 43483 | 1279 | 169 | 547 |
| 南昌 | 40756 | 18597 | 11413 | 641 | 58 | 254 |
| 济南 | 81118 | 72969 | 47117 | 26087 | 3629 | 8355 |
| 郑州 | 106123 | 134120 | 33828 | 11975 | 1780 | 9150 |
| 武汉 | 96222 | 95612 | 20020 | 5720 | 1416 | 1001 |
| 长沙 | 21173 | 15951 | 19545 | 2366 | 153 | 2946 |
| 广州 | 65589 | 57164 | 16660 | 663 | 276 | 214 |
| 南宁 | 33045 | 34797 | 20950 | 8748 | 1068 | 4631 |
| 海口 | 1798 | 86 | 1149 | 11 | 17 | 5 |
| 重庆 | 494415 | 247905 | 179842 | 53261 | 4487 | 4401 |
| 成都 | 52040 | 44411 | 21452 | 4891 | 2109 | 661 |
| 贵阳 | 70603 | 30450 | 24233 | 35493 | 1753 | 5530 |
| 昆明 | 102842 | 68213 | 57366 | 5263 | 970 | 328 |
| 拉萨 | 930 | 2016 | 538 | 678 | 40 | 199 |
| 西安 | 69103 | 34917 | 15893 | 23831 | 10951 | 14012 |
| 兰州 | 72148 | 79915 | 40109 | 7413 | 1950 | 1088 |
| 西宁 | 71839 | 53280 | 52765 | 7129 | 1419 | 4793 |
| 银川 | 92369 | 84321 | 27170 | 5697 | 1237 | 3016 |
| 乌鲁木齐 | 74216 | 113803 | 52441 | 6691 | 1425 | 4920 |

资料来源：《中国统计年鉴》（2013），中国统计出版社2014年版。

第二，荒漠化现象严重，它与森林破坏、滥垦草原、过度放牧等引发的土壤侵蚀有密切关系。随着全球人口的增长和经济的发展，人类对木材的需求量也不断增加，对森林的乱砍滥伐致使森林面积的减少日益加快。工业化、城镇化进程的推进，也使得耕地数量发生锐减。这样就造成了我国沙尘暴频繁发生，荒漠化土地面积不断扩大。中国目前荒漠化潜在发生区域范围约为331.7万平方公里，占国土面积的34.6%，是全国总耕地面积的两倍多，并以每年2460多平方公里的速度不断扩大，生活在荒漠地区和受荒漠地区影响的人口近4亿。灾害性气候频繁增加了不可预见的损失，每年因荒漠化造成的直接经济损失达540亿元，平均每天损失近1.5亿元，粮食损失每年高达30多亿公斤。① 沙尘暴造成的后果不仅仅是经济上损失巨大，还有人员伤亡和健康损害。

第三，相对于经济增长的速度和规模而言，我国人民生活的质量和幸福指数却并未随着经济的增长而快速提高。1990至2007年，我国人均GDP在全球的排名从第142位升至第76位，然而HDI指数（人类发展指数，Human Development Index）并没有相应的快速上升，仅从第101位升至第81位，其中2001年还下降至104位。由此可见，经济增长并不相应地提高人们的生活质量。经济增长到一定程度，由于不科学的发展模式导致的生态问题，造成了效益的边际递减，削弱了人们对幸福的感知。

第四，高投入、高消耗、低产出的粗放发展模式，使得人均自然资源占有率逐渐匮乏，对人们生活状况和质量的负作用逐渐扩大。人均资源占有率与贫困人口数量的多少呈正相关的关系。贫困人口多生活在自然条件恶劣或生态承载力脆弱的地区，自然环境的进一步恶化则加剧了他们摆脱贫困的艰难性，社会经济发展也会逐渐陷入贫困和生态危机的恶性循环中。

---

① 剧宇宏:《中国绿色经济发展的机制与制度研究》，武汉理工大学产业经济学专业，2014年博士学位论文，第54页。

### （二）生态保护意识的觉醒，使人们的传统观念发生着变革

改革开放以来，我国经济快速发展，与此同时各种生态灾难也接踵而至。面对日益严峻的生态问题，人们的生态保护意识觉醒，传统观念向绿色发展方向转变，意识到只有加强生态保护，才能推进生产和生活方式的生态化转型，实现可持续发展。

在传统观念看来，发展只是片面的经济增长，忽视了人的全面发展和社会的全面进步。这就简单地将 GDP 的增长作为衡量经济社会发展的核心标尺，而忽略了同样重要的生态指标。因此，形成了盲目追求高增速的不全面、不协调、不可持续的发展格局。在现代经济发展中，由于工业化带来经济规模的迅速扩张和环境污染的排放量增加，生态环境对传统经济发展的支撑已经到了极限，资源与经济增长的矛盾迅速激化，人们在积累丰富物质财富的同时，也为此付出了巨大的代价。

中国作为世界上人口最多、历史文明最悠久的国家，同时也作为经济影响力日益扩大的发展中国家，率先提出建设"生态文明"，发动绿色革命，引领绿色文明潮流，探索一条中国特色的生态保护之路。

在建设"生态文明"的过程中，我国政府对经济与环境的协调发展给予了高度重视。1983 年，在全国环境保护会议上首次把环境保护确立为基本国策。随后国务院做出《关于环境保护工作的决定》，正式把环境保护纳入我国国民经济和社会发展计划，预示着我国解决环境与发展问题的决心。1988 年，国家环境保护局成立，之后各地方政府陆续成立了地市级环境保护机构。1989 年，在第三次全国环境保护会议上，又提出了推行环境保护目标责任制、污染期限治理及排污收费制、城市环境质量考核制等 8 项环境管理制度。1989 年，《环境保护法》正式实施，环境法规体系初步建立，为开展环境治理奠定了法治基础。

面对我国存在的大气污染、水污染、固体废弃物污染，中国政府为改善经济快速发展与环境的矛盾关系，提出了经济、社会、环境同步持续发展的战略思想。巴西里约热内卢召开的环境与发展大会之后，《中国 21 世纪议

程》明确提出了以可持续发展来推进中国未来发展的重大举措。环境保护从我国的基本国策发展为国家发展战略。2002 年，党的十六大提出了树立和落实科学发展观的重大思想。科学发展观深刻解读了"为谁发展、靠谁发展、怎样发展"的问题。在科学发展观的指导下，我国又先后提出了构建社会主义和谐社会、建设资源节约型环境友好型社会、让江河湖泊休养生息等一系列生态保护的新思想、新举措，从科学的发展理念、基本要求和实践举措等各个环节，把人与自然的和谐关系同社会发展紧密联系，成为全党的指导思想。

2012 年，党的十八大将生态文明建设纳入中国特色社会主义总体布局，将生态文明建设放在突出位置，要求融入经济建设、政治建设、文化建设、社会建设各方面和全过程，努力建设美丽中国，实现中华民族永续发展。这是具有里程碑意义的战略抉择，标志着我们党对中国社会主义规律认识的进一步深化。2015 年，党的十八届五中全会进一步提出了"创新、协调、绿色、开放、共享"五大发展新理念，强调加快生态文明建设，走绿色发展道路，因而绿色发展成为指导我国"十三五"时期的科学发展理念和发展方式，是我国全面建成小康社会决胜阶段的指挥棒。

改善人与自然的关系，应对全球性的生态危机，绿色发展的理念成为我国发展的主旋律。从国家层面大力推进生态保护进程，表现出了中国在生态保护问题方面的责任担当，也表现出了高度的制度自信和道路自信。

## （三）生产力的高速发展，奠定了实施绿色发展的基础

生产力是一切社会存在和发展的基础，社会发展观念的重大变革归根结底是生产力发展的结果。当今时代，伴随着社会生产力的快速发展，新的科技革命使得人类社会进入全球化、知识化、信息化、网络化的时代，技术的革新为绿色发展提供了现实基础和条件。

伴随着科技革命的突飞猛进，新的现代技术在生产中得到了广泛的应用。生产力水平迅速提高，社会生产能力极大提升，客观上催生了绿色发展的理念，并为绿色发展理念的发展提供了现实的条件和基础。

生产力决定发展观念变革的理论是马克思主义基本原理之一。马克思认为，这种决定作用主要体现在以下四方面：第一，在整个社会结构中，生产力居于基础地位。马克思指出，"人们在自己生活的社会生产中发生一定的、必然的、不以他们的意志为转移的关系，即同他们的物质生产力的一定发展阶段相适合的生产关系。这些生产关系的总和构成社会的经济结构，即有法律和政治的上层建筑竖立其上并有一定的社会意识形式与之相适应的现实基础"①。这种基础地位决定了发展观要以物质生产力为基础，与一定的发展阶段相适应。第二，在引发发展观念变革的诸多因素中，生产力是最终决定力量。马克思指出，"社会的物质生产力发展到一定阶段，便同它们一直在其中活动的现存生产关系或财产关系（这只是生产关系的法律用语）发生矛盾。于是这些关系便由生产力的发展形式变成生产力的桎梏。那时社会革命的时代就到来了。随着经济基础的变更，全部庞大的上层建筑也或慢或快地发生变革"②。这就意味着，随着物质生产力发展到一定阶段，发展观念必然会发生变革。第三，生产力和生产关系的矛盾是引发发展观念变革的最终根据。马克思指出，"不能以它的意识为根据；相反，这个意识必须从物质生活的矛盾中，从社会生产力和生产关系之间的现存冲突中去解释"③。因此，发展观念的变革的根本在于生产力和生产关系的矛盾。第四，生产力是决定新的发展观念产生的基本依据。马克思指出，"无论哪一个社会形态，在它们所能容纳的全部生产力发挥出来以前，是决不会灭亡的；而新的更高的生产关系，在它的物质存在条件在旧社会的胎胞里成熟以前，是决不会出现的。……只有在解决它的物质条件已经存在或者至少是在生产过程中的时候，才会产生"④。这也就是说，任何一种新的发展观念的提出，必须具备一定的物质条件作为基础和现实依据，也就是社会生产力的发展水平。由此可见，社会生产力水平的发展催生了发展理念的变革。

---

① 《马克思恩格斯选集》第 2 卷，人民出版社 2012 年版，第 2 页。
② 《马克思恩格斯选集》第 2 卷，人民出版社 2012 年版，第 2—3 页。
③ 《马克思恩格斯选集》第 2 卷，人民出版社 2012 年版，第 3 页。
④ 《马克思恩格斯选集》第 2 卷，人民出版社 2012 年版，第 3 页。

进入 21 世纪以来，由于电子计算机技术与互联网技术、新材料制造技术、生命科学和生物技术等领域的迅猛发展，它们有机结合的交互作用，迅速向经济社会全面渗透，社会生产力极大发展并跃进到一个崭新的阶段。在这个阶段，现代科技技术革命和生产力发展，带来了包括生产手段、生产方式乃至劳动对象在内的生产过程的深刻变化。

首先，新能源新技术的应用，开辟了新的生产领域，形成了新的产业形态，带动经济社会中产品生产、服务的重大变化，从而使消费结构、产业结构、贸易结构、资本和产品流向等诸多方面产生变革。科学技术的进步和生产力水平的提高，使得我国社会的生产能力大大增强，生产产品更加丰富，消费业态更加多样。

其次，新技术的应用与发展，有助于克服传统发展模式的弊端，创新绿色发展的新模式。在传统的经济发展模式下，社会经济高速的增长靠的是土地和自然资源的大量投入。要素不计成本的投入，造成了资源的短缺和环境的破坏，引发了投资和消费的失衡，形成了经济社会发展的瓶颈。新能源新技术的开发，可以利用循环可再生技术资源替代传统资源，节约资源减少消耗的同时也很少产生污染。另外，技术的变革使人们对客观世界的认识也发生了质的飞越，在选择中更加关注健康水平、安全状态、生活质量、绿色技术、绿色生产、绿色消费等观念。人们会科学理性地进行生产和消费，注重保护自然系统，维持自然界生物的多样性，合理利用地球上的稀缺资源，加强可再生循环，并力图通过绿色发展途径促进人与自然之间和人与人之间的关系。

## 二、绿色发展的中国传统思想来源和马克思主义基本观点

中国传统文化的生态思想对绿色发展的形成提供了许多有益的启示和借鉴，马克思主义理论是绿色发展的指导思想，绿色发展是马克思主义基本原理融合中国文化在中国当代实践中形成的新理论成果。

### （一）绿色发展的中国传统思想来源

中国是全球唯一一个自古以来始终保持着一定人口密度、经济活力和文化传承的文明社会。中国传统文化中的生态思想流，蕴含着五千年中华文明的智慧。以儒释道为代表的中国传统文化，包含着对人与自然关系的早期思考和初步探索，形成了中国早期的生态智慧，具有重要的历史意义和宝贵的现实价值。

#### 1. 儒家"天人合一"的思想渊源

在中国的历史上，儒家思想对中华文明影响最深。儒家思想内容丰富，例如"天人合一"的思想，就把实现人与自然和谐发展作为最高的价值目标，展示了中国古代关于人类与自然共生共荣的思想认识，对绿色发展理论的构成提供了重要的借鉴意义。

所谓"天人合一"就是天与人的相互统一，体现了一种人与自然和谐和协调的关系，既不追求盲目服从自然，也不主张肆意改造自然。人类生命的存在与发展自始至终与自然关系密切，文明就是人类在认识与改造自然的过程中创造的精神财富。儒家思想还指出，自然界与万物之间是一种相互联系、相互依存的关系，他们在发展过程中相互渗透、相互影响，因此我们不能忽略自然中的万物，更不能肆意开采、浪费自然界中的资源。在儒家文化的熏陶下，中华文明一直传承着尊重生命，以仁爱之心对待自然，热爱自然，亲近自然的思想。孔子指出，"故君子不可以不修身。思修身，不可以不事亲；思事亲，不可以不知人；思知人，不可以不知天"①。"天"与人类的仁爱之心紧密结合在一起，以仁爱之心对待一切成为传统文化的根本基础。因此，"知天命""畏天命""制天命"就是儒家思想在社会发展过程中的向导。人类不可以在认识了解自然规律之后，就对自然随心所欲为所欲为，而是要在敬畏自然的基础上，时刻审视自身的行为是否有悖于自然规律，并在遵从客观规律的基础之上，充分利用自然资源，人与自然和谐共荣。

---

① 参见子思《中庸·哀公问政篇》。

走绿色发展道路就是保证生态系统健康运行、经济与环境相互协调的必然选择，儒家思想是中国哲学思想的集大成者，对维护生态系统平衡、促进人与自然的和谐、拯救脆弱的生态环境具有重要的指导意义，为人与自然和谐与统一提供了思想渊源。

### 2. 道家"道法自然"的思想渊源

道家思想从根本上主张人类与自然和谐一致、尊重自然的理念，对于我们在绿色发展道路中树立正确的生态保护观念、自觉提高生态保护意识，也具有重要的理论指导意义。

道家对人与自然关系的认识是建立在"道法自然"万物平等的基础之上的，主张敬畏万物，主张崇尚自然、尊重自然、顺应自然，因而与当今社会主张的以生态文明建设为基础的和谐社会的建设思想相互融合与贯通。在道家思想中，"物我一体"是基本理念，体现了道家的整体生态观念，有助于我们从人与自然的整体视角认知世界。只有正确地认识自然，才能合理地利用自然，因此加强环境保护，也是加强人类自身的保护。在道家观念中不仅主张"知和"，即要求人们认识到人与自然的和谐以及自然界本身的和谐是遵循自然界所固有的规律，还告诫人们"知止"，即要求人类在认识自然界的过程中，要注意把握自然界及其万物的客观规律避免超出限度。同时还强调"知足"，即在人们不断地发展过程中，难免会产生各种强烈的欲望，但需要掌握一个度，懂得适可而止，不可不顾及长远利益与子孙后代的利益。只有这样，人类才能够获得利益实现自身价值，并在达到维持生态平衡的目的的同时，进一步促进了社会的可持续发展。

### （二）绿色发展的马克思主义基本观点

"生态兴则文明兴，生态衰则文明衰"。人和人类社会本身，是自然界的一个特殊组成部分，并且要依赖于自然界而生存和发展。马克思和恩格斯多次从社会发展的角度，对处理人与自然关系的重要性进行强调和论述，如《1844年哲学经济学手稿》《资本论》《德意志意识形态》等著作，都曾不同程度地提出了对于自然界保护的精彩思想，形成了马克思主义的基本理论，对当今绿色发展理念的实践有指导意义。

在资本主义初期，资本家为了获得更多的资本积累，占有大量土地、生产资料，为节约生产成本将废弃物直接排入空气和河流，导致环境恶化。资本主义发展到后期，掠夺他国资源，并以他国生态环境为代价促使本国经济增长，对全球的生态系统带来了巨大的压力。在这样的时代背景下，马克思、恩格斯提出的关于绿色发展的观点，是建立在人与自然的辩证关系之上的。《自然辩证法》从生物进化角度，揭示了人是自然界发展到一定阶段的产物。在人类社会发展中主导作用的生产力，也是人与自然的关系的表现，包括生产关系和思维运动，也会受到自然规律的制约。

马克思、恩格斯把全部人类历史的第一个前提确定为"有生命的个人的存在"，即"这些个人的肉体组织以及由此产生的个人对其他自然的关系"[①]。他们认为，人与自然的作用"表现为双重关系：一方面是自然关系，另一方面是社会关系"[②]。马克思、恩格斯的绿色发展思想，一方面表达出人类的整个进步与自然界息息相关。马克思在《1844年经济学哲学手稿》中揭示，人是社会关系的总和和自然关系总和的统一，他提到"社会是人同自然界的完成了的本质的统一，是自然界的真正复活，是人的实现了的自然主义和自然界的实现了的人道主义"[③]。另一方面则表示，正确处理和协调好人与自然的关系，遵循生态规律，才能实现经济、社会和环境的可持续发展。恩格斯在《自然辩证法》一书中便强调："我们不要过分陶醉于我们人类对自然界的胜利。对于每一次这样的胜利，自然界都对我们进行报复。"[④]在恩格斯看来，自然生态失衡的根本原因，是人与自然关系的失衡，违背自然规律的发展会带来一系列不平衡、不可持续、不协调的问题。

在《资本论》第三卷中，马克思讨论的"生产排泄物问题"，对当今循环生产的绿色发展思想有着理论指导意义。在该问题上，马克思提出了"两

①《马克思恩格斯选集》第1卷，人民出版社2012年版，第146页。
②《马克思恩格斯选集》第1卷，人民出版社2012年版，第160页。
③《马克思恩格斯全集》第3卷，人民出版社2002年版，第301页。
④《马克思恩格斯全集》第3卷，人民出版社2002年版，第449页。

个限度、一个效益"的物质循环利用思想，一方面要最大限度地减少废弃物排放量，另一方面要最大限度地提高资源利用率。与此同时，马克思还提醒我们，尽管物质的循环利用对各组织的生产来说是一种节约，但是这种经济方式本身，也需要进行成本收益的分析，不能一味以人类劳动力的浪费换取物质的高利用率。恩格斯在资本主义社会早期也关注到了污染问题及其原因。他强调，资本主义生产方式是造成人与自然无法协调发展的重要原因，改变生产方式，转变与自然对立的态度，以尊重自然、保护自然为基本要求，因为"不以伟大的自然规律为依据的人类计划，只会带来灾难"①。在新的生产方式中，人类对于自然界的利用和改造要控制在合理的范围之内，才能实现可持续发展。

马克思主义基本原理为绿色发展提供了理论依据和方法论。马克思主义的基本观点，是以辩证唯物主义和历史唯物主义为理论基础的，强调人类社会与自然界是一个相互依赖、相互作用、共同计划的整体。马克思、恩格斯将人与自然关系的和谐视为人类面临的两大变革和两大价值追求之一。他们提出，"我们这个世纪面临的大变革，即人类与自然的和解以及人类本身的和解"②。"人同自然的和解"就是指人与自然的和谐共荣，而"人类社会的和解"则是指人与人之间的关系问题，即社会关系问题。这"两个和解"的实现，需要我们创新经济生产方式、变革社会制度。

## 三、绿色发展理念的中国创新与探索

新中国成立以来，中国共产党坚持独立自主探索适合自己的社会主义发展道路，尤其是改革开放的新时期，绿色发展理念不断创新与完善，形成了一个逐渐深入的理论体系，指导中国特色社会主义道路的继续探索。

我国绿色发展理念，在计划经济时期就有了发展的萌芽，虽然没有形成

---

① 《马克思恩格斯选集》第 3 卷，人民出版社 1995 年版，第 251 页。
② 《马克思恩格斯全集》第 3 卷，人民出版社 2002 年版，第 449 页。

完整的理论体系，但是对现阶段我国绿色发展的实践仍具有深刻的借鉴意义。在计划经济时期，绿色发展的思想主要体现在党和政府注意保护环境的一系列决策上。毛泽东同志在新中国成立初期，较早地认识到生态问题的重要性，在国家的工业化道路建设过程中，高度重视农业和林业的发展，并提出多项相关政策，坚持绿色发展理念。在《农业六十条》中，进一步指出："在山区和半山区的生产队，要切实培育好和保护好山林，严禁过量采伐，严禁毁林开荒，并且积极地植树造林，因地制宜地发展用材林、竹林、经济林、薪炭林和山货、林副产品的生产。"

毛泽东同志非常重视植树造林工作，对绿化问题更是高度重视。1958年1月4日，在中央工作会议上，他强调："绿化，四季都要种。今年彻底抓一抓，做计划，大搞。"①20世纪六七十年代，我国陆续颁布了多项关于保护和改善环境的政策，加强了对工业化进程中农业、林业的管理，在保护资源的基础上，还倡导绿色发展，对城市林木规划也实施了多项管理。虽然这些绿色发展的理论形式较为单一，缺乏相应的机制体制和政策制度保障，也没有法律法规的约束。但是这些基于中国国情的实践探索，从政治、经济、文化等多个领域，让我们清楚地意识到绿色发展问题的急迫性和重要性。

进入改革开放新时期，中国进入高速发展的通道。高污染、高消耗、高投入的粗放型发展模式，对"以经济建设为中心"和"发展是硬道理"的片面理解，导致经济发展方式和资源环境问题都出现了严峻的危机。城乡发展不平衡、经济社会发展不协调、经济发展与人口资源环境不适应等问题更加突出。在"人口高位运行"条件下，我国资源早已严重超载、透支，资源环境与人口关系日益紧张。现实逼迫人们不得不将节约资源作为基本国策，大力发展循环经济，保护生态环境，加快建设资源节约型、环境友好型社会，促进经济发展与人口、资源、环境相协调，共同发展。推进新型工业化进程，加速信息化建设，大力发展绿色经济，促进产业结构调整和经济发展方式的转变。积极探索生态、低碳、循环、高效为特征的绿色发展道路，构建

---

① 《毛泽东论林业》，中央文献出版社2003年版，第44页。

绿色发展模式，创新驱动绿色发展。

我国是一个人口众多、资源相对不足的大国，随着向工业文明的迈进，人口、生态、环境、资源等矛盾日益突出，成为制约发展的瓶颈。2003 年，党的十六届三中全会通过了《中共中央关于完善社会主义市场经济体制若干问题的决定》，首次明确提出"科学发展观"这一新的发展理念。科学发展观强调，"坚持以人为本，树立全面、协调、可持续的发展观，促进经济社会和人的全面发展"。科学发展观在内涵上包含了绿色发展的要求，是我国绿色发展理论体系发展的起点。坚持以人为本是科学发展观的根本目的，把满足人们的全面需求和促进人的全面发展作为经济社会发展的根本出发点。保持协调发展是科学发展观的基本原则，就是在发展中实现人与自然相互协调发展，实现人与社会相互协调发展。可持续发展是科学发展观的总要求，就是要保护环境资源和生态的承受能力，保持人与自然的和谐发展，实现自然资源的有序利用和实现社会的有序发展；可持续发展，就是平衡人与自然的关系的发展模式。全面、协调、可持续的科学发展观，把控制人口、保护生态环境、节约资源放在了重要位置，强调人口增长与社会生产力相适应，经济建设与生态、环境、资源相协调，才能实现发展的良性循环，在人与自然和谐的基础上，推进整个社会走上文明发展之路。

2007 年，中国共产党第十七次全国代表大会报告中提出建设"生态文明"的要求，对树立绿色发展理念、发展绿色经济、走绿色发展道路提出了更加迫切的要求。2011 年 3 月，全国人大通过《中华人民共和国国民经济和社会发展第十二个五年规划纲要》，提出了中国"十二五"期间坚持绿色、低碳发展的政策导向，"绿色发展"被明确写入国家发展规划。2012 年，"绿色发展"正式出现在党的十八大报告中，坚持绿色发展成为全国各界的共识，标志着中国共产党人对当今世界和当代中国发展大势的自觉认识和深刻把握。"四位一体"发展理念创造性地上升为"五位一体"的发展新思维，在"四位一体"的基础上增加了生态文明建设的新理念和新思路。实现经济发展的持续性与稳定性，改善资源利用有限、环境污染严重、生态系统退化的客观现实，绿色发展道路成为中国特色社会主义道路建设的重要环节，保护自然、顺应自然、尊重自然的科学规划，要在政治、经济、社会文化等多方面贯彻实施。

党的十八大以来，从坚持和发展中国特色社会主义全局出发，我们党进一步提出并形成了"四个全面"战略布局，以更加深刻的认识和行动，来建设生态文明、加强环境保护。2015年，党的十八届五中全会提出了"创新、协调、绿色、开放、共享"五大发展新理念，强调加快生态文明建设，走绿色发展道路，使绿色发展成为指导我国"十三五"时期的科学发展理念和发展方式，成为我国全面建成小康社会决胜阶段的指挥棒。

绿色发展涉及经济社会发展的全过程，是一场关于生产方式、生活方式、思维方式和价值观念的变革，注重解决的是人与自然的和谐问题。绿色发展抛弃了以往单纯追求 GDP 的发展方式，要求在社会经济发展的生产经营过程中，兼顾到自然环境和自然资源的承受能力，本质上就是经济社会同生态系统的和谐要求。我国的发展方略选择了经济发展作为中心，但并非是促进经济的发展就必须忽视其他领域的共同发展。而是在大力发展经济的同时，以人民群众的生活水平和整体素质是否真正提高，公民权利和美好的生产生活环境是否真正平等享有，以及人的全方面发展是否得到促进，作为社会是否真正进步的标志。同时，社会经济发展同社会整体进步之间的关系，同样体现在经济发展的成果分配、人民群众的政治生活状态、社会民生发展情况、医疗卫生教育等方面。2016年1月5日，习近平总书记在重庆召开推动长江经济带发展座谈会上强调，推动长江经济带发展必须从中华民族长远利益考虑，走生态优化、绿色发展之路，使绿水青山产生巨大的生态效益、经济效益、社会效益，使母亲河永葆生机活力。"绿水青山就是金山银山"，这是我党执政以来不断探索经济规律、社会规律和自然规律，保护环境和经济发展实现内在统一，对三大规律深刻认识的升华。

## 四、中国绿色发展的实践问题

我国当代绿色发展的实践，强调的是"绿色惠民、绿色富国、绿色承诺"

的发展思路。

### (一) 绿色惠民——环境治理是重大民生实事

绿色发展和民生福祉紧紧相连，直接关乎人民群众的生命安全和身体健康，生态环境是人们赖以生存的基础，环境治理必须作为重大民生实事加以贯彻实施。良好的生态环境，这是"最公平的公共产品"，是"最普惠的民生福祉"。坚持绿色惠民，为人民提供更多优质生态产品，推动形成绿色发展方式和生活方式，是我国全面建成小康社会的关键环节。绿色发展要求加强污染物排放的管理，减少有毒物质对环境的污染，消除生态环境风险，能够提升大众健康和生命安全，降低因环境损害造成的医疗费用和生活负担。落实绿色发展的本质就是惠民生，建设有利于人民生产生活的自然生态环境、产业发展体系、社会文化氛围，实现整个社会共同体的可持续发展。

#### 1. 绿色发展倡导绿色消费理念

人类文明与自然的演化之间的相互作用反映出了人与自然的关系，因此人类的生存与发展行为是影响自然生态系统的结构、功能和演化过程的重要因素。绿色生活方式要求人们，一方面从自然界占用环境空间、索取自然资源实现人类进步的同时，避免环境破坏和污染给自然界带来的负担；另一方面，自然界也会对人们所做出的一切危害自然生态系统的行为做出反作用。正是非绿色理念的生活方式，使一系列生态问题接踵发生，对人们的生存、生活造成了很多负面影响。人与自然关系的协调离不开绿色生活方式的倡导，其中最主要的是要转变消费理念，使人们参与到社会的转型与升级之中。科学合理的绿色生活方式和正确的绿色消费体系，才能带动绿色发展理念的普及，促进绿色产品的研发和利用，推动绿色产业链的发展，完成生态文明建设的历史使命。因此，绿色生活方式的倡导，对提高自身生活质量具有重要意义。

#### 2. 绿色发展扩大就业，提高人均收入

中国经济近期面临较大的下行压力，绿色发展不仅能够破除资源环境的瓶颈，还能孕育新兴产业的诞生和发展。在经济向绿色转型的过程中，绿色

发展可以推进新能源、节能等新兴产业的发展，并促进林业、农业等传统产业的转型升级，扩大社会就业，提升人均收入，从而成为经济发展的新增长点和新动力，促进经济体制提质增效。

贫困人口的收入也是我国经济发展过程中亟待解决的问题。中国的贫困人口主要集中于革命老区、边疆地区、连片特困地区等。由于历史、交通、经济等原因，这些地区基础设施建设不足、工业化进程缓慢，但是自然生态环境保存良好，具有天然的发展优势。因此，在绿色发展理念的指引下，需要我们避开透支资源的发展误区，积极转换发展理念，发挥自然生态环境的优势，扩大贫困地区的收入。将扶贫工作和环境保护结合起来，把绿水青山变成真正的财富，让贫困地区的人民共享经济社会发展成果，进一步解决收入与分配的社会福利问题，共同迈进全面小康社会。

## （二）绿色富国——以绿色发展引导新常态

绿色富国强调以绿色发展引领新常态。保护生态环境就是保护生产力，改善生态环境就是发展生产力，用绿色发展的方式促进经济结构的转型升级，能够孕育新兴产业的迅速兴起，带动新的经济增长点，实现在新常态下的经济高质量增长。

### 1. 建设美丽中国

当前，西方传统工业文明的发展模式遭遇危机，处于现代工业化过程中的发展中国家理应借鉴发达国家的发展经验，面对发展任务繁重和生态环境约束加剧双重压力，根据本国国情去探索一条更适合自己的发展道路。这是打破资源集约型发展瓶颈、引领新常态下经济社会发展的根本途径。中国特色的绿色发展理念及其发展模式，无疑为避免传统发展模式的弊端、实现可持续发展，提供了一个新的思路和借鉴。

"美丽中国"是在中共十八大报告中首次提出的概念。"美丽中国"代表一种完美的自然环境和社会环境的结合，是自然属性和社会属性的集中体现，不仅象征着一种宜居舒适的自然生存环境，也是通过实现生态文明、经济繁荣、制度完善、文化先进、社会和谐，达到生产稳健发展、生态环境良好、生活安定幸福的一种社会状态。绿色发展与建设"美丽中国"具有高度的契合性，二者都把建设生态美好的绿色家园作为首要的目标诉求，顺应了人们追求高质量生活的新期待。随着我国改革开放的不断深入、社会主义现代化事业的飞速发展，以及物质文化生活水平的快速提高，在物质生活得到保障之后，人们也要求更高的生存环境质量，更期望有一个生态优美的自然环境与和谐发展的社会环境。因此，从战略高度对人民生活和生产空间环境的科学改善，对人民追求美好生活期待的理性满足，使人民在享有丰富物质文化生活的同时，在精神生活方面营造山绿、水清、天蓝、空气清新、美好家园的精神面貌，就成为贯彻落实科学发展观的应有之义。绿色发展观所蕴含的基本理念，是尊重自然、顺应自然、保护自然，因而我们需要建构符合绿色循环经济发展理念的生态运行机制，同时对经济与社会、人与自然的关系必须做到统筹兼顾，从绿色经济发展角度打造成经济、社会、生态的良性循环，为建设"美丽中国"创造了自然生态条件。

**2. 创新驱动绿色经济发展**

科学技术的发展和人类社会文明的不断进步，是人与自然关系不断变化的原因。工业文明的快速发展，使得人口、资源、环境之间的矛盾日益加深，需要重新审视和科学认识人与自然之间的关系，而对人与自然关系的认识，离不开科学技术的指导，尤其是绿色科技的发展。绿色科技的创新正是要求以科学技术的发展为核心，重点发展绿色制造业和清洁环境相应的生产技术，在节能、节水、节地、节材等节约理念的指导下，进一步发展资源节约和环境友好的新型绿色科技产业。

绿色科技的创新应在于对新能源的开发与利用、对可再生能源的研究和推动、对经济发展模式向着绿色方向发展的转变和推进等方面，而这些方面的发展对于科学技术的要求又有着进一步的难度。不但要求提供高效、安全和清洁的技术产品，而且要求在生态系统和国土资源等大的背景下，应该提供相应的科学技术平台，更要求以绿色科技为支撑去研究人与自然的发展过程，以科学和合理的理念去指导人们对生态系统影响的认识，最终为提高资源的利用率、为环境的安全政绩提供最基本的科技支持。

　　循环经济的发展同样依靠绿色科技的创新和发展。在有限的资源条件下，我国对于资源的考虑必然在良性循环和永续利用的层面之上，建设社会主义资源节约型的社会也正是对于资源节约要求的体现。但是，社会中存在着大量的耗能企业，要节能降耗来提高资源的利用率，还要努力减少向生态环境中废弃物的排放，这对于传统企业无疑是一个巨大的挑战和严峻的考验。绿色科技的创新与发展，正是解决这一难题的唯一途径。在充分发挥市场在调整人口与资源环境之间关系的积极作用中，绿色科技的使用在减少资源浪费和环境污染方面，都能够起到重要作用。同时，绿色科技的创新也有助于促进中国同其他国家在解决资源与环境问题上的交流。生态危机在现阶段已经是全球性的问题，绿色科技在全球范围内都必然被人们所重视，因而绿色科技在缓解我国经济社会的发展同人口、资源、环境之间的矛盾和压力，拓展国际资源利用的空间，发展循环经济等方面，具有重要的作用。

　　**3. 绿色经济发展的关键在于转方式、调结构**

　　城乡发展的协调是统筹农业和工业、城市和农村的发展。城乡二元结构的改变与城乡发展差距的缩小，是在经济发展上实现城乡统筹和经济社会的全面和协调发展，这是对绿色发展之"发展"层面的体现。区域发展的协调是整个国家地域内，发挥各个地区的优势和积极性。无论是西部、东部、中部还是东北地区，在经济发展中都应该建立健全市场机制、合作机制、互助机制、扶持机制来转变区域差别较大的形势，这一共同协调发展的新格局是绿色发展理念的要求。经济社会发展的统筹要求在重视社会经济发展的同时，推进科技、文化、教育、医疗、卫生、体育等方面的共同协调发展，以科技为手段满足人们对各方面的需求。而人与自然和谐的要求是绿色发展中"绿色"的突出体现，这就要求社会发展中高度重视资源和环境问题，处理好经济建设、人口增长和资源利用、环境保护之间的关系，以增强可持续发展的能力为主要标志，推动整个社会向着生产发展、生活富裕、生态良好的道路方向发展。国内发展和对外开放的统筹，是绿色发展理念要求中的重要内容。既要充分利用国际的外部条件，同时发挥国内资源的自身优势，将两个市场、两种资源充分利用。

### (三) 绿色承诺——凝聚全球力量，强化政策行动

绿色承诺是对中国自身发展的承诺，也是对全球生态保护的一个承诺。习近平总书记将绿色发展的理念带向了全世界。2015 年 11 月，习近平总书记在巴黎出席气候变化会议中承诺："中国在'国家自主贡献'中提出将于 2030 年左右使二氧化碳排放达到峰值并争取尽早实现，2030 年单位国内生产总值二氧化碳排放量比 2005 年下降 60%—65%，非化石能源占一次能源消费比重达到 20%左右，森林蓄积量比 2005 年增加 45 亿立方米左右。"

实现绿色承诺的关键是要完善制度实施的环境。在市场经济体制中，政府的基本职能就是组织公共产品的供给。生态环境就是典型的公共产品，应当由政府进行管理，并组织社会力量共同投入环境保护事业。因此，完善的制度是实现绿色承诺的关键。

早在"九五"时期，党和政府就已明确提出促进经济增长方式由粗放型向集约型转变。但长期以来，在实际工作中环境保护总是容易被忽略，尤其是在经济和绩效的评价体系中，就忽略了环境保护指标的衡量与评价。由于制度的不完善，导致环境保护管理系统不能形成一个有机的运行整体，造成了部分职能的重复管理以及部分职能的管理空白，缺乏一个协调高效的管理模式。因此，完善制度实施机制，提高政府环保执行力，是实现绿色承诺的关键环节。

加强政府的环保执行力，首先要建立统一的环境管理体制，提升环境保护在国家社会经济发展中和决策中的地位。其次，由于生态环境的区域特性，如何协调区域发展结构，协调中央与地方之间的权力分配，也是完善制度建设的重要方面。最后要加强环境保护的执行机制。在环境保护政策的执行过程中，要将环境保护政策与经济政策紧密融合，把政策措施落实在实处，推动绿色发展的进程。与此同时，创新驱动环境保护手段的多元化、综合化、现代化发展，推进绿色金融的建立、运行与完善，发挥各种手段的优势，互为补充、相互促进，以取得更高的绿色发展效益。

传统的经济发展方式，带来了许多不平等因素。发达国家基于发展产业

链的优势地位，在国际分工中占据有利条件，往往对发展中国家的发展进行阻止，或者将污染产业、劳动力集中产业转移到发展中国家，实现对他国资源的侵略性占有。随着绿色发展成为全球的发展趋势，各国之间实行绿色发展政策，成为世界发展的照耀潮流。绿色承诺，正是我国作为世界上最大的发展中国家，把生态文明建设融入中国现代化建设的方方面面，探索出一条中国特色社会主义的绿色发展、和谐发展的生态文明之路，这才使我们能够更好地凝聚全球力量，推行绿色发展理念的普及和贯彻。因为地球只有一个，污染没有国界，只有集中全体人类的力量，才能真正实现绿色发展。

# 第十五章　社会主义开放发展理论与实践

开放是马克思主义政治经济学产生的时代背景和题中应有之义。践行开放发展理念，必须进一步融入经济全球化，积极构建开放型新体制，加快推进"一带一路"战略。

## 一、开放与马克思主义理论一脉相承

创新、协调、绿色、开放、共享，是党的十八届五中全会提出的五大发展理念。"十三五"规划建议正是围绕这些理念谋篇布局的。理念是领率、是灵魂。发展理念就是发展行动的先导，是管全局、管根本、管方向、管长远的东西，是发展思路、发展方向、发展着力点的集中体现。发展理念对了，目标任务就好定，政策举措也就跟着好定。作为五大理念之一的开放，其实也是中国 30 多年发展实践的经验总结。

习近平总书记在主持中央政治局第二十八次集体学习时曾要求，要认真学习马克思主义政治经济学，提高驾驭社会主义市场经济的本领，发展中国特色社会主义理论，增强三个自信，向世界贡献中国智慧。理论本身就是源于实践又反作用于实践的。来自实践又充分指导过实践。经过 30 多年检验的"开放"理念，正是中国特色社会主义理论的重要的有机组成部分。以马克思主义为指导思想的中国共产党人，在中国进行的社会主义建设的成功探索得到的经验和理念，当然就是马克思主义中国化的具体成果。它也昭示着马克思主义虽经过 160 多年曲折发展，仍然闪耀着真理的光辉。

### （一）马克思主义产生的时代背景即是经济全球化

马克思主义研究的社会背景是资本主义工业文明打破了封建桎梏，社会化大生产运动风起云涌之际，生产要素突破了家庭、地域、甚至国界的限制，在更大范围蔓延流动。《资本论》和《共产党宣言》，以及马克思主义的政治经济学，都是以 18—19 世纪的社会化大生产或叫经济全球化为研究前提的。除去阶级斗争、无产阶级革命的部分外，马克思主义认为，生产社会化，资本在更大范围的流动，带来了物质的极大繁荣，推动了社会的进步。马克思主义设想的共产主义，也是在这样的生产力大发展背景下，由无产阶级领导而实现的物质极大繁荣条件下的社会形态，生产要素打破了国与国的界限，在全人类自由流动，物质极大繁荣，人人各尽所能，创造的产品和财富按需分配，消灭了剥削和不平等，最后国家和阶级都消亡了，世界成了自由人联合体的大同世界。

马克思主义所描绘的理想蓝图是建立在生产社会化、经济全球化条件下的开放互融发展情景。虽然实现道路漫长，后来历史发展的轨迹曲折多样，世界范围内社会主义进行过丰富多彩的革命和实践，西方资本主义也进行了社会改良，但马克思主义理论对历史发展规律和趋势的研判被证明是先进的、正确的。建立在开放背景下的生产力大发展是推动社会不断进步的源泉。

### （二）马克思主义诞生以来的几次经济全球化浪潮即是世界在开放中前进的历史

权且把 18—19 世纪以蒸汽机的使用为代表的生产力大发展总结为第一次的经济全球化。它带来了更大范围的开放发展，也带来经济、政治、社会、阶级、民族与国家多方矛盾的激化，引发了人类认识史上最伟大的革命——马克思主义诞生。马克思、恩格斯在 1848 年的《共产党宣言》中这样说："资产阶级，由于开拓了世界市场，使一切国家的生产和消费都成为世界性的了。……资产阶级挖掉了工业脚下的民族基础……过去那种地方和民族的自给自足和闭关自守状态，被各民族的各方面的互相往来和各方面的互相依赖所代替了……由于一切生产工具的迅速改进，由于交通的极其便利，把一切民族甚至最野蛮的民族都卷到文明中来了……一句话，它按照自己的面貌为自己创造出一个世界。"① 马克思、恩格斯甚至乐观预测："随着资产阶级的发展，随着贸易自由的实现和世界市场的建立，随着工业生产以及与之相适应的生活条件的趋于一致，各国人民之间的民族分隔和对立日益消失。"② 马克思、恩格斯所构想的道路，是在欧洲主要资本主义国家即当时发达资本主义国家，在这样的开放的经济一体化背景下，由无产阶级联合起来，执掌政权，再逐步过渡到共产主义。

到了 19 世纪末 20 世纪初，以电力、内燃机、化工为代表的科技和生产力的进一步开放发展，促成世界进入第二次经济全球化。工业资本与金融资本相结合，产生了垄断资本主义——帝国主义。它们在扩张和瓜分世界的过程中矛盾激化，20 世纪上半叶，发生了两次世界大战。此次经济全球化引发了种种冲突矛盾，乃至出现中断、引起革命。先是俄国发生十月革命，走上社会主义道路。二战的结果，又促使东欧一批国家走上社会主义道路。还有中国共产党领导的革命促使中国走上社会主义道路，乃至世界民族解放运动的风起云涌。苏俄和中国社会主义是马克思主义同本国实践相结合的产物，是马克思主义在资本主义并不发达的国家走出的独特道路，但与第二次的经济全球化发展中断直接关联。

20 世纪 70 年代以来，以信息革命为标志的第三次经济全球化浪潮汹涌而来，信息技术，新能源、新材料技术，生物技术，以及交通、通信和国际金融的快速发展，导致国际经济联系愈加紧密，生产要素在全球流动。资本主义在二战后虽然基本矛盾并未解决，但以美国为首的西方发达资本主义国家，汲取了 20 世纪 30 年代大危机的教训和计划经济的经验，对内进行了改良调整，减缓了社会矛盾；对外创建并推行了一整套适应全球化发展的国际

---

① 《马克思恩格斯选集》第 1 卷，人民出版社 2012 年版，第 404 页。
② 《马克思恩格斯选集》第 1 卷，人民出版社 2012 年版，第 419 页。

组织体系和规则体系，促进世界经济得到巨大发展。

### （三）开放发展给中国社会主义建设带来生机与活力

闭关锁国，难以搞好经济，难以建设社会主义。中国曾因闭关锁国而落后挨打、吃尽苦头。社会主义建设时期也因此走了多年弯路。改革开放，尤其是同第三次经济全球化紧密联系而不是相脱离的30多年，给国力带来突飞猛进的变化。经济增速近10%的中国一跃成为世界工厂、全球第二大经济体、第一大出口国、第一大吸引外资国和第三大对外投资国。7亿多人摆脱了贫困，人均国内生产总值超过7000美元。中国用几十年时间走完了发达国家上百年走过的路。对世界经济增长的贡献率接近30%。中国是开放发展的受益者。

进入新世纪，世界经济更加深度融合，深度互动。中国的发展离不开世界，世界的繁荣同样离不开中国。邓小平在改革开放之初就告诫全党："关起门来抓建设是不能成功的。"1992年，他在南方谈话中讲得更加明确："社会主义要赢得与资本主义相比较的优势，就必须大胆吸收和借鉴人类社会创造的一切文明成果，吸收和借鉴当今世界各国包括资本主义发达国家的一切反映现代化生产规律的先进经营方式、管理方法。"[1] 习近平曾郑重宣示："中国开放的大门永远不会关上。"

当前，我国对外开放总体水平还不高，用好国际国内两个市场、两种资源的能力还不够，应对国际经贸摩擦、争取国际经济话语权的能力还较弱，运用国际规则的本领也不强。而国际市场风云变幻，机遇与风险并存，国际经济合作和竞争局面正发生深刻变化，全球经济治理体系和规则面临重大调整。"走出去""引进来"在广度和深度上皆非过去可比。面对经济新常态，要研究如何统筹国际国内两个大局，防范风险，抓住机遇，加快发展，并推动全球经济治理体系的改革完善，实现经济的互惠共融发展问题。

以开放促改革、促发展，曾是我国的成功经验。"十二五"时期，特别

---

① 《邓小平文选》第3卷，人民出版社1993年版，第373页。

是党的十八大以来，我国实行更加积极主动的开放战略，加快构建开放型经济新体制，推进"一带一路"战略，推动国际产能合作，设立自由贸易区，拓展海外经济合作园区……一个更高水平的开放格局正在形成。

开放是中国在马克思主义指导下的卓有成效的实践经验，也是全球经济深度融合形势下发展道路的必然选择。开放发展理念是源自马克思主义，又经过实践检验了的马克思主义中国化的新的理论成果。它将引导中国特色社会主义更快更好发展。

## 二、开放是我国进一步改革发展的必然选择

开放是经济发展的必由之路，封闭只会窒息生机。统筹国内和国外两个大局，充分利用国内和国际两个市场、两种资源，内外联动发展，在全球范围谋划发展，是经济全球化背景下的必然选择。五中全会提出要坚持开放发展，必须适应我国经济深度融入世界经济的趋势，奉行互利共赢的开放战略，发展更高层次的开放型经济，积极参与全球经济治理和公共产品供给，提高我国在全球经济治理中的制度性话语权，构建广泛的利益共同体。

### （一）中国对外开放战略的发展历程

新中国成立后，战争从一定意义上讲并没有完全结束，"热战"之后是冷战，雅尔塔体系把全球撕裂为两个平行的世界。朝鲜战争结束后，对中国而言，外部环境已然落定：中国站到了美国的对立面，一边倒地加入苏联阵营；日本又获得了东山再起的机会；台湾问题将被搁置。"一边倒"方针是从两极格局出发的一种战略，同时也是为了打破西方列强包围封锁所采取的措施。

20世纪60年代中苏交恶后，中国争取"中间地带"，开始与美苏两个超级大国同时对抗。这一时期，中国虽然在争取"中间地带"方面有所进展，但仍不能摆脱与两个超级大国同时对抗所带来的阴影，中国的国际环境逐渐恶化。

20 世纪 70 年代，毛泽东提出了"一条线"的联美抗苏战略构想。构想的实质是结成最广泛的国际统一战线来对抗苏联霸权主义。1972 年尼克松访华，成为中美之间的破冰之旅。它改变了中国腹背受敌的不利态势，有力地维护了国家安全，打开了通向西方的大门，开创了中国对外战略的新局面。

20 世纪 80 年代，邓小平推行不结盟和平外交，实行改革开放政策。邓小平在"和平与发展成为时代主题"的战略判断下，逐步调整中国对外战略，逐渐由意识形态转向国家利益。它扩大了中国对外战略空间，为中国现代化建设创造了良好的外部环境。

改革开放以来，中国对外战略逐渐丰满。20 世纪 80 年末 90 年代初，国际风云剧变，邓小平指出："要韬光养晦，埋头苦干，不扛旗，不当头，过头的话不说，过头的事不做，朋友要交，心中有数，不锋芒毕露，不引火烧身。""韬光养晦"方针是在特殊背景下提出的，而且也没有公开对外宣讲过。然后，从江泽民同志的全方位外交，到胡锦涛同志的和平发展道路，一直到习近平同志的中国特色国际战略。

改革开放以来，尤其是加入 WTO 之后，中国发展态势良好。2008 年国际金融危机，是"危"也是"机"。中国抓住了其中的"机"，发展更进一步，终于在新中国成立 60 年之后的 2010 年 GDP 超过日本，成为仅次于美国的全球第二大经济体。虽然人均总量依然低下，但新中国 60 年的成就已经不容小觑。也可以说，自此后，中国不仅是世界经济格局调整的影响者，也是持续推动未来世界经济格局变化的重要力量。中国已经由国际规则的被动接受者，转变为国际规则制定的积极参与者；由国际体系的旁观者、游离者，转变为国际体系变革的推动者、塑造者。但是，对于中国对国际经济秩序的能动程度，必须有清醒的认识。

第一，必须认识到，只凭借经济总量未必能够影响国际秩序。中国在明清时期 GDP 曾长期位居世界首位，但在人类近现代大国崛起历史上，中国并没有实现大国崛起。重要原因在于中国当时秉承闭关锁国的思想，没有积极参与或者主导全球性的国际经济秩序的制定。当前也有同样的现象，中国加工贸易占据贸易总额的半壁江山，进口铁矿石、石油数量举世瞩目，但对这些大宗商品的交易价格、交易规则却影响甚微。

况且，中国经济总量比美国仍然相差甚远。尽管遭受国际金融危机的影响，美国仍然是世界上最大的经济金融强国。美国拥有强大的金融中心及发达的国际金融市场，而且美元标价的金融资产占全球金融资产的60%以上，美元仍然是世界上主要的国际货币。美国拥有在国际机构中的重要话语权，当前美国在IMF超过15%的份额促使其对IMF许多重大决策都具有否决权，世界银行总裁由美国人担任也体现了美国的重要影响力。

再退一步，即使中国经济总量超过美国，国际经济秩序调整也是一个长期、艰巨的过程。美英霸权更替就生动说明了国际经济秩序调整的难度。美国在19世纪中后期经济总量就超过英国，一战前人均经济总量超过英国，但直到二战后才主导国际经济秩序，时间跨度超过50年。况且当时处于金本位体系下，经济总量比的是真金白银；现在是牙买加体系，各国货币都虚拟化了，汇率一点风吹草动都会导致两国经济总量对比出现变动。美国与英国都属于西方文明，文化同宗同源，美国对英国霸权的更替，阻力相对较小。

第二，必须认识到，要重视货币金融在国际经济秩序中的核心地位，稳步提升中国在国际货币体系中的话语权。"经济大国、金融弱国"是当前中国货币金融的主要特征。中国当前的商品市场已经融入全球，但金融发展却相对滞后，偏重间接融资的金融体系构成金融市场结构亟待完善的基本事实；更深层次的是金融开放改革滞后的问题越发突出，即人民币汇率、利率尚未完全市场化，资本账户可兑换改革也尚未完成。金融市场化滞后导致中国在参与国际货币体系改革时面临体制机制约束。为此，中国应重视货币金融的体制改革，推动人民币国际化。

第三，必须认识到，国际组织对于全球治理具有不可替代的重要性，要继续熟悉、运用IMF、世界银行、WTO等机构。IMF已经通过改革议案，中国的份额由3.65%升至6.19%。世界银行中国的投票权从2.77%提高到4.42%。但应该看到，动摇美国在上述机构的否决权，不是一朝一夕的事情，近期也不应简单以此作为目标。现在重点应该放在熟悉、修订机构规则上，为中国对外战略所用。WTO 也是这样，包括争端解决机制，都需要学习、熟悉、利用。

第四，必须认识到，除了直接参与、利用布雷顿森林体系下的旧有组织，也可以改造、升级原有国际组织，或优化甚至新建区域性平台。国际金融危机后，G20 地位迅速上升。2008 年 11 月，在美国华盛顿举行峰会的时候，各国元首亲自参加，论坛升级为峰会；2009 年，匹兹堡峰会确定 G20 为世界经济首要论坛。中国将是 2016 年第 11 次峰会主办国，应该充分利用这次机会。2014 年 7 月 15 日，金砖国家峰会在巴西福塔莱萨举行，宣布成立金砖国家开发银行。2014 年，北京成功举办了亚太经合组织（APEC）会议，并批准亚太经合组织推动实现亚太自由贸易区路线图。中国要进一步增强国际经济治理经验，稳步提升中国在区域乃至国际机构中的影响力。

第五，必须认识到，区域经济合作对于国际经济秩序调整具有重要意义，要稳步推进自贸区建设，积极发出中国倡议。现在 WTO 多哈回合谈判没有显著进展，世界主要国家开始寻求其他方式推进经济一体化进程。美国已经于 2015 年 10 月年促成了 TPP（跨太平洋伙伴关系协定）谈判，当前正在和欧盟讨论设立 TTIP（跨大西洋贸易与投资伙伴关系协定）。中国同美方和欧方都建立了关于 TPP 谈判和 TTIP 谈判进程的信息交流机制。TPP 的规则虽然标准高，但中国也要积极持开放态度。十八届五中全会提出，要"积极参与全球经济治理，促进国际经济秩序朝着平等公正、合作共赢的方向发展，加快实施自由贸易区战略"。目前中国已经与 20 多个国家和地区建立了自贸协定，涵盖了近 30% 的进出口贸易额。"一带一路"战略是中国倡议，已有 50 多个国家表示愿意参与，它将构筑中国新一轮对外开放的"一体两翼"，打造周边国家互联互通，助推内陆沿边地区由对外开放的边缘迈向开放的前沿。亚洲基础设施投资银行是中国首倡的区域性的、开放的多边开发机构，与世界银行、亚洲开发银行共同合作、相互补充，是对当前国际经济秩序的改革与完善。

### （二）中国开放型经济的新发展

面对国际经济秩序的演变，传统开放型经济体制已经出现不适应：一是不适应应对全球经济变化新形势的要求；二是不适应应对国际经贸格局重大调整的要求；三是不适应应对谋求中国在全球价值链中新地位的要求；四是不适应应对国内经济转型升级的内在要求。

首先，从应对全球经济变化新形势来看。总体看来，在本轮全球金融危机的冲击下，全球主要经济体的经济增速都在变慢。例如，作为全球最大经济体的美国，尽管在各种政策措施的作用下经济状况有所好转，但仍不能与20世纪90年代期间的高速发展阶段相比。而在欧洲，严重的欧债危机导致欧盟国家的经济增速也在低区间徘徊，经济增长预期不断被下调，低速增长的态势至今难见尽头。而在日本，安倍经济学受到质疑，短期内经济难以出现显著复苏。由此可见，长期以来一直作为中国最大贸易伙伴的全球前三大经济体深陷泥淖，加之中国经济发展所伴随的各类生产要素成本不断上升，必然对中国以低成本为主要竞争手段和大规模出口为主导的传统开放型经济发展模式带来巨大压力。

其次，从应对国际经贸格局重大调整来看。伴随以贸易和投资自由化为主要内容的经济全球化深入发展，全球经贸格局呈现"东升西降"的显著变化。受其影响，当今经济全球化深入发展的总趋势虽然没有改变，但多边贸易体制的发展却历经坎坷，多哈回合谈判仍然徘徊不前。与此相伴随的是，贸易投资保护主义升温和经贸摩擦频发甚至走向政治化倾向。因此，为了改变经济全球化红利的"分配格局"，降低关税等传统扩大开放模式对于美国等发达经济而言已经变得越来越没有吸引力，代之而起的是要建立所谓高标准的市场经济规则。上述变化将会在很大程度上改变世界贸易规则、标准和格局。总之，全球经贸格局的重大调整及其规则的变化，必然对中国开放型经济提出新挑战。

再次，从谋求中国在全球价值链中新地位来看。中国依托低成本优势快速融入发达国家主导的全球价值链分工体系，的确带动了中国出口贸易的快速扩张乃至产业结构的优化升级。但就全球价值链的分工格局来看，总体而言，中国在全球价值链中仍然处于中低端。由于全球价值链分工模式下，跨国公司主导的全球生产布局并非一成不变，而是具有动态特征。这就意味着，发展中经济体融入全球价值链分工体系，一旦有其他具有更低成本优势的国家和地区加入进来，就有可能面临着被淘汰出去的危险。即便仍然能够参与全球价值链分工，也可能会出现一些专家学者所担忧的所谓"被低端锁定"，从而不利于开放型经济的可持续发展。

最后，从促进国内经济转型升级的内在要求来看。本轮全球金融危机对中国经济的冲击，表面上看是对经济增长速度的冲击，实质上是对经济发展方式的冲击。因此，转变经济发展方式已刻不容缓，已经成为中国国民经济面临的全局而重大的战略任务。而中国作为一个开放型经济大国，经济发展方式的转变显然不是封闭条件下的转变，而是开放条件下的转变。换言之，以开放型经济转型升级为抓手，可以更好地实现国内经济转型升级的目标。

所以，中国开放型经济已经站在了新的历史起点上。进一步推动对外开放，需要构建开放型经济新体制。

第一，开放型经济新体制要有新目标。中国初步建立起来的开放型经济体制，是以简单融入国际分工体系和全球制造业体系为目标的。然而，伴随着开放型经济的迅猛发展，中国不仅在改变着自己，也在改变着全球经济格局。中国在收获坚实的物质基础的同时，更面临着劳动力、土地等各类要素成本的集中上升，以及资源、能源和环境约束日益严峻等的恶劣局面。而从国际环境来看，伴随中国综合国力的不断提升及其对全球影响力的逐步扩大，国际社会对中国在应对全球问题以及进一步发展开放型经济问题时也被赋予越来越多的"期待"，当然也包括各种各样的围堵或遏制。总之，从简单融入国际分工体系和全球制造业体系，转变为适应世情、国情深刻变化的开放型经济发展新模式，是构建开放型经济新体制的新目标。

第二，开放型经济新体制要有新基础。中国改革开放采取的是渐进式策略，因此，原有开放型经济的发展和推进，主要是以优惠政策和差别待遇为基础的。沿海地区尤其是经济特区，不仅凭借着自然区位优势和经济社会基础，更重要的是凭借其优越的政策条件，吸引了大量生产要素的流入，成为中国开放型经济发展的试验田和重点区域。从企业层面上来看，优惠政策和差别待遇尤其表现在外资企业和内资企业之间。相对于内资企业而言，外资企业显然能够享受到所谓"超国民待遇"。在当前中国开放型经济面临国内国际环境深刻变化条件下，必须要"统一内外资法律法规""扩大内陆沿边开放"，其实质就是要将中国开放型经济从以优惠政策和差别待遇为基础，转变为以公平、有序竞争为基础。

第三，开放型经济新体制要有新手段。长期以来，中国融入全球分工体系发展开放型经济，依托的主要是人口红利、土地红利等传统低成本竞争优势。然而，伴随人口红利逐渐式微，以及其他各类生产要素成本的不断上升，以此为主要竞争手段的开放模式遭遇巨大挑战，面临可持续难题。通过改革，将外贸和外资结合起来，将贸易发展方式转型升级和经济发展方式转型升级结合起来，将贸易发展和产业发展结合起来，将"引进来"和"走出去"结合起来，将国内市场发展和国际市场开拓结合起来。中国开放型经济发展，必将从以低成本优势为主要竞争手段，转向以综合竞争优势为主要竞争手段。

第四，开放型经济新体制要有新的主导方式。前期以大量利用外资和大规模出口贸易为主导方式的开放型经济发展，是有效率的，因为效率的基本含义之一就是以有效的资源配置从而获得较高的经济增长。也正是因为在开放型经济发展中片面追求"快"的一面，而忽视了相对成本高昂的一面，上述传统的主导发展模式也带来了不平衡、不协调、不可持续等问题。因此，此种模式推动的经济增长发展到一定阶段后，效率的另外一层含义，即单位资源充分利用的重要性就会日益凸显。这就意味着中国开放型经济发展，应从以大规模出口和大规模利用外资为主导，转向以提升质量和效益为主导，实现"资源高效配置"。

第五，开放型经济新体制要有新的发展路径。在前一轮的开放型经济发展中，中国的开放还主要表现为货物贸易尤其是制造业领域的开放，从而在一定程度上表现为制造业领域的"单兵突进"。这种开放路径显然已经难以适应经济全球化新形势，亟待探索新的开放路径。也正是在此背景下，上海、广东、福建、天津自贸区建设如火如荼地展开了。构建开放型经济新体制，必定意味着中国开放型经济发展，将从制造业"单兵突进"的传统开放路径，向促进国际国内要素有序自由流动、市场深度融合的全面开放新路径转变。

那么，如何构建开放型经济新体制呢？应着力在以下几个方面做好功课。

### 1. 转变政府职能

具体来说，就是要在厘清政府与市场、社会关系的基础上，通过政府机构改革，强化政府职能的转变。核心是改革行政审批制度，简政放权。正如党的十八大报告指出，"经济体制改革的核心问题是处理好政府和市场的关系，必须更加尊重市场规律，更好发挥政府作用"。充分发挥市场配置资源的决定性作用，才能保持开放型经济发展的活力；而合理定位并履行好政府职能，则对维护宏观经济的稳定性具有极为关键的意义。两者有机结合、相辅相成，是开放型经济持续健康发展的根本保障。

### 2. 改变传统绩效评价机制

转变以往唯 GDP 和经济增速的考核方式，"政绩驱动"更应该向以质量、效益等指标考核倾斜。现在的目标不再是简单促进经济增长，而是要以开放促进改革，要以改革增创开放型经济竞争新优势。中国开放型经济发展从重"量"向重"质"转变，从依托传统低成本竞争优势向打造以质量和效益为核心的综合竞争优势转变；政府需要改革开放型经济绩效评价的传统"指挥棒"。

### 3. 完善促进国际国内要素有序自由流动的体制机制

从国内市场来看，一方面是要进一步理顺要素价格体系，加快完善劳动、土地、资本、自然资源、金融资产、企业家等生产要素的市场价格形成机制，充分发挥价格对市场的调节作用。另一方面要加快形成全国统一市场，消除要素跨区域跨行业的流动壁垒。从促进要素的跨国流动来看，一方面要加快投资准入的负面清单制定，另一方面要改革对外投资的审批体制，提高审批效率，允许企业发挥自身优势到境外开展投资合作。

### 4. 构建完善区域开放格局的有效动力机制

协同推进沿海、内陆、沿边的对外开放，形成区域间的优势互补、分工协作以及均衡协调的区域开放格局。尤其是对于中西部地区而言，要进一步深化改革，完善体制机制，加快职能转变，提高行政效能，增强发展动力，通过加快与东部沿海地区的融合发展。

### 5. 构建有利于培育企业国际竞争力的竞争机制

一方面要通过组织制度、产权制度和管理制度的建设，构建企业创新的制度激励系统。另一方面要塑造企业创新的公平竞争市场环境，发挥政府的宏观调控作用。

## （三）进一步开放必须与国际市场接轨

开放，作为发展的途径，是理论问题，更是实践问题。需要在实践中摸索前进，不断深化，提高水平。其实中国的开放一方面是充分利用两个市场、两种资源，解决发展空间和战略纵深问题；一方面也是借鉴灵活的市场机制，科学地配置资源，学习用计划和市场的两只手，更科学地调控经济发展。中国改革开放30多年了，已在很多方面借鉴了国际先进经验，与市场体制接了轨，也由此大大促进了自身的体制改革，中国特色社会主义市场经济体制正在建设和完善中。当然开放还在进行时，永远在路上。仍然存在计划色彩重、市场色彩淡，政府包办多、社会力量弱的问题。

### 1. 自由市场经济的缺失及中国"特色"尚需完善之处

资本的逐利性确实显示了在全球流动和优化资源配置中的优势，西方自由市场体制曾经推动生产力的大大提高和经济的繁荣。但市场也不是万能的，一轮又一轮的经济危机便是这种失灵的显现。所以西方也在不断引入计划手段纠偏。中国借鉴了苏联时期计划经济手段，也曾取得较快的经济发展。为解决计划过多导致的活力不足问题，又引入了市场手段。市场和计划只是发展经济的手段，与主义、制度无涉。马克思主义是开放发展的，一切文明的成果均应大胆吸收借鉴。

中国"特色"的计划与市场相辅相成互为补充的方式，确实取得了巨大的成功，改革开放 30 多年的业绩举世共睹。其主要优势表现为：加强计划协调，避免了市场的盲目散漫。举国体制可以集中力量办大事，又借用市场力量优化资源配置，增进了效率。然而，由于中国特色社会主义市场经济体制尚在建设中，脱胎于计划经济体制，所以，计划色彩仍然浓重，市场发育仍然不足。政府管控过多过细，"市长"常常代替"市场"。招商引资、经贸洽谈，各级官员一马当先，"一带一路"推进，各部门、各地方一哄而上。企业常成配角，忽视社会力量。政府包办过多、越俎代庖的后果是：不切市场实际，计划难以落实，造成资源浪费，难免权力寻租。

### 2. 以开放促改革，加快服务型政府建设

政府要转变观念。市场主体是企业，政府要改变"舍我其谁，凡事我上"的固有习惯。中央指出，要加快治理体系建设，不断提高治理能力。在经济管理领域，科学确定政府的定位，不缺位也不越位即是题中应有之义。政府应简政放权，明确权力清单，给市场以活力。国内几个自贸区的试点一俟成功可在更大范围借鉴复制。开放，与国际接轨，在坚持中国特色的宏观调控外，更多的是以市场而非行政的方式面对市场。

科学界定政府功能。政府对市场的作用应主要体现在政治支持、组织协调、统筹规划、载体构建方面。其中，中央政府应在宏观层面做好全国的顶层设计、战略权衡与选择、制度构建与创新、资本引导政策制度；地方政府应在次级层面做好本地情况的探索研判、重点项目规划的制定与调整、优惠政策的承诺与落实、政策环境的优化与重塑、信息平台的建设与维护。

开放的步伐会倒逼我们加快改革，确定权力边界，以法定权，法有授权必须为，法无授权不可为。

### 3. 坚持市场导向，企业主体的原则

开放发展，"走出去""引进来"，"一带一路"建设，都需尊重经济规律，不能用行政命令，一拥而上，而后又一事无成，一哄而散。让市场机制发挥作用，才能实现良性发展。

要坚持市场导向配置资源，特别是金融资源，这样才能更好提升资本利

用效率。要推动有竞争优势的产业"走出去",从而带动我们的产品、技术、设施乃至标准"走出去",在全球市场获得更大发展。

发挥市场导向的关键是要突出企业的主体地位。企业比政府更了解市场需求,更能发现商机,更会科学利用资源,更能做好项目的落实工作。"一带一路"、海内外经贸园区建设,规划设计很多,宣传也铺天盖地,能否落实,关键看企业是否"心动"和行动。

### 4. 发挥中介组织的功能作用

政府宏观调控引导,企业微观自主经营,只有这些还不够。中观层面还有个中介组织,比如商协会的协调服务,才构成市场经济运行的完善层次。开放发展的方式应是国际化、市场化、法制化、专业化的。与国际接轨就要充分发挥社会中介组织作用,去完成政府不便做而单个企业又无力做好的事。比如风险预警、信息咨询、资信调查、摩擦应对、争议解决、合作平台搭建、知识产权服务、专业培训等等。这些服务在市场经济成熟的国家里都很普遍。中国企业"走出去""引进来"过程中也急需大量的这种服务,政府应予大力支持培育。

在国际经济治理体系里,除了政府间的组织之外,还有相当多的民间商业组织机制在发挥着作用。比如除了官方的 WTO 外还有民间的国际商会,也是联合国的一级咨询机构。G20 机制下还有商界的 B20,上合组织、金砖合作组织以及中非、中阿、中拉合作机制里都有代表民间的企业家大会或工商理事会。还有国际展览、国际仲裁、商事调解、国际保护知识产权组织等。仅以中国贸促会为例,其参与的多双边机制就有 60 多个,对口组织 300 多个,涉及 200 多个国家和地区。

这些机制在配合外交布局、落实外经贸发展战略上发挥了积极的作用:对接了政府间的对话机制,为促进经贸交流合作提供了平台;为首脑外交搭建了高端平台,便于政企交流;向相关国际组织派人任职或利用多种机制反映企业诉求,表达了构建国际经贸规则的"中国意见",一定程度体现了在国际要有制度性话语权的要求。随着开放型经济的进一步发展,应更多更好地发挥这些机制的功能,以体现与国际的深度接轨。

## 三、秉持开放理念，推进"一带一路"战略

2013 年 9 月 7 日，习近平主席在哈萨克斯坦首都阿斯塔纳发表重要演讲，第一次提出以创新模式共同建设"丝绸之路经济带"的倡议，并提出从"政策沟通、道路联通、贸易畅通、货币流通、民心相通"五个方面来打造"丝绸之路经济带"。2013 年 10 月 3 日，习近平主席在印度尼西亚国会发表重要演讲时表示，中国愿同东盟国家共同建设"21 世纪海上丝绸之路"；此后，他在多个外交重要场合阐释和丰富了这一伟大构想的内涵。党的十八届三中全会通过的《中共中央关于全面深化改革若干重大问题的决定》明确规定，"建立开发性金融机构，加快同周边国家和区域基础设施互联互通建设，推进'丝绸之路经济带'、'海上丝绸之路'建设，形成全方位开放新格局"。

建设和发展"一带一路"是统筹国内、国际两个大局，推进改革开放发展、实践中国特色大国外交的大战略。它穿越古今、连接中外、胸怀世界、放眼未来，是中国和各国人民和平友好、共同发展的互利共赢之路，是中国和各国之间加强政治互信、经贸互通、文化互鉴、文明共育的友谊合作之路，是建立开放包容、共创共享的区域合作新模式和全球互联互通新网络的创新发展之路，将为中国梦和世界梦的联结与实现插上腾飞的翅膀，为构筑和发展各国利益共同体、命运共同体和责任共同体开启新的航程。

### （一）"一带一路"是经济新常态下实现新发展的战略抉择

习近平总书记指出，要树立战略思维和全球视野，站在国内国际两个大局相互联系的高度，审视我国和世界的发展，把我国对外开放事业不断推向前进。总书记还指出，当今世界是一个变革的世界，是一个新机遇新挑战层出不穷的世界，是一个国际体系和国际秩序深度调整的世界，是一个国际力量对比深刻变化并朝着有利于和平与发展方向变化的世界。和平发展道路能

不能走得通,很大程度上要看我们能不能把世界的机遇转变为中国的机遇,把中国的机遇转变为世界的机遇。

国际方面,旧的殖民体系土崩瓦解,冷战时期的集团对抗不复存在,一大批新兴市场国家和发展中国家走上发展的快车道。经济全球化空前拉近了国与国的距离,互联网则进一步拉平了这个世界,国际社会正在成为一个你中有我、我中有你的命运共同体。全球增长和贸易、投资格局酝酿深刻调整,亚欧国家处于经济转型升级的关键阶段,希望找到新的经济增长点,进一步激发区域发展活力与合作潜力。国际金融危机影响广泛,国际经济金融秩序面临结构性重组,各国普遍面临既要调结构又要保增长的双重挑战。在此背景下,定向投资、加快基础设施开发,整合自由贸易区、解决自贸协定碎片化,成为各方关注的新的增长点。

国内方面,经过 30 多年改革开放,经济发展创造了奇迹。2014 年,国内生产总值首次突破 10 万亿美元大关;改革开放 35 年,积累的对外金融资本已达 6 万多亿美金。在新常态下,中国已站在新的历史起点,作为世界第二大经济体、第一大货物贸易国、第一大外汇储备国和第三大对外投资国,比以往更为需要也更有能力统筹国际国内两个大局、两个市场、两种资源,推动对内对外开放相互促进,构建开放型经济新体制,形成互利共赢的全球和区域经济布局。

随着国家实力增强,中国国际地位发生变化,从一个过去世界经济的依附者成为世界经济发动机,从国际体系游离者、旁观者成为积极参与者、建设者,从落后的发展中国家成为迅速崛起的发展中大国,让"中国应当对于人类有较大的贡献"有了更雄厚的底气,也让一些国家羡慕嫉妒恨五味杂陈。美国加紧在亚太推行 TTP、TTIP 和亚太再平衡战略,日本提出国家安保战略,西方散布"中国威胁论"的声音不绝于耳。

"一带一路"涉及非盟、东盟、阿盟、欧盟众多国家和地区,东牵亚太经济圈,西系欧洲经济圈,中穿非洲,环连欧亚,总人口约 44 亿,经济总量约 21 万亿美元,分别约占全球的 63% 和 29%。沿线国家大多是新兴经济体,这些国家普遍处于经济发展的上升期,开展互利合作的前景广阔。

"一带一路"的建设，向世界宣告中国将和平发展，是打破战略遏制，着眼世界棋局，在亚太博弈和大国博弈中下的一手好棋。"一带一路"有助于解决我国对外开放总体东快西慢、海强陆弱的问题，有助于优化我国对外金融资本配置（目前，65%以上都配置在外汇储备资产），有助于解决实际的产能利用率过剩，从全球视野考虑价值链、供应链、产业链、能源链发展，构建海陆统筹、东西互济、面向全球的开放新格局。对中国而言，这是平衡发展能力，提高开放水平，保障国家能源安全、资源安全、经济安全的全局性、战略性部署。

"一带一路"也是沿线各国的共同事业。它是沿线各国的"合奏"，将为各国和各国人民带来实实在在的利益。"丝绸之路经济带"两端是当今国际经济最活跃的两个主引擎：欧洲联盟与环太平洋经济带。"丝绸之路经济带"沿线大部分国家处在两个引擎之间的"凹陷地带"，沿线国家拥有丰富的自然与人力资源，但普遍面临资金、技术与基础建设瓶颈，繁荣经济与追求美好生活是该地区国家民众的普遍诉求。中国与沿线国家要素互补性强，各自优势有效结合，将对解放生产力产生革命性影响。"一带一路"有利于将政治互信、地缘毗邻、经济互补等优势转化为务实合作、持续增长优势，促进亚太繁荣和世界共同发展。

"一带一路"自提出以来已取得重大进展：设立了金砖国家开发银行、亚投行和丝路基金，开展了铁路项目合作，自贸协定（区）等。各国对"一带一路"反响热烈，亚投行意向创始成员国已达到57个。

机遇和挑战永远相伴相生。"一带一路"作为一项复杂的系统工程，既享有历史性机遇，也面临一些挑战，包括地缘政治环境复杂敏感，大国利益交汇，部分国家在搭乘中国经济快车的同时，对中国崛起心存戒备和疑虑；部分中东、中亚以及南亚国家在安全和发展方面存在不确定性。美国和西方一些国家不会坐视我崛起并主导新的区域合作，仍会对我形成掣肘。区域经济发展水平不齐，基础设施建设滞后，资金缺口较大，存在一定金融风险。各国族群繁多，文化、语言、习俗多样性明显，共识建设需要足够的耐心和包容心。民族、宗教、领土纠纷、有组织犯罪等引起的传统与非传统安全问题仍需解决。

法国历史学家托克维尔曾论述大国的历史使命，"命定要创造伟大和永恒，同时承担责任和痛苦"。伟大的构想必将承担常人难以想象的挑战。拨云方可见日，雨后才有彩虹。有风浪不要紧，重要的是借浪行船。尽管在实施"一带一路"伟大构想的进程中将不可避免地面临各种挑战和险阻，但止步不前于事无补，化危为机才是出路。虽然"一带一路"牵涉的地域广、国家多、情况复杂、临时性和不确定因素也比较多，但是它是统筹国际和国内大局、立足国家和世界长远发展的正确抉择和战略大计。"一带一路"并非锦上添花，而是爬坡过坎、转危为机的助推器。我们在充分估计困难和险阻的同时，要不断加强战略定力和战略自信，充分发挥各方参与的积极性，群策群力，稳妥有序地推进"一带一路"伟大构想变成现实。

## （二）"一带一路"是实施新一轮高水平对外开放的重大部署

党的十八大以来，党中央、国务院审时度势，提出建设"丝绸之路经济带"和"21世纪海上丝绸之路"的重大倡议，受到国际社会广泛关注和沿线60多个国家积极响应，经过近两年的不懈努力，"一带一路"建设取得重要阶段性成果。与此同时，为打造高水平开放型经济，促进互利共赢，国务院就推动中国装备"走出去"、推进国际产能合作部署了一系列重要措施，对"一带一路"建设是有力的促进和支撑。推进"一带一路"建设和国际产能合作，是我们党在国际国内形势发生深刻变化的历史条件下，以全新理念实施新一轮高水平对外开放的重大战略部署，有利于实现国内与国际的互动合作、对内开放与对外开放的相互促进，更好地利用两个市场、两种资源，拓展发展空间、释放发展潜力，在经济、政治、外交等各方面都具有重大意义。

### 1. 发挥比较优势，实现互利合作，促进我国经济提质增效升级

"一带一路"相关国家要素禀赋各异，比较优势差异明显，互补性很强。有的国家能源资源富集但开发力度不够，有的国家劳动力充裕但就业岗位不足，有的国家市场空间广阔但产业基础薄弱，有的国家基础设施建设需求旺

盛但资金紧缺[①]。我国经济规模居全球第二，外汇储备居全球第一，优势产业越来越多，基础设施建设经验丰富，装备制造能力强、质量好、性价比高，具备资金、技术、人才、管理等综合优势。特别是一些行业产能过剩严重，国内发展已经遭遇瓶颈，但过剩不等于落后，许多发展中国家对此有旺盛的需求。我们的优势和他们的需求结合，既能带动他国经济发展、民生改善，又能帮助国内消化过剩产能、升级产业结构、促进经济持续健康发展，这是一项优势互补、互利互惠、利人利己的好事。

**2. 加快中国企业"走出去"步伐，提高国际竞争力**

经过 30 多年改革开放，我国已经从"引进来"为主，进入"引进来"与"走出去"并重的阶段。"一带一路"建设和国际产能合作，必将极大地带动中国企业、中国装备、中国技术、中国服务、中国标准走出去，促进中国经济与世界经济的进一步深度融合，加快人民币国际化进程。在这个过程中，中国企业必将面临激烈的国际竞争，也将更广泛更深入地与国际现有规则、标准打交道，从而有助于提高中国企业和中国经济的国际竞争能力。

**3. 为我国营造有利于和平发展的外部环境**

"一带一路"顺应了时代要求和沿线各国加快发展的愿望，提供了一个包容性巨大的发展平台，能够把快速发展的中国经济同沿线国家的利益结合起来，使它们不仅能搭乘中国经济发展的快车，实现合作共赢，造福沿线国家人民，而且能全面提升我国同发展中国家的友好合作关系，有助于相关各国通过合作促进共同安全，有效管控分歧和争端，推动各国关系协调与和谐，共筑维护和平、促进发展的命运共同体，对中国和平发展发挥重要的支撑作用。

**4. 有利于增强我国在国际贸易规则制定和全球经济治理中的主动权**

当前，国际投资贸易领域出现竞争加剧新趋势，在新一轮国际贸易规则制定中大国之间的角力不可避免。随着综合国力的增强，我国逐渐走向世界舞台的中心，在制定国际经贸规则、推进全球经济治理的进程中，我

---

① 高虎城：《促进全球发展合作的中国方案》，《人民日报》2015 年 9 月 18 日。

们不能当旁观者、跟随者，而是要积极作为、主动作为，做参与者、引领者。我国大力推动双边、多边、区域次区域开放合作，加快与相关国家的多双边投资贸易自由化，提出建设"一带一路"、设立亚投行等重大倡议，有利于在参与全球经济治理和公共产品供给中发出更多中国声音、注入更多中国元素，从而增强我国在国际经济规则制定中的主动权，增强在全球经济治理中的制度性话语权，提高我国在国际经济新秩序形成发展中的地位和作用。

### （三）政企联动、统筹兼顾，务实推进"一带一路"建设

关于推进"一带一路"建设，该建议指出："秉持亲诚惠容，坚持共商共建共享原则，完善双边和多边合作机制，以企业为主体，实行市场化运作，推进同有关国家和地区多领域互利共赢的务实合作，打造陆海内外联动、东西双向开放的全面开放新格局。"关于国际产能合作，国务院指导意见要求："将我国产业优势和资金优势与国外需求相结合，以企业为主体，以市场为导向，加强政府统筹协调，创新对外合作机制，加大政策支持力度，健全服务保障体系，大力推进国际产能和装备制造合作。"

"天下难事必作于易，天下大事必作于细。""一带一路"建设和国际产能合作领域广、项目多、参与主体多，其推进不但要有宏大的战略设计，更要有可操作的战术行动方案。这就需要各类参与主体，从相关政府部门、金融机构、行业协会到各类企业，都要精心谋划，精心实施，注重细节，强化执行。要发挥各方面积极性，坚持企业自主、政府推动，注重实效、互利共赢、统筹兼顾、突出重点，积极稳妥、务实推进。在推进过程中要处理好以下五个重要关系：

#### 1. 处理好政府与市场的关系

"一带一路"建设和国际产能合作是国家战略，理所当然要发挥好政府的作用；同时，要坚持以企业为主体，以市场为导向，实行商业化运作，发挥市场在资源配置中的决定性作用，发挥企业的积极性、主动性、创造性。只有遵循国际通行规则，尊重市场规律和企业市场主体地位，才能使不同

国家之间、不同企业之间的互利合作持久开展。企业要基于自身实力和对市场的判断，自主做出决策，自负盈亏、自担风险。往哪里走（选择国别），走什么（选择产业和项目），这些重大问题都要企业经过周密调研、科学论证做出决策。政府的作用主要是搭建平台，建立机制，完善政策，提供服务，为企业"走出去"提供有力的支持保障。在"走出去"过程中，政府和企业要保持密切沟通和互动，及时就重要问题交流信息、交换意见，形成合力。

### 2. 处理好经济效益与社会效益的关系

推进"一带一路"建设和国际产能合作，企业只有取得良好经济效益，发展才能可持续；只有履行好社会责任，才能走得进、留得下、稳得住。为此，企业必须秉持正确的义利观，既要追求经济效益，又不能唯利是图。必须自觉践行我国政府倡导的"亲诚惠容"理念和"共商共建共享"原则，加强与项目所在国政府的沟通磋商，深入了解项目所在国的发展规划和产业政策，自觉将自身商业计划与项目所在国的发展目标和市场需求协调起来、联动起来，自觉服务于当地经济发展。在投资和经营中要处理好发展经济与保护环境的关系，不破坏当地的生态环境，积极防范和治理可能出现的污染。尽可能增加当地员工的雇佣，为当地人民创造就业机会，并维护好他们的合法权益。自觉遵守所在国的法律法规，尊重当地人民的宗教、文化和风俗习惯。积极参与当地社会公益事业。通过这些工作，树立中国企业良好形象，为开拓市场铺路，为国家形象增分。

### 3. 处理好锐意进取与防范风险的关系

"一带一路"沿线，60多个国家、44亿人口[1]，大部分是发展中国家和新兴经济体，许多国家政局不稳，法制不健全，经济市场化程度低，民族、宗教问题频发，地缘政治因素复杂，恐怖主义威胁严峻，各种风险大，条件艰苦。有学者形象地说，到这样的地方干事创业，相当于"上山下乡"。但是，对于优秀的企业来说，这种发展水平的差距正是机遇所在。例如，华

---

[1]　《共建"一带一路"战略开创我国全方位对外开放新格局》，《求是》2015年第5期。

为 60% 以上的销售收入都在海外，其服务的 170 多个国家和地区包括很多欠发达地区、地理环境恶劣地区、偏远地区。[①] 但是无论多差的条件，都能看到华为的销售经理，正是亚非拉条件艰苦的国家成就了华为。企业开拓"一带一路"沿线国家市场，首先要有锐意进取的精神，要有卧薪尝胆、奋发有为的精神状态，要做好艰苦奋斗的思想准备。同时，要做好防范风险的各项工作，对投资经营项目可能面临的经济技术风险、政策风险、法律风险、安全风险等进行客观深入的评估，做好各种应对预案，做到积极而不冒进，有备而来，有备无患，只有这样才能走得稳、走得远。就政府而言，要建立健全支持"走出去"的风险评估和防控机制，加快构建我国海外利益保护体系，综合运用外交、经济、法律等手段，为我国企业和公民在海外的投资经营提供有力保障。

**4. 处理好不同商业模式的选择与组合关系**

推进"一带一路"建设和国际产能合作，选择适当的商业模式十分重要。从简单的设备出口，到复杂的 EPC 总承包，到需要投资支撑的 BT、BOT、PPP 等，各种模式都有其优缺点和适用性，要因国别、因行业、因企业、因项目制宜。在做好传统出口和工程承包业务的同时，要发挥我国外汇储备雄厚的优势，积极稳妥地开展 BOT、PPP 等"建营一体化""投运一体化"项目，这样既能以适度投资带动设备出口，又可以获得项目运营的长期收益，储备一批优质的海外资产。为此，需要国家加大对企业"走出去"的金融支持力度，进一步拓宽企业融资渠道，降低企业融资成本，提升我国企业拿项目的竞争力。同时，要把"进"与"出"有机结合起来，通过投资境外能源资源开发项目，获取战略性资源并回运，同时合理增加人民生活需要的一般消费品进口，努力做到进出平衡，只有这样，与相关国家的贸易发展才可持续。

**5. 处理好中国企业之间的竞争与合作关系**

"一带一路"建设和国际产能合作参与企业众多，企业之间毫无疑问存

---

① 华为公司《2013 年可持续发展报告》，转引自 2014 年 7 月 14 日中国新闻网 http：//www.chinanews.com/cj/2014/07-14/6385264.shtml。

在一定的竞争关系，这有利于激发企业的活力。但是，竞争必须适度、有序、规范，过度竞争、无序竞争、恶性竞争不但会损害企业自身利益，也将损害国家利益和中国企业的整体形象。防止恶性竞争，既要靠企业自觉和自律，也需要政府部门加强管理、行业协会加强引导，对恶性竞争行为采取必要的惩戒机制。事实上，当前国际承包工程市场向着项目大型化、复杂化、综合化方向发展，大型项目建设完成、正常运营并发挥良好的社会经济效益，需要产业链中各环节企业的密切配合，绝非单个企业的力量所能胜任，合作承揽重大项目符合中国企业的共同利益。[①] 为此，中国企业"走出去"，一定要走联盟、联合、联动道路。要加强产业链上下游企业间的合作，积极拓展售后运营和维护管理业务，探索投资、建设和运营相结合的"建营一体化"合作方式；组织包括设计、建造、运营、维护的企业联合起来形成"产业联盟"，构建优势互补、利益共享、风险共担的联合体，打造集勘察设计、施工建造及运营维护于一体的全产业链整合能力，拓展新的业务空间。除了加强产业链上下游企业之间的合作，还要积极探索相关行业的"跨界合作"（例如在矿山开发中，将矿山、冶金、交通、电力等相关行业的企业整合起来，提供客户所需要的一揽子解决方案），提升项目的整体开发效益和盈利能力。

---

① 参见中国对外承包工程商会第七次会员代表大会工作报告。

# 第十六章　社会主义共享发展理论与实践

"共享发展"理念是中国特色社会主义政治经济学的重要组成部分，它既是为推动解决我们面临的突出矛盾和问题提出来的，也是从我国发展的现实需要和改革实践中总结出来的。1992 年邓小平在南方谈话中提出："社会主义的本质，是解放生产力，发展生产力，消灭剥削，消除两极分化，最终达到共同富裕。"[①]，这为社会主义与市场经济相结合、建设社会主义市场经济体制指明了方向。党的十八届五中全会强调共享是中国特色社会主义的本质要求，进一步回答了我们需要什么样的发展。全面建成小康社会，就是要避免两极分化、实现共同富裕，从根本上说就是共享发展问题。中国特色社会主义必须坚持发展为了人民、发展依靠人民、发展成果由人民共享，做出更有效的制度安排，使全体人民在共建共享发展中有更多获得感，增强发展动力，增进人民团结，朝着共同富裕的方向稳步前进。共享是国家发展理念的升华，只有坚持共享发展，共同富裕的道路才可能清晰可见、才不会迷失方向。

## 一、共享发展是中国特色社会主义的本质要求

### （一）共享发展是马克思主义发展观的题中应有之义

人是社会的主体，社会发展的核心是人的发展。马克思提出，"历史不

---

[①] 《邓小平文选》第 3 卷，人民出版社 1993 年版，第 373 页。

过是追求着自己目的的人的活动而已"，"正像社会本身生产作为人的人一样，人也生产社会"。人类社会的历史是由自己创造的，离开了人的活动，就不会有社会发展的历史，离开了人的发展，也不可能有社会的发展。任何离开人的、与人相对立的、外在于人的社会，都是无法想象的。人既是社会存在和发展的前提，也是社会发展的目的。

马克思主义发展观既要回答发展动力、发展思路、发展方向等问题，更要回答为什么发展，发展为了谁、发展成果由谁享有的问题。马克思恩格斯在《共产党宣言》中说道："每个人的自由发展是一切人的自由发展的条件。"① 在《资本论》中又进一步明确指出，未来的共产主义，是以每个人的全面而自由的发展为基本原则的社会形式。因此，社会发展的最高目标是人的全面和自由发展。人的全面发展就是让每个人的创造能力和价值得到充分的体现，这是一种符合人的本质和需要的发展，也是马克思和恩格斯所描述的未来共产主义社会的基本特征。实现每个人的自由全面发展，是马克思主义理论意义的一以贯之的最高理想、价值追求和逻辑起点。

坚持以人民为中心的发展思想，是马克思主义政治经济学的根本立场。中国特色社会主义以马克思主义发展观为指导，在十六届三中全会上提出科学发展观，其核心就是坚持以人为本。发展成果由谁享有，体现了社会发展的价值取向，是发展观中最具根本意义的问题。"共享发展"旗帜鲜明地给出了答案，即由全体人民共享，坚持把增进人民福祉、促进人的全面发展、朝着共同富裕方向稳步前进，作为经济社会发展的出发点和落脚点。由此可见，共享发展体现了马克思主义发展观在中国的与时俱进，是马克思主义发展观的题中应有之义，与以人为本的科学发展观一脉相承。

"共享"与"发展"相辅相成，有机统一。一方面，共享必须以发展为前提。发展是科学发展观的第一要义，如果没有生产力的大力发展，在产品短缺的情况下实现成果共享，就是马克思和恩格斯在《德意志意识形态》中所说的"贫穷、极端贫困的普遍化"，邓小平也指出"贫穷不是社会主义"。

---

① 《马克思恩格斯文集》第 2 卷，人民出版社 2009 年版，第 53 页。

所以，必须在发展的前提下实现成果共享。另一方面，发展必须以共享为目标。成果共享是以人为本的重要体现，发展成果能否共享是衡量发展模式好坏的重要标准。人民群众是历史创造者，只有坚持人民的主体地位、实现发展成果共享，才能不断改善广大人民群众的生活条件、不断提高人民的生活水平，这样的发展才是好的发展。反之，发展成果只由一小部分人占有，便偏离了社会主义的本质，就是失败的发展。

### （二）共享发展是社会主义收入分配的必然要求

收入分配制度是经济社会发展中具有根本性、基础性的制度安排，是中国特色社会主义市场经济的重要组成部分。社会再生产由生产、分配、交换、消费四个环节组成，生产是该过程的起点，消费是该过程的终点，分配是社会再生产过程的一个重要环节。分配由生产所决定，但也反作用于生产与消费。分配反作用于生产表现在三个方面：其一，合理的收入分配能够极大地调动广大劳动者的积极性，如果劳动者能够多劳多得，劳动积极性就会显著提高，想方设法提高劳动生产率，从而促进生产发展，反之就会降低劳动者积极性，直接影响生产活动；其二，合理的收入分配能够促进生产要素的合理高效配置，在经济利益的驱动下，理性的生产要素所有者必然会把生产要素配置到资源最短缺的部门或行业，促进生产发展；其三，合理的收入分配能够提高劳动者的生活质量，从而再生产出高素质的劳动力资源、提高生产效率。

分配也会对消费产生影响，公平合理的收入分配结果会有效刺激消费，进而促进经济的稳定运行，而两极分化的收入分配结果就会导致消费萎缩、生产相对过剩，最终爆发经济危机。作为拉动经济增长的三驾马车之一，我国消费需求长期不足，一个重要原因就是收入分配差距偏大，使得拥有购买手段的人没有购买欲望，而有购买欲望的人不具有购买手段，必然会有一部分商品找不到市场，引起生产相对过剩或有效需求不足。因此，贫富差距的扩大特别是最低收入群体的比重较大，会直接影响全社会的消费需求，合理的收入分配方式，是实现共享发展、刺激消费的重要途径。

社会主义收入分配制度，既不同于计划经济时期的平均主义分配方式，也不同于西方市场经济国家以个人私有制为基础的收入分配制度。党的十一届三中全会以前，我国实行的是高度集中的计划经济体制，与之相应，在收入分配领域采取平均主义分配。在这一分配制度下，分配结果与贡献大小或劳动成果没有直接联系，干多干少一个样、干好干坏一个样、干与不干一个样，而且计划经济体制不允许非劳动生产要素特别是资本、技术、土地等生产要素参与分配，这些都极大地抑制了广大劳动者的积极性和创造性，其结果必然导致共同贫穷。

在西方资本主义市场经济国家，国民收入实行按要素贡献分配，遵循谁投资谁收益、谁贡献大谁收益多的原则。在市场经济的竞争机制下，该原则承认了收入分配的差异性，有利于调动各要素主体参与生产活动的积极性和主动性，提高经济社会发展的活力。但是，西方资本主义国家以生产资料的私人占有制为主体，这就必然使资产阶级同雇佣劳动者之间在占有财富上形成无法逾越的鸿沟，市场自由竞争的结果必然导致"富的越富、穷的越穷"，资本和财富逐渐向小部分资产阶级手中集中。为了维持资本主义制度的安全运行，西方资本主义国家也会通过社会福利等各种途径使劳动者的生活有所改善，但无法改变整个社会两极分化的现状和趋势。马斯·皮凯蒂在《21 世纪资本论》中指出："近几十年来，世界的贫富差距正在严重恶化，而且据预测将会继续恶化下去。当前在美国，前 10% 的人掌握了 50% 的财富，而前 1% 的人更掌握了 20% 财富。现有制度只会让富人更富，穷人更穷。"[1]由于资本主义目前在全球占主导地位，两极分化也从资本主义国家内部扩展到整个资本主义世界体系的范围。

社会主义市场经济实行的是按劳分配为主体、多种分配方式并存的收入分配制度，建立在公有制为主体，多种所有制经济共同发展的基本经济制度之上，体现了共享发展的特点。一方面，在社会主义市场经济下，多种所有制经济并存必然要求多种分配方式并存，其中就包括生产要素按贡献进行分

---

① 托马斯·皮凯蒂:《21 世纪资本论》，巴曙松等译，中信出版社 2014 年版。

配。需要强调的是，劳动价值论主张只有人的活劳动才是创造价值的唯一源泉，资本、土地等非劳动生产要素虽然不创造价值，却是价值创造不可或缺的因素，离开非劳动生产要素，价值是创造不出来的。因此生产要素按贡献参与分配，不但是必要的，而且与马克思劳动价值论不矛盾。鼓励生产要素按贡献参与分配，符合市场经济的基本要求，可以促进资源合理配置，避免计划经济条件下的共同贫穷。另一方面，公有制为主体的所有制结构决定了按劳分配在分配制度中的主体地位。所谓按劳分配，就是把劳动量作为个人消费品分配的主要标准和形式，按照劳动者的劳动数量和质量分配个人消费品，多劳多得，少劳少得。在社会主义社会，公有制占主体，人民是国家的主人，发展成果决不允许为少数人所占有，必须由人民共享。正如邓小平所说："社会主义发展生产力，成果是属于人民的。"[①] "社会主义与资本主义不同的特点就是共同富裕，不搞两极分化。"[②] 因此，公有制经济的发展是为了广大劳动人民的整体利益，必然要求全体劳动者最大限度地共享经济发展成果。

### （三）共享发展是社会主义制度优越性的集中体现

社会主义制度的优越性集中表现在两个方面：一是解放和发展生产力；二是成果由人民共享。改革开放以来的发展实践，也充分证明了社会主义市场经济的优越性，体现了"发展"与"共享"的统一。

第一，社会主义制度能更好更快地解放和发展生产力。马克思主义主张，人类社会的发展是自然的历史的过程，生产力的发展是人类社会发展的最终决定力量。我国的市场化改革，就是生产关系的优化调整，目的就是要生产关系适应生产力水平，并促进生产力的发展。邓小平提出，衡量一切工作是非得失的标准在于"是否有利于发展社会主义社会生产力、是否有利于增强社会主义国家的综合国力、是否有利于提高人民的生活水平"，一切符合"三个有利于"的制度设计、发展模式、经济政策，都可以为社会主义所

---

① 《邓小平文选》第 3 卷，人民出版社 1993 年版，第 255 页。
② 《邓小平文选》第 3 卷，人民出版社 1993 年版，第 266 页。

用。在这一标准下，我国积极借鉴西方资本主义国家的先进技术和经验，有效实现了社会主义与市场机制的结合，创造了举世瞩目的"中国奇迹"。经济增长速度保持在年均9—10个百分点，始终位于世界前列，中国GDP总量已经位居世界第二，成为全球最大的贸易进出口国，综合国力大幅度提升，在国际事务中担任越来越重要的角色。2008年全球金融危机爆发后，中国经济仍然增长强劲，担当了全球经济复苏发展的重要引擎。

第二，社会主义发展成果由人民共享。恩格斯说过："牺牲一些人的利益来满足另一些人的需要"，正是资本主义和一切剥削制度的本质特征，"两极分化"（"在一极是财富的积累，同时在另一极，即在把自己的产品作为资本来生产的阶级方面，是贫困、劳动折磨、受奴役、无知、粗野和道德堕落的积累"）是资本主义社会的天经地义。在预测未来公有制社会的前景时，恩格斯又指出："结束牺牲一些人的利益来满足另一些人的需要的状况"，"所有人共同享受大家创造出来的福利"。社会主义制度以实现最广大劳动人民利益为出发点和归宿，把人民的当前利益与长远利益、局部利益与整体利益结合起来，实现了人民生活水平也大幅度提高。经过改革开放以来三十多年的发展，国民收入整体上进入中等收入水平，在20世纪末全国人民生活总体达到小康水平，使7亿多农村贫困人口成功脱贫，贫困发生率从20世纪80年代80%以上下降到2014年的7.2%，国民就业、教育、文化、社保、医疗、住房等领域都有了切实改善，有了更多获得感。例如教育领域，九年义务教育巩固率93%，普及程度超过高收入国家平均水平，高等教育毛入学率达到40%，超过中高收入国家平均水平；在社会保障领域，我国职工医保、城镇居民医保和新农合参保人数超过13亿，参保覆盖率稳定在95%以上。① 正因为我国在改革开放和社会主义建设过程中秉持共享发展理念，才让广大人民群众享受到更好的教育、更稳定的工作、更满意的收入、更可靠的社会保障、更高水平的医疗卫生服务、更舒适的居住条件、更优美的环境。

---

① 数据来源：《让人民对改革有更多获得感》，《人民日报》2016年1月28日。

## 二、社会主义共享发展的内涵与要义

### （一）共享发展的目标是实现共同富裕

理解中国特色社会主义"共享发展"的一个关键，就是"先富共富"战略框架。共享发展是一个实践的过程，由于我国仍然处于社会主义初级阶段，生产力还相对落后，人民生活水平整体还不高，不可能一步达到共同富裕，必须经过非均衡发展，在生产力不断提高的基础上，走向更高层次的均衡发展。

因此理解共同富裕，需要注意两点认识。第一，"共同富裕"不是"同等富裕"。在分配问题上，"共享"并不意味着取消差距，不等于收入均等。实践已经证明，平均主义只能导致共同贫穷，我们不能重走过去"平均主义"的老路。在社会主义市场经济发展过程中，每个人的天赋和能力存在差异、对机会的把握有所不同，每一种生产要素的稀缺性也各不相同，收入分配差距是必然结果。能力高者获得更多收入，稀缺要素获得更高回报，正是经济效率的合理体现。一个竞争有序的市场经济，每个劳动者会为了更高的收入而不断进行人力资本投资，提高自身能力，每个生产要素所有者也会想方设法将自己的生产要素投入到该要素最为稀缺的部门或行业。所以，合理的收入差距有利于形成良性竞争，进而提高劳动生产率，促进经济发展。第二，"共同富裕"不是"同步富裕"，它既是一个目标，也是一个过程。邓小平把共同富裕的实现分为"三步走"，即"先富——先富带后富——共同富裕"。因此，共同富裕并不意味着让全国人民在同一时间、以同样的速度同步富裕起来，而是要允许和鼓励一部分地区、一部分人通过诚实劳动和合法经营先富起来，再通过示范效应和竞争机制，带动更多的地区和人一浪接一浪地走上共同富裕的道路。

为了将共同富裕目标具体化，党和国家使用了一个极具中国传统文化特色的概念"小康"，并提出在 2020 年全面建成小康社会。全面小康是人人共享、不让一个人掉队的小康，就是要避免两极分化、实现共同富裕。党的十八届五中全会将共享确立为重要发展理念，不仅是为了兑现历史承诺，更是现实发展的需要。"允许一部分人、一部分地区先富起来"只是整个发展中前半段所"允许"的过程现象，随着改革开放以来的社会主义市场经济建设，这一目标已经实现。中国东部已经有相当地区人均 GDP 超过了 2 万美元，进入了中等发达阶段，中国的富豪人数已经位居世界之首，在整体上已经基本进入了小康社会。但是，这种小康不是全面的小康，全国还有很多地区处在贫困水平，城乡之间、行业之间存在较大的收入差距，且面临着不断扩大的趋势。如果不采取有效改革措施，就会导致两极分化，葬送改革成果。邓小平在不同场合反复强调过：如果我们的改革与发展不能最终走向共同富裕，那就失败了；中国如果出现了严重的两极分化，会发生"要闹革命的问题"。所以邓小平曾多次强调：先进地区帮助落后地区是一个义务。

因此，尽管收入差距的出现符合改革的预期结果，但是收入分配差距过大就会影响到共同富裕的最终实现。针对当前面临的收入差距不断扩大、分配不公等现象，共享发展成为今后改革发展的重要思路。共享发展的直接目标就是实现邓小平所提出的共同富裕实现路径的后半段，即先富带动后富，最终实现共同富裕。

## （二）共享发展的前提是公平正义

共享要求人人参与、人人尽力、人人享有，体现统筹兼顾、追求普遍受益。因此，共享发展要以社会公平正义为前提。马克思在《资本论》中预言资本主义制度将被新制度替代，依据就是资本主义分配制度不公平，导致了财富积累与贫困积累两极分化。一个不公平的制度，就不会有公平的分配，也就不可能实现共享。

共享与公平正义互为依托、相辅相成，没有共享谈不上公平正义，没有公平正义更不可能共享。习近平强调："全面深化改革必须着眼创造更加公平正义的社会环境，不断克服各种有违公平正义的现象，使改革发展成果更多更公平惠及全体人民。"① 如果不能给老百姓带来实实在在的利益，如果不能创造更加公平的社会环境，甚至导致更多不公平，改革就失去意义，也不可能持续。因此，在促进共享发展时，必须重视社会主观感受，追求"做大蛋糕"的同时注重"分好蛋糕"，保证人民平等参与、平等发展权利，才能有效促进共享发展。

社会主义市场经济是一种公平竞争的机制，在这一机制中，任何个人只要通过自己的努力，都可以获得应有的收入或回报。正如马克思在谈到个人之间天赋才能的差异时所说，搬运夫和哲学家之间的原始差别要比家犬和猎犬之间的差别小得多；也如萨缪尔森所说，富有家庭的孩子在开始时并不比穷人家的孩子领先多少。因此，共享发展的公平观是一种"机会均等"的公平观，表现为分配标准、分配规则、分配过程的公平，是一种正义的价值判断，是承认合理收入差距的公平，而不是单纯的分配结果公平，更不是分配结果的均等。对于个人来说，即使参与分配的机会均等、公平竞争，最后实际分配的结果很可能不是（也不应该是）均等的。

"人人参与、人人尽力、人人享有"，表明共享发展的公平可以分为三个层次。第一个层次是起点公平，实现平等的参与权，要求人人参与经济生产。参与权是指所有生产要素都有自由参与经济活动的权利，它既是广大群众获取稳定收入的重要来源，也是实现初次分配公平的必要前提，体现了自由平等的价值观。第二个层次是过程公平，要求人人尽力，实现公平、共享的收入权。收入权是指生产要素在经济活动中做出贡献，拥有平等获得相应要素报酬的权利。"人人尽力"要求构建公平的收入分配制度，严格落实个人收入与劳动贡献对等的工资制度，充分激发劳动者的工作积极性、主动性和创造性，增强经济发展的内生动力。第三个层次是结果公平，要求人人享有，实现充分的保障权。保障权是指经济系统保障所有经济个体最基本的生存和发展的权利，它主要涉及收入再分配环节，强调结果公平，要求将收入差距保持在合理范围内，因为合理的差距是我国经济社会持续发展的重要推

---

① 《切实把思想统一到党的十八届三中全会精神上来》，《求是》2014年第1期。

动力，而差距过大则容易引发各种社会矛盾和问题。

共享发展的公平观，是提高效率的重要保障。公平与效率的关系一直是经济理论中一个争论不休的问题。西方经济学理论中一种观点认为，公平与效率之间具有对立和矛盾的关系，因为追求公平的政策会降低经济效率。例如对高收入者征税来补贴低收入者，会降低高收入者的积极性，对高收入者来说是不公平的，也会降低人们努力工作进入高收入行列的积极性。这种观点是狭隘的，甚至可以说是为资产阶级利益的辩护。共享发展所追求的公平是全体社会、全体劳动人民的公平，是为了使全体人民在共建共享发展中有更多获得感，不仅要让全民在发展中普遍获益，而且要通过有效制度来为全民共享国家发展成果提供稳定安全的预期。改革开放至今，国家经济发展的成果呈现出重城市轻农村、重 GDP 轻民生的现象，使得农民工群体、低收入群体没有分享到更多的改革成果，在市场竞争中也处于弱势地位。这在一定程度上不仅引起民众的不满，也会降低努力奋斗的动力，影响了全社会效率的提高。如果每个人都认为自己的努力是可以获得公平合理的收益或结果，而不是在市场竞争中处于不公平地位，不是改革成果只能被某些特权阶级、强势群体所占有，那么，全体人民推动国家发展的积极性、主动性、创造性就能充分调动起来，国家发展也才有了最深厚的力量源泉，效率的提高也是必然的。

### （三）共享发展的表现是民生的全面提升

全面小康的核心是"全面"，共享发展的范围也是全方位的。共享发展不是单纯地追求收入增长，而是更具综合意义的生活质量指标和全民生活水平普遍提高。过去我们衡量人民生活水平不断提高的标准主要依靠收入水平，以及人均收入水平的增长。这种单一的量化指标只能从一个角度反映民生改善的程度，在客观上存在着局限性甚至是重大缺陷。

尽管收入水平对人们的幸福指数有着重要影响，但是研究表明，幸福指数与收入水平并不呈现严格的正比关系，甚至出现收入增长的同时幸福感下降的情况。因为收入水平是客观表现，幸福感是主观感受。如果收入增长的同时，消费水平没有得到相应提高、精神文明需求没有得到满足，或者相对收入差距不断扩大，以及生态环境恶化威胁到了人们的身体健康，那么人们的幸福指数就会反而下降，抵消收入增长的正效用。例如，高收入者不一定能够拥有高质量的生活，近11年来老年人退休后的养老金水平连年以10%的幅度增长，但调查研究表明，一些老年人甚至是一些退休金或养老金待遇很高的老年人却因养老服务供给不足，随着年龄增高和身体失能而陷入生活质量持续下降的困境。这是高收入者低质量生活的例证。再如人均收入指标往往掩盖了贫富差距，如果基尼系数在0.4以上的阶位上居高不下，意味着国家发展成果并未真正做到普惠全民，而是一部分人获得多、一部分人获得少，这种不公平的分配结果也会严重降低人们的获得感和幸福感。

改革开放至今，我国民生事业获得明显提升，但是离人民满意的共享状态还有差距，民生改善的任务依然很重。具体表现为：优质教育资源还很稀缺，教育质量有待提高；就业总量压力与结构性矛盾同时存在；未富先老，养老方面的保障体系尚未健全；人民日益增长的健康需求与医疗服务供给不足矛盾仍然突出，医药卫生体制改革还有很长的路要走；等等。此外，公共服务均等化还有不小差距。目前，农村基础教育、医疗资源、社保、医保等投入远低于城市，区域之间、城乡之间公共服务资源布局失衡，水平差异较大。正是基于此，十八届五中全会将"人民生活水平和质量普遍提高"作为全面建成小康社会新的目标，显然是巨大进步；因为"生活质量"是综合指标，"普遍提高"是走向共同富裕的客观标志，它意味着国家将围绕提高民生质量与普遍受惠下功夫，其中公共服务均等化特别是养老、医疗保健、文化等直接关乎民生质量的服务业的发展会提到新的高度。从追求量的增长到追求质的提升，无疑是民生目标的升华。

因此，成果共享决不只限于物质成果，而是包括了五位一体总体布局的多方面成果。经济建设为人民提供日益丰富的物质财富，不断提高人民的物质生活水平。政治建设保障人民当家作主的权利和各项合法权益，使人民享受社会主义民主和法制建设的成果。文化建设满足人民的精神生活需要，使广大人民获得受教育的公平权利和机会，共享文化教育发展的成果。社会建设使人民受益于社会管理、社会保障、公共卫生和医疗服务等各方面体系的健全和发展，逐步实现学有所教、劳有所得、病有所医、老有所养、住有所居，过上安居乐业的生活。生态文明建设为人民提供良好的、有益健康的生活和工作环境，随着生活水平的提高，人民必然对良好生态环境的需求更为迫切，通过生态文明建设逐步为广大人民创造出天蓝、地绿、山青、水秀的生活空间，使人民共享生态文明建设的成果。

## 三、社会主义共享发展的政策实践

我国仍处于并将长期处于社会主义初级阶段，虽然我们在保障和改善民生上取得了明显的成效，但与人民群众的期盼相比，还存在着基本公共服务供给不足、收入差距较大、人口老龄化加快、消除贫困任务艰巨等"短板"。十八届五中全会提出，"按照人人参与、人人尽力、人人享有的要求，坚守底线、突出重点、完善制度、引导预期，注重机会公平，保障基本民生，实现全体人民共同迈入全面小康社会"。

### （一）消除贫困，缩小收入差距，健全收入分配制度

实现共享发展要靠有效的制度安排，首要的制度安排便是形成一套适应我国基本国情和发展阶段的收入分配制度。收入分配是民生之源，是改善民生、实现发展成果由人民共享最重要最直接的方式。基于共享发展的收入分配改革面临两大目标：一个是坚守底线，解决好贫困问题，彻底消除贫困现象；另一个是缩小差距，促进分配公平，努力缩小城乡、区域、行业收入分配差距，逐步形成橄榄型分配格局。

#### 1. 解决好贫困问题

"共同富裕"的重点是未富者的收入分配，解决好贫困人口问题是检验是否实现共享发展的首要标准。贫困人口脱贫已成为全面建成小康社会最艰巨的任务、促进共享发展最基本的要求。在"提低、扩中、控高"三个解决途径中，"提低"被普遍认为是未来改革的重点，消除贫困人口、提高农民

收入应当成为缩小差距首先要解决的问题。

我国建设社会主义市场经济，目的就是要摆脱贫困，提高全体人民的收入水平。改革开放 30 多年的进程，就是中国大规模、有计划、有组织扶贫开发取得巨大成就的过程，也是改革开放发展的成果惠及全体人民的进程，其间已有 7 亿多农村贫困人口摆脱贫困。我国的改革开放之所以能够取得世界公认的成就，主要就是因为国民经济持续高速增长和贫困人口的持续大幅度减少，即经济增长与反贫困效果都十分显著。

然而，我国消除贫困的任务依然十分艰巨，革命老区、民族地区、边疆地区、贫困地区构成了扶贫攻坚的难点，连片贫困地区的贫困状态与散落在全国城乡的贫困人口依然规模庞大。我国 2013 年减少贫困人口 1650 万人，2014 年减少 1232 万人，连续两年完成了减贫 1000 万人以上的目标任务。尽管成绩斐然，但是要完成 2020 年前全部脱贫摘帽的目标，仍然有不小的难度。根据国家统计局数据，截至 2014 年底，按照现在年人均收入 2300 元的标准，我国仍有 7017 万农村贫困人口（如果按照世界银行新划定的国际贫困线标准 1.9 美元日收入，则我国的贫困人口还有 2 亿）。这意味着若要在 2020 年全面建成小康社会，平均每年要完成脱贫 1400 万人，任务艰巨。如果不能让贫困地区与贫困人口迅速摆脱贫困状态，这样的共享发展就是名不副实的。我们不能一边宣布全面建成了小康社会，另一边还有几千万人口的生活水平处在扶贫标准线以下，这既影响人民群众对全面建成小康社会的满意度，也影响国际社会对我国全面建成小康社会的认可度。

为了全面建成小康社会、实现共享发展，党的十八届五中全会规划了脱贫攻坚目标与具体政策，设定了"确保到 2020 年我国现行标准下农村贫困人口实现脱贫，贫困县全部摘帽，解决区域性整体贫困"的总体目标。在民生规划中，明确要求要"加大对革命老区、民族地区、边疆地区、贫困地区的转移支付，实施脱贫攻坚工程，实施精准扶贫、精准脱贫，分类扶持贫困家庭，探索对贫困人口实行资产收益扶持制度，建立健全农村留守儿童和妇女、老人关爱服务体系"。为此，国家将实行脱贫工作责任制，强化脱贫工作责任考核，对贫困县重点考核脱贫成效。同时加大中央和省级财政扶贫投入，发挥政策性金融和商业性金融的互补作用，整合各类扶贫资源，开辟扶贫开发新的资金渠道。

关于扶贫有两点重要的认识：一是扶贫的作用是"政策托底"，不能与高福利画等号，我国仍处于社会主义初级阶段，经济发展水平不高、人口基数大，不具备实施高福利政策的条件；二是扶贫的方式不能理解为简单的收入补偿，"授人以鱼不如授人以渔"，扶贫过程中要通过"扶志"与"扶智"两方面强化贫困对象自身的"造血"能力，政府要做的是为他们搭建平台、创建机会、提供服务，例如技术培训、项目支撑、资金扶持等，使低收入者通过自身努力改变暂时的贫困现状。

### 2. 缩小收入差距

在推进扶贫脱贫的基础上，还要进一步推进收入分配改革，不断缩小收入差距。改革开放以来，我国居民收入稳步增长，据国家统计局数据，农村居民人均纯收入和城镇居民人均可支配收入年均分别实际增长 7% 以上。但是，我国的收入分配结构也存在问题，突出表现为收入差距还比较大。基尼系数是衡量贫富差距的重要指标，过去十年我国的基尼系数均高于 0.4 警戒线，2014 年达到 0.469。收入差距扩大是我国发展过程中共享机制不畅的主要表现，如果收入差距问题解决不好，共享发展就缺乏稳固的根基。因此，缩小收入差距是实现共享发展的主要任务。

我国收入差距过大源于长期以来的发展失衡，表现为城乡之间、地区之间和不同群体之间的收入差距日益扩大。第一是城乡差距。中国低收入人群主要集中在农村。根据国家统计局的调查数据，城乡收入比在 2002—2013 年的十年期间一直在"3"以上，2009 年更是扩大到改革开放以来的最高水平 3.33 倍。3 倍以上的城乡收入差距在一定程度上反映了我国改革成果的共享不到位。城乡收入差距近几年虽有缩小，但与发达国家相比，绝对水平仍然较高，很多农村地区发展仍然严重滞后。"城乡二元"是我国经济发展的长期特征，也是导致城乡收入差距的基本原因。一方面，政策向城市发展倾斜，导致劳动力和资本向城市集中，使得农村面临资源贫乏、要素生产率低的困境；另一方面，户籍制度、教育医疗等社会保障制度又限制了农村居民享有改革发展成果。因此，城乡差距不仅仅表现在收入上，教育的差距、机会的差距、资源的差距使得收入差距越来越成为一条难以逾越的鸿沟，使得城乡贫富差距相对固化，这些都是缩小城乡贫富差距的阻碍。党和政府高度重视农民增收问题，采取多项政策加大对"三农"投入，努力扩大农村居民分享改革成果的领域。从 2010 年开始，农村居民收入增速连续多年超过城镇居民收入增速，城乡收入差距首次从上一年的 3.33 倍下降到 3.23 倍，2011 年再次下降到 3.13 倍。2012 年为 3.10 倍，2014 年城乡居民收入比差距首次降至"3"以下，为 2.92 倍，城乡共享效果明显。[①]

第二是区域差距。改革开放后，全国各地区的发展速度呈现了东中西部非均衡状态，东部地区居民收入增长最快，中部地区次之，西部地区最慢。由于地区经济发展不平衡，改革开放后相当长一段时间，我国地区间工资收入差距不断拉大。人力资源和社会保障部《薪酬报告》显示，2008 年我国地区最高工资是最低工资的 2.69 倍，最高工资与最低工资相差 35565 元。区域差距产生既有地理因素差异的原因，也是渐进式改革的预期结果。一方面，我国国土面积广袤，东中西部具有不同的资源禀赋和区位特点，东部沿海交通便利、进出口优势明显，易于经济资源要素的集聚发展；另一方面，我国的改革开放是一个不断探索的渐进式改革过程，改革初期在东部沿海地区设立各种特区或试验区，就是在实践中探索经验，再到全国范围推广，这一过程势必造成东部地区的先行发展，也是"一部分地区先富起来"的具体实践。但是，区域差距不能任其扩大，东部地区发展起来后，必须承担带领中西部地区发展的责任。近几年，随着产业结构调整和区域经济的发展，西部大开发战略以及振兴东北老工业基地等国家宏观政策的实施，地区间收入差距呈逐步缩小的态势。十八届五中全会提出了协调发展理念来解决区域发展不平衡的问题，这在本质上与共享发展是一致的。

第三是行业差距。我国收入分配差距过大的现象还体现在不同行业之间，尤其是部分垄断行业收入水平过高。数据表明，垄断行业平均工资与全

---

① 数据来源：国家统计局网站。

社会平均工资的差距从 20 世纪 90 年代中期开始不断扩大。从本世纪开始，一些垄断行业的工资水平出现了快速增长，现在他们的平均工资水平大大高出了全社会平均工资。比如，2011 年金融业平均工资收入比城镇就业人员平均工资高出 94%；而北京金融业平均工资收入是城镇就业人员平均工资的 2.3 倍，是制造业平均工资的 3 倍以上。有学者研究认为，垄断行业与竞争行业之间的工资差距中只有不到 40% 的部分是由员工本身的人力资本及个人能力的差别带来的，很大一部分则来自垄断地位，与之伴随的腐败带来的非法收入、灰色收入也影响着收入的公平性。

缩小收入差距，要深化收入分配制度改革，完善收入分配调控体制机制和政策体系。第一，要坚持居民收入增长和经济增长同步、劳动报酬提高和劳动生产率提高同步。健全科学的工资水平决定机制、正常增长机制、支付保障机制。保护合法收入，调节过高收入，清理规范隐性收入，取缔非法收入，增加低收入者收入，扩大中等收入者比重。第二，要坚持兼顾效率和公平的原则，初次分配和再分配都要兼顾效率和公平，创造公平竞争环境，完善最低工资增长机制，维护劳动收入的主体地位，要坚持按生产要素贡献分配，完善市场评价要素贡献并按贡献分配的机制，再分配要注重民生和服务，完善以税收、社会保障、转移支付为主要手段的再分配调节机制，努力使最弱势群体的福利逐步改善，提倡先富裕起来的阶层增强社会责任感，积极投身慈善事业，促进共同富裕与社会和谐。第三，要重点打破城乡二元结构，让农民分享现代化的成果。一方面，必须健全体制机制，形成以工促农、以城带乡、工农互惠、城乡一体的新型工业城乡关系，让农民通过土地流转等方式拥有更多的资金和财产权，进而增加增收创收渠道；另一方面，通过基本公共服务均等化和社会保障获得与城镇居民相同相近的福利待遇，让广大农民平等参与现代化进程、共同分享现代化成果。第四，要重视解决垄断行业收入过高问题，消除行业、企业之间不合理收入差距。建设统一开放、竞争有序的市场体系，着力清除市场壁垒，提高资源配置效率和公平性，使市场机制在资源配置中起决定性作用。避免部分企业依靠行政权力或政府片面扶持获取市场好处，使非公经济中的中小微企业可凭自身努力与其他企业平等竞争。

## （二）促进教育公平，积极促进就业，提升参与共享发展的能力

共享发展不是每个人可以坐享其成，而是要共同参与、人人出力，要以经济社会发展为基础，否则共享就成了无源之水。因此，共享需要共建，共建为了共享。共建的动力能不能增强，共享的水平能不能提高，有赖于共享发展能不能为发展聚力，能不能调动全体劳动者为发展贡献力量。只有牢牢把握共建与共享的辩证法，在全社会营造人人参与、人人尽力、人人享有的良好环境，以共享引领共建、以共建推动共享，才能厚植发展优势、凝聚发展动力、提升发展境界。因此，需要促进教育公平、提升教育质量，积极促进人民就业创业，在增强素质、提升能力中不断增进共享发展的能力与动力。

### 1.解决教育公平问题，提高教育质量

教育是民生之基，公平高效的教育体系对于促进共享发展具有基础性作用。有了教育的发展，才能有全民素质提高，才能让劳动者有更多的就业机会与收入增长机会，进而实现高水平的共享和高水平的小康。因此，促进教育公平、提升教育质量，有利于培育高素质人才资源，提升民族创新能力，为经济增长提供持续动力。教育事业的共享发展，要重点解决教育公平问题，促进教育公平是提高教育质量的内在要求，不公平的教育体制必然导致低质量的教育。

让每个孩子都能接受公平的、有质量的教育，使全体人民在教育改革发展中有更多获得感，既是共享发展的必然结果，也是共享发展的重要前提。一方面，教育、医疗等民生事业是共享改革发展成果、享受更多获得感的主要领域，其中教育具有代际公平的特点，更应占有重要地位。另一方面，让人民享有公平的教育权利，经历平等的教育过程，这是最终公平分享发展成果的前提条件之一。

改革开放以来，我国大力发展教育事业，随着九年义务教育的普及与高等教育的规模发展，我国的文盲率大幅度降低，高素质人才显著增加。然

而，我国各级各类教育规模不断扩大的同时，优质教育资源短缺的矛盾也日益凸显，表现为教育资源分配的城乡不均衡、地区不均衡、学校间不平衡。城乡和地区教育资源的不均衡是由经济发展不均衡所导致，城市经济发展快于农村、东部经济发展快于中西部，必然导致教育资源向先进发达地区集中，人才资源的集中又反过来进一步加剧了这一集聚效应。此外，一个城市内部也体现出教育资源的分配不均衡。"重点学校"凭借优质的师资和生源，独享优质教育资源，使得学校与学校之间的差距明显，"重点学校"内部还会继续划分"重点班"。随着资源一步步集中，有限的优质教育资源只能分配给少数有特权背景的家庭子女或者买得起所谓"学区房"的富人子女。对于家境一般的低收入家庭而言，教育分配不公会进一步加剧他们在市场竞争过程中的不公平，起跑线的不公平将最终导致分享成果的不公平。

现代化的教育首先是公平的教育，促进教育公平的政策措施主要集中在三个方面。一是促进义务教育均衡发展。坚持保基本、均等化、可持续方向，推动义务教育均衡发展，全面提高教育教学质量。加快城乡义务教育公办学校标准化建设，加强义务教育基本公共服务，全面改善贫困地区薄弱学校办学条件，保障留守儿童和进城务工人员随迁子女同样受到良好教育，逐步缩小城乡、区域、校际差距。二是实现更高水平的普及教育。坚持教育的公益性和普惠性，普及高中阶段教育，发展学前教育，鼓励普惠性幼儿园发展，办好特殊教育，提高贫困地区基础教育质量，保障公民依法享有接受良好教育的机会。三是合理配置公共教育资源。强化政府促进教育公平的主体责任，逐步分类推进中等职业教育免除学杂费，完善资助方式，实现家庭经济困难学生资助全覆盖，阻断贫困代际传递，畅通农村和贫困地区学子纵向流动的渠道，进一步增加农村学生上重点高校人数，让每个孩子都有机会通过教育改变自己命运。

### 2. 促进就业创业，实现共建共享

就业是民生之本，创业是就业之源。劳动是价值创造的唯一源泉，劳动就业问题解决不好，分配与共享便成为空中楼阁。在计划经济时期，我国不存在就业创业问题，也不存在失业问题，没有劳动力市场来决定劳动力的分

配，劳动者从其参加工作到离退休的整个劳动行为，都统一纳入到国家的计划安排之中。这种终身制、"铁饭碗"与分配体制上的平均主义、"大锅饭"一样，大大降低了劳动者的主动性和积极性，阻碍了生产力的发展。在社会主义市场经济条件下，积极促进创业就业，有利于调动人民群众创造财富的主动性和积极性，为每个人共享发展成果创造机会。

改革开放以来，我国不断加强对劳动就业制度的改革。一方面，将劳动者从原来的体制内释放出来，逐渐建立了劳动力市场，让劳动者在市场中与企业单位之间平等协商、双向选择、签订劳动合同，促进了劳动力资源的优化配置。另一方面，鼓励非公有制经济发展，鼓励劳动者自主创业，以创业带动就业。与经济所有制结构变化相对应，社会主义市场经济的分配制度鼓励劳动、资本、技术等要素按贡献大小参与分配，劳动力作为市场中最活跃的要素，在市场中自由流动、公平竞争、参与分配，为实现共享经济发展成果提供了基础性条件。

在市场机制配置下，如果出现劳动力供大于需的情况，便会导致失业。经济学理论认为，一个人愿意并有能力为获取报酬而工作，但尚未找到工作的情况，即认为是失业。合理的劳动就业政策目标是实现"充分就业"，所谓"充分就业"不是"完全就业"，而是指"可接受的""自然的"就业，是不包括摩擦和季节性等因素的非自愿失业，那些因为某种原因丧失了劳动能力、由于懒惰不愿意工作、不接受工资水平或工作内容的自愿性失业，也不在失业范围之内。非自愿失业通常有多种原因造成，比较典型的是结构性失业和周期性失业。结构性失业，是指劳动力供给和需求不匹配造成的失业，其特点是既有失业，又有空缺职位，失业者或者没有合适的技能，或者居住地不当，因此无法填补现有的职位空缺。例如我国改革开放后有一段时期，一边是过剩的农村剩余劳动力，另一边是新兴产业高技术人才的紧缺。周期性失业，是指经济周期波动所造成的失业，即经济周期中的衰退或萧条时，因需求下降而导致的失业。当经济中因总需求的减少而降低了总产出时，会引起整个经济体系的普遍失业。例如2008年爆发全球金融危机后，我国经济受到全球经济低迷的影响，进入中低速增长的新常态，经济下行压力增大，失业率就会出现上升，劳动力就业面临困境。

为了应对我国经济发展进入降速提质新常态，转变经济发展方式、实现创新驱动成为未来中国经济发展方向，在产业转型升级、经济下行压力增大等形势下，扩大就业、促进创业成为重点任务。就业与每个人的收入分配直接相关，创业是推动经济社会发展、改善民生的重要途径，要将共享与共建有机结合，通过一起努力、一起共建实现各尽其能、各得其所。

第一，要坚持就业优先战略，实施更加积极的就业政策，创造更多就业岗位，着力解决结构性就业矛盾。完善创业扶持政策，鼓励以创业带就业，建立面向人人的创业服务平台。加强对灵活就业、新就业形态的支持，促进劳动者自主就业。第二，要促进公平就业，统筹人力资源市场，打破城乡、地区、行业分割和身份、性别歧视，维护劳动者平等就业权利。第三，要加强就业援助，帮助就业困难者就业。推行终身职业技能培训制度。实施新生代农民工职业技能提升计划。开展贫困家庭子女、未升学初高中毕业生、农民工、失业人员和转岗职工、退役军人免费接受职业培训行动。落实高校毕业生就业促进和创业引领计划，带动青年就业创业。完善就业服务体系，提高就业服务能力。第四，要加强就业创业制度建设，推行工学结合、校企合作的技术工人培养模式，推行企业新型学徒制。提高技术工人待遇，完善职称评定制度，推广专业技术职称、技能等级等同大城市落户挂钩做法。第五，要提高劳动力素质、劳动参与率、劳动生产率，增强劳动力市场灵活性，促进劳动力在地区、行业、企业之间自由流动。建立和谐劳动关系，维护职工和企业合法权益。

## （三）完善公共服务体系，健全社会保障制度，全面共享发展成果

公共服务和社会保障是政府为满足人民群众共同需求而提供的、使社会成员共同受益的各种服务，体现了以人为本、为人民服务的政府职责，具有普惠性、保基本、均等化、可持续等特点，是实现"共享"的有效方式，也是维护发展成果共享的最后防线。政府公共服务和社会保障属于国民收入的再分配范畴，主要目的是缩小一次分配过程中存在的差距，因此政府需秉持

民生优先原则，扎牢社会保障安全网，兜好底。

### 1. 增加公共服务供给，推进公共服务均等化

改革开放以来，我国的公共服务体系和公共服务供给都有了较快发展，取得了瞩目成就，但是仍然存在供给不足、分配均等化程度不高等问题。一方面，公共服务供给不足。我国财政支出中用于公共服务的比重仍然偏低，虽然纵向比较，我国财政用于公共服务的总量和比重都有了较大的增长。但是同其他国家或地区横向比较，不仅低于世界中等收入国家，甚至低收入国家的平均水平，基本公共服务的供给总量同人民日益增长的公共服务需求之间仍然存在供求矛盾。另一方面，公共服务分配和享用不均等。这种不均等体现在城乡、区域和不同人群之间，也体现在义务教育、社会保障、公共基础设施、环境保障和公共卫生等各个领域。无论是供给水平、供给质量，还是制度设计、成本负担，都存在明显的城乡差距、区域差距和群体差距（例如体制内外群体在享有公共服务上的差异）。公共服务分配的不均等具有收入再分配的逆向调节效应，即越发达越富的地方，公共服务标准和社会保障待遇越高。与之相反，贫穷落后的郊区、农村、偏远山区等地方公共服务短缺问题却长期得不到解决。

我国公共服务供给现状是由我国的具体国情所决定的。其一，公共服务的基本定位是保基本，不可能在一些非基本公共服务上"大包大揽""有求必应"。脱离现实的高水平公共服务也并不可取，世界一些国家已经经历了"高福利陷阱"的惨痛教训。例如欧洲一些国家，政府提供了一整套社会保障措施，包括养老、医疗、生育、工伤等，号称完成了"从摇篮到坟墓"的保障，结果导致国家财政不堪重负，民众工作效率降低，社会活力、创造力大大减弱，高福利拖垮了经济，引发债务危机。其二，公共服务供给均等化程度不高，也是"先富"到"共富"的阶段性特征，让一部分人一部分地区先发展起来、先富起来，必然导致区域发展不均衡，公共服务供给与当地的经济发展水平呈正向关系，只有蛋糕做大，政府才有能力提供高水平的公共产品与服务。然而，随着经济社会进一步发展，"共同富裕"目标必然要求先富地区带动后富地区，必然要求推动公共服务均等化。

不均等的公共服务违背了公平正义的初衷，阻碍了发展成果的有效共享。针对这种现实问题，党的十六届五中全会首次提出"公共服务均等化原则"，并在十六届六中全会上首次提出实现城乡基本公共服务均等化目标。经过党的十七大、十八大的强调和相关部署，总体实现基本公共服务均等化已成为到 2020 年全面建成小康社会战略目标的重要组成部分。党的十八届五中全会对政府公共服务供给提出了新要求，要坚持普惠性、保基本、均等化、可持续四大方向，对照高水平全面建成小康社会的要求，从解决人民最关心最直接最现实的利益问题入手，切实增加公共服务供给，提高公共服务共建能力和共享水平。

实现共享发展必须推进公共服务均等化。第一，要加快政府职能转变，建设服务型政府，践行共享发展理念，强化政府公共服务职能，努力提高公共服务的能力和水平，对于义务教育、就业服务、社会保障、基本医疗和公共卫生、公共文化、环境保护等基本公共服务，努力实现全覆盖。第二，要深化财政体制改革，健全均等化的财政转移支付制度，逐步缩小税收返还和体制补助，规范与清理专项转移支付，提高一般性转移支付比例，增强转移支付资金的财力均等化功能，尤其是要加大对革命老区、民族地区、边疆地区、贫困地区的转移支付，逐步提高欠发达地区的基本公共服务水平。第三，要着力解决城乡基本公共服务不均等问题，重点解决城乡公共基础设施供给不均等、城市中城镇户籍居民与农民工基本公共服务供给不均等问题。第四，创新公共服务提供方式，能由政府购买服务提供的，政府不再直接承办；能由政府和社会资本合作提供的，广泛吸引社会资本参与。加快形成多元参与、公平竞争格局，不断提高公共服务共建能力，不断提升公共服务质量和效率。

### 2. 健全社会保障制度

民生与发展相辅相成，民生建设状况如何直接关系到社会的和谐与稳定，进而影响到经济社会发展。社会保障是公认的共享发展成果的基本制度保证，是国家或社会为保障社会成员的基本生活权利而提供的各种帮助和服务，包括社会保险、社会救济、社会福利、社会优抚等，涉及人民生活的教育、就业、医疗、养老、健康等各个民生领域。健全社会保障制度是坚持并实现共享发展的集中体现，为全民共享发展成果提供了一种稳定预期和长效机制。

作为政府公共服务的主要内容之一，社会保障同样存在供给不足与分配不均等的问题，例如退休金制度，不同群体的退休金制度会导致老年人退休收入的巨大差异，相较而言，公务员退休保障制度最优，事业单位人员退休保障次之，无就业人员养老保障则相对较差。再如公共医疗制度，体制内外不同群体、城乡居民之间在享受公共医疗服务上享受着不平等政策和待遇，看病贵、看病难仍然是困扰普通人民群众生活并影响民生质量的重要因素。

随着我国经济进入新常态，我国社会保障发展面临诸多挑战：一是经济下行压力较大，使得社保基金特别是养老保险基金投资运营面临风险；二是随着我国人口老龄化加速，老龄化带来的经济和社会问题越来越突出。据全国老龄办公布的数据，截至 2014 年末，全国 60 岁及以上的老年人口总数达到了 2.12 亿人，占总人口比重达到了 15.5%，约占亚洲老年人口总数的40% 和全世界老年人口总数的 22%，中国已成为世界上老年人口总量最多的国家，健全和完善养老保障体系也显得更加重要和迫切；三是人民群众对社会保障的需求，无论是数量还是质量，都有所增加，政府社会保障供给同人民群众诉求之间存在矛盾。

共享发展理念要求建立更加公平、更可持续的社会保障制度，这是中国特色社会主义社会保障制度的内在要求和发展方向。针对民生建设中面临的各种问题与挑战，中央提出"坚持守住底线、突出重点、完善制度、引导舆论"的基本思路，更加注重保障基本民生。党的十八届五中全会提出，"实施全民参保计划，基本实现法定人员全覆盖"，针对政府财力有限等现实问题，提出坚持精算平衡，完善筹资机制，分清政府、企业、个人等的责任，通过积极调动社会各界力量，共同编制好社会保障网。第一，加大力度实施全民参保，降低社会保险费率，实现职工基础养老金全国统筹，建立基本养老金合理调整机制，拓宽社会保险基金投资渠道并提高投资回报率，提高国有资本收益上缴公共财政比例，并划转部分国有资本充实社保基金，发展职业年金、企业年金、商业养老保险，逐步提高居民养老金水平，实现老有所依、老有所养。第二，推进健康中国建设，深化医药卫生体制改革，加快公立医院改革步伐、优化医疗卫生机构布局，增强公立医疗机构的公益性，理顺药品价格，实行医疗、医保、医药联动，建立覆盖城乡的基本医疗卫生制度和现代医院管理制度，实施食品安全战略，全面实施城乡居民大病保险制度，整合城乡居民医保政策和经办管理，鼓励发展补充医疗保险和商业健康保险，将生育保险和基本医疗保险合并实施。第三，推进社会保障事业的制度创新与服务创新，在建成低水平、全覆盖的社会保障制度之后，把工作重点放在建立健全社会服务体系、完善社会救济制度方面，让社会保障制度有效地、可持续地发挥社会安全网的作用，而不是片面地增加"福利"，鼓励社会力量兴办健康服务业，推进非营利性民营医院和公立医院同等待遇，充分发挥社会资源和市场资源的作用，让公共资源发挥"杠杆作用"，实现效率最大化。建成一个公平、成熟、共建、分享的社会保障制度，便能够从根本上解除城乡居民生活的后顾之忧，并保障全体人民福祉得到不断提升。

# 第十七章　供给侧结构性改革与我国当前的经济政策选择

2015 年 11 月 10 日，习近平总书记主持召开中央财经领导小组第十一次会议，提出：在适度扩大总需求的同时，着力加强供给侧结构性改革，着力提高供给体系质量和效率，增强经济持续增长动力，推动我国社会生产力水平实现整体跃升。12 月 18 日至 21 日召开的中央经济工作会议强调，认识新常态、适应新常态、引领新常态，是当前和今后一个时期我国经济发展的大逻辑；必须按照创新、协调、绿色、开放、共享的发展理念，在理论上做出创新性概括，在政策上做出前瞻性安排，加大结构性改革力度；2016 年和今后一个时期，要在适度扩大总需求的同时，着力加强供给侧结构性改革，实施相互配合的五大政策支柱。宏观政策要稳，要为结构性改革营造稳定的宏观经济环境；产业政策要准，要准确定位结构性改革方向；微观政策要活，要完善市场环境、激发企业活力和消费者潜力；改革政策要实，要加大力度推动改革落地；社会政策要托底，要守住民生底线，更好发挥社会保障的社会稳定器作用。2016 年经济社会发展特别是结构性改革任务十分繁重，战略上要坚持稳中求进、把握好节奏和力度，战术上要抓住关键点，主要是抓好去产能、去库存、去杠杆、降成本、补短板五大任务。五大政策其实就是灵活运用宏观和微观政策支持进一步深化改革，改善民生；去产能、去库存、去杠杆、降成本、补短板五大任务与供给侧结构性改革相辅相成。

## 一、推进供给侧结构性改革是引领经济发展的重大创新

造屋要架梁，撒网要抓纲。适应和引领新常态，必须抓住关键问题，拎住"衣领子"、牵住"牛鼻子"。当前，制约我国经济发展的因素，供给和需求两侧都有，但矛盾的主要方面在供给侧。比如，产能过剩已经成为一大顽疾，如果这个结构性矛盾得不到解决，工业品价格就会持续下降，企业效益就不可能提升，经济增长也就难以持续。进入发展新阶段，放水漫灌强刺激的事情不能再干了，投资没回报、产品没市场的项目不能再上了，抱着粗放型发展方式老黄历不放，必然会走进死胡同。只有用改革的办法推进结构调整，用创新的力量打造动力引擎，减少无效和低端供给，扩大有效和中高端供给，才能让供给侧凤凰涅槃，不断培育发展新动力、厚植发展新优势。从这个意义上说，推进供给侧结构性改革，是适应和引领经济发展新常态的重大创新，也是适应我国经济发展新常态的必然要求。

中国经济 2015 "年报" 于 2016 年 1 月 19 日正式公布。初步核算，GDP 同比增长 6.9%；高技术产业增长 10.2%，单位国内生产总值能耗比上年下降 5.6%，居民人均可支配收入实际增长 7.4%……这一组不乏亮点的数据，反映了中国经济发展长期向好的基本面没有变，也折射出新常态下新发展理念正产生越来越深刻的影响。

习近平总书记在省部级主要领导干部学习贯彻十八届五中全会精神专题研讨班开班式上，对贯彻落实创新、协调、绿色、开放、共享的新发展理念做出系统阐释、提出明确要求。这为我们以新发展理念引领新实践，进一步凝聚了思想共识、指明了行动方向。马克思指出：理论在一个国家实现的程度，总是决定于理论满足这个国家的需要的程度。五大发展理念是在深刻总结国内外发展经验教训、分析国内外发展大势的基础上形成的，是针对我国经济发展进入新常态、世界经济复苏低迷开出的药方。新的发展理念，集中体现了今后五年乃至更长时期我国的发展思路、发展方向、发展着力点，深刻揭示了实现更高质量、更有效率、更加公平、更可持续发展的必由之路，

为我们跨越历史关口、实现既定目标提供了强大思想动力。我们的发展，必须是遵循经济规律的科学发展，必须是遵循自然规律的可持续发展，必须是遵循社会规律的包容性发展。新发展理念凝聚着对经济社会发展规律的深入思考，在贯彻落实中，就要增强规律意识，坚持科学方法论。坚持发展两点论和重点论的统一，既着力补短板、解难题，又不断挖潜力、增优势，处理好局部和全局、当前和长远、重点和非重点的关系。坚持理念与实际的统一，做到因地制宜、因事制宜，不搞整齐划一、不搞大干快上、不搞层层加码，根据现有条件把能做的事情尽量做起来，积小胜为大胜，一步一个脚印地朝前走。

国家统计局发布的 2015 年中国经济数据显示，第三产业增加值占国内生产总值的比重比上年提高 2.4 个百分点，最终消费支出对国内生产总值增长的贡献率比上年提高 15.4 个百分点。这表明，我国经济结构优化升级的步伐正在加快，效果正在显现。看清中国发展大势，尤需聚焦"结构调整"这个重大视角、把握结构性改革这个关键环节。供给侧结构性改革，重点是解放和发展社会生产力，用改革的办法推进结构调整，减少无效和低端供给，扩大有效和中高端供给，增强供给结构对需求变化的适应性和灵活性，提高全要素生产率。在"三期叠加"的大背景下，影响经济发展的因素有总量问题，但结构性问题更加突出，供给侧的问题日益凸显。根本原因，在于发展方式和消费需求发生根本变化，由市场普遍短缺转为局部过剩，由强调数量转为追求质量。经济增速放缓，看似有效需求不足，实则有效供给不足，结构失衡、供需错配才是深层症结。这就不难解释，为何一方面国内生产的粗钢卖出"白菜价"，另一方面精钢特钢却需大量进口；一方面国内需求不振，另一方面消费外溢导致"海淘"热度不减，大量消费者去境外"爆买"。

治病要治本，刨树要刨根。在有效供给不能适应需求总量和结构变化的情况下，经济不可能通过短期刺激实现 V 形反弹，根本解决之道在于结构性改革。只有创新经济治理思路，在适度扩大总需求的同时，着力加强供给侧结构性改革，实现由低水平供需平衡向高水平供需平衡的转变，从而为长远发展筑牢根基。这是适应我国经济发展新常态的必然要求，也是中国经济迈向"双中高"的必由之路。

推进供给侧结构性改革，厘清思想认识、正确理解这项重大改革是重要前提。供给与需求好比硬币的两面，我们讲的供给侧结构性改革，不是权宜之计，更不是剑走偏锋，而是在实践中既强调供给又关注需求，既突出发展社会生产力又注重完善生产关系，既发挥市场在资源配置中的决定性作用又更好发挥政府作用，既着眼当前又立足长远。这样的改革思路，充分体现了发展的辩证法，是针对时弊、着眼长远的治本之道。

推进供给侧结构性改革，抓住关键领域和薄弱环节是制胜要诀。去产能、去库存、去杠杆、降成本、补短板，这"五大重点任务"，事关改革全局，必须坚定地干、扎实地干、精准地干、义无反顾地干。当前，尤其要从生产端入手，重点促进产能过剩有效化解，斩钉截铁处置"僵尸企业"。在破旧立新的基础上，进一步促进产业优化重组，降低企业成本，发展战略性新兴产业和现代服务业，增加公共产品和服务供给。通过一整套"加减乘除"的组合拳，全面改善供给结构，不断提高供给体系质量和效益，从而更好满足人民需要，推动我国社会生产力水平实现新跃升。

## 二、我国供给侧结构性改革的主要内容解析

2016 年 1 月 18 日上午，习近平总书记在中央党校综合楼报告厅为省部级主要领导干部学习贯彻十八届五中全会精神专题研讨班作报告时强调，供给侧结构性改革，重点是解放和发展社会生产力，用改革的办法推进结构调整，减少无效和低端供给，扩大有效和中高端供给，增强供给结构对需求变化的适应性和灵活性，提高全要素生产率。要通过一系列政策举措，特别是推动科技创新、发展实体经济、保障和改善人民生活的政策措施，来解决我国经济供给侧存在的问题。我们讲的供给侧结构性改革，既强调供给又关注需求，既突出发展社会生产力又注重完善生产关系，既发挥市场在资源配置中的决定性作用又更好发挥政府作用，既着眼当前又立足长远。要从生产端

入手，重点是促进产能过剩有效化解，促进产业优化重组，降低企业成本，发展战略性新兴产业和现代服务业，增加公共产品和服务供给，提高供给结构对需求变化的适应性和灵活性。

坐在台下听总书记讲供给侧结构性改革，别有一番感触。他不仅讲我们的供给侧结构性改革，还介绍西方的供给学派，分析"拉弗曲线"和"里根经济学"，并强调我们的供给侧结构性改革与西方的供给学派"不是一回事"。他们主要是减税、减支、控制货币供给；我们更强调结构性，"结构性这三个字很重要"；减少无效和低端供给，扩大有效和中高端供给，增强供给结构对需求变化的适应性和灵活性，根本是供给能力更好地满足人民的需要。需求管理主要是解决总量不平衡问题，供给管理则重在解决结构性问题。我们要以宏观经济形势为基础，供给管理与需求管理相互配合，协调推进；现在供给和需求两个方面都有问题，但主要方面在供给侧。他讲了现在"庞大的市场没在我们手中"，举了牛奶、大豆、玉米的例子，讲了"消费能力外流"问题，2014 年我国居民境外消费超过"1 万亿人民币"。现在出现"四降一升"：即经济增速下降、工业品价格下降、实体企业盈利下降、财政收入增幅下降、经济风险发生概率上升。我们要通过供给侧结构性改革，实现从低水平的供需平衡到高水平的供需平衡转变。

习近平总书记在这次省部级主要领导干部研讨班上，是把经济进入新常态、树立发展新理念和供给侧结构性改革结合在一起讲解。"十三五"和今后一个时期的特征是进入新常态，这是我国经济向形态更高级、分工更优化、结构更合理的阶段演进的必经过程。实现这样广泛而深刻的变化对我们是一个新的巨大挑战。谋划和推动"十三五"时期我国经济社会发展，就要把适应新常态、把握新常态、引领新常态作为贯穿发展全局和全过程的大逻辑。从历史长过程看，我国经济发展历程中新状态、新格局、新阶段总是在不断形成，经济发展新常态是这个长过程的一个阶段。这完全符合事物发展螺旋式上升的运动规律。

习近平总书记强调，随着经济总量不断增大，我们在发展中遇到了一系列新情况新问题。经济发展面临速度换挡节点、结构调整节点、动力转换节点。新常态是一个客观状态，是我国经济发展到今天这个阶段必然会出现的一种状态，是一种内在必然性，我们要因势而谋、因势而动、因势而进。总书记把我国经济进入新常态，比作一个人"在18岁后长个子慢下来"。1979年到2012年，我国货物出口年均增长20%左右，这也得益于西方的黄金增长期。现在西方进入深度调整期，我国的出口增长也就放缓了。近9年我国连续是反倾销、反补贴被调查最多的国家，订单向周边国家转移。我国货物贸易出口占世界的份额在改革开放初期是1%，2002年是5%，2014年是12.3%，现在"拐点已经到来"。我们要适应这个新常态。总书记说，新常态是一个客观状态，没有好坏之分；新常态不是一个框子，主要指经济领域，不要什么都往里面装；新常态也不是一个避风港，不是不要GDP的增长。"十三五"及今后一个时期，我国仍处于发展的重要战略机遇期，经济发展长期向好的基本面没有变。我们要坚持以经济建设为中心，坚持发展是硬道理的战略思想，变中求新、新中求进、进中突破，推动我国发展不断迈上新台阶。

习近平总书记特别进一步阐释了五中全会提出的五大发展理念。

一要着力实施创新驱动发展战略。抓住了创新，就抓住了牵动经济社会发展全局的"牛鼻子"。抓创新就是抓发展，谋创新就是谋未来。我们必须把发展基点放在创新上，通过创新培育发展新动力、塑造更多发挥先发优势的引领型发展，做到人有我有、人有我强、人强我优。18世纪以来的几次产业革命、科技革命改变了经济和社会面貌。第一次产业革命发生在英国，英国成为世界霸主；美国抓住了第二次产业革命的先机，取得了世界第一的位置。我国在古代长期处于领先地位，在16世纪前300项发明中中国有170多项；近代以来，我们落伍了，错过了产业革命的机遇。到现在，我们受制于人的状况还没有根本改变。

二要着力增强发展的整体性协调性。总书记讲，当年马克思把生产分为生产资料生产和消费资料的生产，生产资料生产和消费资料的生产要互相协调，就是讲协调性。我们要下好"十三五"时期发展的全国一盘棋，协调发展是制胜要诀。协调既是发展手段又是发展目标，同时还是评价发展的标准和尺度，是发展两点论和重点论的统一，是发展平衡和不平衡的统一，是发展短板和潜力的统一。我们要学会运用辩证法，善于"弹钢琴"，处理好局部和全局、当前和长远、重点和非重点的关系，着力推动区域协调发展、城乡协调发展、物质文明和精神文明协调发展，推动经济建设和国防建设融合发展。

三要着力推进人与自然和谐共生。生态环境没有替代品，用之不觉，失之难存。要树立大局观、长远观、整体观，坚持节约资源和保护环境的基本国策，像保护眼睛一样保护生态环境，像对待生命一样对待生态环境，推动形成绿色发展方式和生活方式，协同推进人民富裕、国家强盛、中国美丽。在谈到长江流域的发展时，他说要实施"大保护，不搞大开发"。

四要着力形成对外开放新体制。实践告诉我们，要发展壮大，必须主动顺应经济全球化潮流，坚持对外开放，充分运用人类社会创造的先进科学技术成果和有益管理经验。要不断探索实践，提高把握国内国际两个大局的自觉性和能力，提高对外开放质量和水平。要掌握历史潮流的主动权。世界经济发展经历了这样几个时期：一是从殖民扩张到一战结束；二是两个平行市场阶段，第二次世界大战后形成资本主义和社会主义两个平行市场；三是经济全球化阶段。与此同时，中国也经历了：一是闭关锁国阶段，"躲进小楼成一统"，最后还是遭到"入室抢劫"；二是"一边倒"阶段，实际是处于封闭和半封闭状态；三是全方位开放阶段。总书记还风趣地介绍了改革开放初期，一些人要学穿西装、打领带、吃西餐，有的人吃不惯西餐怕出国，"开放初期是土八路"。我们大胆开放是正确选择，当然"人均水平与发达国家不可同日而语"。

五要着力践行以人民为中心的发展思想。人民为中心的发展思想，不是一个抽象的、玄奥的概念，不能只停留在口头上、止步于思想环节，而要体现在经济社会发展各个环节。我国正处于并将长期处于社会主义初级阶段，我们要根据现有条件把能做的事情尽量做起来，积小胜为大胜，不断朝着全体人民共同富裕的目标前进。要坚持"利民为本"，以税收、社会保障、转移支付为主要手段，实现共同富裕。中国人"不患寡而患不均"。马克思倡导的共产主义就是要消除城乡、贫富差距。"社会主义的本质特征就是共同富裕"。我们要富强，是共同的富、共同的强。共享，一是全民共享；二是全面共享，对经济、政治、文化、社会、生态各个方面成果的共享；三是共建共享；四是渐进共享。做大蛋糕与分好蛋糕都很重要，"共享是一个大学问"。一步实际行动胜过一打纲领。西方用"中产阶级"，我们用"中等收入"来描述富起来的人；富起来的人要（为没富起来的人）做些事情，应该明白是党的政策让你富起来的。

习近平总书记在讲了新常态、新发展理念和供给侧结构性改革后，强调了落实问题。新发展理念要落地生根、变成普遍实践，关键在各级领导干部的认识和行动。要深学笃用，通过示范引领让干部群众感受到新发展理念的真理力量，各级领导干部要结合历史学，多维比较学，联系实际学，真正做到崇尚创新、注重协调、倡导绿色、厚植开放、推进共享。要用好辩证法，对贯彻落实新发展理念进行科学设计和施工，坚持系统的观点，遵循对立统一规律、质量互变规律、否定之否定规律，坚持具体问题具体分析，善于把握发展的普遍性和特殊性、渐进性和飞跃性、前进性和曲折性，善于把握工作的时度效。要创新手段，善于通过改革和法治推动贯彻落实新发展理念，发挥改革的推动作用、法治的保障作用。要守住底线，在贯彻落实新发展理念中及时化解矛盾风险，下好先手棋，打好主动仗，层层负责、人人担当。总书记在强调学习时，举了我国股市、互联网金融连续发生重大事件的例子，"学费不能白付"，"不二过"。上级放的权，下级要接住。对困难要尽量想到，1945 年的七大上，毛主席一下子列了"17 条困难"，"要吃亏"。要分析风险，比如 2016 年会有哪些风险？不能总是借口想不到的问题，想到的要有防范预案。

习近平总书记强调，党的干部是党的事业的骨干。要加强对干部的教育培训，开展精准化的理论培训、政策培训、科技培训、管理培训、法规培训，增强适应新形势新任务的信心和能力。要把严格管理干部和热情关心干部结合起来，推动广大干部心情舒畅、充满信心，积极作为、敢于担当。要支持和保护那些作风正派又敢作敢为、锐意进取的干部，最大限度调动广大干部的积极性、主动性、创造性，激励他们更好带领群众干事创业。要着力解决一些干部困惑增多、为官不为的问题，主要是能力不足不会为、动力不足不想为、担当不足不敢为等问题。1月18日上午的开班式由李克强总理主持，在习近平总书记讲话之后，他强调当前经济下行压力加大，要更加注重供给侧结构性改革。

1月21日下午，刘云山同志在这次专题研讨班结业式上讲话强调，我国供给侧结构性改革"与西方供给学派有本质区别"；我们是为社会主义生产服务，不是西方供给学派的翻版，更不能借此宣传西方的新自由主义（总书记在18日的开班式上也表达了对一些人把我们的供给侧结构性改革与西方的供给学派混为一谈，借机宣扬西方新自由主义的担心）；重点是解放和发展生产力，提高全要素生产率，这是我国生态环境的需要，是我们适应形势的主动选择；解决需求外移问题，要从供给侧发力；重点是"三个五"，"五大政策"即宏观政策要稳、产业政策要准、微观政策要活、改革政策要实、社会政策要托底，"五大理念"即创新、协调、绿色、开放、共享发展理念，"五大任务"即去产能、去库存、去杠杆、降成本、补短板；我们一定要打赢供给侧结构性改革这场攻坚战。

刘云山指出，实现"十三五"奋斗目标，重要的是以新发展理念引领发展实践。要深刻认识新发展理念的重大意义和丰富内涵，掌握贯穿其中的科学方法论，崇尚创新、注重协调、倡导绿色、厚植开放、推进共享，把新发展理念体现到政策制定、工作安排和任务落实上。要深刻认识我国经济发展进入新常态的内在必然性，把握速度换挡、结构调整、动力转换的新要求，自觉把适应、把握、引领经济发展新常态作为贯穿发展全局和全过程的大逻辑。要深刻认识供给侧结构性改革的科学内涵和实践要求，正确理解供给和需求的辩证统一关系，把改善供给结构作为主攻方向，增强供给结构对需求变化的适应性和灵活性。要增强问题意识、强化底线思维，注重发挥改革的推动作用和法治的保障作用，着力破解制约发展的难题，及时化解各种矛盾风险，维护好改革发展稳定大局。

## 三、为什么现在提出"供给侧结构性改革"

过去一个时期，我们主要是从需求侧拉动经济增长，采取的是经济学中的需求管理，是最早由英国著名经济学家凯恩斯提出的扩大总需求，使闲置的资源得到有效利用，带动经济增长的方法。比如，1998 年亚洲金融危机、2008 年国际金融危机，我国都实行了"积极的财政政策"和适度宽松的货币政策，大力度扩大内需，努力稳定外需，并取得了不错的成效；尤其是第一次积极的财政政策，更成为中国宏观经济调控的经典案例，也因此使时任国务院总理朱镕基"有中国特色的凯恩斯主义"的提法备受欢迎。可是，凯恩斯主义的需求管理政策是一种短期政策，不断反复使用就会出现"政策效用递减"效应。我国 2012 年后的扩大内需实践，特别是扩大投资没有引起理想的结果，在很大程度上证明了这一点。比如，2015 年前三季度投资增长率均在 10%以上，GDP 增速却在逐季下滑。

现在看，推进结构性改革已十分紧迫。一是培育新动力的需要。我国多年来主要依靠需求侧的"三驾马车"来拉动经济增长，在经济新常态下，其作用逐渐缩小，副作用逐步显现，亟须从供给侧寻找新动力。二是解决我国当前经济难题的需要。我国经济难题主要表现在产能过剩、房地产库存过大、僵尸企业较多、金融风险累积、资源环境压力大等方面。供给侧结构性改革的核心是提高全要素生产率，即以更少的资源、能源消耗，更少的环境破坏，来达到更好的产出效果，实现经济的中长期可持续发展。三是进一步提高我国国际竞争力的需要。只有通过供给侧结构性改革，提高供给质量和水平，我国才能在国内、国际市场上占有更大份额，也才能解决国内消费者到国外"扫货"买马桶盖的问题。

我国现在遇到了经济下行压力加大的困难。从需求侧来分析，就是"三驾马车"（投资、消费、出口）的需求乏力，需求不足进而造成 GDP 增长速度下降。用这种分析方法得出的应对之策就是增加需求，增加投资、增加消费、增加出口。我们也确实作了一些政策调整，在出口受到冲击的背景下，努力扩大消费。但是，在收入没有较大增加的情况下要大幅提升消费并不现实，结果扩大消费成效并不明显，最后增加需求的结果是落在增加投资需求上。2009年以来一直用"三驾马车"分析方法来扩内需、保增长，比如2009年的4万亿元经济刺激措施以及带动的相应10万亿元的贷款，就是增加投资，提高增长速度。先撇开投资带来的产能，增加投资就导致一个债务问题，既有政府债务，尤其是地方政府性债务问题，更有企业债务问题，两者加起来就导演出让人担心的银行贷款质量问题。当然，产能过剩使投资带来的效益无法得到保证，加大了资金周转的困难，孕育着新的资金和金融风险。资产负债表里的负债率积累得越来越多。到2015年中期，中国三个资产负债表，即居民、企业和各级政府的资产负债表的杠杆率均已超过警戒线。负债率高导致经济运行某些环节上出现断裂。爆发点多了以后就有传导效应和连锁反应，容易出现系统性金融风险甚至危机。所以仅仅用增加投资的办法来应对中国现在面临的挑战是很难的，风险与收益的对比正在发生不利的变化。

过去一个时期"住"和"行"主导的需求结构，正在向多样化、高端化、服务化需求结构转换。一是"住"和"行"市场需求发生变化。从我国情况看，房地产市场面临去库存压力，汽车市场需求也在发生变化。二是高端化需求难以得到满足。随着居民生活水平提高，人民对各类消费品需求的性价比、安全、质量等要求也水涨船高，但消费品供给规模有余而品质不高，供求结构不匹配，导致人们要出国去买奶粉、买马桶盖甚至感冒药、牙膏。三是服务化需求发展迅速，旅游、养老、教育、培训和各类生产性服务需求与日俱增，而服务业相应的供给能力和结构仍不适应需求结构的变化。

从供给侧分析，也有三个因素，即投资、劳动、效率。现在的情况是，我们的人口红利逐渐消失，从农村向城市的转移明显放缓，新增劳动力正在减少；多年以来由于连续加大投资已经带来一系列问题，不可持续；经济运行中出现的问题往往可以归因于效率。所以，我国经济增长方式和发展方式必须转轨。要找到新的增长动力，只能从增加投资转向增加索洛余值，也就是要创新，提高全要素生产率。核心问题是转变经济发展方式，提高供给的质量和效率。这是供给侧结构性改革的实质。这个问题最先是1995年在制定"九五"计划建议里提出来的。虽然之后有一些提法上的差异，但实质内容是一致的，比如"十三五"规划建议提出要以提高经济发展质量和效益为中心；2015年中央经济工作会议强调要着力推进以提高供给质量和效率为目标的供给侧结构性改革；连同多年来提出的"跨越中等收入陷阱"等，其核心和实质都在于实现经济发展方式从投资驱动到创新和效率驱动的转变。

过去一个时期制造业迅猛扩张形成的巨大产能，在国内外市场需求变化的情况下，面临极为严重的过剩，特别是钢铁、煤炭、石化、有色、建材等传统行业，产能过剩更为严重，利润水平大幅回落，有的行业甚至出现全行业亏损。主要矛盾正在由需求侧转向供给侧。由于经济下行的原因主要不是周期性的，而是结构性的，面对的主要是供给侧、结构性、体制性矛盾，因而不可能再通过短期刺激政策实现经济反弹，而需要通过供给侧结构性改革，重塑经济发展动力，为经济持续健康发展创造条件。用改革的办法矫正供需结构错配和要素配置扭曲，解决有效供给不适应市场需求变化的问题，使供需在更高水平实现新的平衡。需求侧政策强调通过扩大投资和消费拉动经济增长，供给侧改革则更强调发挥市场配置资源的决定性作用，激发市场主体的活力，在市场竞争中适应需求多样化、高端化和服务化趋势，把资源更多配置到适应市场需求变化的领域；从过去一个时期主要依靠资源和要素大规模、高强度投入驱动经济增长的方式，转向提高要素配置效率和全要素生产率，使经济增长更多依靠内生动力实现更健康、更高效、更可持续的增长。

"十三五"时期我们将面临诸多挑战：一是制造业大规模扩张的阶段基本结束。诸多产品需求规模将逐步接近历史峰值并进入见顶下降的阶段，规模扩张的空间逐步缩小，一些行业面临消化过剩产能的巨大压力。二是企业研发创新能力不足。研发投入和研发水平偏低，高度依赖低端加工组装、缺乏技术创新和品牌的产业体系越来越不适应竞争环境的变化。三是劳动力成本趋于上升。"十三五"时期劳动力供给总量将进入下降通道，农村可供转移的年轻劳动力已较为有限，劳动力供需条件变化推动劳动力成本加速上升，低成本要素比较优势将明显弱化。四是生态环境硬约束持续强化。随着产业规模继续扩张和能源资源消耗增加，对生态环境的刚性压力将进一步增大。五是潜在风险显性化压力增大。房地产和金融系统的风险、地方政府性债务风险逐步聚积，在增速放缓后，各种潜在风险就会"水落石出"，各种矛盾和挑战将明显增多。

所以，从供给侧结构性改革的要求出发，我们必须在一些方面有所突破。从简政放权，到制定市场进入的负面清单和对政府授权的正面清单。金融改革要全面深化：现在利率市场化和汇率市场化的进度很快，超出了原来的预期；但是包括股市监管在内的其他方面的改革如果没有跟进的话，只是在这两个金融价格的市场化方面单向出击，必然导致金融市场不稳定问题。财政制度、体系亟须完善。国有经济和国企改革亟待展开；竞争政策的全面实施需要提到日程上来。现在不只是国有企业有很多行政垄断权，有些私营企业也靠吃偏饭得到一些政策优惠。一个企业如果得到了政策优惠就等于打击了其他企业，就使得竞争无法开展。所以竞争政策必须全面实施，建设自贸区，开创对外开放的新局面，营造一个市场化、国际化、法治化的营商环境。教育体系改革、法治建设也要加快推进。

## 四、理解"供给侧经济学"

供给侧经济学（supply-side economics）是一种与凯恩斯主义需求管理相对应的宏观经济学理论，强调供给管理，认为实现经济增长的最有效的方式是对资本进行投资，并降低物品和服务生产的障碍。按照这一理论，消费者会由于产品和服务的供给增加、价格降低而受益；进一步，投资和经济获得的扩张会增加用工需求，从而创造就业。供给经济学典型的政策建议是降低边际税率和更少的政府规制。

"供给侧经济学"一词，一个时期以来一直认为是由美国一个新闻记者万尼斯基（Jude Wanniski）于1975年提出；也有人认为"供给侧"（supply side）或"供给侧财政主义者"（upply-side fiscalists）最早是由尼克松总统的经济顾问赫伯特·斯坦（Herbert Stein）于 1976 年首次使用，在那一年的晚些时候万尼斯基才才开始使用。赫伯特·斯坦说："1976 年 4 月，我在交给一次经济学家会议的论文中，创造了'供给学派'一词"，"并把一类人称之为'供给学派的财政主义者'，因为他们强调税收、财政开支和财政赤字对生产总供给的影响"[①]。这一概念同样传递了经济学家罗伯特·蒙代尔（Robert Mundell ）和阿瑟·拉弗（Arthur Laffer）的经济思想。当时在南加利福尼亚大学的经济学家阿瑟·拉弗和在哥伦比亚大学的经济学家罗伯特·蒙代尔的鼓励和帮助下，发展了这一观点。阿瑟·拉弗把他的观点介绍给《华尔街日报》的主笔万尼斯基，后者成了拉弗观点的热情支持者。万尼斯基把拉弗的观点兜售给了华尔街日报的编辑，把这个观点当成了该报社论中讨论的固定主题。在纽约的一位杰出的保守主义者欧文·克里斯托尔的支持下，万尼斯基又把拉弗的观点介绍给来自布法罗的国会议员杰克·肯普。"拉弗的观点一流进共和党国会议员的血液中，便迅速地扩散开来。"肯普同特拉华州参议员威廉·罗斯合作把拉弗的观点写进一个提案，要求把个人所得税普遍降低 10%，共削减三年。1977 年 9 月，共和党全国委员会通过了这一提案，并于 1978 年夏决定，把该提案作为国会竞选运动的重点。

拉弗曲线展示了供给侧经济学的一个中心原理：降低税率可以比不降低税率时以更低的税率产生更多的政府收入，因为抛弃一个过高的税收体系会使经济活动增加，从而导致更多的收取税收的机会。但是，拉弗曲线仅仅测度税率而不是税收归宿（tax incidence）这一更好的指标，因而有一定的局限性。研究表明，即使在这一理论的发源地美国，过去几十年也很少有减税能使增加的收入可以弥补减少的税收的情况，并且对 GDP 增长的影响也十分有限。

供给侧经济学在 20 世纪 70 年代发展起来，是一种针对凯恩斯主义经济政策，尤其是对以需求管理稳定经济在面对滞胀时的失败而产生的。这种

---

[①]　［美］赫伯特·斯坦：《美国总统经济史：从罗斯福到克林顿》，金青译，吉林人民出版社 1997 年版，第 199 页。

思想以芝加哥学派（Chicago School）和新古典学派（Neo-Classical School）为基础，向前可以追溯到大卫·休谟和亚当·斯密，甚至美国建国之父汉密尔顿。

但是，真正使供给侧经济学成为一个现代现象的是其主张减税，这有利于低收入的工薪阶层。古典自由主义者（Classical Liberals）反对税收，因为他们反对政府，而税收是政府最明显的形式。他们宣称，每个人对自己和自己的财产有支配权，这样税收就是不道德的，并且其合法性地位也会成问题。供给侧经济学则坚持认为，所谓的集体利益（比如工作）为减税提供了动力。

与古典经济学（classical economics）一样，供给侧经济学认为，生产或供给是经济繁荣的关键，而消费或需求只是次要的结果。这一思想在早期被概括成萨伊定律：一个产品一旦被生产出来，就立即以自己的全部价值为其他产品提供了一个市场。1803 年，让—巴蒂斯特·萨伊（Jean-Baptiste Say）的《政治经济学概论》出版了。简而言之就是：劳动者只有使自己就业才能获得收入，而收入是用来购买生产出来的产品的。"一个产品一旦被创造出来，从那一刻起，它就以自身的全部价值为限，为其他产品提供了市场……一个产品创造的细小状态立即为其他产品开启了一个出口。"（Say，1821）因为生产行为同时造就了收入和购买能力，因此，就不可能出现由于总需求不足而引发的充分就业的不能实现。萨伊定律的弱形式是，通常每种生产和供给行为必然涉及对产出的等量需求；强形式认为，在一个竞争的市场经济体系中，会有一种自动达到充分就业的趋势①。凯恩斯把萨伊定律概括为"供给创造需求"。面对大危机带来的失业等问题，在 20 世纪 30 年代他对萨伊定律给以当头一棒，宣称需求创造供给。从此就形成了所谓"需求学派"与"供给学派"的对立。

1978 年，万尼斯基出版了《世界运行的方式》（The Way the World

---

① ［英］布莱恩·斯诺登、霍华德·R. 文：《现代宏观经济学：起源、发展和现状》，江苏人民出版社 2009 年版，第 42 页。

Works）一书。在这本书中他提出了供给侧经济学的中心思想，详细介绍了20世纪70年代尼克松政府时期高累进税率和美国货币政策的失败。万尼斯基提倡降低税率，并回到一种类似1944—1971年布雷顿森林体系的金本位制度，而这一制度正是被尼克松政府终止的。

1983年，拉弗的一个信徒、经济学家维克多·坎图（Victor Canto）出版了《供给侧经济学基础》（The Foundations of Supply-Side Economics）。这一理论聚焦边际税率对工作和储蓄的刺激，相应影响"供给侧"的增长，而这一增长被凯恩斯主义者称作潜在产出（potential output）。凯恩斯主义把供给侧的增长变动视为是长期的，而"新"供给学派常常承诺短期的结果。

## 五、"供给侧经济学"政策主张评析

第一，拉弗曲线（Laffer curve）与减税政策。拉弗曲线包含了供给侧经济学的基本原理：政府税收收入在税率是100%时与0%时是一样的，在这两者之间的某个税率可以产生一个最大收入。供给学派的经济学家深受拉弗曲线的影响，当税率过高或过低都会导致一个低于最大税收的税收收入。在一个高税率的环境中，降低税率会导致收入增加或比按以前税基静态估计的更少的收入损失。这使得供给派经济学家主张大幅度降低收入所得税和资本利得税的边际税率，以鼓励资源向投资配置，生产更多的供给。万尼斯基和其他许多人主张零资本利得税。增加的供给会导致增加的需求，从而出现"供给侧经济学"。

进一步，对通货膨胀做出反应，供给学派建议把边际收入税率与物价联系而"指数化"。因为货币通货膨胀已经使工薪收入者进入到更高的收入纳税档次，由于纳税收入档次没有调整；这就是说，当工资提高以保持与物价相应的购买力的时候，税率档次却没有相应调整，这样挣工资者就被推向比税收政策本来设定的更高的纳税档次。

一些经济学家认为供给侧经济学的政策建议与凯恩斯主义经济学其实很相似。如果改变税率结构的结果是财政赤字，那么供给侧经济学政策则是通过凯恩斯主义乘数效应有效地刺激需求。供给侧经济学的支持者则会指出，税收和支出的水平对经济的刺激也是很重要的，而不仅仅是赤字规模在起作用。

根据美国拉弗中心（Laffer Center）的说法，"起始税率越高，源于减税的供给侧的激励就越明显"。肯尼迪把最高收入边际税率从91%减少为65%，结果导致政府收入增加。里根把边际税率从50%降到28%，使得在其任期内政府收入也增加了。里根政府和肯尼迪政府都使这种变化显得是合理的，用社会经济学的一个说法就是"涨潮使所有的船只都升高了"。

拉弗曲线只是把真实收入与税率相联系，而没有对收入占GDP的比重做出预测。拉弗曲线暗示，当税率太高，降低税率后总税收收入可能在经过一个短暂的下降后而增加，由于经济活动比以前增加了。它们也可能降低或者保持不变。

第二，供给侧经济学的财政政策及其原理。供给侧经济学认为，税收增加持续减少一个国家内经济参与者之间的交易，这阻碍了投资。税收充当着一种类似贸易障碍或关税的东西，使经济参与者回到不是最优的方式来满足自己的需求。所以，高税收导致较低的专业化分工和较低的效率。这种思想可以通过拉弗曲线显示出来。

供给侧理论起作用的关键是自由贸易的扩展和资本的自由流动。资本自由流动，除了体现比较优势，还通常可以导致经济扩张。对贸易减少税收障碍，可以为国内经济提供相当于在国际经济中降低关税壁垒所获得的所有好处。

供给侧经济学对赤字的影响没有太多新的说法。按照蒙代尔的表述，"财政纪律是一个学习而得到的行为模式"。换一种说法，到最后持续赤字导致的不利影响就会迫使政府减少支出，以使支出水平与收入水平相一致。

这里的中心问题是投资部门的边际递减的投资效率：到底有没有一个点，这时增加的货币可以推动一根绳子。对供给侧经济学家来说，从消费转向私人投资，尤其是从公共投资转向私人投资，总会产生更好的经济结果。在标准的货币学派和凯恩斯主义理论看来，将会存在这样一个点，这时资产价格增加将不会增加新的供给。在投资需求超过了潜在的投资供给的这一点，投资产生的将是资产通货膨胀（asset inflation），或者是泡沫（bubble）。这一点的存在以及这一点在哪里，是供给侧经济学功效大小的根本问题。

第三，供给侧经济学政策对税收收入的影响。许多早期的赞成者认为，经济增长的规模将会足够大以使政府收入增加足可以弥补短期的税收减少，并且减税事实上可以导致总体的收入增加。有的人认为这源于20世纪80年代的减税最终导致了收入的增加。但是，一些经济学家并不同意这一结论，并指出在里根政府期间政府收入占GDP的比重实际是下降了。"供给侧经济学"这一概念可能是后来才使用的，但这一思想在20世纪20年代的早期就曾试验过。美国在20世纪20年代初期，收入所得税曾减税多次，总起来讲税率降低了几乎一半。尽管支持者声称减税会增加税收收入，但这种情况始终没有发生。收入所得税（Income tax）收入甚至一直没有接近1920年的水平，直到1941年税率又回到1920年的水平收入才得以恢复。

一些当代的经济学家并不把供给侧经济学当成一个合理的经济学理论（a tenable economic theory），阿兰·布林德（Alan Blinder）称之为一个"短命的"或者是"愚蠢的"学派。曼昆在他的经济学教科书中也对供给经济学进行了严厉批评。在1992年为哈佛国际经济评论写的一篇文章中，托宾（James Tobin）写道："认为减税可以最终增加收入的思想结果实际是滑稽的"。"供给侧经济学的极端承诺并没有实现。里根总统声称，由于拉弗曲线展示的效应，政府可以维持支出，实现减税，并平衡预算。但事实却不是这样的。政府收入出现了大幅下降，而如果不减税本可以不出现这种下降的"。[1]

供给侧经济学的支持者特拉班特（Trabandt）和尤里格（Uhlig）认为，"静态的观察过高估计了劳动和资本税收削减带来的损失"，而动态观察（dynamic scoring）才是一个减税的更好观测指标。但2003年的一项实验结果并没有支持这一观点。

---

[1]　Karl Case & Ray Fair, *Principles of Economics* (2007), p.695.

## 六、"供给侧经济学"在美国的实践和争议

供给侧经济学家一直想找出在降低资本形成的边际税率和经济扩张之间的一种因果关系。在 20 世纪 60 年代之后，主要表现为盛极一时的里根经济学。

第一，里根经济学实施始末。

1978 年，里根是第一个赞成肯普—罗斯减税提案的共和党总统候选人。虽然皆大欢喜的经济主张是共和党人于 1980 年大选之前两年提出的，但里根最早、最有魄力地接受了这一理论。他是在他的政治经纪人约翰·西尔斯的诱导下这样做的。他的许多经纪人看到，大力减税的建议及其随之产生的效果将会引起普通选民的注意。[①] 里根说，他记得穆斯林哲学家曾经说过，国王以高税收执政，而以低收入退位。[②] 到 1980 年，里根已经获得了共和党日益偏右势力的支持，他们欢迎里根做出的在削减联邦政府规模的同时增强军事实力的承诺。[③] 1981 年 10 月 1 日，5% 的减税开始实施，紧接着是 1982 年和 1983 年两次 10% 的减税。尽管所有的纳税人都得到不同程度的减税，但是富人得到的好处远远高于中低收入纳税人。贫困的美国人没有得到任何好处。1986 年，国会通过，里根签署了自 1913 年联邦个人所得税诞生以来最大的税制改革法案：降低税率，减少税收档次，堵塞税收漏洞。减税政策实施，加上国防开支的大幅度增加，使财政赤字增加：从 1980 年的 74 亿美元，跃升为 1992 年的 2900 亿美元。大幅的赤字推动了联邦总债务的增

① 参见［美］赫伯特·斯坦：《美国总统经济史：从罗斯福到克林顿》，金清、郝蔾莉译，吉林人民出版社 1997 年版，第 213、214 页。
② 参见［美］赫伯特·斯坦：《美国的财政革命——应对现实的策略》( the Fiscal Revolution in America : Policy in Pursuit of Reality )，上海财经大学出版社 2010 年版，第 514 页。
③ 参见［美］Nash, Jeffery, Howe, Frederick, Davis, Winkler, Mires, Pestana :《The American People : Creating a Nation and a Society》( 英文影印版，下册 )，北京大学出版社 2009 年版，第 921 页。

加，从 1980 年的 9090 亿美元提升为 1992 年的 4.4 万亿美元。当里根刚上任的时候，美国人均国债只有 4035 美元；10 年后的 1990 年，这一数字约为 12400 亿美元。①

同时，里根像卡特一样推进去管制（deregulation），包括环境保护局（Environmental Protection Agency）和消费品安全委员会（Consumer Product Safty Commission）。里根政府大幅度削减社会福利项目，取消了城市公共服务工作岗位，减少了对城市的补贴，而在美国城市是穷人聚集的地方。他们减少失业津贴，要求医保病人支付更大比例；降低福利待遇，减少食品券发放。人力资源方面的开支在 1980 年和 1982 年间减少了 1010 亿美元。这一进程甚至在里根离开白宫后依然在推进。从 1981 年到 1992 年，联邦政府支出（经对通货膨胀调整后）用于补贴住房的部分减少了 82%，用于就业培训和服务的部分下降 63%，用于社区服务的部分下降 40%。已经过着不错日子的美国中产阶级受益于减税政策，没有因为社会福利项目的削减受到影响。但对千百万美国最穷的公民来说，里根政府的政策带来了真正的苦难。②

这些改革在 20 世纪 90 年代早期引起了一系列严重的问题。布什政府面对着一个借贷行业（savings and loan industry）的破产危机，因为这个行业利用了他的共和党前任的去管制政策，做出了很多不明智的决策，进行了高风险投资，导致大量亏损。国会通过了 1660 亿美元的救助方案（很快就达到 2500 亿美元）拯救这个行业。共和党的政策还加大了贫富差距。为富人减税，去管制建议，对投资者的高利率回报，对公司兼并的许可，公司高管工资的大幅提升，都加剧了不平等。很明显，20 世纪 80 年代产生了"金钱

---

① 参见［美］Nash, Jeffery, Howe, Frederick, Davis, Winkler, Mires, Pestana :《The American People : Creating a Nation and a Society》（英文影印版，下册），北京大学出版社 2009 年版，第 923 页。

② 参见［美］Nash, Jeffery, Howe, Frederick, Davis, Winkler, Mires, Pestana :《The American People : Creating a Nation and a Society》（英文影印版，下册），北京大学出版社 2009 年版，第 924—926 页。

热的 10 年"。资本和财富向最富的人集中，产生了更多的千万富翁、5 千万富翁和亿万富翁。1% 最富的人占有全部财富的比例从 1976 年的 18%，上升到 1989 年的 36%。与此同时，那些没有能这样幸运的美国人，遭受了自 30 年代大萧条以来最深重的苦难。1987 年，美国人中每 5 个人就有一个生活在贫困线以下，比 1979 年提高了 24%。千百万的美国普通民众，从破产的农场主到失业的产业工人，在挣扎中勉强度日。[①]

里根使供给侧经济学成为一个家喻户晓的词语，承诺对收入所得税实行全盘减税，对资本利得税实行更大幅度的降税。在 1980 年选举中，为竞争共和党候选人，布什（George H.W. Bush）嘲笑里根的供给侧政治为"巫术经济学"（voodoo economics）。但是在 1988 年为了确保共和党总统候选人提名，他开始对这些政策给以口头支持，后来有人认为他是由于同意增加税收而输掉了 1992 年的选举，没能连任。

在美国，评论家常常把供给侧经济学等同于里根经济学。里根的财政政策在很大程度上是以供给侧经济学为基础的。在 1980 年里根参加总统竞选时，最重要的经济问题是两位数的通货膨胀，里根表述为："太多的美元追逐太少的商品"。但是，与通常的伴随着生产和财富损失的紧缩货币、萧条、失业不同，他提出了一个渐进的无痛方式反击通货膨胀，"生产出一条摆脱通胀的道路来"。

当时的美联储主席沃尔克（Paul Volcker）改变了之前的货币主义政策，开始了一个更加紧缩的货币政策周期，降低货币供给以打破通货膨胀心理，并把通货膨胀预期"挤出"经济体系。1979 年沃尔克宣布，无论利率的情况如何，美联储都将按事先宣布的比率增加货币供给；货币政策目标从控制利率变为控制货币供给；货币供给增长率要足以使通胀率降下来。货币供给增长率下来了，利率上升到 10%，15%，20%，使经济陷入 1980—1982 年的衰退。1982 年通货膨胀率降低到 3.8%。

---

① 参见［美］Nash, Jeffery, Howe, Frederick, Davis, Winkler, Mires, Pestana :《The American People : Creating a Nation and a Society》（英文影印版，下册），北京大学出版社 2009 年版，第 926 页。

　　这样，供给侧经济学的支持者认为，里根经济学只是部分依据供给侧经济学。但是，在里根政府时期，国会通过了5年减税7490亿美元的计划。这样，哈马威兹（Jason Hymowitz）和肯普（Jack Kemp）把里根称作在政治上供给侧经济学的伟大支持者，并一再称赞他的领导才能。

　　对里根经济学的批评者认为，一些供给侧经济学学者承诺的明显夸大的大部分效果并没有出现。克鲁格曼后来概括了这一状况："当里根当选为总统后，供给学派有了一个尝试他们思想的机会。不幸的是他们失败了。"尽管克鲁克曼认为供给侧经济学比货币学派成功一些，认为货币学派使"经济陷入混乱"；但是，他说供给侧经济学产生的结果远远低于他们所承诺的，把供给侧经济学理论称为"免费午餐"（free lunches）。

　　克鲁格曼和其他批评者指出，里根政府期间的赤字增加证明拉弗曲线是错误的。供给侧经济学支持者则宣称，那是因为收入增加了，而支出增加得更快的缘故。可是，他们一般只是指总收入，即使只是收入所得税税率降低了，而其他税收尤其是工薪税（payroll taxes）税率却提高了。同样，他们也没有考虑通货膨胀。例如，财政收入从1983年的6006亿美元增加到1984年的6665亿美元中，260亿美元是由于通货膨胀，183亿美元是来自公司所得税的增加，214亿美元是来自社会保障收入增加。

　　收入所得税在那一年用不变美元价格计算实际上减少了27.7亿美元。供给学派也不能认为联邦社会保障税增加是由于其理论，因为在1983年这种税（FICA）的税率从6.7%提高到7%，（适用于该税的收入）上限提高了2100美元。自谋职业者，FICA税率则从9.35%提高到14%。FICA税率在整个里根政府时期一直在提高，税率在1988年提高到7.51%，上限在里根两个任期中提高了61%。这些对工薪阶层税率的提高，加上通货膨胀，才是20世纪80年代（税收）收入增长的源泉。

　　一些对供给侧经济学持批评态度的人说，减税提高政府收入只不过是一个烟幕，以实现用收入减少的"饥饿疗法"，让政府支出有明显的降低。但是，即使这一点也没有实现；萨缪尔森把这一概念称为"绦虫理论"——为了去除绦虫，就在病人的胃上穿一个孔。

供给侧经济学的拥护者，比如万尼斯基反击说，那些以这个理由支持供给侧税收政策的社会和财政保守主义者是被误导了，其实他们并不懂拉弗曲线。

经常有对供给侧经济学这一概念的困惑，从对拉弗曲线存在的理解到减税可以增加税收收入的信念。但是，尽管许多供给派经济学家对减税可以增加税收收入观点持怀疑态度，但他们仍然支持总的减税政策。经济学家曼昆（Gregory Mankiw）把那种认为减税可以增加税收收入的说法称为"时尚经济学"（ad economics），在他的《经济学原理》第三版中以"骗子和怪人"专列一节：

一个时尚经济学的例子发生在 1980 年，一个有不多的几个经济学家组成的小组建议总统候选人里根（Ronald Reagan）说：对收入所得税的全面减税可以导致增加税收收入。他们论证说，如果人们能保留收入的更大部分，他们就会更加努力挣更多的收入。即使降低税率，收入也会有如此大幅的增加，他们宣称，税收收入也会相应增加。许多职业经济学家，包括那些支持里根减税建议的人都认为这种解释未免过于乐观。降低税率有可能鼓励人们努力工作，这种努力也可能在某种程度上抵消减税的直接影响，但是没有可信的证据表明这种工作努力会如此强烈，以至于在减税的情况下还能够使税收收入增加……减肥的时尚达人把他们的健康置于危险境地，但很少有人实现长期减少体重的目的。同样，当政客依靠骗子和怪人的建议时，他们是很少能实现期待的结果的。里根当选后，国会通过了里根倡议的减税议案，但减税并没有导致收入增加。

第二，2000 年后的布什政府减税。在 2003 年布什总统签署减税议案前，经济政策研究院（Economic Policy Institute）发表了一项由 10 位诺贝尔奖获得者签名的"经济学家反对布什减税声明"：

通过这些减税会导致长期的预算恶化，增加这个国家预期的赤字问题。这种财政状况的恶化将会减少政府在为社会保障、医疗卫生以及对学校、健康、基础设施和基础研究提供的财政支持能力。更有甚者，这些建议的减税还会使税后收入增加更多的不公平。

诺贝尔经济学奖得主 Milton Friedman 同意，减税会减少税收收入并导致无法容忍的赤字问题，尽管他支持把减税作为限制政府支出的一个手段。弗里德曼把减少政府税收说成是"削减他们的津贴"。

对于布什减税（Bush tax cuts），后来经济研究院（Economic Policy Institute）的分析表明，布什减税没能促进增长，除了房地产市场一项外的所有宏观经济增长指标都低于 2001 到 2005 年间的商业周期的平均数。布什减税基本上就是减少政府收入，增加赤字，并恶化了税后的不公平。但是，在 EPI 的报告公布之后，经济增长保持强劲，新的数据没有支持该报告的结论。布什政府指出，出现了长期的可持续的增长，既包括 GDP 也包括就业数字，还出现个人收入的增加和赤字减少。但是，应该记住布什政府的说法是发表在 2008 年金融危机爆发之前。

在 2012 年美国纳税人救助法案（American Taxpayer Relief Act of 2012, ATRA）之前，国会预算办公室（CBO）预计，让布什减税终止，与当时现行政策相比会在之后 10 年增加收入 8230 亿美元，考虑到债务清偿则可以节省 9500 亿美元。美国纳税人救助法案（ATRA ）把布什减税中对年收入在 40 万美元之下的家庭的减税无限期延长。

总起来看，2001 年和 2003 年减税的结果是混合的（mixed）。尽管出现了暂时的税收减少，但由于经济增长后来税收又恢复了。同时，很难判定到底是什么原因导致了 2001 年的税收减少，因为也正是在这一年出现了互联网泡沫（dot-com bubble）破灭。2000 年财政年度收入是 2.025 万亿美元（以通货膨胀调整后的美元计算）。

2001 年，布什（George W. Bush）总统签署了《2001 年经济增长和税收救助协调法案》（Economic Growth and Tax Relief Reconciliation Act of 2001 ）。

与通常等待新的财年不同，收入所得税税率降低从当年即 2001 年 7 月 1 日开始。还有，退税单（rebate checks）要寄给每个在新的财年开始日 10 月 1 日前填好 2000 年收入所得税申报表（income tax return）的个人。

2001 财年的联邦收入是 1.946 万亿美元，比 2000 财年少 790 亿美元。更多的 2001 年减税在 2002 财年生效，包括对房地产遗产税（estate tax）、退休和教育储蓄（retirement and educational savings）的减免。联邦政府收入在 2002 财年是 1.777 万亿美元，比 2000 财年减少 2470 亿美元。

2003 年，布什总统签署《2003 年工作和增长税收救助协调法案》（Jobs and Growth Tax Relief Reconciliation Act of 2003）。收入所得税税率立即降低，并发放了退税单（没有等新的财年）。2003 财年的联邦收入是 1.665 万亿美元，比 2000 财年减少 3600 亿美元。2004 财年的收入是 1.707 万亿美元，比 2000 财年少 3180 亿美元。2005 财年的联邦收入是 1.888 万亿美元，比 2000 财年少 1370 亿美元。但是，到 2006 年收入完全恢复（以通胀调整后的美元），收入是 2.037 万亿美元，比 2000 年增加了 120 亿美元。从 2001 到 2005 年，联邦收入比 2000 财年累积减少 1.142 万亿美元，这一数字预期是 2011 年才能完全恢复，2012 年则是预期另有比 2000 年多出的 4000 亿美元的收入。

联邦收入包括各种税收收入，有的减了，有的没变，有的增加了。比如，社会保障税（Social Security FICA）的税率没有变，但适用于这一税种的最高限收入每年都提高，由于收入增加超过先前的最高限而导致这一税收增加。社会保障税每一年都增加。由于包括了因税率不变和提高税率而增加的税收，所以掩盖了那些减税的税种导致的收入减少的规模。随着收入所得税税率（Income tax rates）降低，收入所得税收入从 2001 年到 2005 年每一年都低于 2000 财年，累积收入减少 6400 亿美元（以名义美元计算）。

但是，到 2006 年（税收）收入超过了 2000 年。同样，随着公司所得税（Corporate income tax）税率降低，从 2001 年到 2004 年的每个财年公司所得税收入每一年都低于 2000 财年。但是，到 2005 年通胀调整后的收入比 2000 年提高了 20%，到 2006 年则是近 50% 的提高。因为减税发生在一场股灾之后，这些效应的发生又与一场衰退和"9·11 袭击"同时，所以不清楚政府收入的暂时减少是由于减税还是其他影响经济的相关因素所致。

第三，进一步的研究和争议。2008 年由 IMF 资助的一份工作报告显示"即使很小的劳动供给变化也会导致拉弗曲线的产生"，但是，"劳动供给的变化并不导致拉弗效应"。这与供给侧经济学对拉弗曲线的解释截然相反，供给侧认为税收的增加是由于劳动供给的增加。相反，他们建议的拉弗效应的机制是"税率降低可以通过改进对税法的遵从而增加税收"。这项研究尤其考察了俄国的例子，俄国有相对较高的逃税比例。在这种情况下，他们的税法遵从模式的确产生了可观的收入增加：

俄国 2001 年引入了一个统一的 13% 的个人所得税税率，以替代之前的 12%、20% 和 30% 三档税率。减免税收的收入（tax exempt income）也提高了，这进一步降低了税收负担。考虑到社会税收改革（social tax reforms）的同步推进，对大多数纳税人来说税率是大幅度降低了。但是，个人收入所得税收入却显著提高：第二年名义税收提高了 46%，实际提高了 26%。更有意思的是，个人所得税收入占 GDP 的比例从 2.4% 提高到 2.9%——相对于 GDP 有了超过 20% 的提高。个人收入所得税收入在下一年持续提高到 3.3%，这代表着相对于 GDP 的进一步的提高。

对布什减税在美国一直有不同的声音，许多人都相信减税的效应被过分夸大了。面对一片质疑声，2007 年 1 月 3 日，布什写了一篇文章宣布："同样这也是事实，我们的减税刺激了强劲的经济增长和并带来了创纪录的财政收入"。对减税持批评意见的人并没有善罢甘休。削减边际税率也同样可以理解为对富人有好处，像克鲁格曼这样的评论家认为这是政治而不是经济驱动的——"这些在供给侧经济学的名义下的一些愚蠢的思想是一个古怪的教条，如果不是得到一些有偏见的记者和富人的青睐，根本不会有任何影响"。

经济学家加尔布雷斯（John Kenneth Galbraith）写道：斯托克曼（David Stockman）先生说过，供给侧经济学只是一个改头换面的滴灌模式经济政策——老一代不那么文明的说法是"马与麻雀理论"（the horse-and-sparrow theory）：如果你让马吃了足够多的燕麦，一些总会拉在大路上，麻雀也可以吃到。

## 七、我国供给侧结构性改革与西方的"供给学派"的区别与联系

关于供给侧结构性改革与供给侧经济学、供给学派的关系，一个时期可谓众说纷纭。简单回答，就是既有区别又有联系，或者是一种辩证的关系。值得注意的是，供给学派即使在西方也是很有争议的一种学说派别；而供给学派与供给侧经济学，宽一点可以说是一回事，窄一点讲供给学派只是供给侧经济学的一个分支，主张减税能够刺激经济、不减少甚至扩大财政收入。我国的供给侧结构性改革也绝不是空穴来风，是研究了大量宏观调控理论和一些国家的实践结合我国的具体情况提出的；广义上说，不管是供给侧结构性改革，还是供给侧经济学或供给学派，在供求关系上都强调从供给一边着手分析和解决问题；狭义来说，时代不同、社会制度不同、要解决的矛盾不同，那区别就大了，甚至可以说不是一回事。

我国供给侧结构性改革与西方的供给学派是不同的，具有重大甚至本质区别，我们面对的问题也不是简单的里根经济学就可以解决的。面对 20 世纪 70 年代的经济滞胀，盛极一时的凯恩斯主义不灵了。作为对凯恩斯需求管理和财政政策为主的反叛，出现了供给学派和货币主义，正好适应了共和党的保守思想体系。供给学派的经济思想与共和党的政治主张结合，就演绎了"里根经济学"。

1979 年至 1980 年，美国新保守主义方法主要有三个组成部分：通过抑制货币增长的方式降低通货膨胀，平衡预算以及压缩开支增长的速度。但是，通过抑制货币增长或实行其他可能的措施来降低通货膨胀的做法，会使失业人数在一定时期内有所上升；假定政府开支的限额是合乎实际的估算，那么要平衡预算就得放弃或推迟实行减税政策；在需要增加国防开支的情况下，减缓政府开支总额的增长，就需要削减各类津贴，而许多美国人，包括中等收入的美国人在内，都在享受这笔款项。

乍看起来，很难同时实现这三个目标又不付出太多的代价。当时对解

决这些难题也有三种方法：一是卡特（美国民主党总统）主义，灵活机动地暂作尝试，不偏不倚，既不伤害谁，也不给谁很大的好处；二是撒切尔（英国保守党总理）主义，认清上述诸项目标代价，并且愿意付出代价；三是里根（美国共和党总统）主义，否认实现上述目标需要付出任何代价。里根主义的乐观是基于以下三点：一是通货膨胀与失业之间没有必然的联系，即使短期内，降低通货膨胀也无须经历一个失业人数上升的过渡阶段（对凯恩斯主义经济学"失业与通货膨胀之间存在一种短期替代"的否定）；二是减税后国民收入将增加，足以提高政府收入，减税不但不妨碍平衡预算，反而在实际上会有助于平衡预算；三是由于预算中存在着大量的浪费、虚假和重复生产性项目，因此，除政府官僚外，大量压缩政府开支，不损害任何人的利益。[①] 加上里根本人的经历，1976 年在很大程度上就是由于相信"没有免费的午餐"，主张"节衣缩食"，每年削减 900 亿美元的联邦开支；被党内反对人士质疑"就是提名他为总统候选人，也不可能获胜"，没能争取到共和党总统候选人提名；1978 年，他还说："坦白地说，我担心这个国家正在不得不经历 2—3 年的困难时期，以偿付我们正在进行的寻欢作乐"；他很快改变了自己的观点，竞选之时占了上风。为了竞选，"他现在比以前更加强调减税，不再说要先压缩联邦开支，然后再削减税收"。就这样，里根逐渐"靠拢皆大欢喜的经济主张"，使供给学派成为里根经济学的基础。[②] 可见，供给学派和所谓的里根经济学在很大程度上是一种竞选政治，是为了讨好选民提出的一系列即使他们自己也未必相信的、不切实际的政策包装，是西方所谓"民主政治"市场上的"供给"。

我们都知道里根本人是演员出身，不管是竞选总统还是真正成了白宫的主人，他实际上一直在"演戏"，并且演得还不错。1981 年 11 月 6 日，里根说："预算平衡的本身从来就不是一个证明任何手段的目的。""我们绝不

---

① 参见［美］赫伯特·斯坦：《美国总统经济史：从罗斯福到克林顿》，金清、郝藜莉译，吉林人民出版社 1997 年版，第 193、194 页。

② 参见［美］赫伯特·斯坦：《美国总统经济史：从罗斯福到克林顿》，金清、郝藜莉译，吉林人民出版社 1997 年版，第 213、214 页。

同意踩在纳税人的背上来平衡预算。"① 在加利福尼亚州，他做了激动人心的要求削减加州纳税者负担的竞选演说，但那8年实际上是该州历史上政府开支和税收增长最快的时期②。在记者招待会上，里根最爱用的回答是，"一个总统永不会说'绝不'"③。正如他担任加利福尼亚州长时一样，在华盛顿他也深深地依赖助手而且允许他们行使过多的控制权，以至于他们忘记了谁是总统。里根是一位具有信念的总统，他要进行改革但他缺乏超越其优秀顾问控制以外的接受与传递信息的渠道④。里根的高级顾问们并不支持他的政策，而他对此也无可奈何。同样明显的是，总统一次又一次地公开声明他绝不提高税收——然而他还是提高了⑤。

20世纪70年代的通货膨胀把纳税人推向较高的收入等级，通过"等级爬升"提高了个人边际税率。一个反应是通过了1977年的肯普—罗思计划（众议院第8333号计划），也被称为"10—10—10"计划，表示连续3年降低所有边际税率10%。其次，通货膨胀减少了折旧费的实际价值，增加了资本成本，减少了投资动机。对这个问题的反应是，通过了科纳布尔—琼斯计划（众议院第4646号计划），也被称为"10—5—3"计划，表示所有资产的三个折旧年限等级：建筑物的折旧年限为10年，设备的折旧年限为5年，轻型车辆的折旧年限为3年。这些制度意味着大幅度减税，打算把GNP的2.4%财政赤字变为2.4%的盈余⑥。1980年，里根参加竞选后，用10—10—

---

① ［美］保罗·克雷·罗伯茨：《供给学派革命：华盛顿决策内幕》，杨鲁军等译，上海人民出版社2011年版，第172页。

② ［美］保罗·克雷·罗伯茨：《供给学派革命：华盛顿决策内幕》，杨鲁军等译，上海人民出版社2011年版，第223页。

③ ［美］马丁·费尔德斯坦主编：《20世纪80年代美国经济政策》，王健等译，经济科学出版社2000年版，第22页。

④ ［美］保罗·克雷·罗伯茨：《供给学派革命：华盛顿决策内幕》，杨鲁军等译，上海人民出版社2011年版，第183页。

⑤ ［美］保罗·克雷·罗伯茨：《供给学派革命：华盛顿决策内幕》，杨鲁军等译，上海人民出版社2011年版，第222页。

⑥ ［美］马丁·费尔德斯坦主编：《20世纪80年代美国经济政策》，王健等译，经济科学出版社2000年版，第151页。

10 计划获得了民众的支持，用 10—5—3 计划争取到了工商企业的支持。这两个计划都写进了共和党的纲领。1980 年大获全胜的选举似乎是对减税的强有力支持①。

凯恩斯主义坚持认为，没有管制的市场是腐败的温床；而与之相对立的弗里德曼最爱说"企业的社会责任就是增加利润"，"小政府就是好政府"。里根当选总统之后的 30 多年，美国跨国公司的发展蒸蒸日上，与此同时，美国在公路、桥梁、给排水工程、医院及学校方面的公共投入则在实质上陷入停滞。更有甚者，美国的市、县、州纷纷被迫把长期以来的公共财产卖给私营企业。据估计，由于弗里德曼经济学思想的影响，美国在罗斯福新政时期及其之后修建的很多基础设施年久失修，如今修复这些设施需要耗费的资金超过了 2 万亿美元。②

我国的情况则与 20 世纪七八十年代的美国遇到的问题有天壤之别。我们面对的不仅不是通货膨胀，而且主要是由于国际大宗商品价格持续下跌而带来的"通货紧缩进口"（相反，20 世纪 70 年代美国和其他西方国家的通货膨胀恰是石油价格的暴涨引起的）。尽管我们在应对国际金融危机过程中实施了较大规模的积极的财政政策，国债总额有所提高，但在世界各大经济体中中国的财政状况依然是最稳健的，公认有较大的政策回旋余地，眼下平衡预算不是我们的政策追求目标。面对复杂多变的国际风云，我们也需要加强国防，但大幅增加国防开支从来不是我们的国策。确实有人攻击我们的建设投资，认为我国基础设施投资规模过大，一动就是"铁（路）、公（路）、基（础设施）"；但是，我们的基础设施方面还有很多差距，即使供给侧结构性改革也不能否定必要的基础设施投资。实际上，不仅基础设施的外延要扩大，内涵更要扩充，不仅包括我们熟悉的硬基础设施，更应该包括随着经济发展、生活水平提高人民更需要的软基础设施。同时，与西方发达国家

---

① ［美］马丁·费尔德斯坦主编：《20 世纪 80 年代美国经济政策》，王健等译，经济科学出版社 2000 年版，第 153 页。

② ［美］约翰·帕金斯：《一切都是骗局》，刘纯毅译，中信出版社 2010 年版，第 18 页、19 页。

在 20 世纪 30 年代的大危机之后陆续建立了福利国家不同，我们还正处在建立健全社会保障、推动城乡基本公共服务均等化的中期阶段，不仅不能"削减各类津贴"，还要让人民有"更多的获得感"。最重要的，我们是在社会主义市场经济运行过程中，结合我国所处经济发展阶段推行"供给侧结构性改革"；是由最能代表广大人民利益的中国共产党在没有其他更多政治势力胁迫的状况下，主动选择的用以解决我国经济深层次矛盾和问题的综合方案；与西方皆大欢喜的"竞选包"具有本质区别。在供需矛盾中，当需求是矛盾的主要方面的时候，借鉴包括西方发达国家在内的人类文明的一切成果，选择"需求侧"管理的是中国共产党；当供需矛盾发生质的变化，供需两侧都存在问题，但矛盾的主要方面转移到供给侧时，做出供给侧结构性改革决策的依然是中国共产党。我们常说社会主义有制度优势，这就是我们的制度优势。

## 八、在供给侧结构性改革背景下我国当前的经济政策选择

供给侧结构性改革在宏观上的含义包括增加劳动人口、提高投资回报率以及提升创新水平和组织生产能力等。我们已经实施或正在实施的可以观察到的政策，包括全面放开二孩政策、降低社会融资成本、减税以减轻企业负担，以及大力鼓励新技术、新产品、新制度、新模式、新组织、新业态的产生等。在具体的微观层面的供给侧改革既包括增加供给也包括削减供给，主要看需求和供给的匹配情况。一是供给大于需求，突出代表是产能过剩行业和房地产行业。中国快速城镇化的阶段已经基本结束，未来城镇化的速度将放缓，基础设施投资和房地产市场的发展也将随之放缓。需求增长空间已经不大，这就相当于准备了两桌饭，来了一桌客人，使劲吃也吃不完，应当以压缩供给的方式去适应需求。二是供给小于需求，比如教育、医疗甚至出租车行业依然受制于供给抑制政策，产品、服务供给严重不足，大量有效需求无法得到满足，应当破除供给管制以激活需求。三是"供需错位"，一些

廉价和低端产品和服务已经满足不了中国消费者对于追求高品质生活的要求。一方面，传统的中低端消费品供给严重过剩，如衣服鞋帽玩具等传统消费品价格持续下降；另一方面，高品质消费品供给不足，国内居民在海外疯狂扫货，国外代购、海淘流行，进口消费品猛增。在这种情况下，需要通过"品质革命"来引导需求回流。

供给侧结构性改革从宏观视角来看，就是改善供给质量和结构，提高全要素生产率，让人力资源、资本提升、技术进步三大生产要素能够更好、更多地创造 GDP。从微观角度来看，供给侧结构性改革要实现"微观政策要活"的要求，依据行业的具体情况，即该行业需求已经基本饱和还是需求仍有较大增长空间，通过"去产能"或"补短板"，把供给作为主攻方向，以达到适应需求或是激活需求的目的[①]。

"十三五"规划建议提出的五大发展理念和若干重要规划建议，本质上体现的是供给侧结构性改革思想。转变经济发展方式，就要对传统思维"说不"，为创新体制"叫好"，下决心推进结构性改革，把促进经济增长由主要依靠增加物质资源消耗转到主要依靠科技进步、劳动者素质提高、管理创新上来，向高端制造业进军，发展现代农业和服务业，向绿色发展要生产力。我国现在的问题是，需求侧改革的边际效益在递减。一大笔钱投下去，促进经济增长的动静不大。"水多了加面，面多了加水"显然不行了[②]。

第一，坚持简政放权，使市场在资源配置中起决定性作用原则得到落实。供给侧改革的要义是从短期的需求管理转向中长期的供给管理；从靠出口、投资、消费这"三驾马车"拉动需求，到发挥企业和个人的创造性、主动性，解决经济的中长期健康和可持续发展问题；从短期的政策调整转向中长期的制度变革和完善。最重要的就是继续贯彻党的十八届三中全会提出的"使市场在资源配置中起决定性作用"，简政放权，凡是市场能更好发挥作用

---

① 参见赵幼力:《中国经济四个转折与三个观察维度》,《上海证券报》2016 年 1 月 22 日。

② 参见张卓元:《供给侧改革是适应新形势的主动选择》,《经济日报》2016 年 1 月 11 日。

的坚决还给市场。尽管我们不比20世纪80年代，美国的里根总统对美国政府的描述"政府不是解决问题的方法，而政府本身才是问题所在"，但是，我国现实中管得过多、过死，影响市场活力的例子也是比比皆是。我们说供给侧结构性改革与西方的供给学派有本质区别，不是说西方国家在具体管理政府时一无是处。该借鉴的要借鉴、研究、学习，该批判的要分析、甄别、剔除。当前，最重要的就是继续我国已经开始并取得了阶段性成果的简政放权改革，完善市场机制，矫正以前过多依靠行政权力配置资源带来的要素配置扭曲，焕发市场主体活力，使市场在供求平衡中发挥决定性作用。2015年，国务院又取消和下放139项行政审批事项，全国新登记注册企业平均每天超过1万家。与此同时，2015年在财税金融、价格、国有企业等重点领域，出台了一批改革举措。2016年和今后一个时期，这一趋势要继续下去。

要完善市场环境、激发企业活力和消费者潜力。要做好为企业服务工作，在制度上、政策上营造宽松的市场经营和投资环境，鼓励和支持各种所有制企业创新发展，保护各种所有制企业产权和合法利益，提高企业投资信心，改善企业市场预期。要营造商品自由流动、平等交换的市场环境，破除市场壁垒和地方保护。要提高有效供给能力，通过创造新供给、提高供给质量，扩大消费需求。

第二，坚持供给侧结构性改革，供求两边不可偏废，更好发挥政府作用不能动摇。我国的供给侧结构性改革是在"适度扩大总需求的同时"进行的结构性改革，供求管理两者的关系是长期与短期的关系，我们需要兼顾。既不能为了短期利益牺牲长期利益，也不能忽视当前的经济风险和挑战，而一味追求所谓"长远利益"，比如面对我国近期通缩压力明显，就需要引起高度重视。2015年CPI回落、PPI长期负增长仅靠供给侧改革是无法解决的。出现这种通货紧缩趋势，既有外部需求变化的影响，更是经济内在调整的反应；结构调整是一个漫长的过程，需要较长的时间才能在"创造性破坏"后实现新的平衡。当前的尴尬是旧的模式在被打破，而新的模式并没有建立起来，缺乏新的增长动力源。需求端不断萎缩，供给端则依然强劲，供求失衡严重，去产能和扩需求，尤其是扩大内需依然是任重道远。不能由于提出供给侧结构性改革，就改变扩大内需这一既定国策。对我们这样一个进口大国来讲，国际大宗商品价格下降本来是个好事情，但通货紧缩有可能形成恶性循环，必须当机立断，出重拳应对通缩，尽一切努力使总需求回升，至少不出现大的回落。下好供给侧结构性改革这盘大棋，要更好发挥政府这只手的作用。最重要的是明确政府的权力边界，以自我革命的精神，在行政干预上多做"减法"，把"放手"当作最大的"抓手"。但是，"放手"不"甩手"，切实履行好宏观调控、市场监管、公共服务、社会管理、保护环境等基本职责。在政府层次间，要做到上级政府放手的权力，下级政府要接住、接好；不能出现"真空"，以供给侧结构性改革之名行无政府主义之实。

第三，以结构性减税为中心的财政政策是供给侧结构性改革的"重头戏"。这个意义上说，尽管我们现在强调供给侧结构性改革，但不能说我们以前只强调需求侧。实际上我们从 2008 年国际金融危机以来一直坚持"结构性减税"。当然，我国目前总体税负依然较重，减税还有空间，要"实行减税政策"；减税会降低税法遵从成本，也可以改变一些企业"不偷逃税难以生存"的窘况。2016 年不仅将全面推开"营改增"改革，把建筑业、房地产业、金融业和生活服务业纳入试点范围，还将积极推进综合与分类相结合的个人所得税改革，加快建立健全个人收入和财产信息系统。部分地区还将开展水资源费改税试点，加快推进环境保护税立法。同时进一步实施减税降费政策，继续推进"营改增"试点、全面清理规范政府性基金、完善涉企收费监管机制等，坚决遏制乱收费。要企业降低成本，政府能做的除了提供公平和健康的经营环境，最直接最有效的手段就是减税、减少企业的负担。

里根政府在 20 世纪 80 年代实施的供给侧改革，主要内容是通过减税和加速企业折旧，以及改革一系列有碍于生产的规章制度，为企业经营者提供宽松的环境和政策空间，调动企业经营者和投资者各方面的积极性。以此为基础，20 世纪 90 年代，美国经济经历了一轮长时间的繁荣，出现了低通货膨胀率、低赤字率、低失业率和高经济增长率的"三低一高"。里根以皆大欢喜的主张当选，在执政期间也坚守自己的承诺，慢慢成了一种信仰，许多人认为他是 20 世纪美国最伟大的政治家之一；他的继任者布什，以"决不增税"的口号当选总统，后来被经济学家们说服，增加了税收，即使取得了战争前线的胜利也还是失去了连任的机会，使之成为一个有争议的总统。里根加上布什，共和党三届总统任期及其政治和经济成就是值得我们研读和琢磨的。

第四，积极的财政政策要加大力度，阶段性提高财政赤字率。财政部推出了一揽子措施：阶段性提高赤字率，扩大赤字规模，相应增加国债发行规模，合理确定地方政府新增债务限额；加大统筹财政资金和盘活存量资金力度；调整优化支出结构。2016年1月21日，在省部级主要领导干部专题研讨班的结业式上，财政部部长楼继伟作为第5组的代表发言：新常态至少在"十三五"时期存在，财政压力很大，2015年地方财政收入没有完成预算，中央财政收入是通过特殊措施才完成了预算；2015年，财政赤字已经有所提高，2016年会有更大的提高。过去我们财政收入增速远超过GDP的增速，"分配结构不合理"有问题，现在财政收入回落，"合理了"，也产生了新的问题。

在经济下行压力加大的形势下，财政收支矛盾呈加剧之势，平衡收支压力较大。我国间接税占比较高，随着经济增速放缓和PPI连续下降，财政收入增速下滑幅度更大。"近几年，财政收入已由过去两位数增长转变为个位数增长。"今后一个时期财政收入潜在增长率下降，再加上还要实施"营改增"等减税措施，收入形势将更严峻。与此同时，财政支出刚性增长的趋势没有改观。稳增长、调结构、促改革、惠民生、防风险等增支需求仍然较大，支出结构僵化、财政资金使用效率不高问题依然突出，中长期支出压力很大。特别是养老、医疗等社保支出前些年提高标准幅度大，财政补助比例较高，随着老龄化加速，加上制度设计存在一些不足，财政对养老、医疗保险基金补贴的风险将逐步暴露。一方面是随着经济下行财政收入增幅大幅度降低，同时还要以减税政策支持供给侧结构性改革；另一方面，则是政府承担的支出责任没有减少，在转型期支持国企改革、社会保障等方面的支出还要明显增加，阶段性提高财政赤字成为必然的选择。幸运的是我国总体债务率还比较低，财政政策有比较大的运作空间，把握得当可以在避免系统性风险的前提下有效支持转型期的结构性改革取得成功。

全世界最高的储蓄率决定了我国投资率、财政赤字率可以比较高。当前以更加积极的财政政策，支持基础设施，尤其是"软"基础设施建设，在效率和公平方面都能经得住检验。财政赤字率可以提高到3%，甚至短期突破一点也不可怕，但要注意控制财政风险。

第五，稳健的货币政策要灵活适度，该宽松时要适度宽松，以金融政策支持实体经济。稳健的货币政策要灵活适度，为结构性改革营造适宜的货币金融环境，降低融资成本，保持流动性合理充裕和社会融资总量适度增长，扩大直接融资比重，优化信贷结构，完善汇率形成机制。

我国存款准备金率还处于高位。"定向降准"用心良好，但效果并不明显；央行的各种便利措，在实践中很难实现"便利"，并且两者均是试图以行政判断代替市场行为，不可持续。商业银行上交存款准备金得到的利率很低；而央行以各种短期工具给商业银行的"便利"则要收取高得多的利息；以便利工具替代存款准备金率下调，短期可以理解，长期则绝不可取。资金外流、外汇储备减少，也要求存款准备金率下调，以补充外汇占款减少带来的流动性不足。一些对互联网金融的管理措施与对股市的管理一样，带有一味要管住的味道，而我们需要的恰恰是要搞活。一定要抵御住各种利益集团的背后力量，以改革解决遇到的问题，在资本外流冲击货币供给的背景下坚定把存款准备金率降下来；对能够直接支持中小企业的互联网金融，切忌管得过死。这里又是一个风险与收益比较的问题，在供给侧结构性改革进程中一个突出特点是在两难中做出选择。

对汇率和外汇储备要辩证理解。2014年，我们担心外汇储备过大，2015年又担心资本大规模外流；实际上，两者都没有必要。我们这样一个大国，即使有4万亿美元的外汇储备也不是太大问题；只要我们不完全开放资本项目，东南亚式资本外流一般就不会发生。汇率贬值可以刺激出口，但要稳定人民币汇率预期，"有管理的浮动"应该是今后一个时期的选择。在内部经济不稳定的时候，不适合在外部经济方面做出太多承诺：汇率稳定、进出口平衡的目标不宜改变，资本项目自由流动要作为中长期目标。我们现在是利率、汇率敏感，股市、汇市联动，内部经济和外部经济都遇到挑战。世界上还没有出现过哪个国家，几十年持续高增长而没有经历一次大的金融和经济危机的先例。我们既要"去杠杆"防止金融风险，又要"灵活"支持企业"降成本"，支持供给侧结构性改革，难度之大前所未有。

第六，宏观政策与微观政策相结合，综合施策，促进去产能、去库存、去杠杆、降成本、补短板五大任务的顺利完成。正如中央经济工作会议指出的，推进结构性改革，必须依靠全面深化改革。近期就是要综合运用财政、货币政策，正确处理政府与市场的关系，发挥中央和地方两个积极性，强化政府、企业、社会的合作共治关系，在"三去、一降、一补"五大任务方面取得突破性进展，为供给侧结构性改革开一个好头，打下坚固的基础。

供给侧结构性改革不排除宏观政策的必要调整，比如以供给侧经济学为基础采取减税等措施，但重点还是在微观层面，通过实质性的改革措施，进一步开放要素市场，打通要素流通流动通道，优化资源配置，全面提高要素生产率。对减产能要采取果断管用办法，在一定时间内取得实质性进展；进一步放宽准入，加快行政性垄断行业改革；加快城乡之间土地、资金、人员等要素的流动和优化配置；加快产业转型升级、精致生产。[1]

产能过剩是当前供给侧结构性改革的最大"痼疾"。传统产业和部分新兴产业都存在产能过剩。钢铁、水泥、电解铝、家电等过剩尤为严重。"吨钢利润不如一斤猪肉"，就是对当前钢铁过剩的形象描述。这种情况如果任其发展，很可能会形成恶性循环，将中国带入"铁锈时代"（这一概念是用来描述一些发达国家在20世纪70年代产能过剩导致厂房闲置、设备锈迹斑斑的情景的）。[2]

实体企业成本高企，劳动力、水等成本呈现趋势性上升，融资、流通成本长期居高不下，一些隐性收费项目屡禁不止。降低企业成本，要多管齐下。要降低制度性交易成本，转变政府职能、简政放权，清理规范中介服

---

① 参见刘世锦：《供给侧改革需打通要素流动通道》，《经济日报》2016年1月11日。

② 参见张卓元：《供给侧改革是适应新形势的主动选择》，《经济日报》2016年1月11日。

务；降低企业税费负担，正税清费，清理各种不合理收费，研究降低制造业增值税税率；降低社会保险费，研究精简归并"五险一金"；金融部门要创造利率正常化的政策环境，为实体经济让利；降低电力价格，推进电价市场化改革，完善煤电价格联动机制；降低物流成本，推进物流体制改革。①

世界经济继续深度调整，经济持续下行带来的不利影响和长期积累的深层次矛盾有可能进一步显现，经济增长动能转换衔接还存在多重制约。2016年发改委将推进的改革包括：施行权力清单、责任清单和负面清单制度，将行政审批制度"放管服"改革向纵深推进；推动政府投资条例等重要立法，实行网上并联核准制度，深化投融资体制改革；在电力、油气、铁路、民航、电信、军工等重要领域开展混合所有制改革试点示范，推进电力、石油、天然气、盐业等改革；继续深化电力、天然气、医疗服务等重点领域价格改革，完善价格形成机制，疏导价格矛盾，降低企业和居民负担；继续深入推进"三大战略"和新型城镇化，完善创新驱动发展体制机制，加快生态文明制度建设，加快构建开放型经济新体制。

2016年1月20日，国务院总理李克强主持召开国务院专题会，研究抓好今年有关重点工作，并作重要讲话。一方面，继续加快培育新动能，这是供给侧结构性改革的重要内容。要深化简政放权、放管结合、优化服务改革，进一步激发市场活力，深入实施创新驱动发展战略，着眼提高全要素生产率，促进大众创业、万众创新，结合实施"中国制造2025""互联网+"，推动各类企业注重技术创新、生产模式创新和管理创新，创造新的有效供给，更好适应需求结构升级。另一方面，坚持用改革的办法，运用好市场倒逼机制，改造提升传统动能。抓住化解过剩产能、消化不合理库存、促进企业降本增效等方面的难点问题的解决，综合施策，率先从钢铁、煤炭行业入手取得突破，增强企业自身活力和投资意愿，努力缩短转型阵痛期，有效化解各类风险隐患。加快补上农业、服务业、基础设施、生态环境、社会事业

---

① 参见张卓元：《供给侧改革是适应新形势的主动选择》，《经济日报》2016年1月11日。

等方面的短板，带动扩大有效需求，增强持续增长动力。新旧动能转换是辩证统一的，新动能成长起来，创造出大量就业岗位，就能为传统产业增效升级和人员分流创造条件；而改造提升传统动能，激活沉淀的要素资源，也可为新动能成长腾出空间。

# 后 记

感谢这个时代，中国共产党人不仅找到和选择了中国特色社会主义道路，而且积累了应对各种风险和挑战的丰富经验。"共产党的领导 + 市场经济选择 + 改革开放"正成为影响中国和世界的"中国模式"的重要内容。中国共产党当代领导人，比任何时期都更清醒地认识到我们面临的问题和挑战，也比任何时期都更有信心、更有能力去解决当下的问题，应对未来的挑战。同时，我们也清醒地意识到，这个世界并不太平，并不是所有人都希望共产党执政的中国不断走向兴旺发达。"唱空中国，唱衰中国"经济的论调一直没有停止过。即使一些在具体管理领域很务实的人士，由于其所处的阶级立场，也曾做出过很滑稽的判断。美联储前主席格林斯潘在其自传体著作《动荡年代》中对中国的经济进行了较为客观的分析，肯定中国改革的成功；但另一些分析就显示了他的思想局限性和阶级立场：比如他认为中国随着市场经济的推进，必将走西欧民主福利国家模式的道路。

2012 年 11 月 17 日，习近平总书记主持十八届中央政治局第一次集体学习时讲道，"只有社会主义才能救中国，只有中国特色社会主义才能发展中国"，"当代中国，坚持和发展中国特色社会主义，就是真正坚持社会主义"。2013 年 1 月 5 日，习近平总书记在新进中央委员会的委员、候补委员学习贯彻党的十八大精神研讨班上，把世界社会主义五百年的发展划分为六个时间段：空想社会主义产生和发展、马克思恩格斯创立科学社会主义理论体系、列宁领导十月革命胜利并实践社会主义、苏联模式逐步形成、新中国成立后我们党对社会主义的探索和实践、我们党作出改革开放的历史决策并开创和发展中国特色社会主义。习近平总书记在这次讲话中，明确把中国特色社会主义作为世界社会主义五百年发展的六个时间段中的一个完整阶段。习近平总书记一再提醒全党：不能忘记"我们当初是从哪里出发的、为什么出发的"。我们要坚持全面深化改革，但我们的改革是有方向、有立场、有原则的，方向就是中国特色社会主义道路。

我们共产党人和全国各族人民现在很庆幸：中国共产党有一个非常坚强有力的中央领导集体，正带领全党和全国各族人民坚定中国特色社会主义道路，奔小康，实现中国梦。这是党之大幸、人民之大幸、民族之大幸！习近平总书记系列重要讲话正成为中国特色社会主义政治经济学的最新成果，指引着我国社会主义事业不断从胜利走向胜利。我校省（部）班一位学员曾跟我说"马克思主义经济学博大精深，现代经济学博大精深"。上学期我在中青一班上研讨课"学习习近平总书记全面建成小康社会的论述"，全体学员一致认为，还应该加一个"博大精深"："习近平总书记系列重要讲话博大精深"。习近平总书记集中全党智慧，对内政、外交、国防等提出了一系列新思想、新观点、新论断，尤其他的经济思想，正成为中国当代马克思主义政治经济学。

2016年3月5日，第十二届全国人民代表大会第四次会议开幕，李克强总理作《政府工作报告》，让我们可以对过去一年和"十二五"时期有一个完整的总结。2015年，国内生产总值达到67.7万亿元，增长6.9%，在世界主要经济体中位居前列；服务业在国内生产总值中的比重上升到50.5%，首次占据"半壁江山"；大众创业、万众创新蓬勃发展，全年新登记注册企业增长21.6%，平均每天新增1.2万家；全国居民人均可支配收入实际增长7.4%，快于经济增速。"十二五"规划确定的主要目标任务全面完成：国内生产总值年均增长7.8%，经济总量稳居世界第二位，成为全球第一货物贸易大国和主要对外投资大国；服务业成为第一大产业，工业化与信息化融合加深，农业综合生产能力明显增强；"实现两个12万公里"，铁路运营里程达到12.1万公里（其中高速铁路超过1.9万公里，占世界60%以上），高速公路通车里程超过12万公里。"十二五"时期的辉煌成就，充分显示了中国特色社会主义的巨大优越性。

"十三五"时期主要目标任务和重大举措：到 2020 年国内生产总值和城乡居民人均收入比 2010 年翻一番，"十三五"时期经济年均增长保持在 6.5% 以上；全社会研发经费投入强度达到 2.5%，科技进步对经济增长的贡献率达到 60%，迈进创新型国家和人才强国行列；常住人口城镇化率达到 60%、户籍人口城镇化率达到 45%，粮食等主要农产品供给和质量安全得到更好保障，农业现代化水平明显提高；推动形成绿色生产生活方式，加快改善生态环境，单位国内生产总值用水量、能耗、二氧化碳排放量分别下降 23%、15%、18%，森林覆盖率达到 23.04%；深化改革开放，构建发展新体制；建立国家基本公共服务项目清单，劳动年龄人口平均受教育年限从 10.23 年提高到 10.8 年，既要让人民的物质生活更殷实，又要让人民的精神生活更丰富。

实现全面建成小康社会目标，必须着力把握好三点：一是牢牢抓住发展第一要务不放松。二是大力推进结构性改革。当前发展中总量问题与结构性问题并存，结构性问题更加突出，要用改革的办法推进结构调整。在适度扩大总需求的同时，突出抓好供给侧结构性改革，既做减法，又做加法，减少无效和低端供给，扩大有效和中高端供给，增加公共产品和公共服务供给，使供给和需求协同促进经济发展，提高全要素生产率，不断解放和发展社会生产力。三是加快新旧发展动能接续转换。需要新动能异军突起和传统动能转型，形成新的"双引擎"；必须培育壮大新动能，加快发展新经济；要推动新技术、新产业、新业态加快成长，以体制机制创新促进分享经济发展；运用信息网络等现代技术，推动生产、管理和营销模式变革，重塑产业链、供应链、价值链。

发展的不竭力量蕴藏在人民群众之中，中国特色社会主义政治经济学就是要激发市场活力和社会创造力，解放和发展社会生产力。我国有 9 亿多劳动力、1 亿多受过高等教育和有专业技能的人才，是我们最大的资源和优势。"只要闯过这个关口，中国经济就一定能够浴火重生、再创辉煌。"

感谢中央党校何毅亭常务副校长、徐伟新副校长、黄浩涛副校长、赵长茂副校长、王东京副校长，他们对本书的编写给以多方面支持；黄校长对我们编写组在春节期间坚持工作表示慰问，并鼓励我们再接再厉。感谢中央党校副秘书长冯秋婷教授，她多次与我讨论编写提纲，并提出宝贵意见。

感谢中央党校研究室林振义主任，他与我讨论、修订本书的架构，提出了许多非常有启发的观点和思路。感谢中央党校经济学部主任韩宝江教授、副主任潘云良教授、党总支书记鲍永升同志，他们积极支持本书的编写和出版；感谢经济学部全体同事，尤其是政治经济学教研室的全体老师，他们的积极参与和对书稿内容、观点的大量评论、建议使得本书增色颇多。

感谢我们编写组的各位专家，没有他们牺牲假日休息，按时完成高质量的写作任务，很难设想本书的按时出版。这是我能回忆起来的我第一次大年初一在办公室度过：打出去的每一个电话第一句是"过年好"，接着就是催要书稿；不仅我没过好这个年，也让编写组的各位专家没能安生过年，在此我表示诚挚的歉意。

需要特别指出的是，尽管我们尽了最大努力尽量准确、完整解释马克思恩格斯的政治经济学思想，尽量准确分析解释当代马克思主义政治经济学，但是，这本书无论如何不能代替对原著的学习。希望广大党员干部能够结合马克思恩格斯原著，结合习近平总书记系列重要讲话，结合党的十八大报告、十八届三中、四中、五中全会的决议来读，结合党的最新理论成果来读，结合"十三五"规划来读。

中国特色社会主义是正在进行中的伟大事业，中国特色社会主义政治经济学也在不断发展中。编写本书是中央党校教学、培训、资政工作的延伸，也是服务中央、服务党和国家的大政方针政策的实现形式。本书的编写过程也是我们不断学习、加深认识中国特色社会主义政治经济学的过程，希望这样一本书，有助于推动更多的人关注、学习和研究中国特色社会主义政治经济学。中国特色社会主义是我们共同的事业，编写一本能对得起我们这个时代的中国特色社会主义政治经济学也需要我们共同努力，诚恳希望社会各界和读者朋友多提宝贵意见。

李旭章

2016 年 3 月 7 日夜　于中共中央央党校主楼

责任编辑：刘敬文　郑　治

责任校对：吕　飞

封面设计：汪　阳

**图书在版编目（CIP）数据**

中国特色社会主义政治经济学研究 / 李旭章　主编 . — 北京：人民出版社，2016.5

ISBN 978 – 7 – 01 – 016187 – 7

I.①中…　II.①李…　III.①中国特色社会主义 – 社会主义政治经济学 – 研究

　IV.① F120.2

中国版本图书馆 CIP 数据核字（2016）第 095184 号

**中国特色社会主义政治经济学研究**

ZHONGGUOTESE SHEHUIZHUYI ZHENGZHIJINGJIXUE YANJIU

李旭章　主编

**人民出版社** 出版发行

（100706　北京市东城区隆福寺街 99 号）

北京市文林印务有限公司　　新华书店经销

2016 年 5 月第 1 版　2016 年 5 月北京第 1 次印刷

开本：710 毫米 ×1000 毫米 1/16　印张：26

字数：382 千字　印数：0,001–4,000 册

ISBN 978 – 7 – 01 – 016187 – 7　定价：48.00 元

邮购地址 100706　北京市东城区隆福寺街 99 号

人民东方图书销售中心　电话：（010）65250042　65289539